법률가를 위한

파생상품개론

박선종 지음

박영사

이 저서는 2017년 정부(교육부)의 재원으로 한국연구재단의 지원을 받아 수행된 연구임(NRF-2017S1A6A4A01021470)
This work was supported by the National Research Foundation of Korea Grant funded by the Korean Government(NRF-2017S1A6A4A01021470)

/한국연구재단 심사의견/

1. 학문발전 공헌도

파생상품이라는 주제는 우리나라 금융 선진화와 관련하여 2007년 입법과 함께 우리 사회에서 여러 논의의 이슈로 다루어져 왔다. 특히 2008년 금융위기가 발생하면서, 우리나라 금융 법학계에 큰 화두와 연구의 주제가 되어왔다. 파생상품 논란은 끊이지 않아, 파생상품에 대한 법학적 이론 구성과 그 법구조 논의는 지속되고 있다. 금융상품의 진정한 의미가 금융계약이라는 성격에서 보아야 하며, 이를 올바로 이해하려면 계약법적이라는 법학 분야의 정확한 접근 없이는 올바로 규명될 수 없다. 이런 의미에서 본 저서는 파생상품이 갖는 의미와 금융시장 현황과 변화 및 계약법적 구성 및 각종 파생상품들의 구조와 쟁점 그리고 각종 법적 의무와 법적용이라는 법이론적 의미에서의 접근을 시도한다. 이는 금융법학 분야에서 파생상품 체계를 종합적으로 체계화하였다는 의미에서 법학 분야에 큰 공헌을 할 수 있는 저서가 될 것으로 보여진다.

2. 타학문에 대한 파급효과

파생상품의 대상은 법학 분야에서만 다루어지는 것이 아니라 경영과 금융학 분야에서의 깊은 관련성을 가지고 있다. 또한 파생상품이 갖는 자본조달이라는 측면에서 볼 때에 국가 재정학과도 밀접한 관계를 갖는 분야이다. 따라서 본 저서를 통해 이러한 인접학문 분야의 연구 깊이를 한 단계 높이는 계기가 될 것으로 기대된다. 이는 우리나라 기업 및 국가의 재정 및 자본조달 분야에도 크게 공헌하는 긍정적 파급효과를 가질 것으로 보여진다.

3. 가독성, 통일성

본 저서는 344페이지에 이르는, 방대한 연구의 결과이며, 전체 체계와 구성의 면에서 파생상품와 금융투자업에 대한 이해를 돕기 위한 배경 및 연혁과 유형 등 기본 법리와 개념에 대해 설명한다. 금융시장의 변화가 어떻게 진행되는지에 대한 기술도 의미 있는 내용으로 보여진다. 내용에는 특히 계약법의 체계와 내용 및 규제를 자본시장법상의 내용에 따라 하나씩 다루어 주고 있다. 파생상품의 용어와 내용 및 구조의 어려움에도 불구하고 저서의 기술 방식과 내용이 손쉽게 이해할 수 있도록 높은 가독성을 가지는 것으로 판단되며, 파생상품 전반의 체제의 구성과 내용설명이 유연하게 전개되는 높은 수준의 통일성을 갖는 저서라 판단된다.

/머리말/

1. 저술 목적

파생상품의 시장규모가 세계적으로 상당히 증가하면서 관련된 법적 분쟁이 증가함에 따라서 법률가들이 파생상품을 정확히 이해해야 할 필요성은 점차 더해 가고 있으며, 국내에서도 KIKO 소송, ELW 소송 및 ELS 소송 등 파생상품의 거래과정에서 발생한 법적 분쟁이 상당하다.

그러나 파생상품의 특성 중 하나는 기존 규정이나 제도의 흠 또는 틈새 등 취약부분을 토대로 생성되는 것이 적지 않다는 점이다. 그러므로 기존 규정이나 제도 또는 확립된 판례 등의 해석에 익숙한 법률가들에게 매우 자주 변하는 파생상품의 정확한 개념파악이 쉽지 않다. 더욱이 파생상품에 관한 다수의 서적은 주로 금융인의 시각에서 금융인의 용어로서 설명할 뿐, 법률가를 위한 학술서는 찾기 어렵다.

본서 저술의 주된 목적은 법원, 검찰 및 로펌의 법률가들에게 다양한 파생상품의 개념을 정확하게 이해시키고, 이를 기반으로 주요 파생상품 관련 소송의 사실관계를 정확하게 판단할 수 있도록 가이드하여, 향후 발생할 파생상품 관련 법적 분쟁에서 공정한 결론이 도출될 수 있도록 조력하고자 하는 것이다.

2. 저술 내용의 개요

제1장에서는 파생상품과 금융투자업 전반에 관한 시장환경이 대면거래에서 전자거래로 변화함에 따라서, 기존의 법리적용과 달라져야 하는 부분을 중심으로 기술한다. 특히, 알고리즘 매매(Algorithmic Trading) 및 고빈도 매매(HFT: High Frequency Trading) 등 현대 자본시장에서 특히 파생상품을 중심으로 발생하는 문제에 대한 원인과 적용 가능한 법리를 살펴본다.

제2장에서는 파생상품 규제기관의 주요 국가별 연혁 및 내용을 개관한다. 특히 2008년 글로벌 금융위기의 주원인으로 지목된 장외파생상품의 법적 규제에 관하여 검토한다.

제3장에서는 국내의 파생상품 분쟁 중 금액이나 관련 당사자 수 기준으로 가장

큰 규모였던, KIKO 계약 관련 분쟁에 관한 중요한 쟁점에 대하여, 대법원의 판결 내용을 비판적인 시각에서 기술한다.

제4장에서는 전자거래로 변화된 환경에서 검찰이 대면거래 시대의 법리 적용만으로 전현직 증권사 대표 10여 명을 기소하였으나, 법원에 의하여 인용되지 않았던 ELW 소송에 관하여 주요 쟁점을 중심으로 기술하고자 한다.

제5장에서는 '델타헤지의 필요성이 인정되면 시세조종이 면책될 수 있는가?'에 관한 증권사와 투자자 간의 ELS 소송 사건에서 특히 대법원 판결 4건 중, 유일하게 증권사의 시세조종을 부인한 사례를 중심으로 문제점과 개선점을 검토한다.

제6장에서는 거래소의 주문 입력 및 체결 시스템이 전자거래 방식으로 변경된 현재의 상황에서, 주문 입력상의 착오에 기한 취소를 어느 선까지 인용할 것인지에 관한 문제에 관하여 2가지 사안에 관한 판례를 중심으로 설명하고자 한다.

제7장에서는 주식시장의 시세조종 기법이 파생상품시장에서도 동일하게 적용될 수 있는 것인지에 관하여, 알고리즘 매매 및 차익거래를 중심으로 검토한다.

제8장에서는 파생상품에 관한 설명의무 이행의 인정 여부에 관한 구체적인 기준을 제시하고자 한다.

제9장에서는 금융투자상품과 보험상품의 성질을 동시에 가지고 있는 변액보험계약에 관하여, 옵션계약과의 비교를 통하여 타당한 법적용의 방안을 찾아보고자 한다.

제10장에서는 본문에서 연구된 내용을 총 망라하여 결론을 맺는다.

3. 저술 결과 활용 및 기대효과

본서는 실무변호사, 검사, 판사가 파생상품 관련 사건을 담당하게 될 경우 각각 올바르게 업무처리를 할 수 있도록 하는 기본 지침서로서 활용될 수 있을 것이다.

본서의 기대효과는 향후 발생할 파생상품의 법적 분쟁을 대리할 로펌 변호사들에게, 파생상품 관련 사실관계 파악에 있어서 실체적 진실 발견에 한걸음 가까이 갈 수 있는 역량을 길러 줄 것이며, 의뢰인에 대한 변론에 있어서 전문성을 함양할 것이다. 한편, 검찰에게는 향후 기소 이전에 전문가들의 조언을 더욱 충분히 청취할 필요성을 느끼게 할 것이다. 또한, 법원에게는 파생상품 관련 과거의 주요판례들에 관하여 실무전문가의 객관적 시각에서 비판을 경청하고 향후 판결에서 개선점을 찾을 수 있는 아이디어를 제시할 것이다.

아울러 본서의 내용은 예비 법률가인 로스쿨 학생들과 장래에 법률가가 되기를 희망하는 법과대학 학생들에게도 국내외 자본시장의 금융투자상품에서 비롯된 문제점의 이해에 많은 도움을 줄 수 있을 것으로 기대한다.

2019년 8월

박 선 종

차 례

제1장 총설

contents

contents

contents

제4장 ELW 규제의 쟁점

contents

제5장 ELS 소송의 주요 쟁점

contents

제1장

총설

제1장

총설

제1절 | 서설

파생상품의 시장규모가 세계적으로 상당히 증가하면서 관련된 법적 분쟁도 증가하고 있다. 이에 따라서 법률가들이 파생상품을 정확히 이해해야 할 필요성은 점차 더해 가고 있다.

2008년 9월 15일 미국의 리먼브라더스홀딩스(Lehman Brothers Holdings Inc. 이하 "리먼"이라 한다)가 파산신청을 한 이후 미국뿐만 아니라 유럽 및 아시아 등 전 세계의 금융시장이 위기상황을 겪었고, 이는 실물경제로 전이되어 전 세계 경제가 심각한 어려움에 처한 바 있다. 한국은행의 연차보고서는 이러한 상황을 함축적으로 잘 설명하고 있다.[1)]

"국제금융시장은 2008년 9월 중순 리먼브라더스의 파산보호 신청 이후 거래상대방 위험에 대한 경계감이 더욱 고조되고 안전자산 선호 및 유동성 확보 경향이 크게 강화되었다. 이에 따라 선진국 주가가 폭락하고 회사채 스프레드가 급등하였으며 금융기관의 대출이 크게 위축되었다. 또한 선진국 금융기관들이 투자자금

1) 한국은행, 『2008년도 연차보고서』, 한국은행, 2009. 3. 31, 3면.

> 을 대규모로 회수하면서 미 달러화 부족으로 신흥시장국 통화가 급격히 약세로 전환되었으며 일부 국가들은 금융위기에 직면하였다."

이러한 글로벌 금융위기를 초래한 주원인으로 지목되는 것은 서브프라임 모기지와 이에서 파생된 각종 파생상품이다.

한편 국내에서는, 세계 금융시장의 혼돈 상황이 원달러 환율의 급격한 변동을 야기하였고, 이로 인하여 큰 손실을 입은 다수의 기업이 제기한 키코통화옵션(이하 "KIKO"라 한다)계약의 소송이 2009년 이래 여러 해 동안 세간을 떠들썩하게 하였으나, 2013년 9월 26일 대법원의 전원합의체 판결로 일단락되는 듯하였다. 그러나 KIKO 문제는 2019년에도 현재 진행형인 것으로 보인다. 왜냐하면, 2009년 당시 소송에 참여하지 않았던 기업들 중 일부가 금융감독원에 분쟁조정을 신청하였고, 현재 분쟁조정 절차가 진행 중이며, 그 결과에 따라서 새로운 소송 가능성이 여전히 남아 있는 것으로 보이기 때문이다.

국내에서는 KIKO 소송 이외에도, ELW 소송, ELS 소송 및 TRF 소송 등 파생상품의 거래과정에서 발생한 법적 분쟁이 상당하였다.

파생상품의 특성 중 하나는 기존 규정이나 제도의 흠 또는 틈새 등 취약 부분을 토대로 생성되는 것이 적지 않다는 점이다. 그러므로 기존 규정이나 제도 또는 확립된 판례 등의 해석에 익숙한 법률가들에게 매우 자주 변하는 파생상품의 정확한 개념 파악이 쉽지 않다.

그럼에도 불구하고 파생상품에 관한 다수의 서적은 주로 금융인의 시각에서 금융인의 용어로서 설명할 뿐, 법률가를 위한 학술서는 찾기 어렵다. 한편 가상화폐나 블록체인에 관하여도 기술적인 측면에서 저서는 다수 보이나, 법률가를 위한 학술서는 찾기 어렵다.

이 저술의 목적은 법원, 검찰 및 로펌의 법률가들에게 다양한 파생상품의 개념을 정확하게 이해시키고, 이를 기반으로 주요 파생상품 관련 소송의 사실관계를 정확하게 판단할 수 있도록 안내하여, 향후 발생할 파생상품 관련 법적 분쟁에서 공정한 결론이 도출될 수 있도록 조력하고자 하는 것이다.

한편 법률가로 성장하고자 하는 법과대학 학생이나 로스쿨 학생들에게는, 파생상품과 관련된 법적 분쟁 및 실무적인 관점의 해결책을 소개함으로써, 향후 발생할 수 있는 파생상품 분쟁뿐만 아니라, 가상화폐나 블록체인 등 기존의 법제나 판례로 판단하기 어려운, 전자거래와 관련된 새로운 유형의 법적 분쟁을 이해할 수 있는 판단의 기준을 학습시키고자 한다.

제1장에서는 파생상품의 일반론을 기술하는 한편, 유사계약과의 비교 및 대면거래에서 전자거래로 시장 환경이 변화한 내용을 다룸으로써, 법률가 또는 예비 법률가로서 파생상품의 규제에 관한 일반적인 사전지식을 함양시키고자 시도하였다. 제2장에서는 파생상품의 법적 규제에 관하여 미국의 제도와 한국의 제도를 비교하며 시사점을 찾는다. 이 장에서는 고객조사의무, 적합성의 원칙, 설명의무, 적정성의 원칙 및 부당권유금지 등 일반적인 파생상품 규제 기준을 기술하였다. 제3장에서는 KIKO 계약 분쟁을 분석하고 평가하였는데, 그 기준은 '의사표시 결함 문제', '보통거래약관 위반 여부 문제', '사정변경의 원칙 적용 문제' 등 KIKO 소송 초기의 쟁점에 대한 소개부터 'KIKO 계약의 구조 문제' 및 'KIKO 계약의 사기성 문제' 등 대법원 판결 이후 최근까지 필자가 제기하였던 문제점들을 소개하고 있다. 제4장에서는 ELW 규제의 쟁점을 학습하는데, 금융선진국을 중심으로 대면거래 시의 공정성의 개념이 전자거래 시에 변경된 내용 즉, '시간우선의 원칙'에서 '비용대비 효용의 원칙'을 중심으로 국내 ELW 사안의 문제점을 설명하고 있다. 제5장에서는 ELS 소송의 주요 쟁점을 검토했는데, 델타헤지라는 실무관행이 시세조종이라는 위법행위에서 면책될 수는 없다는 점을 중심으로 대법원 판결을 분석하였다. 제6장에서는 착오의 의사표시에 대하여, 전자거래로 변화된 현실 상황에서는, 전통적인 의사론과 표시론 중심의 해석에서 변화가 필요함을 설명하고 있다. 이어서 제7장에서는 전자거래 환경하에서 시세조종은 상품의 특성에 따라서 상이한 효과가 발생할 수 있으므로, 일률적으로 현물 주식의 기준으로 판단하는 것은 타당하지 않다는 점을 검토하였다. 제8장에서는 파생상품의 설명의무에 관하여 상세히 다루었는데, 독일 법원의 판단과 우리 법원의 판단을 비교하며 분석하였다. 제9장에서는 보험계약과 옵션계약을 비교·분석하면서, 변액보험이 가지는 양면성 즉, 보험상품의 성질과 금융투자상품의 성질에 대하여 타당한 법 적용이 무엇인지 검토하였다. 제10장은 결론이다.

제2절 | 파생상품과 금융투자업

I. 파생상품 일반론

1. 파생상품의 의의 및 경제적 기능

(1) 파생상품의 의의

'자본시장과 금융투자업에 관한 법률'(이하 "자본시장법")에서는 파생상품을 선도(선물)[2]과 옵션 및 스왑으로 구분하여 정의하고 있다. 즉, 동법에서는, 선도는 '기초자산이나 기초자산의 가격·이자율·지표·단위 또는 이를 기초로 하는 지수 등에 의하여 산출된 금전 등을 장래의 특정시점에 인도할 것을 약정하는 계약'[3] (제5조 제1항 제1호[4])이라 하는데, 이를 분설하면 다음과 같다.

첫째, 선도거래는 일정한 대상(기초자산)을 매매(인도)하는 계약을 체결하면서 그 대상의 인도와 대금의 수령시점을 장래의 특정시점으로 정해 두는 이행기가 장래인 매매(인도)계약으로 볼 수 있다.

둘째, 선도의 실질적인 매매시점은 장래나 목적물의 가격변동위험을 회피하기 위하여 현재시점에서 가격과 수량을 결정하는 것이다. 예컨대, 금 100온스(기초자산)를 3개월 후에(장래의 특정시점) 온스당 1,000불에 매매(인도)할 것을 약정하는 선도거래를 생각해보자. 이는 실질적인 매매시점은 3개월 후나 현재 시점에서 가격과 수량이 결정된바, 위험회피목적의 거래자(hedger, 이하 "헤져"라 한다)의 경우, 동 선도거래를 3개월간의 가격변동위험을 회피하기 위한 목적으로 사용할 수 있다.

반면, 투기자(speculator)는 선도거래를 이익추구를 위한 목적으로 사용할 수도 있다. 이에 관하여는, '파생상품에 있어서 기초자산은 지급금의 산정에 있어서

---

2) 자본시장법에서는 선물이 아닌 선도를 기초로 개념을 정의하고 있으나, 이 절에서는 장내파생상품과 장외파생상품의 비교설명을 위하여 선물계약을 설명하는 부분에서는 필요에 따라 선도 대신 선물 또는 선물계약이라는 용어를 사용하기로 한다.

3) 한국증권법학회, 『자본시장법』 주석서 I, 박영사, 2009, 29면.

4) 이하 법명을 표기하지 않거나 법이라고 표기한 것은 '자본시장법과 금융투자업에 관한 법률'을 의미한다.

기준이 될 뿐, 파생상품과 직접적인 법률관계를 전제로 하는 것은 아니므로, 파생상품의 당사자가 당해 기초자산을 실제로 보유하고 있어야 하는 것은 아니다. 그러므로 파생상품의 이러한 특징은 파생상품을 위험의 헤지라는 목적 이외에 투기적인 목적을 위해서도 이용될 수 있게 한다.'는 견해[5]가 있다.

또한, 동법에서는 옵션에 대하여 '당사자 어느 한쪽의 의사표시에 의하여 기초자산이나 기초자산의 가격·이자율·지표·단위 또는 이를 기초로 하는 지수 등에 의하여 산출된 금전 등을 수수하는 거래를 성립시킬 수 있는 권리를 부여하는 것을 약정하는 계약'으로 정의하고 있다(제5조 제1항 제2호). 이에 관하여, 선도와 옵션을 비교하자면 두 계약의 첫 번째 차이로 선도는 거래 자체가 약정시점에 이미 성립되고 미래시점에는 이행의 문제만 남지만, 옵션계약은 거래의 성립 여부가 미래에 결정된다는 점이고, 두 번째 차이는 옵션계약의 매수인은 선택에 따라 거래의 성립 여부를 결정할 권리만을 갖고 의무는 없지만, 선도는 정해진 만기가 도래하면 반드시 계약상의 권리의무에 따라 인도하고 대금을 수수하여야 하는 점이라고 설명한다.[6]

즉, 앞의 예에서 선도에서는 3개월 후 온스당 1,000불에 매매한다는 거래가 현재의 약정시점에서 이미 성립되고, 3개월 후 미래시점에는 이행의 문제만 남는다. 한편, 행사가격이 1,000불인 3개월 만기 콜옵션의 예를 들면, 3개월 후의 가격이 1,000불 보다 높은지 여부에 따라 콜옵션 매수인이 거래의 성립 여부를 결정할 수 있다고 볼 수 있는 것이다.

그러나 위 설명에 따르면, 3개월 후에 옵션 매수인이 권리행사를 하지 않는 경우, 거래의 성립이 안 되는 것을 선도와 단순 비교하자면, 이행기 이전까지의 옵션은 무엇으로 설명해야 하는가는 의문점으로 남는다.

이러한 의문에 대하여, 옵션에서 매수인은 이행기에 가격 여부에 따라 행사할 수 있는 권리를 갖는 대가로 현재시점에서 프리미엄(대금)을 지불하는 것이고, 매도인은 이행기에 행사[7] 당할 수 있는 위험(의무)을 부담하는 대가로 현재시점에서 프리미엄을 수취하는 계약으로 본다면, 위 설명이 보완될 수 있을 것으로

5) 정순섭, "금융거래와 도박규제", 『증권법연구』 제7권 제2호, 한국증권법학회, 2006, 177면.
6) 한국증권법학회, 전게서(2009), 29면.
7) 옵션 매수인의 권리행사(option exercise).

생각된다.

스왑은 장래의 일정기간 동안 미리 정한 가격으로 기초자산이나 기초자산의 가격·이자율·지표·단위 또는 이를 기초로 하는 지수 등에 의하여 산출된 금전 등을 교환할 것을 약정하는 계약을 지칭한다(법 제5조 제1항 제3호).

예컨대, 달러 채권을 보유한 자가 이 채권을 장래의 특정시점에 특정가격에 매도한다면 이는 선도거래가 되지만, 원화 채권을 보유한 사람과 교환하는 방법도 있는데, 이것이 통화스왑(currency swap)의 한 예이다. 즉, 선도는 목적물을 금전을 대가로 매매하는 것임에 비하여, 스왑은 두 개의 목적물을 상호 교환하는 계약으로 볼 수 있다.

모든 파생상품은 기초자산에서 파생된 것인바, 파생상품은 기초자산의 가격변동에 근거하여, 기초자산에 비하여 폭넓은 손익구조를 창출하는 경우가 흔한데, 이를 레버리지 효과(leverage effect: 손익확대 효과)라 한다. 기초자산과 파생상품의 관계는 모자(母子)의 관계와도 같은데 예를 들어, 원유선물의 경우를 살피면, 원유현물(crude oil)은 기초자산이고 원유선물(crude oil futures)은 파생상품이다. 어머니 없는 자식이 존재할 수 없는 것과 마찬가지로, 기초자산 없는 파생상품은 존재할 수 없고, 한 어머니 슬하에 복수의 자식이 있는 것과 마찬가지로, 한 기초자산에서 복수의 파생상품이 창출될 수 있다.

예컨대, 현물을 기초자산으로 하는 파생상품으로 선물 이외에도 현물옵션(options on cash), 현물스왑 등이 창출될 수 있으며, 어머니가 양육한 자식이 훗날 손자(孫子)를 생산하는 이치와 마찬가지로, 선물을 기초자산으로 선물옵션(options on futures)이라는 파생상품이 창출된다.

(2) 파생상품의 경제적 기능

파생상품의 중요한 경제적 기능은 시장위험의 이전(shifting market risk)이다. 이에 반해서 파생상품의 속성을 갖지 않는 주식 및 채권 등의 이른바 전통적인 증권(traditional securities)은 자본의 형성(raising capital)을 주요기능으로 하고 있다. 장내시장(centralized exchange market)과 장외시장의 기능을 비교해 보면, 장내시장의 주요기능은 가격발견(price discovery)이다. 이는 풍부한 유동성, 저렴한 거래비용, 신속한 정보 반영, 작은 신용위험 등으로 요약되는 장내시장의 특성에 기인한다.

한편, 장외시장의 주요기능은 수요자의 목적과 필요에 적절한 상품을 제공(product customizing)하는 것에 있다. 분산화된 거래, 당사자 간 거래 및 대량거래 등으로 인해 장외시장은 주문형 상품거래에 유리하기 때문이다.[8)]

요컨대, 장내파생상품은 시장위험의 이전 및 가격발견의 기능을 제공하며, 장외파생상품은 시장참여자의 상황에 따라 존재하는 다양한 시장위험을 효과적으로 이전할 수 있는 적합한 수단을 제공하여 위험구조를 설계(risk customizing)할 수 있게 한다.

2. 파생상품의 연혁 및 분류

(1) 연혁

1) 국제금융시장

파생상품의 기원은 옵션거래에서 찾을 수 있다. 옵션거래의 기원에 관한 제1설은 BC 18세기경, 성경의 창세기 29장에 기록된 야곱과 라반의 거래[9)]로 보는 설이다. 제2설은 BC 7세기경 탈레스의 일화[10)]를 옵션거래의 효시로 보는 설이다.

---

8) 오승현 · 오경희, 『장외파생상품의 규제에 관한 연구』 연구보고서 200－01, 한국증권연구원, 2000. 3, 7－8면.

9) Chance, Don M., "A Chronology of Derivatives", Derivatives Quarterly 2(Winter), 1995, pp.53－60; 성경, 창세기 제29장, 야곱은 라반의 둘째 딸인 라헬을 아내로 맞이하기 위하여(옵션의 목적물), 7년간 라반에게 노동력을 제공한다(옵션 프리미엄). 즉, 야곱은 옵션의 매수인이고 라반은 옵션의 매도인이 된 것이다. 라헬과 결혼하는 권리(right)를 목적물로 7년간의 노임을 옵션 프리미엄으로 수수한 것이다.

10) 김철교, 『금융파생상품』 개정판, 일문사, 2010, 9－10면, 가난함으로 조롱받던 그리스의 철학자 탈레스는 자신의 가난은 스스로 선택한 것이라는 것을 증명해 보이고 싶었다. 마침 탈레스는 점성술로 그해의 날씨를 예측하여 올리브가 대풍작을 이루게 될 것이라는 것을 예상하게 되었다. 탈레스는 올리브 열매가 열리기 전에 그 지역에 있는 모든 압착기 소유주에게 선금을 주고 그가 필요할 때 언제든지 압착기를 빌릴 수 있는 권리를 샀다. 이때 미리 지급한 계약금이 오늘날의 옵션 프리미엄에 해당하는 것이다. 탈레스는 압착기 옵션 매수로 엄청난 돈을 벌게 되었으며 이후 탈레스를 가난으로 조롱하는 이가 없었다 한다.

현대적 의미의 선물거래는 1974년 『주요물자해외선물관리규정』 제정 이후에 시작되었다. 당시는 국내에 상장된 품목이 없었으므로, 시카고상업거래소(Chicago Mercantile Exchange, 이하 “CME”라 한다), CBOT, LME 등 해외의 거래소를 통한 선물거래에 국한되었다.

이후 1996년 5월 한국증권거래소(Korea Stock Exchange, 이하 “KSE”라 한다)에 코스피200 선물이 상장되면서 최초로 국내선물상품의 거래가 개시되었으며, 1999년 4월에는 한국선물거래소(Korea Futures Exchange, 이하 “KOFEX”라 한다)가 설립되어 양도성예금증서(Certificate of Deposit, 이하 “CD”라 한다)의 금리선물 즉, CD금리선물, 미국달러선물, 금선물, 3년 만기 국채선물 등이 거래되면서 본격적으로 선물시장이 자리 잡았다. 이후 2005년 1월에 KSE, KOFEX와 코스닥증권을 통합한 한국증권선물거래소가 출범하였고, 동 거래소는 2009년 2월 4일 한국거래소(Korea Exchange, 이하“KRX”라 한다)로 상호를 변경하여 현재에 이르고 있다.

(2) 분류

1) 기본적 분류

파생상품의 종류[20]는 다양하나, 손익구조를 기준으로 보면, 그 원리는 선도(선물)와 옵션 및 이들의 조합(합성)으로 파악할 수 있는데, 다음과 같이 몇 가지로 분류할 수 있다.

첫째, 기초자산이 무엇인지를 기준으로 하여 분류할 수 있는데, 이 분류는 다양한 파생상품의 기초자산을 우선 상품(commodity)과 금융물(financial products)로 나누고, 상품은 다시 에너지류, 금속류, 농산물류로 대별한다. 에너지류에는 원유, 무연휘발류, 천연가스 등이 있고, 금속류에는 알루미늄, 전기동, 아연, 납, 주석, 니켈 등이 주종인 한편 농산물류로는 옥수수, 대두, 밀, 원면, 원당을 비롯하여 냉동 오렌지주스, 돈육, 생우, 생돈, 원목 등 매우 다양한 기초자산이 있다.

한편, 금융물은 지수류(indices), 통화류(currencies), 금리류(debt instru－ments)로 대별되고, 지수류는 다시 코스피200, S&P500, 다우존스지수, FTSE100 등으로

20) 파생상품의 종류에 관하여 간략하고도 포괄적으로 기술한 자료로는 김홍기, 전게박사학위논문, 2006. 12, 33－44면 참조.

세분되며, 통화류는 원달러, 원유로, 엔달러, 파운드달러 등으로 세분되고, 금리류는 3년 만기 국고채권(KTB), US Treasury Bond(30년 만기 미국 국채), Bund(10년 만기 독일 국채), Gilt(10년 만기 영국 국채) 등으로 세분된다.

이와 같이 기초자산을 기준으로 하는 분류는 파생상품을 가장 구체적으로 분류할 수 있는 실익이 있다.

둘째, 계약의 내용을 기준으로 분류할 수 있는데, 이를 기준으로 하면 파생상품은 선도(선물), 옵션(option)과 스왑(swap)으로 분류된다. 선도(선물), 옵션 및 스왑은 각각 위의 기초자산에 의한 기준에 따라 상품(commodity)에 관한 것과 지수, 환율, 통화 등 금융물에 관한 것으로 세분할 수 있다.

계약의 내용을 기준으로 분류한 것에 더하여 기초자산을 기준으로 다시 분류하면 각 파생상품의 좌표가 훨씬 명확해진다.

셋째, 거래소(exchange)에서 거래되는가 여부를 기준으로 분류할 수 있다. 거래소 내에서 거래되는 파생상품을 장내파생상품(Exchange Deriva-tives)이라 하고, 거래소 밖에서 거래되는 것을 장외파생상품(Over-the-Counter Derivatives, "OTC 파생상품"이라 약(略)한다)이라 한다.

장내파생상품은 선물, 장내옵션이 주종인 한편 장외파생상품은 선도계약, 스왑계약, 장외옵션계약 등이 주종이다. 이와 같은 분류 중에서 이 책에서 주로 살피게 되는 것은 기초자산 기준의 분류로는 통화류(원달러 환율), 계약의 내용 기준의 분류로는 옵션, 거래소 기준의 분류로는 장외파생상품이다.

장내파생상품과 장외파생상품의 구분은 단순한 거래 장소의 차이뿐만 아니라 당사자 간의 계약관계 및 그 이행수단의 확보에 있어서도 큰 차이가 있다.

일반적으로 장내파생상품의 경우에는 거래소의 청산기능이 실질적으로 당사자 사이에 개입됨으로써, 계약이행의 확보라는 문제는 크게 중요하지 않다. 이에 비해 장외파생상품은 당사자 간의 순수한 상대거래로써 이루어지기 때문에, 상대방에 대한 이행수단의 확보가 필수적인데, 이러한 이행수단의 확보는 당사자 간의 계약서 작성에 의하게 된다.[21]

---

21) 정순섭, "場外派生金融商品去來의 倒産節次上取扱에 관한 法制度整備方案", 한국법제연구원, 2003, 9면.

2) 장내파생상품과 장외파생상품

장외파생상품과 장내파생상품에서 장(場)은 거래소를 의미하므로 거래소 내에서 거래가 되는 파생상품은 '장내파생상품'이고, 거래소 밖에서 거래가 되는 파생상품은 '장외파생상품'이다.

자본시장법은 파생상품을 거래장소를 기준으로 장내파생상품과 장외파생상품으로 구분하고 있다. 장내파생상품은 '파생상품시장에서 거래되는 파생상품 또는 해외 파생상품시장에서 거래되는 파생상품'을 말한다(법 제5조 제2항).

여기서 파생상품시장이란 '장내파생상품의 매매를 위하여 거래소가 개설하는 시장'을 말한다(법 제8조의2 제4항 제2호). 한편, 해외 파생상품시장이란 파생상품시장과 유사한 시장으로서 해외에 소재하는 시장과 대통령령이 정하는 해외 파생상품거래가 이루어지는 시장을 말한다(법 제5조 제2항, 법 시행령 제5조 제1항).

장내파생상품은 거래소를 통하여 거래된다는 점에서 장외파생상품과는 다른 특성을 갖게 되는 바, 다수의 시장참여자들을 대상으로 거래가 이루어져야 하기 때문에 거래조건의 표준화가 필요하다.[22]

장외파생상품 계약의 당사자는 일반적으로 매매계약과 동일하게 매수인과 매도인이다. 그러나 장내파생상품 계약은, 거래소(청산소)가 모든 거래에 대하여 면책적 채무인수의 당사자가 된다는 점에서 특징이 있다. 장내파생상품은 모든 매수인에 대하여 거래소가 매도인의 지위에서 이행을 보증하고, 모든 매도인에 대하여 거래소가 매수인의 지위에서 이행을 보증하는, "매수인－거래소－매도인"이라는 독특한 당사자의 구조를 가지고 있다. 통상 장내파생상품의 경우 거래소가 이행을 보증하는 상대방의 역할을 하므로, '상대방위험'(counterparty risk)이 없는 것으로 간주된다.

한편, 장외파생상품은 매매계약과 마찬가지로 통상 매수인과 매도인 양자 간의 거래이므로, 장외파생상품의 가격에는 '상대방위험의 비용'이 포함되어 있다.

장외파생상품의 위험관리는 개별 거래자 차원에서 이루어질 수밖에 없는데, 금융공학의 발달과 상품구조의 복잡성이 심화되어서 시장참가자들이 상품의 위

---

22) 한국증권법학회, 전게서, 31면.

험을 제대로 측정하기가 점점 어려워지고, 금융지식 및 정보의 차이로 불공정한 거래가 발생할 가능성 또한 높아지고 있다.

한편 장외파생상품 거래는 그 다양성과 부외거래의 가능성 때문에 투명성이 상대적으로 부족한데, 이러한 투명성의 부족으로 장외파생상품의 직접적인 투자자 및 장외파생상품 거래를 하는 회사의 주주 등 간접적인 이해관계자는 불의의 손실을 입을 가능성이 높다.

따라서 장외파생상품 시장의 공정거래 및 투자자 보호를 위해서, 거래의 투명성을 높이고, 관련 정보를 투자자에게 제공하도록 적절한 감독과 규제가 필요하다.[23)]

장외파생상품 중 신용파생상품은 준거기업이나 준거자산의 수를 기준으로 single-name 신용파생상품과 multi-name 신용파생상품으로 대별된다.[24)] single-name 신용파생상품에는 CDS(credit default swap)와 TRS(total return swap) 등이 있는 한편, multi-name 신용파생상품에는 바스켓스왑(basket default swap), 포트폴리오스왑(portfolio default swap), 합성CDO(synthetic collateralized debt obligation) 등이 있는데, 이러한 여러 가지 신용파생상품 중 비중이 가장 큰 것은 CDS이다.

3. 유사계약과의 비교

(1) 선물과 유사계약의 비교

1) 매매계약

매매는 당사자 일방이 재산권을 상대방에게 이전할 것을 약정하고 상대방이 그 대금을 지급할 것을 약정함으로써 그 효력이 생긴다(민법 제563조). 우리 민법상의 매매계약은 '현물거래'를 대상으로 제정된 것이다.[25)] 현물거래는 매수인이

23) 오승현 · 오경희, 전게보고서, 9면.
24) 신용파생상품의 종류에 관한 상세는 임병철, 『신용파생상품 구조설계와 금융회사의 위험노출』, 한국금융연구원, 2006. 2, 17-33면 참조.
25) 매매계약은 주로 물건을 객체로 하는 것이 현실이지만, 정확히 말하면 권리(소유권, 채권 등)를 매매하는 것이다. 그러나 이 글에서는 선물과의 비교를 위하여 매매계약의 객체를

현금(cash)을 오늘 지급하고 목적물(the good)을 오늘 수령하는 계약이다. 매도인의 입장에서는 대금(the money)을 오늘 수령하고 목적물을 매수인에게 오늘 인도하는 것을 현물거래(cash 또는 spot)라 하는데[26], 현물계약은 현물거래를 체결하기 위한 매수인과 매도인 간의 계약이다.

그러나, 선물거래는 당사자, 재산권(목적물)의 보유 여부에 따른 거래의 제한 및 대금의 지급방법이 현물거래와 다르고, 효력이 발생하는 모습도 현물거래를 대상으로 한 매매계약과는 다르다.

선물계약에서는 매수인도 대금(증거금)을 지급하고 매도인도 대금(증거금)을 지급한다는 점에서, 민법상의 매매계약으로 포섭되기 어려운 측면이 있다. 왜냐하면, 우리 민법상 매매계약은 '당사자 일방이 재산권을 상대방에게 이전할 것을 약정하고 상대방은 그 대금을 지급할 것을 약정하는 것'(민법 제563조)인데, 선물계약은 매수인과 매도인 양 당사자가 모두 대금을 지급하는 구조이기 때문이다. 선물계약은 청산소(거래소)가 매수인의 증거금을 받는 대가로 실물인도 등 이행을 보증하고, 매도인의 증거금을 받는 대가로 실물인수 등 이행을 보증한다.

요컨대, 선물계약은 기존 민법상의 전형계약이 아니고, 시장에서 규칙과 약관을 통해 형성된 일종의 계약상품이다. 그러므로 기존의 민법 구조로 정확하게 부합되는 설명을 할 수는 없지만, 자본시장법에서는 선물계약을 매매로 간주하고 있다(제5조 제4항).

2) 선도계약

선도계약은 양 당사자가 특정 수량의 상품을 특정 가격으로 장래의 특정일에 교환하기로 합의하는 것이다. 선도계약의 계약조건은 개별협상에 따라 양 당사자의 구체적 수요에 맞추는 것이다. 반면 선물계약은 계약조건이 표준화되어 있고, 거래소에서 거래된다는 점에서 다르다.[27]

'현물'로 표현하였다.

26) Dubofsky, David A.,op. cit., p.1, A cash transaction : The buyer pays cash today and receives the good today. The seller receives the money today and delivers the good to the buyer today. You have transacted in the cash, or spot, market countless times.

27) Rechtschaffen, Alan N., 『Capital Markets, Derivatives and the Law』(1st Edition),

선도계약은 매수인이 대금(cash)을 장래에 지불하고, 지불시점에서 목적물을 인수하는 거래 계약이다. 매도인은 목적물을 특정일에 인도할 것과 그 시점에서 대금을 수령할 것에 동의한다. 계약 체결 당일은 대금의 수수가 없다(선도계약 체결 시 일방 또는 쌍방이 약간의 계약금을 수수하는 경우도 있다).[28] 이러한 점에서 선도계약은 이행기를 장래의 특정시점으로 한 매매계약으로 볼 수 있다.

한편, 선도계약과 선물계약은 몇몇 측면에서 차이가 있고, 이에 관하여는 견해가 다양한데, 제1설은 다음과 같다.[29] ① 선물계약은 거래소에서 '공개호가'(open outcry)를 통하여 거래된다. ② 선물계약의 조건(specification)은 거래소에 의해 표준화되어 있다. ③ 선물계약의 이행의무(obligation)는 반대매매(offsetting transaction)를 통하여 언제든지 해지(extinguished)될 수 있다. ④ 선물계약은 '법적 위험'(legal risk)이 사실상 없다는 점에서 선도계약과 다르다.

여기서, 법적 위험이란 법적 소송에 관한 불확실성 또는 계약, 법률 및 규정의 해석 또는 적용 가능성의 불확실성에 기인한 위험[30]을 말한다. 법적 위험은 헤지의 효과에 영향을 미친다. 예컨대, 선도계약을 체결하여 헤지를 시도하였는데, 동 계약이 무효 또는 취소된다면 헤지 효과가 소멸하게 되는 것이다. 장외파생상품계약에서 법적 위험은 통상 상대방의 신용위험(credit risk)을 지칭하는 경우가 흔하다.

두 계약의 차이점에 관한 제2설[31]에서도 거래소 요건, 표준화 요건은 제1설과 사실상 동일하다. 반면, 제2설은 첫째, 거래소 요건에 대하여 제1설이 공개호

Oxford University Press, 2009, p.168, Forwards and futures are both non-cash contractual instruments that enable market participants to both manage risk and enhance yield. In a forward contract, two counter parties agree to exchange a specified amount of a designated product for a specified price on a specified future date or dates. The terms of forward contracts are individually negotiated and are customized according to the counter parties' specific needs.

28) Dubofsky, David A., op. cit., p.1.

29) Rechtschaffen, Alan N., op. cit., p.169.

30) Available at, http://www.riskglossary.com/link/legal_risk.htm, last visited 15 Sep., 2010, Legal risk is risk from uncertainty due to legal actions or uncertainty in the applicability or interpretation of contracts, laws or regulations.

31) 이하 선도계약과 선물계약의 차이 부분은 Edwards, Franklin R., Ma, Cindy W., 『Futures & Options』, McGraw-Hill, 1992, pp.18-20 참조.

가라는 거래방식에 주안점을 둔 것에 비하여, 거래소 안과 밖으로 구분기준을 약간 달리하는 것인데, 이는 각국의 거래소가 전산플랫폼 환경으로 진화함에 따라 공개호가 방식이 점차 감소하고 있다는 측면에서, 현실을 좀 더 반영한 견해로 평가된다. 둘째, 제2설은 표준화의 대상을 거래단위, 품질, 만기 등으로 구체적으로 적시하는 등, 표준화요건에 대하여 제1설에 비하여 좀 더 구체적으로 설명하고 있다는 것이다.

셋째, 제2설은 유연성(flexibility) 측면에서 선도계약은 선물계약이 갖지 못하는 장점이 있다 하는데 즉, 양 당사자는 각자에 수요(needs)에 최적화된 특정 인도조건 및 절차(specific delivery requirements and procedures) 등을 합의에 의하여 정할 수 있다면서 '표준화된 선도거래'의 문제를 제기하고 있다. 즉, 미국의 경우 몇몇 대형 중개회사(brokerage firms)가 상당부분 표준화된 선도계약을 출시하고 있는데, 이는 표준화 측면에서 '선물계약의 불법적인 장외거래'로 볼 수 있다는 주장이다. 넷째, 제2설은 제1설의 법적 위험을 좀 더 구체적으로 설명한다. 즉, 선물계약과 선도계약의 차이로 '상대방의 신용위험'(credit risks to the contracting parties)을 부담하는 주체가 누구인가 하는 것을 지적하며, 신용위험이란 상대방이 만기에 채무를 불이행(default)할 위험을 말하는 것인데, 선도계약은 상대방의 신용위험을 본인이 부담하는 것이고, 선물계약은 거래소가 부담한다는 점에서 다르다는 점을 설명하고 있다. 상대방의 채무불이행 시 반대편 계약당사자는 막대한 손실을 입을 수 있는데, 이러한 위험을 최소화하기 위하여, 선도계약은 통상 대형은행과 대기업(large banks and corporations) 등 신용등급이 높은(high credit standing) 자들 간에 거래되고 있다.

즉, 선도계약[32]의 계약당사자는 역사적으로 은행, 기관투자가, 대기업 등 대규모이고 고도로 숙련된(large and sophisticated) 자들로 한정되었다. 그 이유는 모든 선도계약은 막대한 상대방의 신용위험(significant credit risk to the contracting parties)을 계약당사자가 직접 부담하기 때문이다. 이와 같이 선도계약은 통상 신용도가 높은 자들 간의 거래이기 때문에, 선물시장의 신용위험 배제방법인 일일정산증거금시스템(mark-to-market margining system)이 사실상 불필요한 것처럼

32) 상대방 신용위험의 부담주체 문제는 선도계약뿐만 아니라 장외에서 거래되는 OTC derivatives 전체에 공통적으로 적용된다.

여겨졌던 것이다.

한편, 선물계약의 당사자는 선도계약에 비하여, 높은 신용등급이 불필요한데, 이는 거래소의 청산소(clearing association)가 증거금제도를 통하여 상대방의 신용위험을 배제하고 있기 때문이다. 이러한 제도적인 차이에 기인하여, 선물시장의 참여자는 통상 선도시장참여자에 비하여 소규모이지만, 동일한 당사자가 선도시장과 선물시장에 동시에 참여하는 경우도 있다. 예컨대, 대형은행은 통상 차익거래(arbitrage)를 목적으로 양 시장에 동시에 참여한다. 다섯째, 제2설이 설명하는 양 계약의 또 다른 차이점은 상대방의 익명성(anonymous counter parties)이다.[33] 즉, 선도계약은 상대방이 명확한 것에 비하여, 선물계약의 매수인과 매도인은 상대방을 알 수 없다는 것이다.[34] 이는 거래소가 유동성(liquidity)을 제고(提高)하기 위하여, 거래소가 정한 방법에 따라 매수인과 매도인을 자동적으로 짝짓기(match)를 하기 때문이다.

앞의 두 설을 정리하면 선도계약과 선물계약의 차이는 ① 거래소 내 거래 여부, ② 표준화의 정도, ③ 반대매매를 통한 해지 가능 여부, ④ 법적 위험(상대방에 대한 신용위험) 여부, ⑤ 계약조건의 유연성 측면, ⑥ 거래의 익명성을 기준으로 파악될 수 있다. 요컨대, 선물계약은 거래조건이 표준화된 선도계약으로 볼 수 있다.

앞의 두 설을 보충하여 설명하자면, 각각의 차이 중 표준화, 반대매매를 통한 해지 가능 여부 및 법적 위험 부분은 제도적인 구분의 문제이다. 즉, 우리나라의 경우 자본시장법이 거래소의 설립에 관한 규정(제373조)을 두고 있는 것과 마찬가지로, 각국은 파생상품 거래소의 설립에 관하여 법률로 규정하고 있다. 한편 각 거래소는 상장상품명세(contract specification)에 관한 규정을 두고 있는 바, 한국거래소의 경우를 소개하면 다음과 같다.

첫째, '표준화'에 관하여는, 한국거래소 파생상품시장 업무규정은 제2편에서 종목별로 규정하고 있다. 즉, 제2편은 상장상품에 관하여 규정하고 있는데, 제2장에서는 주가지수선물거래(제10조 내지 제14조), 주가지수옵션거래(제15조 내지 21조), 주식선물거래(제22조 내지 제27조), 주식옵션거래(제28조 내지 제37조)에 관하

33) Durbin, Michael, 『All About Derivatives』, McGraw-Hill, 2006, p.27.
34) 물론 선물계약도 거래소는 매수 매도의 상대방이 누구인지 알 수 있다.

여 '표준화'의 세부내역을 규정하고 있다. 표준화의 세부내역은 기초자산, 거래수량단위, 호가가격단위, 최종거래일 및 최종결제일 등이다. 한편, 제4장에서는 통화선물거래(제44조 내지 제48조), 통화옵션거래(제49조 내지 제55조) 등 통화상품거래를 규정하고 있고, 제5장에서는 일반상품선물거래(제56조 내지 제61조)의 표준화 세부내역을 규정하고 있다.

둘째, '반대대매를 통한 해지 가능성'에 관한 동 규정의 내용은 '동일한 종목의 매도와 매수의 약정수량 중 대등한 수량을 상계한 것으로 보아 소멸'(제95조, 제143조)시키는 방식을 취하고 있다.

셋째, 법적위험에 관한 부분은 증거금으로 설명될 수 있다. 이는 사실 '거래소 요건과 동일한 것이다. 즉, 선도계약은 매수인과 매도인 양자 간의 거래이므로 상대방에 대한 신용위험을 각각 부담하지만, 선물계약은 양 당사자와 거래소 간의 계약이므로 매수인과 매도인의 신용위험은 거래소로 이전되는 구조이다. 그러므로 사실상 상대방에 대한 신용위험이 없는 것이다. 다만 거래소는 회원제로 운영되므로 회원만이 거래할 수 있다(한국거래소 회원관리규정 제2조 제1항). 그러므로 거래소에서 파생상품을 매매하기 위해서는, 위탁자(매수인 및 매도인)는 회원(증권회사, 선물회사)에게 위탁증거금을 예탁한다(파생상품시장 업무규정 제132조). 그러면 동 위탁증거금을 토대로 회원은 거래소에 거래증거금을 예탁하고(동 규정 제88조), 거래소는 회원이 상대방회원에 부담하는 채무를 면책적으로 인수한다(동 규정 제94조). 결국, 위탁자의 채무가 회원을 통하여 거래소에 면책적으로 인수되는 구조이다.

면책적 채무인수에 대한 대가는 증거금이다. 따라서 장내파생상품은 증거금을 납입하는 대신 거래소가 채무를 면책적으로 인수하는 구조이므로, 위탁자의 입장에서 상대방의 신용위험은, 거래소의 채무불이행 위험과 동일하다. 그러므로 사실상 상대방에 대한 신용위험이 없는 것으로 간주하는 것이다.

한편, 계약조건의 유연성 측면은 당사자의 선택의 문제로 생각되는데, 현실에서는 맞춤양복과 기성복의 차이와도 유사하다. 즉, 선물계약도 미니화되면서[35] 선도계약의 유연성에 점차 근접하고 있는 추세가 있고, 선도계약도 일부 표준화

35) 예컨대, mimi-S&P, mini-GOLD 등 각국에서 선물상품이 mini화되는 경향이 있다.

가 시도되면서, 양자 간 유연성 측면의 차이는 점차 좁아지는 경향이 있는데, 이는 기성복도 세분화되면서 맞춤양복과 큰 차이가 없는 것과 유사하다. 마찬가지로 거래의 익명성 기준도 또한 당사자의 선택의 문제지만, 통상은 익명성을 원하는 당사자는 거래소를 선택한다. 그러나 실무에서는 대량거래 시 익명성을 목적으로 장외거래를 택하는 경우도 있으므로 익명성 구분의 실익은 크지 않다.

(2) 옵션과 유사계약의 비교

1) 옵션의 개념

가. 콜옵션과 풋옵션

한국거래소의 파생상품시장 업무규정은 "옵션거래"를 콜옵션과 풋옵션으로 분류하고 있다(제2조 제1항). 동 규정에서는 콜옵션을 "기초자산을 수수하는 옵션거래 및 선물옵션거래의 경우 권리행사에 의하여 행사가격으로 기초자산의 매수로 되는 거래를 성립시킬 수 있는 옵션" 및 "현금을 수수하는 옵션거래의 경우 권리행사에 의하여 행사가격이 권리행사결제기준가격보다 낮은 경우에 그 차이로부터 산출되는 금전을 수령하게 되는 거래를 성립시킬 수 있는 옵션"으로 정의하고 있다(동 규정 제2조 제1항 제11호).

한편, 위 규정에서 풋옵션을 정의한 것은 다음과 같다(동항 제12호). 즉, "기초자산을 수수하는 옵션거래 및 선물옵션거래의 경우, 권리행사에 의하여 행사가격으로 기초자산의 매도로 되는 거래를 성립시킬 수 있는 옵션" 및 "현금을 수수하는 옵션거래의 경우 권리행사에 의하여 행사가격이 권리행사가격결제기준보다 높은 경우에 그 차이로부터 산출되는 금전을 수령하게 되는 거래를 성립시킬 수 있는 옵션"이라 하는데 이를 분설하면 다음과 같다.

첫째, 옵션은 기초자산을 수수하는 옵션과 선물옵션으로 분류되는데, 기초자산을 수수하는 옵션은 현물옵션을 말하는 것이다.

둘째, 권리행사에 의하여 행사가격으로 기초자산의 매수 또는 매도로 성립시킬 수 있는 옵션은 인수도 결제(physical delivery)를 조건으로 한 옵션을 말하는 것이다. 반면, 행사가격과 권리행사결제기준과의 차액을 수수하는 옵션은 현금결제(cash settlement)를 조건으로 한 옵션을 말하는 것이다. 참고로, 한국거래소의 옵션상품 중, 미국달러옵션은 인수도결제 옵션이고, 코스피200 옵션과 개별주식 옵션은 현금결제 옵션이다.

셋째, 권리행사에 의하여 거래를 성립시킬 수 있다는 것은 옵션의 매수인이 형성권을 가지게 된다는 점을 설명한 것이다.

넷째, 행사가격은 사전적으로 정해져 있는 것이고, 권리행사결제기준은 형성권을 행사할 시점의 가격을 말한다.

콜옵션은 매수인이 매수포지션의 취득을 청구할 수 있는 형성권이고, 풋옵션은 매수인이 매도포지션의 취득을 청구할 수 있는 형성권으로 설명할 수도 있다.[36)]

여기서 우선 포지션은 실무상의 용어로서 법률적 용어가 아니므로 이를 해설할 필요가 있다. 파생상품의 거래에 있어서 포지션은 두 가지로 분류된다. 즉, 매수포지션(long position)과 매도포지션(short position)이다. 매수포지션이란 매수행위에 기하여 장부상 기재된 매수계약잔고를 의미한다. 반대로 매도포지션이란 매도행위에 기하여 장부상 기재된 매도계약잔고를 말한다. 이하에서 매수포지션과 매도포지션의 몇몇 사전적 정의를 살펴본다.

제1설은 "예컨대, 선물계약의 경우 특정 수량의 물건을 특정가격에 장래에 팔거나 사기로 약속하는 것"[37)]이라 한다.

제2설[38)]은 매수포지션(long position)은 '투자자가 일반상품, 금융상품 및 주식 등을 구매하거나 구매계약을 체결한 상황'이고 매도포지션(short position)은

---

36) 이하 '콜옵션과 풋옵션' 부분은, 박선종, "법률가를 위한 파생금융상품의 이해", 『증권법구』 제9권 제1호, 한국증권법학회, 2008, 479-480면.

37) Available at, www.investorwords.com, last visited on 27 Mar., 2019, In the case of a futures contract, the promise to sell or buy a certain quantity of a good at a particular price in the future.

38) Available at, www.businessdictionary.com, last visited on 27 Mar., 2019. 90) Situation where an investor purchases(or contracts to purchase) commodities, financial instruments and shares, etc.

long position : Situation where an investor purchases (or contracts to purchase) commodities, financial instruments, and shares, etc.,

short Position : Situation where an investor sells commodities, financial instruments and shares, etc., which are to be delivered on a future date at a certain price, but which he or she does not own at the time of sale.

'투자자가 일반상품, 금융상품 또는 주식을 장래에 인도하기로 약속하고 매도하지만 매도시점에는 목적물을 보유하고 있지 않는 상황'이라 한다.

콜옵션의 매수인은 형성권을 행사하면 시장가격보다 낮은 가격에 목적물을 취득할 수 있거나 또는 매수포지션을 취득하게 된다. 콜옵션의 매도인은 매수인이 동 옵션을 행사하면 시장가격보다 낮은 가격에 목적물을 처분하여야 하거나 또는 매도 포지션을 취득하게 된다.

선물콜옵션의 경우 매수인이 행사하는 형성권의 효과는 선물매수계약잔고(long futures position)의 인수인바, 이에는 별도의 대가가 불요하다. 왜냐하면 대가는 기 지급한 프리미엄에 내포되어 있기 때문이다. 현물콜옵션의 경우는, 매수인이 행사하는 형성권의 효과는 현물매수계약잔고(long cash position)의 인수이다.

풋옵션의 매수인은 동 옵션을 행사하면 시장가격보다 높은 가격에 목적물을 처분할 수 있거나 또는 매도포지션을 취득하게 된다. 풋옵션의 매도인은 매수인이 동 옵션을 행사하면 시장가격보다 높은 가격에 목적물 또는 매수 포지션을 취득하게 된다.

선물풋옵션계약의 경우 매수인이 행사하는 형성권의 효과는 선물매도계약잔고(short futures position)의 인수이다. 이에는 별도의 대가가 불요하다. 왜냐하면 대가는 기 지급한 프리미엄에 내포되어 있기 때문이다. 현물풋옵션의 경우는, 매수인이 행사하는 형성권의 효과는 현물매도계약잔고(short cash position)의 인수이다.

한편, 동 규정에서는 행사가격(strike price, exercise price)을 "권리행사에 따라 성립되는 거래에 있어서 사전에 설정된 기초자산의 가격 또는 수치"로 정의하고 있다(제2조 제1항 제10호).

행사가격은 옵션가격(프리미엄)의 결정에 중대한 영향을 미치며, 옵션계약의 매수인이 형성권을 행사하였을 때, 매수포지션(콜옵션) 또는 매도포지션(풋옵션)을 취득하게 되는 기준가격이다. 현물옵션을 행사하면 현물포지션을 취득하게 되고, 선물옵션을 행사하면 선물포지션을 취득하게 된다.

나. 미국식 · 유럽식 · 아시아식 옵션

미국식 옵션(American Option)은 매수인이 옵션계약의 체결 후 만기(이행기)까지 언제든지 형성권을 행사할 수 있는 옵션이다. 유럽식 옵션(European Option)은 매수인이 옵션계약의 만기(이행기)에만 형성권을 행사할 수 있는 옵션이다. 상기두 옵션의 형성권을 행사할 수 있는 기준 가격은 행사가격이다. 이와는 달리 아시아식 옵션(Asian Option)은 매수인이 옵션계약의 만기(이행기) 도래 시, 전체 계약기간의 평균가격으로 형성권을 행사할 수 있는 옵션인데 즉, 옵션의 행사가격이 일정기간의 평균가격이다.[39)]

옵션거래의 형성기부터, 미국시장에서는 통상 만기 전 언제든지 매수인이 권리를 행사할 수 있는 옵션이 거래되었고, 유럽시장에서는 통상 만기일에만 행사가 가능한 옵션이 거래되어 그 내용에 차이가 있었다. 이를 구분하기 위하여, 시장에서는 미국식 옵션, 유럽식 옵션이라는 용어로 통용되고 있다. 한편 아시아식 옵션은 아시아시장에서 평균가격 기준으로 행사하는 관행이 시장에서 통용되는 용어로 정착된 것이다. 참고로 한국거래소의 코스피200 옵션, 개별주식옵션 및 미국달러옵션은 모두 최종거래일에만 행사가 가능한 유럽식 옵션이다.

다. 현물옵션과 선물옵션

현물콜옵션(call option on cash)은 매수인이 형성권을 행사하면 행사가격 상당의 금원을 지급하고 현물(cash 또는 physical)인 목적물을 취득하게 된다. 현물풋옵션은 매수인이 형성권을 행사하면 행사가격 상당의 금원을 수령하고 현물을 인도할 수 있다. 물론, 두 경우 모두 형성권 행사 당시 현물의 시장가격은 무시되고, 오로지 행사가격만이 대금산정의 기준이 된다.

선물콜옵션(call option on futures)은 매수인이 형성권을 행사하면 행사가격과 동일한 선물매수포지션(long futures position)인 목적물을 취득하게 된다. 선물풋옵션은 매수인이 형성권을 행사하면 행사가격과 동일한 선물매도포지션(short futures position)인 목적물을 취득하게 된다. 물론, 두 경우 모두 형성권 행사 당시 선물의 시장가격은 무시되고, 오로지 행사가격과 동일한 가격에 매수·매도포지션이 취득된다.[40)]

---

39) 박선종, 전게논문(2008), 480면.
40) 박선종, 전게논문(2008), 480면.

2) 보험계약

옵션계약[41]은 보험계약과 상당히 유사한데, 보험계약은 당사자 일방이 약정한 보험료를 지급하고 상대방이 재산 또는 생명이나 신체에 불확정한 사고가 생길 경우에 일정한 보험금액 기타의 급여를 지급할 것을 약정함으로써 효력이 생기는 것(상법 제638조)에 비교하면, 옵션계약은 당사자 일방(매수인)이 약정한 프리미엄(보험료)을 지급하고 상대방(매도인)이 재산에 관하여 불확정한 사고(행사가격보다 불리한 방향으로 시장가격이 변동)가 생길 경우에 일정한 급여를 지급(행사가격에 목적물을 인도(콜옵션)) 또는 인수(풋옵션)할 것을 약정하는 계약이라는 점에서, 양 계약은 유사점이 많은 것으로 볼 수 있다.

3) 보증계약 및 보증보험계약

보증계약의 당사자는 보증인과 채권자인데[42], 보증인은 주채무자가 이행하지 아니하는 채무를 이행할 의무가 있다(민법 제428조 제1항). 보증계약은 주채무자가 빚을 갚지 못하면 보증인이 대신 갚겠다는 내용으로 채권자와 체결하는 계약이다.

보증계약은 '채권자－주채무자－보증인' 3자 관계이다. 옵션계약의 당사자는 매도인과 매수인인데, 옵션매도인의 지위는 채무자로 볼 수 있다. 특히 장외옵션계약에서는 매도인은 채무자가 되고 매수인은 채권자가 되는 것으로 볼 수 있고

---

41) 옵션의 원리를 응용하여 일부 법원칙의 재해석을 시도하는 논문으로는, 고학수, "옵션이론을 응용한 (일부) 법원칙의 재해석", 『법학연구』 제17권 제1호, 연세대 법학연구소, 2007, 31－57면; 동 논문에서 소개된 유용한 관련 자료들은 다음과 같다; (1) Roe, Mark J., "Bankruptcy and Debt: A New Model for Corporate Reorganization", ColumbiaLaw Review, Vol. 83, No. 3, Apr. 1983, pp.527－602; (2) Bebchu, Lucian Arye, "A New Approach to Corporate Reorganization", Harvard Law Review, Vol. 101, No. 4, Feb. 1988, pp.775－804; (3) Aghion, Philippe, Hart, Oliver, Moore, John, "The Economics of Bankruptcy Reform", Journal of Law, Economics, & Organization, Vol. 8, No. 3, Oct. 1992, pp.523－546; (4) Adler, Barry E., "A Theory of Corporate Insolvency", 72 N.Y.U. Law Rev, 1997; (5) Grundfest, Joseph A., Huang, Peter H., "The Unexpected Value of Litigation: A Real Options Perspective", 58 Stanford Law Review 1267, 2005－2006; (6) Klock, Mark, "Financial Options, Real Options, and Legal Options: Opting to Exploit Ourselves And What We Can Do About It", 55 Alabama Law Review 63, 2003, pp.86－94.

42) 곽윤직 편집대표, 『민법주해(X)』, 박영사, 2002, 182면.

이를 분설하면 첫째, CDS는 신용사건과 수수료를 교환하는 계약이다. 신용사건이 발생하면 손실분이 발생하는바, 보장매입자가 부담하는 수수료의 반대급부는 손실분에 대한 보상이다. 수수료를 지급한 대가로 손해를 보상받는다는 점에서 CDS는 보험계약과 유사하다. 한편, 신용사건은 보험사건과 유사하다.

둘째, 보장매입자는 수수료(프리미엄)를 지급하고, 보장매도자는 신용사건에 대한 손실분을 보상해주는 의무를 부담한다. 보험계약과 비교하면, 보장매입자는 보험계약자의 지위와 유사하고, 보장매도자는 보험자의 지위와 유사하다.

셋째, 보장매도자는 특정기간 중 발생된 신용사건에 대하여만 손실보상의무를 부담하는데, 보험계약과 비교하면 이 설의 특정기간은 부보기간에 해당하는 것이다.

제2설은, "CDS는 신용위험에 대한 보험의 일종이다. CDS는 개별적 협상에 기한 쌍무계약이다. CDS의 보장매입자는 보장매도자에게 정액의 수수료 또는 프리미엄(a fixed fee or premium)을 지급하고, 사전에 규정한 신용사건(credit event)이 발생할 경우, 보장매도자는 보장매입자의 손해를 보상한다. 신용사건은 준거자산(reference entity)로 불리는 기업의 도산(bankruptcy) 또는 회사채 등의 부도(default)를 의미한다. 스왑계약의 기간 중 신용사건이 발생하지 않으면, 보장매입자는 만기까지 프리미엄을 지속적으로 지급한다. 반대로, 만기 이전에 신용사건이 발생하면, 보장매도자는 보장매입자의 금전적 손실을 보상할 의무를 부담한다."[47]는 것이다.

제2설의 특징은 첫째, CDS를 부보대상이 신용위험인 보험으로 보는 것이다.

---

47) Available at http://www.securitization.net/pdf/content/Nomura_CDS_Primer_12May04.pdf, last visited on 1 Nov., Nomura Fixed Income Research, 14 May, 2004, p.1, 2010. "A credit default swap(CDS) is a kind of insurance against credit risk. It is a privately negotiated bilateral contract. The buyer of protection pays a fixed fee or premium to the seller of protection for a period of time and if a certain pre-specified "credit event" occurs, the protection seller pays compensation to the protection buyer. A "credit event" can be a bankruptcy of a company, called the "reference entity", or a default of a bond or other debt issued by the reference entity. If no credit event occurs during the term of the swap, the protection buyer continues o pay the premium until maturity. In contrast, should a credit event occur at some point before the contract's maturity, the protection seller owes a payment to the buyer of protection, thus insulating the buyer from a financial loss."

둘째, 신용사건의 규정에 있어서 사전성(事前性)을 명기하고 있으며 셋째, CDS 프리미엄 지급이 스왑계약의 기간 중 1회가 아니라 수회에 달한다는 점을 알려주고 있는 것이다.

제3설은 CDS를 "일방 당사자가 상대방 당사자에게 제3자의 신용위험을 이전할 것을 허용하는 특별한 종류의 당사자 간 계약"[48]이라 한다. 제3설의 특징은 CDS를 위험의 이전을 목적으로 하는 헤지도구(hedging tool)로 본다는 점이다.

요컨대, CDS는 보장매입자의 신용위험을 보장매도자가 프리미엄 수취의 대가로 담보하는 계약으로 설명할 수 있다.

(3) 스왑과 유사계약의 비교

1) 교환계약

우리 민법전은 교환(交換)에 관하여 "당사자 쌍방이 금전 이외의 재산권을 상호 이전할 것을 약정하는 것"으로 규정하고 있는데(민법 제596조), 스왑계약은 재산권을 상호 이전한다는 면에서 교환과 유사하다.

스왑의 사전적 의미는 현금흐름의 교환인데, 예컨대, 갑의 특정주식과 을의 특정채권을 교환하기로 계약하면, 이는 주식과 채권의 현금흐름을 교환하기로 한 스왑계약이다. 또한 고정금리와 변동금리를 상호 교환하기로 계약할 수 있는데, 이 역시 스왑계약이다.

스왑계약의 실익은 비용의 절감에 있다 할 수 있다. 예컨대, 갑을 간의 스왑계약을, 매매계약으로 하자면 우선 두 개의 계약이 된다. 즉, 갑의 특정주식을 매도하는 매매계약과 을의 특정채권을 매도하는 계약이다. 또한 갑과 을은 매도계약을 통하여 확보된 대금으로 이번에는 갑은 특정채권 매수계약을 체결하고 을은 특정주식 매수계약을 체결하여야 한다.

즉, 한 번의 교환계약으로 해결할 수 있는 문제를 매매계약을 통하면 네 배의 비용이 드는 것으로 볼 수 있는 것이다. "교환은 당사자 쌍방이 금전 이외의 재

---

48) A specific kind of counterparty agreement which allows the transfer of third party credit risk from one party to the other. www.investorwords.com, last visited on 27 Mar., 2019.

산권을 서로 이전할 것을 약정함으로써 성립하는 계약이다. 교환에 있어서 본질적으로 중요한 것은 경제적 자산을 금전의 개입 없이 상호 거래하는 것이다."[49]

예컨대, 매매에서는 목적물에 대한 반대급부가 대금(금전)인 것에 비하여, 교환에서는 반대급부가 물건이나 권리의 양도 등 금전이 아닌 것이다. 교환계약의 목적물은 거래의 관점에서 보아 매매의 목적이 될 수 있는 모든 재산권이다.[50]

스왑은 "장래의 일정기간 동안 미리 정한 가격으로 기초자산이나 기초자산의 가격, 이자율, 지표, 단위 또는 이를 기초로 하는 지수 등에 의하여 산출된 금전 등을 교환할 것을 약정하는 계약"(자본시장법 제5조 제1항, 제2항)이다.

원화와 달러화를 교환하는 것과 같이 스왑계약의 목적물이 통화인 경우는 교환계약으로 볼 수 없을 것이다. 교환을 매매계약의 구조를 통하여 이해하자면, 쌍방 당사자가 모두 매도인의 입장에 서는 것이라 할 수 있다. 원화와 달러화를 교환하는 것과 같은 환금(換金)은, 당사자 쌍방이 매매에 있어서 매수인의 입장에 서는 것이라고 할 수 있으므로 교환이라고 할 수는 없고 유상의 무명계약이지만 매매에 관한 규정을 유추 적용하여야 한다는 것이 통설이다.[51]

그러나 예컨대, 원달러 환율이 1,100원 대 1불일 때, 미화 1불 동전과 원화 500원 동전을 기념의 목적으로 교환하였다 가정하자. 이 경우, 1불 동전과 500원 동전을 통화로 관념하여 매매로 보는 것은 어떤 실익이 있는가?

생각건대 원화와 달러화를 교환하기로 하는 통화스왑계약의 경우는 통화를 대금으로 본다면 교환계약으로 보기 어렵다는 주장에 부합할 것이지만, 통화를 단순한 교환의 대상으로 볼 수 있다면 교환계약에 포함시킬 수도 있다는 주장도 가능할 것으로 본다. 그러나 스왑을 교환계약으로 볼 수 있는지 여부가 갖는 실익은 특별히 없어 보인다.

2) 옵션계약

스왑계약의 손익구조는 기초자산의 종류에 따라 선도계약과 유사한 것과 옵션계약과 유사한 것으로 분류할 수 있다. 즉, 통상의 금리스왑이나 통화스왑은

49) 곽윤직 편집대표, 『민법주해(XIV)』, 박영사, 2002, 660면.
50) 곽윤직 편집대표, 상게서, 661면.
51) 곽윤직 편집대표, 상게서, 663면.

선도계약과 유사한 손익구조를 가진다. 반면 CDS는 옵션계약과 유사한 손익구조를 가진다. CDS는 준거기업의 준거자산을 보유하고 있는 보장매입자(protection buyer)가 보장매도자(protection seller)에게 일정 수수료(premium)를 지급하고, 특정 기간 중 준거자산의 부도 등 신용사건이 발생되어 원리금을 회수할 수 없게 되는 경우, 동 손실분을 보장매도자로부터 보상받는 금융계약이다.[52]

한편, 옵션계약은 매수인이 매도인에게 일정 수수료를 지급하고, 이행기에 목적물의 가격이 시장가격에 비하여 매수인에게 불리한 경우, 당초의 약정가격과 시장가격과의 차이를 매도인으로부터 보상받을 수 있다는 점에서, CDS와 손익구조가 같다. CDS는 '일방 당사자가 상대방 당사자에게 제3자의 신용위험을 이전할 것을 허용하는 특별한 종류의 당사자 간 계약'[53]이다.

신용위험이란 당사자 또는 제삼자의 신용등급의 변동, 파산 또는 채무재조정 등으로 인한 신용의 변동을 말한다(자본시장법 제4조 제10항 제4호). 한편 옵션계약은 매수인이 매도인에게 시장가격변동의 위험을 이전하는데, 일방이 상대방에게 위험을 이전한다는 점에서 CDS와 동일하다.

목적물을 기준으로 살피면, CDS의 목적물은 신용위험에 국한되는 것에 반하여, 옵션계약의 목적물은 "기초자산이나 기초자산의 가격 · 이자율 · 지표 · 단위 또는 이를 기초로 하는 지수 등에 의하여 산출된 금전 등"(자본시장법 제5조 제1항 제3호)으로 광범위하다는 점에서 차이가 있다.

한편 이행기 및 당사자를 기준으로 보면 CDS와 장외옵션계약은 대차가 없지만, 장내옵션계약과는 장내파생상품계약과 장외파생상품계약의 차이에 준하는 차이가 있다. 요컨대, CDS는 기초자산을 신용위험으로 하는 옵션계약으로 이해할 수 있다.

3) CDS와 지급보증

우선 전통적인 지급보증은, 통상 '차주의 요청과 비용지불'에 따라, 지급보증

---

52) Tavakoli, Janet M., op. cit., p.73.

53) Available at www.investorwords.com, last visited 12 Dec., 2010, A specific kind of counterparty agreement which allows the transfer of third party credit risk from one party to the other.

매시스템이란 매매 알고리즘을 사용하여 트레이딩하는 자동화된 시스템을 말하는 것이다.[59)]

알고리즘 매매는 경우에 따라서는 1초에 여러 차례 주문의 입력과 취소가 반복되는 경우도 있다. 이는 공개호가 방식으로는 성립 불가능한 거래방식이다. 그러므로 알고리즘 매매는 전자매매를 기본 요건으로 한다고 볼 수 있다.

자동화된 매매란 예컨대, HTS(home trading system)의 경우 지정가주문(limit order)을 컴퓨터에 입력한 후 시장가격이 지정가에 도달하였을 때 매매계약이 자동으로 체결되는 것과 같은 시스템 계약의 경우를 들 수 있다. 일반적으로 프로그램 매매란 시장 상황별로 실행할 투자전략을 사전에 수립해 두고 시세정보 분석에서 다수 종목의 주식들을 주문하기까지의 일련의 과정을 컴퓨터로 처리하는 거래기법을 말한다.[60)] 프로그램 매매는 전산망을 통하여 미리 정해진 규칙에 따라 다수의 종목을 동시에 거래하는 매매를 이름이다.

KRX(Korea Exchange, 한국거래소)는 프로그램 매매를 차익거래와 비차익거래로 구분한다.[61)] 차익거래는 이론가격과 시장가격의 괴리를 이용하여 수익을 추구하는 거래이다. 비차익거래는 동일투자자가 15종목 이상을 동시에 거래하되 차익거래가 아닌 프로그램 매매를 말한다.[62)]

프로그램 매매와 알고리즘 매매는 모두 자동화된 매매라는 점에서는 동일하다. 프로그램 매매와 알고리즘 매매의 차이는, 프로그램 매매의 경우 대량 거래가 특징이며 시세조종의 개연성이 있는 반면, 알고리즘 매매의 경우 소량으로 분산시키는 것이 주된 특징이며 시세조종의 의도 및 개연성이 없다는 점이다.

알고리즘 매매에 있어서 전략 알고리즘(strategy algorithm)은 매매 신호를 발생시키고 주문집행 알고리즘(execution algorithm)은 전략 알고리즘에서 발생된 매매 신호를 선택하여 주문체결을 집행한다. 전략 알고리즘의 구성요소로는 가격의 움

59) Hansen, Lawrence, "Program/Algorithmic Trading", 『CME 서울세미나주제발표자료』, CME, 2007. 5, p.4.

60) 옥기율, "현물 및 선물 연계에 의한 불공정거래행위 대응방안", 『한국증권학회지』 제28권 제1호, 한국증권학회, 2001, 428－429면.

61) 유가증권시장업무규정 제6조의4 및 제6조의5.

62) 최 혁·윤선흠 "프로그램매매가 주식가격에 미치는 영향", 『한국증권학회지』 제36권 제2호, 한국증권학회, 2007, 284면.

직임, 거래량, 일중 시간대뿐만 아니라 기후 또는 트레이더의 느낌 등도 포함될 수 있다. 주문집행 알고리즘의 예로는 통상 시간분할(time slice), 거래량가중평균가격(Volume Weighted Average Price: VWAP), 시간가중평균가격(Time Weighted Average Price: TWAP) 등의 방식이 사용된다.

시간분할알고리즘은 주문을 일정 시간에 걸쳐 잘게 나누어 집행하는 방법이다. VWAP 알고리즘은 대다수 거래가 발생한 가격대에 근접하도록 하는 방법이다. TWAP 알고리즘은 특정한 기간 내에 발생한 거래의 진정한 평균가격(true average price)에 근접하도록 체결시키는 것 이다.[63] 그러므로 알고리즘 매매는 일반적으로 시세조종의 의도가 없는 것으로 볼 수 있다.

2. 알고리즘 매매의 생성배경

알고리즘 매매 생성의 주요 배경으로는 십진법호가제도(decimalization)의 도입정책과 FIX의 범용화를 들 수 있다.[64]

(1) 십진법호가제도의 도입

2001년 미국 SEC(Securities and Exchange Commission)는 십진법호가제도(decimalization)를 도입하였다.[65] NASDAQ 주식시장은 2001년 십진법호가제도를 도입하였는데 이는 거래비용의 절약과 주식가격의 이해도 제고를 주목적으로 시행되었다. 이는 1997년 Common Cents Pricing Act에서 최초로 제안되었고 2000년 1월 SEC Order 34－42360으로 권한 위양되었다. 1997년 이래로 미국주식시장은 주요 주식시장 중 호가단위를 분수로 사용하는 유일한 시장이었다. 십진법호가제도는 아래의 3단계로 이행되었다.

---

63) Hansen, op.cit., p.14.

64) Kim, Kendall, 『Electronic and Algorithmic Trading Technology』, Elsevier, 2007, pp.2－3.

65) Kim, op.cit., pp.2－6.

단계1. 2001년 3월 12일 NASDAQ100에 포함되지 않는 종목 중 14개를 십진법호가제도로 변경
단계2. 2001년 3월 26일 추가 197종목 십진법호가제도로 변경
단계3. 2001년 4월 9일 NASDAQ 주식 전 종목 십진법호가제도로 변경

이에 따라 호가단위는 전통적인 $1/16($0.0625)에서 $0.01로 변경되었다. 이는 매매단위가 약 1/6로 축소되는 결과를 야기하고, 결국 매매마진(trading margin)을 동률로 감소시켰다. 이는 시장참여자 각각에게 원가절감의 필요성을 증대시켰다. 십진법호가제도의 당초 목표는 개인 등 소규모 투자자의 거래비용을 줄이려는 것이었다. 그러나 그 결과는 대형 딜러들의 거래 마진의 격감을 초래하였다. 따라서 대형투자은행을 중심으로 원가절감을 통한 수익성 제고 노력의 일환으로 알고리즘 매매가 시작된 것이다. 즉, 알고리즘 매매는 투자은행의 자기 거래데스크에서부터 시작되었다.

알고리즘 매매는 기관투자자의 세 가지 needs 즉, 대량 주문에 따른 비용절감, 시장충격 배제, 정보유출 배제의 유용한 수단으로서 출발하여 작금에는 DMA와 결합하여 차익거래의 주요한 수단으로서 세계시장에서 위상이 크게 제고되었다.

(2) FIX 통신규약의 보급 확산

한편 알고리즘매매의 배경에는 FIX(financial information exchange protocol)의 범용화가 있다. FIX란 국제적으로 주식 등 금융상품의 전자매매를 실시간 환경에서 이행하기 위한 표준화된 메시지 제원이다. FIX는 1992년 Salomon Brothers와 Fidelity 간의 주식거래를 위하여 개발된 것이 효시이다.

이후 FIX는 시장의 선도적 통신규약(protocol)으로 자리 잡게 되고, FIX의 범용화가 성숙됨에 따라 알고리즘 매매시스템의 구축 비용은 획기적으로 감소하게 되었다. 따라서 알고리즘 매매는 더욱 확산되어 소규모의 트레이더까지도 사용하게 되었다.[66] 알고리즘 매매와 같은 실시간 전자거래에 있어서 FIX의 지위는 우리의 일상생활에서 인터넷이 점하는 지위와 유사한 것으로 볼 수 있다.

---

66) Kim, op.cit., p.3.

3. DMA의 이해

(1) DMA의 의의

거래소시장(exchange-traded markets)의 거래에 있어서, 고도로 전문화된 고객(sophisticated clients)은 통상 청산회원(clearing firms)의 중앙집중식 주문전달시스템을 배제하고 거래소 시스템에 직접 연결하고 있다. 이를 DMA(direct market access)라 한다.

(2) DMA의 생성 배경

전통적 공개호가 매매시장에서는 거래에 있어서 유리한 고지를 차지하기 위하여 당해 거래소의 회원권을 취득하는 것이 필수적이었다. 그러나 오늘날의 전자매매시장에서는 전산기술에 대한 투자가 과거의 회원권 취득에 해당하는 것으로 인식되고 있다.[67]

Maguire[68]는 DMA의 전제조건으로 전자거래환경(electronic trading), 충분한 유동성(liquidity)을 들고 있으며, DMA의 주목적은 익명성, 과다거래의 통제, 비용절감, 오류배제 등인 바, 최선주문집행(best execution)에 있어서 DMA는 필수적이라 한다.

헤지펀드 등 대량의 거래물량을 체결시켜야 하는 기관투자자 입장에서는 수익률 제고를 위하여 최선주문집행이 매우 중요하다. 기관투자자가 최선주문집행을 평가하는 기준은 통상 체결속도(speed), 거래비용(cost), 유동성(depth of liquidity) 및 익명성을 통한 시장충격의 최소화[69] 등이다.

DMA는 이러한 기관투자자의 요구에 부응한 산물이다. 더욱이 고객의 입장에

67) 시장에 직접 접속하는 전산시스템 구축이 경우에 따라서는 회원권 취득에 비하여 더 많은 비용이 수반되기도 한다. 그러나 대량거래자(high-frequency trader)에게는 이는 비용 이상의 가치가 있는 것이다. DiTullio, Stephane, "Pure Direct Market Access On The Rise", Futures Industry, Futures Industry Associatin, Nov.-Dec. 2005, p.39.

68) Maguire, Frances, "Direct market access for exchange-traded derivatives", Derivatives, Use Trading & Regulation, Vol. 11, Iss. 4, Feb. 2006, pp.375-380.

69) minimization of market impact through anonymity.

서는 DMA를 통하여 브로커의 자기매매(proprietary trading activities) 또는 주문체결 지연에 관련된 이해상충(conflict of interest)에서 벗어날 수 있다.[70]

전자매매의 특징 중 첫째가 동일한 시간 내에 공개호가에 비하여 현저히 많은 양의 주문을 처리할 수 있다는 점이고, 둘째는 직접 비용이 염가라는 점이다. 이러한 전자매매 환경이 DMA의 생성 배경으로 볼 수 있다.

4. 고빈도 거래의 개념

고빈도 거래(high frequency trading, 이하 "HFT"라 한다)는 알고리즘 거래의 일종으로 볼 수 있다. HFT는 일반적으로 "자동화된 알고리즘에 따라 매우 고속·고빈도로 단기간의 소규모 매매를 반복하는 거래기법"이라고 본다. HFT는 최적화된 통신시스템을 이용하여 지연시간(latency time)을 줄이고 연산능력이 높은 컴퓨터로 알고리즘을 실행함으로써 시황(市況)을 자동적으로 판단하면서 통상 1/1,000초(秒) 미만의 시간 단위로 거래 포지션의 진입을 변경(entry & exit)하는 자동화된 거래전략을 의미한다.

MiFID II에서는 HFT에 대하여 다음과 같이 정의하고 있다(동 지침 제4조 제1항 제40호).

> "고빈도 알고리즘 거래(high-frequency algorithmic trading technique)란 알고리즘거래 기술 중 다음의 성격을 가진 것을 말한다.
> (a) 인프라가 네트워크 기타 latencies의 최소화(minimize)를 의도한 것으로서, 알고리즘에 따른 주문입력(algorithmic order entry)의 형태로서 콜로케이션(co-location), 근접한 서버의 설치(proximity hosting), 고속DEA (direct electronic access) 중 적어도 하나를 포함하고 있을 것,
> (b) 주문의 생성(initiation), 입력(generation), 전송(routing), 체결(execution)이 시스템 상에서 판단되고 개별 거래와 주문에 인간이 개입하지 않으며,
> (c) 주문, 호가, 취소입력의 장중비율(intraday rates)이 상당히 높을 것"
> 으로 정의한다.

---

70) Nathanson, Simon, "What are the benefits of direct market access and how can investors most effectively leverage them?", STP Journal Online, Nov. 2004.

제2장

파생상품계약의 법적규제

제2장

파생상품계약의 법적규제

제1절 | 서설

파생상품의 법적규제는 거래의 공정성 확보 및 투자자의 보호를 목적으로 한다. 파생상품 규제에 있어서 미국은 분리규제, 영국을 비롯한 호주, 싱가포르 등은 통합규제를 시행하고 있다.[71] 통합규제란 파생상품을 기초자산과 동일한 규제 틀 내에서 규제하자는 것이고, 분리규제는 파생상품과 기초자산은 여러 가지 특징이 다르므로 별도의 규제 틀을 두자는 것이다.

우리나라는 자본시장법 이전에는 미국식의 분리규제 입장에서 동법 시행 이후 통합규제로 변경한 것으로 볼 수 있다. 파생상품시장의 탄생과 발전에 있어서, 미국의 영향력은 가히 절대적이라 할 수 있는데, 여기서는 미국정부의 파생상품 규제연혁을 살펴봄으로써, 파생상품 규제에 관한 발달과정을 이해한다.

---

71) 정순섭, "금융규제의 새로운 동향에 관한 일고－주요금융시장의 증권선물규제 개혁을 중심으로", 『상사법연구』 제22권 제1호, 2003, 한국상사법학회, 553면.

제2절 | 규제기관과 연혁

I. 미국

1. 연혁

그린스펀[72]의 1997년 연설문[73]에는 미국정부의 파생상품 법적규제 연혁이 함축적으로 소개되어 있다. 이를 소개하면 다음과 같다.[74]

미국 선도계약의 효시를, 뉴욕증권거래소(New York Stock Exchange, 이하 "NYSE"라 한다)의 주식거래로 보는 견해가 있다. 이는 즉, NYSE 설립(1792) 초기의 거래 중 15 내지 20퍼센트 정도가 선도계약(forward contracts)으로 볼 수 있다는 주장인 바, 그 내용은 동 거래가 '당일 현금결제'(same-day cash settlement)가 아닌 '익일 정기결제'(next-day regular-way settlement)의 정기행위(time bargains)라는 점에서 선도계약으로 볼 수 있다는 것[75]이다.

일반상품(commodities)의 경우, 1850년 시카고에서 옥수수, 밀 등 곡물을 기초자산으로 하는, 'to arrive' contracts('현물결제' 기준의 선도계약)의 거래가 시작되었는데, 시카고상품거래소(Chicago Board of Trade, 이하 "CBOT"라 한다)의 거래는, to arrive contracts의 거래 단위(lot sizes), 품질(grades of grain) 및 이행기(delivery period) 등을 표준화하여, 1859년에야 비로소 현대적 의미의 중앙집중화(centralized)가 달성된 것으로 볼 수 있다.

---

72) Alan Greenspan, 미국 FRB의장(1986-2006).

73) Alan Greenspan, "Government regulation and derivative contract", the Financial Markets Conference of the Federal Reserve Bank of Atlanta, Coral Gables, Florida, February 21, 1997, available at, http://www.federalreserve.gov/Boarddocs/speeches/1997/19970221.htm, last visited 27 Mar., 2019.

74) 이하의 내용은 동 연설문을 중심으로 다른 문헌들을 보충하는 형식으로 작성되었다.

75) 원문은 이러하다. "Indeed, it will probably come as a surprise even to this audience that 15 to 20 percent of trades on the New York Stock Exchange in its early years were time bargains, that is, forward contracts, rather than transactions for cash settlement(in those days, same-day settlement) or regular-way settlement (next-day settlement)." NYSE의 설립은 1792년(www.nyse.com 참조)이므로, 그린스펀의 주장은 일반적인 이해와는 달리 CBOT보다도 반세기 이상 먼저 NYSE에 선도거래가 있었다는 것이다.

최초의 거래소 규정은 1865년에 공표되었는데, CBOT이 공표한 이 규정은 표준화된 계약의 정도 및 규정의 세부성 등의 기준에 비추어, 오늘날 기준에 근접한 것으로 볼 수 있다. 거래소의 규정은 통상 파생상품의 법적 규제에 있어서 기본이 된다는 점에서 그 의의가 크다 하겠다.

한편, 최초의 파생상품 규제법은 1864에 공표된 '금선물거래금지법'(Anti-Gold Futures Act of 1864)인데, 이는 통화가치의 급격한 절하를 야기하여, 불과 2주 만에 폐지되었다. 1874년 일리노이주법(Illinois statute of 1874)에서는 "시장의 무결성"(market integrity)에 관한 우려를 보였다. 시장의 무결성[76]이란 투자자가 거래하는 시장가격이 모든 정보를 반영하여 공정하게 형성된 것을 말한다. 시장의 무결성은 체계의 안정성(systemic safety) 및 투자자 보호(customer protection)와 더불어 증권시장 규제의 세 가지 핵심 주제 중 하나이다.[77]

19세기 후기와 20세기 초기에 미국 농민들은 농산물 가격 하락을 투기자(speculator)들의 탓으로 보고 선물거래에 반대하는 입장이었다. 당시 선물거래에 관한 규제는 사실상 유사중개행위업체(bucket shops)의 금지에 불과하였다.

1864년 금선물거래금지법이 2주 만에 폐지되는 사건 이후, 미국정부의 파생상품에 관한 규제는 1921년 선물거래법(Futures Trading Act of 1921)에 이르러 정비가 되었다. 그러나 동법에 대하여, 세제(稅制)를 가장한 규제라는 이유로, 대법원이 헌법불합치 결정을 내리게 된다. 이후 동법은 1922년 곡물선물법(the Grain Futures Act of 1922)으로 개명하게 된다.

선물거래가 농산물가격의 변동성을 격화시켰다는 근거는 확실치 않지만, 시장참여자들은 매점에 의한 가격급등(corners)이나 가격하락조작(bear raids)에 연루된 증거는 흔히 발견되고 있다고 부단히 주장하였다. 곡물선물법에는 현재 파생상품 규제의 틀에 주요 요소가 상당부분 포함되어 있었다.

동법은 첫째, 선물거래가 적법거래소(regulated futures exchanges)에서만 행해지

76) Rydge, James, Comerton-Forde, Carole, "The Importance of Market Integrity", An Analysis of ASX Self-Regulation, SIRCA, 1 Sep. 2004, p.7, Market integrity refers to the ability of investors to transact in a fair and informed market where prices reflect information.

77) International Financial Risk Institute, available at http://riskinstitute.ch/00013405.htm, last visited 7 Nov., 2010.

도록 하였다. 둘째, 기록보관(record keeping)과 거래현황보고(reporting of futures trading)의무를 부과하였는데, 이는 시세조종이나 매점(cornering) 등을 예방하고, 거짓 또는 오도(misleading)될 수 있는 시장정보의 배포를 방지하는 역할을 하였다. 셋째, 파생상품 거래는 실수요 목적으로만(bona fide derivatives transaction) 하도록 하였다.

상품거래소법(the Commodity Exchange Act of 1936, 이하 "CEA"라 한다)은 곡물선물법 다음으로 연방정부차원의 선물규제에 관한 큰 족적인데, CEA의 주요 목적 중 하나는, 곡물선물법과 마찬가지로, 변동성을 격화시키는 것으로 의심되는 투기거래의 억제였다. 한편, CEA는 몇몇 주요 조항들을 신설하였는데, ① 소규모 투자자 보호 조항 ② 선물중개업자(Futures Commission Merchants, 이하 "FCM"이라 한다) 조항 ③ 고객자금의 분리예치(the segregation of customers fund from FCM fund) 조항 ④ 선물규제의 범위를 면화, 쌀 등 열거된 상품으로 확대하였으며, 선물거래소에서 거래되는 기초자산에 대한 옵션거래를 금지시키는 조항 등이다.

이후 1974년 상품선물거래위원회법(the Commodity Futures Trading Commission Act, 이하 "CFTC법"이라 한다) 발효 이전까지는 CEA의 기조가 유지되었다. CFTC법은 CEA의 규제영역을 대폭 확장한 것인데, 동법은 상품선물거래위원회(the Commodity Futures Trading Commission, 이하 "CFTC"라 한다)를 창설하였다. 이후 1982년에는 선물거래법(the Futures Trading Act of 1982)이 제정되고, 2000년에는 상품선물근대화법(the Commodity Futures Modernization Act of 2000, 이하 "CFMA 2000"이라 한다)이 제정되었는데, 이는 현재 미국의 파생상품 시장을 규율하는 기본법으로 볼 수 있다.

미국은 1980년대 이후 규제완화(deregulation)의 기조를 보였던바, 2004년 Net Capital Rule을 완화[78]한 것은 규제완화의 극치이며, 이는 2008년 금융위기의 주요인으로 지목받고 있다.

동 규제완화의 내용은 Net Capital이 50억 달러 이상인 대형투자은행에 대하

78) 2004년 SEC와 IB의 CEO들과의 협상결과 CSE(consolidated supervised entity) program 도입되고, 지주회사의 자회사인 IB는 계열회사를 통합하여 자기자본규제(자율규제프로그램(Voluntary Supervision Program))를 하게 되었는데, 이러한 규제완화로 IB들은 leverage 비율을 대폭 확대하였는데, 이것이 건전성 악화의 요인이 되었다.

여 자율규제권을 대폭 강화하는 것이었는데, 당시 소위 Big 5 투자은행들이 수혜자였지만 결과적으로 4년 후 Bear Sterns는 JPMorgan Chase에 합병되고, Merrill Lynch는 Bank of America에 매각되었으며, Lehman Brothers는 파산보호를 신청하였고, Goldman Sachs와 Morgan Stanley는 상업은행으로 전환하는 등, Big 5 모두가 예외 없이 변고를 맞게 되었는데, 이는 결국 자율규제의 실패로 지적된다.[79)]

한편, 2010년 7월 21일에는 당시 오바마 대통령이 도드-프랭크 월가개혁 및 소비자보호법(the Dodd-Frank Wall Street Reform and Consumer Protection Act, 이하 "Dodd-Frank Act"라 한다)에 서명하였는데, Dodd-Frank Act, Title VII 에서는, 2008년 금융위기를 초래한 스왑거래의 전반적인 규제에 관한 새로운 틀을 제정하였다. Dodd-Frank Act[80)] 제정의 배경은, 미국이 2008년 글로벌 금융위기를 겪으면서 심화된 금융감독시스템의 문제를 해결하기 위한 것인데, 그러한 문제는 다음 세 가지로 나뉜다.

첫째 투자은행, 헤지펀드, 장외파생상품 등 이른바 그림자금융(shadow banking)에 대한 감독 공백이 글로벌 금융위기를 촉발했다는 점, 둘째 시스템적으로 중요한 금융회사(systemically important financial institution 이하 'SIFI'라 한다)에 대한 감독 미비 등으로 대규모 공적자금 지원이 불가피해졌다는 점, 셋째 일반투자자들이 금융시장 정보를 충분히 이해하지 못한 상태에서 투자에 나선 결과 위험투자손실에 따른 일반투자자의 피해 및 민원이 급증하였다는 점 등이다.

동법의 주요내용은 ① 금융감독시스템의 개편 ② 금융회사에 대한 규제·감독제도의 개편 ③ 투자자보호 및 시장규율의 강화이다. 이 중 파생상품에 관한 사항은 ③에 해당하는데, 파생상품 감독을 강화하는 방안 중 첫째는 장외(over the counter, 이하 "OTC"라 한다) 스왑거래도 증권거래위원회(Securities Exchange Commission, 이하 "SEC"라 한다)와 CFTC의 감독대상에 포함시킨다는 점이다.

---

79) Labaton, Stephen, 『Understanding One Root of the Crash: SEC's 2004 Deregulation of Capital Requirements』, the New York Times, October 3, 2008.

80) 동법에 관한 상세는 정찬우·서병호·신보성·오영수, 『금융리포트-미국 금융개혁법의 주요내용 및 시사점』, 금융리포트 Vol.2010 No.4, 한국금융연구원, 2010. 9; 김홍기, "미국 도드-프랭크법의 주요 내용 및 우리나라에서의 시사점", 한국금융법학회 2010년 하계(제19회) 학술발표회(2010. 9. 4.) 발표자료 참조.

즉, 기존에는 스왑에 대한 별도의 규제가 없었으나, SEC와 CFTC가 장내 및 장외에서 거래되는 모든 스왑에 대해 감독하여 규제의 공백을 메우려 시도하고 있다. 둘째는 파생상품 거래 청산 및 정보의 중앙 집중화인데, 표준화된 파생상품은 중앙청산소(central counterparty clearing house, 이하 "CCP"라 한다)를 통해서 청산·거래될 수 있도록 규정하고, 비표준화 파생상품(customized swap)의 경우 장외시장에서 거래하되, 거래 내용을 중앙예탁기관(central repositories)에 보고하도록 규정하고 있다.

2. 규제기관

미국의 파생상품 규제기관(Regulatory Agency)은 CFTC인데, 이는 1974년 선물 및 옵션시장을 규율하기 위하여 독립된 연방규제기관(independent federal agency)으로 설립되었다.

CFTC는 모든 종류의 상품선물거래와 대부분 옵션거래에 관하여 배타적 관할권(exclusive jurisdiction)을 갖는다. 1974년 CFTC법에서는 CEA상, 상품(commodity)의 정의가 양파[81]를 제외한 모든 상품 및 금융선물로 확대 개정되었다. 동 개정은 선물거래 품목의 확대라는 측면에서는 확실한 규제철폐(sweeping deregulation)인 반면, CFTC 규제영역의 확실한 확장(sweeping extension)이었다. 즉, 상품에 대한 정의가 대폭 확대됨에 따라 futures contracts의 개념은 장외거래에 관해서도 CEA의 영역으로 포섭하는 해석이 가능해진 것이다.

CFTC의 규제영역 확대는 SEC와 관할권 분쟁을 야기하였는데, 관할권 분쟁의 대상은 증권에 대한 선물이나 옵션 등 장내파생상품이었다. 증권규제기관인 SEC는 통합규제의 필요성을, 상품규제기관인 CFTC는 분리규제의 당위성을 주장하였다. CFTC의 주장은 '선물거래는 기초자산의 종류를 불문하고 CEA의 적용대상으로 한다는 명문 규정'[82]을 근거로 하고 있었다.

81) 양파선물은 시세조종의 주 품목으로 지목되어 1958년 선물거래가 금지되었다.
82) U.S. Code TITLE 7 Chapter 1. § 1a. (4), 동 조문의 원문은 이러하다. "The term "commodity" means wheat, cotton, rice, corn, oats, barley, rye, flaxseed, grain sorghums, mill feeds, butter, eggs, Solanum tuberosum (Irish potatoes), wool, wool tops, fats and oils(including lard, tallow, cottonseed oil, peanut oil, soybean oil, and

1974년 미재무부는 CEA 규정에 대하여 정정명령을 내리게 되는데 이를 'Treasury Amendment'[83]라 한다. Treasury Amendment의 내용은 "동법의 어떠한 조항도 외환 또는 정부증권 거래에 대한 관할권을 가지지는 않는다. 단, 동 거래가 CBOT에서 장래에 인도되는 것일 경우에는 관할권을 가진다."[84]는 것이었다. 그러나 이는 많은 논란을 야기하였고 결국, CFTC와 SEC의 관할권 분쟁은 Shad－Johnson Accord[85]로 타결되었다.

동 합의의 골자는 "CFTC는 모든 종류의 선물거래 및 선물옵션에 대하여 독점적인 관할권을 가진다. 단, SEC는 증권지수와 증권의 집합을 포함한 증권에 대한 옵션, 증권거래소에서 거래되는 옵션에 대해서 관할권을 가진다."[86]는 것이었다. 이로써 미국은 파생상품의 규제에 관하여 명백히 분리규제가 시행되게 되었는데, 이와 같은 분리규제에 대해서는 어떤 특별한 정책상 혹은 입법상의 이유보다는 의회와 규제기관 간의 정치적인 역학에 따른 것이라는 주장이 제기되고 있다.[87]

---

all other fats and oils), cottonseed meal, cottonseed, peanuts, soybeans, soybean meal, livestock, livestock products, and frozen concentrated orange juice, and all other goods and articles, except onions as provided in section 13.1 of this title, and all services, rights, and interests in which contracts for future delivery are presently or in the future dealt in."

83) Available at http://www.jonesday.com/newsknowledge/publicationdetail.aspx?publication=1962, last visited 12 Dec., 2010.

84) Available at, http://www.futuresindustry.org/fi－magazine－home.asp?a=505, last visited, 8 Nov., 2010, Treasury Amendment. It states "nothing in this Act shall be deemed to govern or in any way be applicable to transactions in foreign currency or government securities, unless such transactions involve the sale thereof for future delivery on a board of trade."

85) Available at http://www.gao.gov/archive/2000/gg00089.pdf, last visited 27 Mar., 2019.

86) 정순섭, 전게 『상사법연구』 논문, 2003, 556－557면.

87) Romano, Roberta, "The Political Dynamics of Derivative Securities Regulation", 14 Yale Journal on Regulation, 1997, p.279; 정순섭, 전게 『상사법연구』 논문, 2003, 555면에서 재인용.

II. 한국

1. 연혁

제1기 : 해외파생상품시장 이용기 (1974–1996)

우리나라에서는 1973년 제1차 석유파동을 계기로, '주요물자해외선물거래관리규정'(1974. 12. 26, 대통령령 제7440호, 이하 "해외선물규정"이라 한다)이 공표되면서 1974년부터 에너지류, 농산물류, 금속류 등에 한하여 부분적으로 해외상품선물거래(commodity futures)가 허용되는 한편 1987년 외국환관리규정이 개정되면서 해외금융선물거래(financial futures)도 허용되었다.[88]

해외선물규정에서는 선물거래를 '장래의 일정한 시기에 일정한 상품을 그 대금과 상환으로 인도하는 것을 조건으로 선물거래 중개인을 통하여 외국의 상품거래소에서 매매계약을 체결하는 것으로서 그 인도시기가 도래하기 전에 매도 또는 매입에 관한 반대매매에 의하여 그 매도가격과 매입가격의 차액을 결제할 수 있는 것'으로 정의하고 있는데(제2조), 이를 분설하면 첫째, 선물거래는 매매계약임을 명기하고 있다. 즉, 선물거래는 '일정한 상품을 그 대금과 상환하는 것'으로서 매매계약이라 한다. 둘째, 당시 선물거래는 외국의 상품거래소에서만 가능하였으며, 선물거래는 옵션거래를 포함하는 개념으로 사용되었다. 셋째, 선물거래의뢰인은 반드시 선물거래 중개인을 통하여 선물계약을 체결해야 했다. 넷째, 선물거래는 현물인수도도 가능하고 반대매매를 통한 차액결제도 가능하였다.

한편, 특이한 점은 당시에는 '선물거래는 실수요자에게만 허용'[89]되었고, 주무부서는 조달청이었으며(제3조 제2항 및 제6조 제2항),[90] 선물거래심의위원회의 위원장은 조달청 차장이 맡았는데(제4조 제3항), 이 규정은 1996. 7. 1. 선물거래법 시행령의 시행에 따라 폐지되었다.

제2기 : 국내파생상품시장 도입기 (1996–2009)

선물거래대상품목의 실수요자·실수요자 단체 및 수출업자로서 이 영이 정하

88) 조용대·이필상, 전게서, 22면.

89) 이는 미국의 1922년 곡물선물법의 취지와 동일하다.

90) 주요물자해외선물거래관리규정 제3조 제2항.

는 바에 의하여 선물거래를 하고자 하는 자(이하"선물거래의뢰인"이라 한다)는 조달청 또는 선물거래심의위원회(이하 "위원회"라 한다)의 심의를 거쳐 주무부장관이 지정하는 자(이하 "선물거래위탁대행자"라 한다)로 하여금 선물거래중개인에 대한 선물거래위탁을 대행하게 하여야 한다.

다만, 선물거래의 특수성과 선물거래의뢰인의 거래의 능력 · 실적기간 등에 관하여 위원회의 심의를 거쳐 조달청장이 정한 기준에 해당하는 선물거래의뢰인에 대하여는 직접 선물거래중개인에에 선물거래를 위탁할 수 있다(제6조 제2항, 개정 1982. 1. 20.). 선물거래의뢰인의 선물거래수량의 계약잔고는 당해 의뢰인이 과거 2년간에 수입 및 수출한 당해 품목의 연평균 수량을 초과할 수 없다. 다만, 조달청장은 국내 물자수급상 필요하다고 인정할 때에는 위원회의 심의를 거쳐 계약잔고의 제한을 완화할 수 있다(개정 1982. 1. 20.).

1995년 12월 19일 선물거래법이 제정 · 공포됨에 따라 국내 선물시장 시대를 개막하게 되면서 선물산업 정착과 발전의 기초를 갖추게 되었는데, 선물거래법의 제안이유는 다음과 같았다. 즉, "경제의 개방화 · 자유화가 진전되어 현물시장에서의 가격변동에 대한 불확실성이 커짐에 따라 이러한 가격변동 위험을 효율적으로 관리할 수 있도록 선물거래제도를 도입"[91]하려는 것이었다.

한편, 1996년 5월 3일부터 한국증권거래소(KSE)에서 코스피200 주가지수선물이 상장되어 국내 첫 선물거래가 개시되었으며, 1999년 4월 23일 한국선물거래소(KOFEX)가 설립되어 파생상품 거래가 더욱 활성화되었다. 2004년 한국증권선물거래소법(법률 제7112호)이 제정되고, 한국증권거래소와 한국선물거래소는 2005년 1월 27일 통합되어 한국증권선물거래소(KRX)가 출범되었고, 동 거래소는 2009년 2월 4일 한국거래소로 상호를 변경하여 현재에 이르고 있다.

제3기 : 국내 파생상품시장 성숙기 (2009년 자본시장법 시행~현재)

우리나라의 파생상품 거래는 1974년 해외선물시장에서 상품선물(commodity futures)에 국한하여 허용되다가, 1987년에 금융선물(financial futures)이 헤징목적의 실수요 거래에 한하여 허용되었다. 그러다가, 1995년 12월 19일 선물거래법이 제정 · 공포됨에 따라 국내 선물시장 시대를 개막하면서 선물산업 정착과 발전

91) 『국회통과법률집』 제38집 제1－3권, 국회사무처, 1996, 1186면.

의 기초를 갖추게 되었다.

한편, 2009년 2월 4일 자본시장법이 시행되면서 국내 파생상품시장은 성숙기를 맞게 되었는데, 기존의 선물거래법은 동 자본시장법이 발효되면서 폐지되었다. 현재 우리나라 파생상품의 법적 규제에 있어서 기본법은 자본시장법이다.

자본시장법은 종래에 증권거래법, 선물거래법, 간접투자자산운용업법, 신탁업법, 종합금융회사에 관한 법률, 한국증권선물거래소법 등을 하나의 법으로 통합한 법이다. 자본시장법이 2007. 8. 3. 제정되고 2009. 2. 4. 시행됨에 따라(자본시장법 부칙 제1조), 이들 통합대상 법들은 모두 자본시장법의 시행일에 폐지되었다.

우리나라의 경우 자본시장의 입법을 위한 준비작업 초기에는 은행, 보험까지 포함한 영국의 FSMA[92]형 금융통합법의 제정을 검토하였으나, 은행업계 및 보험업계의 입장, 금융통합법 입법에 대한 완전한 공감대 형성의 어려움 및 입법 기술상의 난점 등을 고려하여 증권과 파생상품에 관한 자본시장만을 대상으로 하는 통합법을 제정하기로 하여, 2004년부터 가칭 자본시장통합법의 입법을 위한 준비 작업이 시작되었고, 결국 2007. 8. 3. 제정되고 2009. 2. 4. 시행되었다.[93]

2. 규제기관

파생상품에 관한 감독권은 금융위원회에 있는데(자본시장법 제415조), 금융위원회는 1997. 12. 31. 금융감독기구의 설치등에 관한 법률(법률 제5490호)에 의거 설치된 금융감독위원회(동법 제3조)가 확대 개편된 것이다. 즉, 금융감독위원회는 총리실 산하였던 것에 비하여, 금융위원회는 금융위원회의 설치 등에 관한 법률(법률 제8635호, 2007. 8. 3, 타법개정, 이하 “금융위법”이라 한다)에 따라 설치(동법 제3조, 제24조)되었으며, 정부조직법 제2조에 따른 중앙행정기관으로서 그 권한에 속하는 사무를 독립적으로 수행한다(제3조 제2항).

한편, 금융위법 제19조에는 증권선물위원회를 설치하도록 규정되어 있고, 증권선물위원회는 동법 제23조에 근거하여, 동법 제19조 각호의 업무[94]에 관하여

---

92) Financial Services and Market Act 2000.

93) 임재연, 『자본시장법』, 박영사, 2010, 13면.

94) 금융위원회의 설치 등에 관한 법률 제19조(증권선물위원회의 설치) 이 법과 다른 법령이

금융감독원을 지도·감독한다. 금융위원회는 금융투자업규정(제정 2008. 8. 4. 금융위원회 고시 제2008-25호)을 통하여 자본시장법 등에서 위임한 사항과 그 시행에 필요한 사항을 규정하고 있다. 자본시장법은 금융투자협회의 설립과 업무에 관한 규정(제283조 내지 제293조)을 두고, 동 협회에 자율규제권을 부여하고 있다(제286조 제1항 제1호). 동 협회는 금융투자회사의 영업 및 업무에 관한 규정(제정 2008. 12. 30.), 금융투자회사의 약관운용에 관한 규정(제정 2008. 12. 30.)을 통하여 건전한 거래질서의 유지 및 투자자 보호를 꾀하고 있으며, 분쟁조정에 관한 규정(제정 2008. 12. 30.) 등을 통하여 자율규제를 실시하고 있다.

III. 규제의 내용

자본시장법의 적용대상인 금융투자상품은 다른 상품(동산, 부동산)과 달리 실물(증서)의 사용가치가 전혀 없고, 파생상품은 물론 증권도 근래에는 무권화(無券化)가 정착되어 가면서 실물증서 자체가 없어지고 있다. 또한 금융투자상품의 거래는 대부분 대면거래(face-to-face transaction)보다는 공개된 시장에서 불특정 다수인 간에 경쟁매매에 의하여 이루어지므로, 이러한 거래방식 자체에서 발생하는 불공정성도 클 수밖에 없다.

위와 같이 금융투자상품 자체의 본질적 성격과 그 거래에 수반되는 필연적인 불공정성 때문에 전통적인 민법, 상법, 형법 등에 의한 규제만으로는 투자자보호에 미흡할 수밖에 없으므로 자본시장법과 같은 특별법에 의한 규제가 필요한 것이다.[95]

자본시장법에서는 파생상품을 선도(선물), 옵션 및 스왑으로 분류(제5조 제1항

규정하는 바에 따라 다음 각호의 업무를 수행하기 위하여 금융위원회에 증권선물위원회를 둔다.

1. 자본시장의 불공정거래 조사
2. 기업회계의 기준 및 회계감리에 관한 업무
3. 금융위원회 소관사무 중 자본시장의 관리·감독 및 감시등과 관련된 주요사항에 대한 사전심의
4. 자본시장의 관리·감독 및 감시등을 위하여 금융위원회로부터 위임받은 업무
5. 기타 다른 법령에서 증권선물위원회에 부여된 업무

95) 임재연, 전게서, 4면.

제1 내지 3호)하고 있으며, 파생상품을 거래하기 위해서는 금융투자업 중 투자매매업(직접투자) 또는 투자중개업(간접투자) 인가를 득하여야 한다고 규정하고 있는데(제6조 제1항 제1 내지 2호), 동법은 규제의 대상을 금융투자업자에 관한 사항과 시장참여자에 관한 사항으로 대별하고 있다.

첫째, 금융투자업자에 관한 사항으로는 진입규제(제11조 내지 제16조), 건전성규제(제30조 내지 제36조), 영업행위규제(제37조 내지 제117조)로 분류하고 있다. 이 중 영업행위 규제에는 신의성실의무에 관한 조항(제37조 내지 제45조), 투자권유에 관한 조항(제46조 내지 53조), 직무관련 정보의 이용금지에 관한 조항(제54조 내지 제65조) 및 금융투자업자별 영업행위 규칙에 관한 조항(제66조 내지 제117조)로 구성하고 있다.

둘째, 시장참여자에 관한 사항은 내부자거래 등의 사항(제172조 내지 175조), 시세조종 등에 관한 사항(제176조, 제177조), 부정거래행위 등에 관한 사항(제178조 내지 180조)로 나누어 규정하고 있다.

한편 동법은 한국거래소 설립 등에 관한 규정(제373조 내지 제414조)을 두어 파생상품이 거래될 수 있는 시장을 마련하고 있고, 한국거래소는 파생상품시장 업무규정에 장내파생상품의 거래·결제 및 수탁에 관하여 필요한 사항을 규정하고 있다.

자본시장법은 종전의 금융기관별 규제(institutional regulation)[96]에서 동일한 금융기능에 대해서는 동일한 규제를 적용하는 금융기능별 규제(functional regulation) 체제로 전환하였다는 점에서 의의가 크다.

이를 위해 기존 자본시장 관련 금융법 상의 금융투자업, 금융투자상품, 투자자를 경제적 실질에 따라 기능이 동일한 것끼리 재분류하였다. 그 결과 금융투자업은 투자매매업, 투자중개업, 집합투자업, 투자일임업, 투자자문업, 신탁업으로 재분류되었고, 금융투자상품은 증권, 장내파생상품, 장외파생상품으로 재분류되었으며, 투자자는 일반투자자와 전문투자자로 재분류되었다.

한편, 영위대상이 되는 금융투자업과, 취급대상이 되는 금융투자상품, 영업대상이 되는 투자자를 조합하여 금융기능(업무단위)을 마련하고 이러한 금융기능을

96) 증권거래법, 선물거래법, 간접투자자산운용업법, 신탁업법 등.

중심으로 진입규제, 건전성 규제, 영업행위 규제와 같은 금융투자업 규제를 적용하였다. 따라서 자본시장법에서는 영위주체(금융기관)을 불문하고 금융기능이 동일하면 동일한 진입규제, 건전성규제, 영업행위규제가 적용된다.[97)]

각종 규제 중, 영업행위규제는 소비자와 직접적인 접점에서의 규제라는 측면에서 중요도가 높다 할 수 있다. 이하에서는 그중 고객조사의무(제46조 제1항), 적합성 원칙(제46조 제3항), 설명의무(제47조 제1항) 및 장외파생상품의 규제에 관하여 살핀다.

1. 고객조사의무

금융투자업자는 투자권유에 앞서서 우선 투자자가 일반투자자인지 전문투자자인지 여부를 확인해야 한다(제46조 제1항). 일반투자자인 경우에는 면담, 질문 등을 통하여 투자목적, 재산상황 및 투자경험 등의 정보를 파악하여 그로부터 서명, 기명날인, 녹취 그 밖에 대통령령(동법 시행령 제52조)이 정하는 방법으로 확인을 받아 이를 유지·관리하여야 한다(법 제46조 제2항). 이를 '고객조사의무'라고 하는데, 이는 '적합성 원칙'의 전제가 되는 것이며,[98)] 과거에는 증권업감독규정에서 증권회사의 고객조사의무를 규정(증권업감독규정 제4-15조 제3항)하고 있었던 것을, 현행법에서는 이를 금융투자업자의 투자권유에 관한 일반원칙으로 규정하였다는데 그 의의가 있다.[99)]

연혁적으로 고객조사의무의 기원은 미국 연방증권법 제정 이전인 1909년 NYSE가 채택한 "Know your customer rule"에서 찾을 수 있다.[100)] 이 규칙은 원래 뉴욕증권거래소가 회원들을 지급불능상태의 고객으로부터 보호할 의도로 제정되었으나, 연방증권법 제정 이후 투자자 보호를 위한 규정으로 기능하게 되었다.[101)]

---

97) 재정경제부, "자본시장과 금융투자업에 관한 법률안 설명자료", 2006. 12. 28, 22면; 한국증권법학회, 전게서, 64면.
98) 한국증권법학회, 전게서, 230면.
99) 한국증권법학회, 전게서, 232면.
100) Markham, Jerry W., "Protecting the Institutional Investor－Jungle Predator or Shorn Lamb?", 12 Yale Journal on Regulation 345, 1995, pp.355－369.

2. 적합성의 원칙

금융투자업자가 일반투자자에게 투자권유를 하는 경우에는 일반투자자의 투자목적, 재산상황 및 투자경험 등에 비추어 그 일반투자자에게 적합하지 아니하다고 인정되는 투자권유를 하여서는 아니 되는데(법 제46조 제3항), 이를 적합성의 원칙이라 한다.

금융투자업자에게는 적합성 원칙의 전제로 고객조사의무와 더불어 금융투자상품 조사의무가 있다 할 수 있다. 예컨대, 금융투자업규정(제정 2008. 8. 4. 금융위원회 고시 제2008－25호)은 투자권유와 관련하여 다음과 같은 행위를 불건전영업행위로 금지하고 있다. 이는 즉, '신뢰할 만한 정보, 이론 또는 논리적 분석, 추론 및 예측 등 적절하고 합리적인 근거를 가지고 있지 아니하고 특정 금융투자상품의 매매거래나 특정한 매매전략, 기법 또는 특정한 자산운용배분의 전략, 기법을 채택하도록 투자자에게 권유하는 행위'(동 규정 제4－20조 제1항 제5호 다목)를 말하는 것인데, 그 이유는 금융투자업자가 적합성 원칙을 준수하였다고 하려면 당연히 금융투자상품 조사의무를 이행하였다고 주장하여야 할 것이기 때문이다.[102]

연혁적으로, 금융투자상품 조사의무의 기원은 미국 증권법상 간판이론(Shingle Theory)과 조사의무이론(Duty to Investigate, "Know Your Security")에서 찾을 수 있다.

간판이론이란 미국 증권거래위원회(SEC)가 브로커 · 딜러의 불공정한 영업행위를 규율하기 위하여 발전시킨 이론으로, 브로커 · 딜러는 영업을 개시할 때 즉, 간판을 내걸 때(When he hangs out his "Shingle") 고객에 대하여 공정하고 성실하게 업무를 수행하겠다는 묵시적인 표시(implied represen－tation)를 하였다고 보아야 한다는 것이다.[103]

---

101) Goldman, Geoffrey B., "Crafting A Suitability Requirement for the Sale of Over－the－Counter Derivatives : Should Regulators Punish the Wall Street Hounds of Greed?", 95 Columbia Law Review 1112, 1995, pp.1129－1130.

102) 한국증권법학회, 전게서, 233면.

103) Cox, James D., Hillman, Robert W., Langevoort, Donald C., 『Securities Regulation－Cases and Materials』, Aspen Publishers, 1997, p.1094.

3. 설명의무

금융투자업자가 일반투자자를 상대로 투자권유를 하는 때에는 금융투자상품의 내용, 투자에 따르는 위험 및 그 밖에 대통령령령으로 정한 사항을 일반투자자가 이해할 수 있도록 설명하여야 하는 의무를 부담(법 제47조 제1항)하는데, 이를 '설명의무'라 한다.

설명의무 부과의 의의는 금융투자업자와 일반투자자 사이의 정보의 비대칭성에 기인한 교섭력의 차이를 보정하려는 것으로 볼 수 있다.[104] 이는 결국 일반투자자에 대하여 자기책임을 요구할 수 있기 위해, 그 전제가 되는 설명의무를 금융투자업자에게 부담시키고 있는 것이다.[105]

설명의무는 작위의무와 부작위의무로 구성되어 있는데, 작위의무는 고객이 자기책임 하에 합리적인 투자판단을 할 수 있도록 필요한 정보를 적극적으로 제공하여야 하는 의무이고, 부작위의무는 설명 시 투자자를 오도하는 부실기재(misstatement) 또는 중요한 사항을 누락(ommission)한 채 설명하지 말아야 하는 의무이다.[106]

여기서 투자자의 수수료에 관한 사항은 금융투자상품에 기본적으로 내재하는 위험은 아닐지라도 투자수익에 영향을 미치는 중요한 정보라는 점에서 설명의무의 대상으로 편입되어 있다.[107]

금융투자업자는 일반투자자가 설명한 내용을 이해한 것에 대한 증빙을 서명, 기명날인, 녹취, 전자우편, 그 밖에 이와 비슷한 전자통신, 우편, 전화자동응답시스템의 방법 중 하나 이상의 방법으로 확보하여야 한다(법 제47조 제2항).

---

104) 양석완, "금융기관의 설명의무와 조언의무", 『법과 정책』 제10호, 제주대학교 법과정책연구소, 2004, 226면.

105) 한국증권법학회, 전게서, 253면.

106) 정준우, "증권업자의 부당한 투자권유행위의 합리적 규제방안", 『비교사법』 제11권 제3호, 한국비교사법학회, 2004, 434면.

107) 안수현, "(가칭)자본시장통합법과 소비자보호법의 접점－'금융소비자'의 보호", 『증권법연구』 제7권 제2호, 한국증권법학회, 2006, 241면.

4. 적정성의 원칙

적정성의 원칙(appropriateness)이란 금융투자업자가 일반투자자에게 투자권유를 하지 아니하고 파생상품 등을 판매하려는 경우에 당해 투자자의 투자목적, 재산상황 및 투자경험 등 정보를 파악할 것과 해당 파생상품이 당해 일반 투자자에게 적정하지 않다고 판단되는 경우는 투자자에게 그 사실을 알리고 확인을 받아야 한다는 것이다(자본시장법 제46조의2).

즉, 이는 상품이나 서비스가 고객에게 적정하지 아니하다고 판단되는 경우에는 그 사실을 고객에게 경고하여야 한다는 원칙이다.[108)]

EU 금융상품시장지침(the Markets in Financial Instruments Directive, 이하 “MiFID” 라 한다) 제19조 (5)항은 각 회원국들에게 첫째로, 금융투자업자들(investment firms)로 하여금 고객에게 그 상품이나 서비스가 당해 고객에게 적정한지 여부를 판단하기 위하여 그 상품이나 서비스와 관련된 투자분야에 관한 고객의 지식과 경험에 관한 정보를 확인할 것과 둘째로, 금융투자업자가 그 상품이나 서비스가 고객정보에 비추어 적정하지 않다고 판단되는 경우에는 그 사실을 고객에게 경고할 것을 요구하고 있다.[109)] 한편, 2018년 1월 3일 발효된 MiFID II는 투자자 보호를 강화하고 금융시장의 시장조성 기능을 효율성, 탄력성 및 투명성을 개선하였다.[110)]

이러한 적정성 원칙은 금융투자업자가 개별적인 투자권유나 투자관리 이외의 투자서비스를 제공하는 경우에 적용된다.[111)] 따라서 금융투자업자가 단순주문집행업무만을 수행하는 경우에도 금융투자상품이 파생상품 등의 복합상품(complex products)에 해당할 때에는 고객에게 그 위험성을 경고하여야 한다.[112)]

---

108) 한국증권법학회, 전게서, 251면.

109) Directive 2004/39EC of 21 April 2004 on markets in financial instruments(MiFID, Article19(5)).

110) MiFID II/MiFIR will apply from 3 January 2018. This new legislative framework will strengthen investor protection and improve the functioning of financial markets making them more efficient, resilient and transparent.

111) UK FSA COBS 10.1.1.

112) Chirico, Alessandra, “Suitability and Appropriateness under MiFID : ‘Faithful watchdogs’ or ‘terrible twins’?”, ECMI Policy Brief, No.9, September 2007; 한국증권

적정성 원칙을 규정하고 있는 자본시장법 제46조의2는 2009. 2. 3. 신설되었는데, 이는 KIKO가 사회적 문제로 대두된 이후 동일한 문제의 재발을 방지하려는 취지에서 제정된 것으로 보이며, 적절한 조치라고 생각한다.

5. 부당권유금지

부당권유란 '부당하게 이루어지는 투자권유로서 고객의 건전한 투자판단을 저해하는 행위'인데,[113] 예컨대, "증권회사가 ...(중략) 고객의 이익을 무시하고 회사의 영업 실적만을 증대시키기 위하여 무리하게 빈번한 회전매매를 함으로써 고객에게 손해를 입힌 경우에는 과당매매행위로서 불법행위가 성립"된다는 판례[114]의 경우와 같이, 금융투자업자가 자신의 수수료수입 증대만을 목적으로 무리한 투자권유를 하여, 거래행위에 수반되는 위험성에 대한 투자자의 올바른 인식형성을 방해할 수 있는 등 투자자와 이해가 상충될 수 있다.

그러나 투자자는 이를 인식하지 못하고 금융투자업자를 전문가라고 믿고 투자권유에 따를 가능성이 있으므로 이에 부당권유금지 조항의 필요성이 있는 것이다.[115] 물론 투자결정에 대한 최종결정은 투자자의 자기책임이지만, 금융투자업자의 투자권유행위 자체가 부당하거나 불법한 요소가 있는 경우에도 자기책임의 원칙을 고수하라고 하는 것은 합리적이지 않다.[116]

부당권유 금지의 대상 유형은 ① 거짓을 알리는 행위 ② 불확실한 사항에 대하여 단정적 판단을 제공하거나 확실하다고 오인하게 할 소지가 있는 내용을 알리는 행위 ③ 투자자로부터 투자권유의 요청을 받지 아니하고 방문·전화 등 실시간 대화의 방법을 이용하는 행위 ④ 투자권유를 받은 투자자가 이를 거부하는 취지의 의사를 표시하였음에도 불구하고 투자권유를 계속하는 행위 ⑤ 그 밖에 투자자 보호 또는 건전한 거래질서를 해할 우려가 있는 행위로서 대통령령으로

법학회, 전게서, 252면 재인용.

113) 김병연, "증권투자권유규제에 대한 소고－자본시장통합법(안)과 관련하여－", 『비교사법』 제14권 제1호, 2007, 한국비교사법학회, 474면.

114) 대법원 2007. 7. 12. 선고 2006다53344 판결.

115) 한국증권법학회, 전게서, 259면.

116) 김병연, 전게논문, 472면.

정하는 행위로 규정하고 있다(자본시장법 제49조 1 내지 5호).

6. 장외파생상품의 규제

장외파생상품에 관하여도 자본시장법이 규제의 대상을 금융투자업자에 관한 사항과 시장참여자에 관한 사항으로 대별하는 것은 동일하다. 또한 장외파생상품에 관한 감독권이 금융위원회에 있는 점(제415조), 금융투자협회에 자율규제권을 부여하고 있는 점(제286조 제1항 제1호)도 동일하다.

한편, 금융위의 금융투자업규정은 제5-49조에서 장외파생상품의 매매기준을 규정하고 있고, 제5-50조에서는 장외파생상품의 위험관리기준[117]을 규정하고 있다.

---

117) 금융위원회 금융투자업규정 제5-50조(장외파생상품의 위험관리기준) ① 장외파생상품을 대상으로 하여 투자매매업 또는 투자중개업을 영위하는 금융투자업자는 법 제166조의2 제2항에 따라다음 각 호의 위험관리기준을 모두 충족하여야 한다. 이 경우 별표 15 제5호에서 정하는 바에 따라 장외파생상품에 대한 투자매매업과 투자중개업의 특성 및 장외파생상품에 대한 인가업무 단위에 따라 부담하는 위험의 차이를 고려하여 평가할 수 있다. <개정 2009. 2. 4, 2009. 7. 6.>

1. 별표 15에 따른 종합평가결과가 "양호" 이상일 것
2. 별표 15의 "1. 평가항목" 중 다음 각 목의 평가점수는 각각 2.4점 이하일 것
   가. 위험관리조직 및 인력
   나. 위험측정 및 관리실무
   다. 위험관리 및 내부통제전산시스템

② 제1항에 따른 위험관리에 관한 세부평가기준은 별표 16과 같다.

③ 장외파생상품을 대상으로 하여 투자매매업 또는 투자중개업을 영위하는 금융투자업자는 반기 별로 제1항제1호에 따른 종합평가를 실시하고 그 결과를 금융감독원장에게 보고하여야 한다.

제3장

KIKO 계약 분쟁의 분석과 평가

제3장

KIKO 계약 분쟁의 분석과 평가

제1절 | KIKO 계약 분쟁의 개요

KIKO 계약의 문제는 상당한 경제적·사회적 파장을 야기한 바, KIKO 계약에서 비롯된 여러 문제는 단순히 계약자유의 원칙을 넘어서는 것으로 볼 수 있다. 그럼에도 불구하고 KIKO 분쟁 발생 초기, 우리 금융당국은 사적 자치에 비중을 두었던 것으로 보인다.[118]

계약은 사적 자치의 원칙에 따라 당사자 간의 합의로 자유롭게 체결할 수 있는 것이 원칙이고 계약법은 원칙적으로 임의규정이지만, 오늘날 임의규정은 줄어가고 강행규정이 점점 늘어나는 현상이 발생하고 있다. 이는, 자본주의경제가 발전하는 과정에서 경제적 불평등이 심화됨에 따라, 계약의 자유가 상당부분 형식적·명목적인 것이 된 것에 기인한다고 볼 수 있다.[119] 이 장에서는 몇 가지 측

118) 금융감독원은 2008. 6. 11, 중소기업중앙회장에게 발송한 문서번호 총복파－00017, 『수출 중소기업의 환헤지관련 제도건의』에 대한 검토의견 제하의 공문에서 "KIKO를 포함한 장외파생상품은 당사자 간 합의한 계약조건에 따라 거래가 이루어지는 사적계약으로서 귀 중앙회에서 건의한 일부 계약조건의 폐지 및 신설 등에 관한 사항도 사전에 당사자 간의 자율적 합의에 의해 이루어질 수 있으며 감독당국이 간여할 사항이 아님을 알려드립니다."라고 KIKO 계약에 관하여 사적자치에 비중을 둔 바 있다.

면에서 계약자치의 원칙이 지켜져야 한다는 은행의 입장과 이에 대한 반론을 제기하는 기업의 입장을 살핀다.

KIKO 계약 분쟁의 쟁점은 몇 가지로 유형화될 수 있다. 첫째, 의사표시의 결함 문제이다. 즉, 은행은 KIKO 상품을 헤지(위험회피)를 위하여 설계·판매하였고, 기업은 헤지 목적으로 가입하였는데, 거대손실이 발생하였다는 점에서 착오 등 의사표시의 결함이 문제되고 있다. 둘째는, KIKO 계약서가 약관인가 여부를 놓고 대부분의 사안들이 대립하고 있다. 약관의 해당 여부에 따라 원고와 피고의 이해관계가 크게 달라지므로 양측이 첨예하게 대립하는 것이다. 셋째는 사정변경의 원칙 위반 여부에 관한 것이다. 넷째는 적합성의 원칙과 설명의무에 관한 것인데, 우리 법원은 피고의 적합성 원칙과 설명의무 위반을 일부 인용한 바 있다.

제2절에서는, KIKO 계약의 의사표시상의 결함에 관하여 살피건대, KIKO 계약의 '위험회피기능'(이하 "헤지 기능"이라 한다)이 "가격변동의 일부구간"에서만 작용하는 것으로 족한 것이 아니고 "가격변동의 전체구간"을 기준으로 작용하여야 한다는 점을 주장하고 있다. 즉, 가격변동의 전체구간을 기준으로 KIKO 계약에 헤지 기능이 없는 것으로 인정된다면, 착오 또는 사기의 문제가 제기될 수 있다. 한편, KIKO 계약에 관한 은행과 기업의 권유 내지 가입 동기를 살피며, 헤지의 개념적 정의에 관한 문헌고찰을 통하여, KIKO 상품이 헤지 목적으로 사용되기에 적합한가를 살핀다.

제3절에서는 KIKO 계약의 보통약관 거래성을 살핀다. KIKO 계약의 약관성 인정 여부는, 약관규제법의 적용 가능 여부가 동 계약의 무효 여부의 판단에 영향을 줄 수 있으므로, 기업과 은행 양자에게 매우 중요하다. 이 절에서는 공정위와 법원의 판단에 대한 비판적 시각으로 약관성 여부를 살핀다.

제4절에서는 KIKO 계약과 사정변경의 원칙에 관하여 살핀다. 이 절에서는 법원이 계약의 기초가 되는 사정으로 든 '내재변동성'이 정당한 것인지를 중심으로 살피고 있다.

제5절에서는 KIKO 계약의 구조에 관한 문제를 살펴본다. 즉, KIKO 계약은 양 당사자 모두 헤지를 목적으로 체결하였다고 주장하였는데, 결과적으로 기업에

119) 곽윤직, 『채권각론』(신정 수정판), 박영사, 2000, 3－4면.

게 거대 손실이 발생한 것은 동 계약의 구조 자체에 문제가 있는 것이 아닌지 의문이 들기 때문이다.

제2절 | 의사표시의 결함문제

KIKO 계약을 둘러싸고 중소기업들과 은행 간 벌어졌던 법정 다툼의 여러 하급심 가처분결정과 본안소송 판결의 중요 쟁점 중 하나는 KIKO 계약의 헤지 기능이었다. 그럼에도 불구하고 대법원은 별도의 구체적인 판단을 내리지는 않고, '부분적으로 헤지 기능이 있으므로 헤지상품이 아니라고 단정할 수는 없다.'는 원심 판단을 그대로 수용한 바 있다.[120)]

동 쟁점의 핵심은 기업이 KIKO 계약을 통하여 헤지를 할 수 있는가 하는 점이다. KIKO 사건[121)]에서 동 파생상품의 공급자인 은행은 기업에게 KIKO 계약을 헤지 목적으로 권유하였다고 밝히고 있고, 수요자인 기업도 KIKO 계약을 헤지 목적으로 체결하였다고 주장한다.

그러나 헤지의 개념적 정의를 살피면, KIKO의 본질이 헤지상품인가 하는 점에 의문이 든다. 만일 KIKO 계약이 원시적으로 헤지가 불능인 상품으로 인정된다면, 우선 기업의 입장에서는 '성상(性狀)의 착오(錯誤)'가 문제될 수 있으며, 은행이 KIKO 계약을 헤지상품으로 가입 권유하였다는 점에서, '상대방에 의하여 유발된 동기(動機)의 착오(錯誤)'가 문제될 수 있다.

한편 은행의 입장에서는 KIKO 계약의 헤지 불능성을 몰랐다면, '성상의 착오'가 문제될 수 있고, 알았다면 '사기(詐欺)'가 문제될 수 있다.

KIKO 계약의 헤지 불능성이 인정된다고 하더라도 KIKO 사안의 모든 문제가

---

120) 대법원은 2013. 9. 26. KIKO 소송 4건에 대한 전원합의체 판결을 선고하였다. 이는 동년 7월 공개변론을 하였던 대법원 2011다53683, 2012다1146, 2013다26746 등 3건과 KIKO 소송의 다양한 유형과 쟁점에 관한 심리와 판단의 기준을 제시하기 위해 추가로 대법원 2012다13637 사건을 함께 선고한 것이다. 그 결과 원심에서 기업이 패소한 사건(수산중공업)과 은행이 패소한 사건(세신정밀)의 결론을 그대로 유지하거나, 반대로 기업이 패소한 사건(삼코)과 은행이 패소한 사건(모나미)을 파기하여 원심법원에 환송한 바 있다.

121) 이 글의 주 검토대상은 기업과 은행이 소송으로 첨예하게 대립하고 있는 사안 즉, 결과적으로 소위 오버헤지에 기인하여 기업의 큰 손실이 야기된 KIKO 사건에 국한되는 것이다.

해결되는 것은 아니다. 그러나 적어도 여타의 쟁점들에서도 기업의 주장이 인용될 가능성은 한층 커진다 할 수 있으며, 적어도 KIKO 계약이 재차 헤지상품으로 판매되는 것은 막을 수 있을 것이다.

이 글에서는 KIKO 계약에 관한 은행과 기업의 권유 내지 가입 동기를 살피며, 헤지의 개념적 정의에 관한 문헌 고찰을 통하여, KIKO 상품이 헤지 목적으로 사용되는 것이 적합한가와 양 당사자의 착오 가능성에 관하여 검토한다.

I. KIKO 상품에 관한 양 당사자 및 재판부의 시각(視角)

1. 기업의 인식과 KIKO 가입목적

예컨대, 한 하급심의 결정[122] 내용 중, "신청인이 스스로 주장하는 바와 같이 이 사건 통화옵션계약을 체결한 주된 목적이 수출 기업인 신청인이 차후 받게 될 수출대금의 가치하락 위험을 헤지하기 위한 것"이라는 대목을 살피건대, 당해 기업은 헤지목적으로 KIKO 계약을 체결한 것으로 볼 수 있다. 한편 동 사안의 1심 판결[123]에서 원고들은 "① 이 사건 통화옵션계약은 계약 구조상 기업에게 극히 제한된 범위에서의 환헤지 기능만을 제공하고, 오히려 기업이 손실을 볼 수 있는 위험성이 크게 증가하며 그 손실에는 제한이 없는 반면, ② 기업의 위험방지를 위한 고객보호장치가 전혀 설정되어 있지 아니하여, 계약 자체가 환위험 회피에 구조적으로 부적합"하다고 주장하였는데, 이는 당해 기업들은 KIKO를 헤지 목적으로 가입하였는데, 사실은 헤지상품이 아니라는 것 즉, KIKO가 '환헤지 상품'인 것으로 착오하고 가입하였는데, 사실은 환헤지에 구조적으로 부적합한 상품이라는 것이다.

한편, 『KIKO백서』에 소개된 사례[124]에 따르면, A 기업의 KIKO 계약 가입목적[125]은 '환헤지를 통하여 안정적 본업인 수출을 하는 것'이다. 즉, 헤지를 목

122) 인천지방법원 2009. 3. 9. 자 2009카합228 결정.
123) 서울지방법원 2010. 11. 29. 선고 2008가합108045 판결.
124) 중소기업중앙회, 국회 지식경제위원회 국정감사 보고자료, 2008. 10; 중소기업살리기모임, 『KIKO백서』, 중소기업살리기모임, 2008, 56면.
125) 동 기업 헤지의 주 목적은 완전헤지(perfect hedge)인 것으로 판단된다. 이 글은, 기업의 헤지의 주된 목적이 완전헤지라는 것을 전제로 작성하였다.

적으로 KIKO 계약에 가입한 것이다.

동 기업이 KIKO 계약을 헤지용 상품인 것으로 인식하게 된 동기는, 2007. 10. 1.~11. 15경 원달러 환율이 930~900을 유지하는 가운데, 은행이 여러 차례에 걸쳐 환율 변동에 따른 손해를 예방할 수 있는 최적의 상품으로 설명하였다는 점이다. 요컨대, 당해 기업은 KIKO를 헤지상품으로 인식하고 헤지 목적으로 계약을 체결한 것으로 보인다.

중소기업중앙회의 자료[126]에 따르면 KIKO 계약에 관하여 "약정 구간 내에서는 헤지는 물론 수익까지 실현할 수 있으나, 약정 구간을 벗어나면 헤지 효과가 전혀 없는 상품"으로 설명하고 있다.

여기서 약정 구간이란 Knock-out 가격(이하 "KO"로 칭한다) 내지 Knock-in 가격(이하 "KI"로 칭한다)을 의미한다. 요컨대, 동 자료를 통하여 판단컨대, 중소기업중앙회도 KIKO 계약이 '행사가격와 KO 사이의 구간에서는 헤지 기능이 있다.'고 인식하고 있다.

위의 사례를 토대로 판단컨대, 기업들은 기본적으로 KIKO 계약이 헤지 용도에 맞는 것으로 인식하고, 헤지를 주된 목적으로 KIKO 계약을 체결한 것으로 이해된다. 그러므로 KIKO 계약이 헤지용 상품이 아니라는 점 즉, 헤지 기능이 없다는 점이 인정된다면, 기업 측에는 우선 '성상의 착오'가 문제될 수 있는 한편, 은행 측이 이를 헤지용 상품으로 가입 권유한 것은, '상대방에 의하여 유발된 동기의 착오'의 문제가 될 수 있다. 이 경우 기업은 '착오에 의한 의사표시'(민법 제109조)에 기하여 KIKO 계약의 취소를 주장할 수 있다.

2. 은행의 주장과 KIKO 권유목적

한국씨티은행의 자료[127]에 따르면, KIKO 계약을 "수출 기업이 환율 하락에 따라 발생할 외환리스크를 회피(hedge)하기 위한 외환파생상품으로, 단순 선물환보다 행사환율을 수출 기업에 유리하도록 높이는 다양한 방식의 상품"으로 정의

126) 중소기업중앙회, 전게서, 247면.

127) 박진순, "키코(KIKO)소송의 법률적 쟁점", 한국증권법학회 제149회 정기세미나 발표자료, 2009. 5. 23, 2면.

하고 있다. 이는 동 은행이 KIKO 계약을 헤지용 상품으로 주장하였다는 단서(端緖)가 될 수 있다.

한편, 전국은행연합회의 자료[128]에 따르면, "KIKO(knock-in, knock-out) 통화옵션은 수출대금(헤지의 목적물)의 환율 변동 위험을 헤지하기 위해 고객의 은행에 대한 Knock-out 풋옵션과 은행의 고객에 대한 Knock-in 콜옵션을, 주로 1 : 2 비율로 결합한 통화옵션의 일종"으로 기술하여, KIKO를 헤지상품으로 주장하고 있음을 알 수 있다.

또한, 은행 측 소송대리인인 한 법률사무소가 작성하여 법원 등에 배포한자료[129]에 따르면, KIKO 계약은 '환위험 관리에 대한 기업의 선택의 결과'인데, "기업은 환율에 대한 자신의 전망이나 경영스타일에 따라 i) 시장환율에 맡기고 환헤지를 전혀 하지 않는 방안, ii) 환율변동을 회피하기 위하여 수출대금의 100%에 대하여 환헤지를 하는 방안, 그리고 iii) 수출대금 중 일부에 대하여만 헤지하는 방안 중에서 어느 하나를 선택"하는 것을 "헤지의 규모"의 선택이라 하고, 선물환이나 다양한 통화옵션상품들 중에서 "헤지의 방법"을 선택하는데, "선물환율보다 높은 목표환율을 추구하려는 기업으로서는, 선물환보다 행사환율 면에서는 유리하나 환율이 일정 수준 이하로 내려갈 경우 계약이 소멸되거나 일정 수준 이상으로 상승할 경우 기업에게 불리한 조건이 붙어 있는 KIKO 계약과, 선물환 계약 등 여러 가지 선택 가능한 계약의 각 위험과 이익을 비교하여 본 후, 선물환에 비하여 다소 공격적인 환헤지 전략을 선택하고자 하면 KIKO 계약을 체결"하게 되는 것이라며, KIKO는 부분적으로 헤지 기능이 있는 다소 공격적 헤지상품이라고 주장하였다. 한편 부분헤지의 정당성을 보여주는 근거로 금융위원회·금융감독원, 2008. 8. 1. 자 보도자료를 인용하여 "실무상으로는 외화포지션 전부를 헤지하는 경우가 오히려 드문 편"이고, "금융감독원의 조사 결과에 따르면, KIKO를 이용한 평균 헤지비율은 35.2% 수준"이라는 점을 소개하고 있다. 요컨대, KIKO 계약에 대한 은행 측의 주장은 헤지상품이라는 것이며, 은행은 KIKO 계약을 헤지 목적으로 가입 권유하며 기업에게 판매한 것으로 이해된다.

생각건대, KIKO 계약이 헤지상품이 아니라는 점이 인정되는 경우에는, 은행

128) 전국은행연합회, 『키코의 이해』, 2009. 2, 1면.
129) 김·장 법률사무소, 『키코-오해와 진실』, 김·장 법률사무소, 2010. 6, 15-16면.

이 KIKO 계약에 ① 위험회피기능(헤지성)이 없음을 몰랐다면 '성상의 착오'이고 ② 위험회피기능이 없음을 알았다면, '사기'라는 지적이 가능하다. ①의 경우는 은행의 착오에 의한 설명의무 위반이, 당연히 성립될 것이므로 기업은 이에 기하여 손해배상을 청구할 수 있을 것인 반면 ②의 경우, 기업은 '사기에 의한 의사표시'(민법 제110조)에 기하여 KIKO 계약의 취소를 주장할 수 있을 것이다.

3. 각급 법원의 판단

(1) 재판부 I : 전체적으로 헤지 기능 인정

KIKO 소송 초기에는 KIKO 상품의 헤지 기능을 전체적으로 인정한 가처분 결정문이 있었다.[130] 즉, 동 재판부은 시장환율이 일정환율 아래로 하락하는 경우 신청인이 환위험에 노출되는 것은 사실로 인정하였음에도 불구하고, 계약의 목적이 환율하락에 따른 모든 위험을 회피하는 것이 아니라, 신청인이 옵션의 행사환율 등 계약조건에 영향을 미치는 여러 요소를 감안하여 발생가능성[131]이 낮은 범위의 환위험은 스스로 감당하기로 하고 가능성이 높은 범주의 위험에 한정하여 환헤지가 가능하도록 한 것으로 보았다. 따라서 동 재판부는 환율변동 상황에 따라 환헤지의 목적을 달성할 수 없게 되는 부분이 있다고 하여 그것만으로 그 계약조항이 신청인의 본질적 권리를 제한하는 것은 아니라고 판단하였다. 요컨대, 동 법원의 결정은, KIKO 계약 전체적으로 보아 헤지 기능이 있음을 인정하는 것이다.

130) 서울중앙지방법원 2009. 4. 24. 자 2009카합393 결정.

131) 별론으로, 동 재판부가 발생가능성이 낮은 범위의 위험과 가능성이 높은 위험으로 분류하는 것은 이해하기 어렵다. 이는 동 재판부가 기업의 입장을 KIKO 계약을 통하여 기업이 이익을 얻을 수 있는 제한적인 구간의 hedge에만 관심 있고, 그 구간을 벗어나는 큰 위험에 대하여는 hedge의 의사가 없는 것으로 이해한 것이 아닌가 생각된다. 통상 hedge 계약의 목적은 보험계약과 마찬가지로 가능성이 낮더라도 큰 위험에 관한 것이 주된 것으로 보아야 할 것이다; 同旨, 박선종, "키코 하급심 결정의 분석", 한국금융법학회 2009년 춘계(15회)학술발표회 토론문, 1면.

(2) 재판부 II : 부분적으로 헤지 기능 인정

이후 KIKO 관련 본안 소송 첫 판결문에서는 약간의 변화를 보이고 있는데, 이는 KIKO 상품에 부분적으로 헤지 기능이 있다고 하는 설시이다.[132]

이 재판부는 KIKO 계약을 '부분적 환위험 회피 상품'으로 정의하고 있다. 동 재판부는, "키코(KIKO) 통화옵션계약이 통화선도거래와는 달리 부분적으로만 환위험을 회피할 수 있으나, 통화선도거래보다 행사환율을 높이는 장점이 있는 상품이고, 환율의 변동성이 낮은 경우에는 상당한 범위 내에서 환위험을 회피할 수 있으나, 환율이 일정 범위 이상으로 변동하는 경우에는 환위험에 그대로 노출되거나 계약금액에다 레버리지를 곱한 외화를 은행에 매도하게 되는 위험에 노출되게 되는 부분적 환위험 회피 상품"으로 판단하고 있다.

또한, 동 재판부는 이 사건 키코(KIKO) 통화옵션계약은 "확률이 낮은 구간의 위험[133]을 부담하는 대가로 확률이 높은 구간인 넉아웃(Knock－Out) 환율부터 넉인(Knock－In) 환율 사이의 구간에서 행사환율을 높여 통화선도거래에 비해 추가수익을 기대할 수 있는 통화옵션상품"이라고 설시하여 KIKO 계약의 헤지기능을 부분적으로 인정하고 있다.

재판부 II는, 부분적으로 헤지 기능이 없다 하더라도 전체적으로는 헤지 기능이 인정된다는 재판부 I의 입장에서, 한 발 양보하여 부분적으로만 헤지 기능을 인정한 것이다.

동 재판부은 부분적인 헤지 기능을 다음과 같이 4구간으로 나누어 구체적으로 설명하고 있다. 즉, 제2 내지 3구간에서만 헤지 기능을 인정한다.

> 제1구간 : 환율이 하락하여 넉아웃(Knock-Out) 조건이 성취되는 경우 기업의 풋옵션이 소멸되어 그 구간에 대해 환위험 회피기능이 상실되는 위험구간
>
> 제2구간 : 만기환율이 넉아웃(Knock-Out) 환율과 행사환율 사이에 형성되어

---

132) 서울중앙지방법원 2010. 2. 8. 선고 2008가합108359 판결.

133) 넉아웃(Knock－Out) 조건의 성취로 통화옵션계약이 소멸되거나, 넉인(Knock－In) 조건의 성취로 매도 금액이 증가하게 될 위험을 말한다.

기업이 풋옵션을 행사하여 이익을 얻는 구간

제3구간 : 만기환율이 행사환율과 넉인(Knock-In)환율 사이에 형성되어 은행의 콜옵션 행사가 정지됨으로써 기업이 현물시장에서 환율 상승의 이익을 얻는 구간

제4구간 : 만기환율이 넉인(Knock-In)환율보다 높아 넉인(Knock-In) 조건이 성취됨으로써 레버리지에 해당하는 계약금액의 매도의무를 부담하는 위험구간

이 판결에서는 KIKO 계약에서 헤지 기능이 인정되는 부분을 제2 내지 3구간으로 특정하고 있다.

(3) 재판부 III : 발생가능성 높은 부분의 위험만 회피

이 판결[134]의 재판부는 원고의 '헤지 부적합 상품' 주장에 관하여, "환율이 일정한 범위 이내에서 변동하면서 하락할 경우에는 비교적 높은 행사환율로 외화를 매도하여 환손실을 축소할 수 있도록 설계"되었고, "환율이 일정한 범위 내에서 하락할 것으로 전망하는 수출기업으로 하여금 발생가능성이 낮은 범위의 위험은 스스로 감당하되, 발생가능성이 높은 범위의 위험에 한정하여 부분적으로 환위험회피를 하는 통화옵션계약"이라며 KIKO 상품에 헤지 기능이 있다고 판단하고 있다.

한편 동 재판부는 같은 판결에서 "수출기업은 환율 하락 시에 발생하는 환위험을 회피하여야 할 거래상의 필요가 있고...(중략), 기본적으로 이 사건 통화옵션계약의 기초자산이 되는 외화를 보유하고 있다는 점을 전제로 그 외화유입액의 규모에 맞추어 환위험회피수단으로서 이 사건 통화옵션계약을 체결하는 것"이라고 KIKO 계약의 체결 동기는 헤지 목적임을 분명히 밝히고 있으며, 2010년 11월 29일 판결을 통하여 판단컨대, KIKO 상품은 부분적이나마 헤지 기능이 있으므로 헤지상품으로 본다는 것이, 당시 하급심법원의 정리된 입장이었던 것으로 이해된다.

---

134) 서울지방법원 2010. 11. 29. 선고 2008가합108045 판결.

(4) 소결

우리 대법원은 KIKO 상품의 헤지성 여부에 관하여 구체적인 검토와 판단을 내리지는 않았고, 원심 판결의 내용을 수정 없이 인용하였다.

4. 부분헤지와 일부구간의 헤지 기능

(1) 기존 자료의 설명과 재판부의 판단

우리 법원의 판단을 종합해 보면, KIKO라는 것이 부분적으로 헤지 기능이 인정되기 때문에 '헤지상품'이라는 것이다. 이러한 논리는 여러 자료에서 공통적으로 보인다.

즉, 중소기업중앙회 자료에서는 "약정 구간 내에서는 헤지"가 가능하다고 표현하고 있고, 김·장 법률사무소의 자료에서는 "헤지의 규모"와 "헤지의 방법"의 선택의 문제로서 KIKO는 "부분적으로 헤지 기능"이 있는 "다소 공격적 헤지상품"이라고 표현하고 있다. 각급 법원의 판단과 두 자료 내용의 공통점은 부분적으로 헤지 기능이 있으므로 KIKO가 헤지상품이라는 것이다.

반면 원고가 지속적으로 주장한 바는 KIKO 상품이 "극히 제한된 범위에서의 환헤지 기능만을 제공하고, 오히려 기업이 손실을 볼 수 있는 위험성이 크게 증가"하여 "환위험 회피에 구조적으로 부적합"하다는 것이다.

즉, KIKO는 헤지상품이 아니라는 것인데, 동일한 KIKO 상품을 놓고 서로 전혀 다른 주장을 하는 이유는 무엇일까? 단순히 처해 있는 입장의 차이에서 비롯된 것인가? 그렇다면 중소기업중앙회의 자료는 기업의 이해와 배치된다는 점에서 의아한 면이 있다.

그 이유는 부분헤지에 대한 오해에서 비롯된 것으로 볼 수 있다. 부분헤지란 앞서 살핀 레버리지 비율이 1보다 작다는 의미이다. 김·장 법률사무소의 자료는 부분헤지를 "헤지의 규모를 선택하는 것"으로 표현하면서, KIKO는 "헤지의 방법" 중에 하나로서 '일부구간의 헤지'를 선택하는 것이라고 설명하고 있다.

이 자료는 일부구간의 헤지와 부분헤지를 구분하지 않고 있어 KIKO의 본질

파악에 혼선(混線)을 야기할 우려가 있다. 일부구간의 헤지와 부분헤지는 엄연히 다른 개념이다. 중소기업중앙회 자료의 "약정 구간 내에서는 헤지"는 부분헤지가 아니라 일부구간의 헤지 기능을 의미하는 것이고, 기업이 헤지에 적당하지 않다고 주장하는 것은 KIKO 상품이 부분헤지 기능이 있는 줄 알았는데, 일부구간에만 헤지 기능이 있어서 결과적으로 손실이 발생하였으니 부적합하다는 것으로 이해되어야 한다.

(2) 부분헤지의 개념

부분헤지(partial hedge)에 대하여 '옥스퍼드 국제금융 용어사전'(Oxford Hand book of International Financial Terms)은 다음과 같이 정의 하고 있다. 부분헤지란 "전체가 아닌 부분적으로 헤지가 된 포지션이다. 이는 헤지목적물의 가격이 역방향으로 변동할 때, 위험을 완전히 제거하지는 못하지만, 경감시킨다. 부분헤지란 헤져가 가격이 순방향(upside)으로 변동할 경우의 이익을 희망하지만 위험노출의 규모(the amount of the exposure)에 관하여 우려가 있는 경우 선택된다."[135)]

부분헤지란 전체 가격변동구간에서 헤지비율(hedge ratio)이 1보다 작다는 의미이지, 가격변동의 일부구간에만 헤지 기능이 있는 경우를 의미하는 것은 아니다.

예컨대, 수출기업이 원달러 환율 하락에 대한 위험이 100만불이라 하면, 헤지비율이 1이라는 것은 100만불을 가격변동의 전체구간을 대상으로 헤지한다는 것이고, 헤지비율이 0.5라는 것은 50만불만 헤지를 하는 것인데, 이는 헤지효과가 가격변동의 전체구간에서 50%만큼 발생한다는 의미이다.

즉, 헤지비율이 0보다 크고 1보다 작은 것은 부분헤지이고, 헤지비율이 1이면 완전헤지인데 이들은 헤지 기능이 있다고 할 수 있고, 반면 헤지비율이 1보다 크면 오버헤지인데 이는 투기(speculation)이다.

---

135) Oxford Handbook of International Financial Terms : Partial Hedge, available at http://www.answers.com/topic/partial-hedge, last visited on 25 Dec., 2010. "A position that has been hedged in part and not in its entirety. This will reduce, but not eliminate, adverse movements to the position being hedged. A partial hedge is undertaken if the hedger wishes to still be able to benefit from some upside but is concerned about the amount of the exposure being taken."

부분헤지 : 1〉 헤지비율 〉 0
완전헤지 : 헤지비율 = 1
오버헤지 : 헤지비율 〉 1

헤지비율=0%는 수출기업이 환위험헤지를 전혀하지 않은 경우이고, 헤지비율=50%는 부분헤지(partial hedge)를 한 경우이며, 헤지비율=100%는 완전헤지(perfect hedge)를 한 경우를 의미한다. 세 경우의 공통점은 '가격변동의 전체구간'에서 헤지비율에 따라 헤지 효과가 나타난다는 점이다.

즉, ① 헤지를 하지 않은 경우는 환율하락의 위험이 100% 손실로 반영되지만 환율상승은 100% 이익으로 반영되어, 헤지를 하지 않은 효과가 가격변동의 전체구간에 나타나는 손익구조이다. ② 한편 완전헤지를 한 경우는 환율하락의 위험이 100% 커버되지만, 환율상승 시 기대이익 100%가 소멸하므로 가격변동의 전체구간에서 손익변동이 없다. ③ 50% 부분헤지를 하는 경우에는 손익변동이 가격변동의 전체구간에서 ①과 ②의 중간이 된다. 즉, 환율하락 시 50%만큼만 위험이 헤지되는 반면, 환율상승은 50%만큼 이익으로 반영되는 구조이다.

요컨대, KIKO는 헤지의 효과가 가격변동의 전체구간에서 나타나는 것이 아니라는 점에서 부분헤지와 다르다. 그러므로 KIKO를 부분헤지라고 하는 것은 적합하다고 보기 어렵다.

(3) 일부구간의 헤지와 설명의무

1) 일부구간 헤지의 실익

일부구간의 헤지는 가격변동의 전체구간에서 헤지 효과가 있는 것이 아니라는 점에서 부분헤지와 구별되는 개념인데, 일부구간의 헤지 기능이 과연 헤지로서 얼마나 실익을 갖는가에 관하여는 문제가 제기된다.

재판부 III은 KIKO 계약이 "환율이 일정한 범위 이내에서 변동하면서 하락할 경우"에는 "비교적 높은 행사환율로 외화를 매도"하여 "환손실을 축소할 수 있도록 설계"되었다고 판시하였는데, 여기서 "일정한 범위"란 '행사가격 이하 KO까지'로서, 재판부 II가 특정한 '제2구간'을 지칭(指稱)하는 것인데, 이는 일부구간의 헤지를 의미하는 것으로 해석된다.

재판부 III이 "높은 행사환율로 매도하여 환손실을 축소"했다고 하는 판단은, 이 구간에서 풋옵션의 권리행사로 시장가격보다 높은 환율로 외화를 매도할 수 있었으므로 환손실을 축소하는 실익이 있었다는 논리이다. 여기서, "환손실을 축소"했다고 판단하려면, 풋옵션 매수에 지급된 비용이 X이고, 비용을 초과한 가격하락이 Y여서, Z(=Y−X)라는 환손실 축소의 실익(Z > 0인 경우)을 판단할 수 있는 것인데, 재판부는 이점을 간과하고 있다.

즉, 실제로 헤지 효과가 있었는지 또한 실익이 있었는지는, 당해 풋옵션의 매수에 지급된 비용과 합산하여 판단할 문제라는 점에서, 동 재판부의 판단은 재고될 필요가 있었다.

풋옵션 매수 헤지는 "완벽한 헤지를 위해서는 환차익의 기회를 열어 두면서, 환차손은 방지하는 구조가 이상적이다."[136]라는 주장에 부합하지만, 풋옵션 매수 프리미엄을 지급해야 하는 부담이 있다. 또한, 수출기업의 입장에서 보면, 풋옵션 매수 헤지에서 현물과 합산한 이익은 프리미엄 지급분을 초과하는 환율의 상승에서 발생하는데, 이는 "환차익의 기회를 열어둔" 풋옵션 매수 헤지 구조의 효과이다.

한편 일부구간에만 헤지 기능이 있는 것을 간염백신의 경우와 비교해 보자. 예컨대, 간염백신이라면 당연히 A간염 뿐 아니라 B형간염도 예방할 수 있는 것이 바람직하다. 그러나 A형 간염만 예방할 수 있고 B형은 예방할 수 없는 백신, 또는 그 반대라 하여 간염백신이 아니라고 할 수는 없다. 부분적이지만 간염백신으로서의 예방기능이 있기 때문이다. 하지만, 간염백신으로 판매되기 위해서는 그 다음 단계로서 전체적으로 다시 한 번 백신으로서의 효용과 안전성이 판단하여야할 것이다. 예컨대, A형 간염만 예방할 수 있고 B형 간염은 예방할 수 없는데, 더 나아가 만일 이 백신을 맞은 후 B형 간염균이 침입한 경우에는 1년 내 실명하게 될 확률이 90%가 된다고 가정하자. 이와 같은 상품을 두고 "간염에 대해 부분적인 백신기능이 있다."고 할 수 있을까? 질병의 예방보다 오히려 질병의 악화위험성이 있다면 "부분적인" 효능에도 불구하고 전체적으로 보아서는 질병의

136) 이상제 · 김영도, 전게서, 38면.

위험성이 크게 증가하는 것으로서 정상적인 백신이라고 평가할 수 없을 것이다.

KIKO의 경우도 마찬가지이다. 환율이 일부구간 내에서 변동하는 경우만을 담보하는 기능만을 가지고 있는 KIKO는 투자상품으로서는 충분히 가치가 있다. 하지만 그 일부구간의 위험만을 회피한다고 하여 KIKO가 정상적인 헤지상품이 되는 것은 아니며, 다음 단계로 가격변동의 전체구간에서 헤지 기능이 인정되어야 비로소 정상적인 헤지상품으로서 규범적으로 인정받을 수 있는 것이다.

KIKO의 경우 일부구간의 헤지가 가능하지만 다른 부분은 헤지가 되지 않는 정도에 머문 것이 아니다. 다른 위험이 발생하였을 경우에는 그 계약으로 가능한 일부구간 위험의 회피라는 이익을 모두 상쇄하고도 남을 만한 큰 위험을 인수하게 된다는 데에 문제가 있다.

우리 법원은 이와 같은 일부구간의 헤지 기능만으로 KIKO를 헤지상품으로 보는 것이 정당화될 수 있는지 재고할 필요가 있었고, 무슨 실익이 있는지 밝혀야 할 필요가 있었다. 그럼에도 불구하고 대법원에 이르기 까지 이러한 점에 대한 검토가 사실상 간과된 점은 아쉬운 면이 있다.

2) 콜옵션 매도헤지와의 비교

KIKO 상품의 실익은 '콜옵션 매도헤지의 결과적 손익구조'와도 비교할 필요가 있다. 일부구간의 헤지 기능이 있다는 점에서 콜옵션 매도헤지는 KIKO와 공통점이 있다. 기업의 입장에서 KIKO가 콜옵션 매도헤지와 비교하여 실익이 있다고 하려면, 콜옵션 매도로 수취할 수 있는 현금(premium)을 지급하여 매수한 KO 조건부 풋옵션이, 수취한 프리미엄으로 커버되는 구간과 비교하여 헤지구간을 상당부분 확장시킨 것이라야 한다.

통상 1 : 2 구조의 KIKO를 예로 들어보면, 콜옵션 매도로 수취할 수 있는 현금을 "CPR"(Call Premium Received)이라 하고, KO 조건부 풋옵션 매수 비용을 "PPP"(Put Premium Paid)라 할 때 양자의 관계는,

① 2CPR = (1PPP + PPP의 은행 수수료)로 확보된 헤지구간
② 2CPR 〉 (1PPP + PPP의 은행 수수료)로 확보된 헤지구간
③ 2CPR 〈 (1PPP + PPP의 은행 수수료)로 확보된 헤지구간

세 가지 경우가 가능한데, ①은 기업의 입장에서는 헤지구간의 확장이 전혀 없다는 면에서 실익이 없다. 다만, 은행은 PPP의 은행수수료를 확보한 만큼 실익이 있다. ②는 기업에게는 오히려 헤지구간이 축소될 뿐만 아니라 비용도 증가한다는 점에서 단순콜옵션 매도헤지 대비 현저히 불리하다.

그러나 은행은 이 경우에도 부담할 위험구간이 축소된 것과 PPP의 은행 수수료 확보라는 두 가지 측면에서 실익이 있다. ③은 기업의 헤지구간이 확장되었다는 측면에서, KIKO 상품이 콜옵션 매도헤지와 비교하여 실익이 있다고 볼 수 있다.

요컨대, KIKO는 ③의 경우에 국한하여 상품으로서의 존재가치를 갖는다 할 수 있는데, KIKO 사안의 합리적 판단에는 CPR과 PPP의 구체적인 수치를 파악한 후 양 당사자의 실익이 어떠한가 하는 점을 검토할 필요가 있다.

3) 가중된 설명의무

일부구간만 헤지가 가능한, KIKO의 특성은 설명의무의 가중에도 영향을 준다. 앞에서 살핀 바와 같이 KIKO는 가격변동의 일부구간에서만 헤지 효과를 기대할 수 있는 상품이라는 점에서, 가격변동의 전체구간에서 헤지 효과가 있는 상품에 비하여 설명의무를 가중할 필요가 있다.

즉, 그 내용에 있어서 재판부 III이 판단한 일부구간에 대하여 실제로 풋옵션 프리미엄을 초과하는 헤지 효과가 있다는 점과 콜옵션 매도헤지와 비교하여 기업의 헤지구간이 상당히 확장되었다는 점 등에 대하여 구체적으로 표시되어야 하는 등 가중된 설명의무를 부과할 필요가 있다.

앞서 예시한 백신의 경우로 돌아가 보자. 이 백신은 정상적인 상황에서는 사용하면 안 된다. 하지만 그 백신이 꼭 필요한 사람이 있을 수 있다. 예컨대, 체질과 병력 등 개인적인 특성상 정상적인 다른 백신을 사용할 수 없는 환자에 대해서는 예외적으로 효용성이 있을 수 있기 때문이다.

그러나 이와 같은 특이환자에 대해 이 백신을 사용하려 한다면, 의사로서는 당연히 가중된 설명의무를 부담하여야 한다. 단지 “당신에게는 이 백신밖에 없다”라고 설명한 후 주사하는 것은 부족하다. 이러한 경우에는, ① 원래는 정상인은 이 백신을 맞아서는 안 된다는 점과 ② 부득이한 사정으로 이 백신사용을 고려하여야 한다는 점, ③ 이 백신으로 A형 간염은 예방될지 모르지만, 이 백신을 사용하여 B형 간염균이 침입할 경우 매우 높은 실명가능성의 발생에 대해 자세히 설명하여야 한다.

이는 정상적인 백신을 주사할 때에도 일반적으로 부담하는 설명의무와는 다른, 훨씬 가중된 설명의무이다. 일반적으로 설명의무를 이행한다 하여 하자를 치유해 주는 것은 아니다. 하지만 하자를 치유할 수 없는 위험성이 있는 거래를 할 경우, 상대방 보호를 위하여 통상적인 설명의무보다 가중된 설명의무를 부담함으로서 상대방의 의사결정권, 생명권과 재산권을 실질적으로 보호해 주는데 도움을 줄 수 있는 것이다.

KIKO의 경우 “최소한 일부구간에서 만큼은 부분적인 위험회피기능이 있는 상품으로서는 가치가 있는 것이 아닌가?”하는 의문이 있을 수 있다. 그러나 원칙적으로는 헤지 기능은 특정 부분뿐만 아니라 전체적으로도 판단하여야 하므로 이와 같은 의문에 대해서는 부정적이다.

그러나 위의 백신의 예와 마찬가지로 예외적으로 회사의 특수사정으로 인하여 정상적인 환헤지상품을 사용할 수 없고 KIKO 상품이 아니면 안 되는 경우가 예외적으로 있을 수 있다. 이와 같이 전체적으로 예상되는 큰 위험에도 불구하고 KIKO를 권유하는 것이 객관적으로도 타당한 상황에만 인정되어야 하며, 통상적인 일반 수출업자에게 이를 환헤지상품으로 설명하고 가입권유하여서는 안 되는 것이다.

나아가 그와 같이 예외적인 상황에 있는 수출업체에 대해 가입 권유를 함에 있어서도 통상적인 상품의 설명을 하는데 그쳐서는 안 된다. 이 상품이 수출업자를 위한 환헤지상품으로서는 예외적인 것이라는 점을 포함하여 증가하는 위험의 내용과 수준을 매우 구체적으로 설명하여야 하는 가중된 설명의무를 부담하여야 한다.

II. 헤지 기능에 관한 검토

재판부 I 내지 III의 헤지에 대한 인식에 대하여는 KIKO 계약이 가격변동의 전체구간을 대상으로 한 ‘단일계약’임을 간과하고 있다는 점이 지적될 수 있다.

KIKO의 헤지 기능 존부는 계약내용 전체를 통하여 판단하는 것이 타당할 것이다.

즉, 헤지의 여부는 당해 KIKO 계약 전체가 기업의 환위험을 헤지하고 있는가의 문제일 뿐이므로, 일부구간에 헤지 기능이 인정된다하더라도 전체가 헤지 목적에 적합하지 않은 경우는 헤지라고 할 수 없다.

KIKO 계약에서 당사자의 지위는 보험계약에서 당사자의 지위와 유사하다. 즉, 위험인수자(risk taker)와 위험이전자(risk transferor)로 나뉜다. 보험 계약에서 위험 인수자는 보험자이고 위험이전자는 보험계약자이다. 가격변동의 전체구간에서 보면, KIKO 계약에서 위험인수자는 기업이고 위험이전자는 은행이다. 즉, 기업이 보험자의 지위를 취하고 은행은 보험계약자의 지위를 취한 것이다.[137)]

이를 앵글교수는 “은행이 환위험에 대한 보험을 기업으로부터 산 것과 같다.” 고 지적한 것이다. 환언하면, 일부구간에서 위험이 감소된다하더라도, 전체 구간을 기준으로 평가하여 위험이 증가하는 KIKO 계약은 기업의 입장에서는 투기(speculation)에 불과하다. 이하에서는 여러 문헌에서 정의하고 있는 헤지의 의의를 살핀 후, KIKO 계약을 헤지 용도로 사용하기에 적합하지 않다는 점을 검토하고자 한다.

1. 헤지의 의의

(1) 사전적 개념

헤지(hedge)는 원래 울타리라는 의미에서 출발하여 재무학에서는 ‘손실 · 위험 등에 대한 방지책’의 개념으로 사용되는 용어이다. 즉, “헤징(hedging)이란 위험을 감소시키는 것이며, 또한 원시거래(original trade)의 위험을 감소시키기 위한 목적으로 제2의 거래(second trade)를 하는 것이다.”[138)]

---

137) 同旨, 박선종, 토론문－KIKO 분쟁에 있어서 판례의 동향과 자본시장법 상의 쟁점, 자본시장법의 쟁점을 논하다, 한국상사판례학회 제101회 정기학술대회 자료, 한국상사판례학회, 2010. 2, 10, 33면; KIKO 계약과 같은 “투기 목적의 장외 옵션 매도인(naked OTCoption writer)의 자격은 보험업법에서 보험자의 요건을 정한 것을 참고하여 제한할 필요가 있다.”, 박선종, “법률가를 위한 파생금융상품의 이해”, 『증권법연구』 제9권 제1호, 한국증권법학회, 2008. 6, 488면.

138) Meissner, Gunter, 『Credit Derivatives－Application, Pricing, and Risk Management』,

부연하면, '헤지는 다른 시장에 보유하고 있는 반대의 포지션 또는 반대의 채무(opposite obligation)와 동량의 가격위험을 상쇄시킬 목적으로 어떤 시장에 보유하고 있는 포지션을 말한다. 헤징(hedging)은 사업의 위험을 최소화(minimize)하기 위한 전략이다.'[139]

(2) Hull의 견해

Hull은 헤징을 다음과 같이 설명한다.[140] 장래의 특정시점에 특정자산을 매도하고자 하는 기업은 선물매도포지션을 취함으로써 "헤지"할 수 있다. 이를 매도 헤지(short hedge)라 한다. 당해 특정자산의 가격이 하락하는 때에는 당해 특정자산의 처분 시 손실이 발생하지만, 선물매도포지션에서 이익이 발생하게 된다. 이와 마찬가지로 장래에 특정자산을 취득(buy)하고자 기업은 선물매수포지션(long futures position)을 취함으로써 "헤지"할 수 있다. 이를 매수 헤지(long hedge)라 한다.

여기서 중요한 사실은 선물을 통한 헤지가 총재산의 증가(improve the overall financial outcome)를 가져오는 것은 아니라는 점이다. 실제로, 헤지를 통하여 기대할 수 있는 것은 헤지 집행시점을 기준으로 투기적 기대수익(outcome)을 50%쯤 감소시킨다는 점이다.

헤지의 효과는 위험을 감소시킴으로써 기대수익을 더욱 확실하게 하는 것이다.

(3) 손실회피 견해

헤지를 반대개념인 투기(speculation)와 비교하여 다음과 같이 설명하기도 한다.

"헤지와 투기는 상품이나 증권 등 기초 자산의 가격변동이 초래할 수 있는 결과를 서로 다른 측면에서 보는 것이다. 헤지는 상품이나 증권거래의 가격변동

Blackwell Publishing, 2005, p.62.

139) Available at http://en.wikipedia.org/wiki/Hedge_(finance), last visited 30 Mar., 2019.

140) Hull, John C., 『Options, Futures & Other Derivatives』(4th edition), Prentice Hall, 2000, pp.35-42.

으로 인하여 발생할 수 있는 '손실회피'의 측면에 중점을 두는 것이고, 투기는 상품이나 증권거래의 가격변동을 이용한 '재산증식'의 측면에 그 초점을 맞추는 것이다."[141]

2. KIKO 계약과 헤지 기능

(1) 사전적 개념과 KIKO

수출기업의 원시거래(original trade)는 달러 표시 수출대금채권이다. 즉, 기업은 달러화 매수포지션을 가지고 있는 것이다. 따라서 원시거래의 위험을 감소시키기 위해서는 제2의 거래(second trade)로 달러화 매도포지션을 취하면 된다.

기업의 KIKO 계약이 헤지 목적을 달성하려면, 원시거래의 위험이 감소되어야 한다. 그러나 KIKO 계약은 가격변동의 전체구간을 보자면, 원시거래의 위험이 감소되었다고 보기 어렵다.

따라서 헤지의 사전적 개념에 비추어 판단컨대, KIKO 계약은 헤지 용도로 사용된 것으로 보기 어렵다.

(2) Hull의 견해와 KIKO

Hull의 개념정의에 대입하여 사안의 KIKO 계약을 구간별로 나누어 살피건대, 기업이 풋옵션을 매수한 부분은 헤지이다. 일반적으로 풋옵션을 매수하는 것은 시장가격 하락에 대비한 매도 헤지(short hedge)로 유효하지만, KIKO 계약에서는 KO 조건이 있으므로, 풋옵션 구간만 나누어 보더라도 헤지 목적을 온전히 달성하기 어렵다. 더욱이 KI 조건은 기업의 투기 목적으로 볼 수 있다.

요컨대, Hull의 견해는 '① 헤지는 총재산의 증가를 가져오는 것이 아니고, ② 헤지의 효과는 위험을 감소시킴으로써 기대수익을 더욱 확실하게 하는 것'인데, 이에 비추어 보면 KIKO에서 콜 옵션 매도는 ① 가격이 불변일 경우 총재산의 증가를 가져온다는 점, ② KI 이상 구간에서는 위험을 증대시키고 기대수익을

141) 김홍기, "파생상품과 도박규제", 『비교사법』 제14권 제1호(통권 제36호), 한국비교사법학회, 538면.

더욱 불확실하게 한다는 점에서 헤지로 보기 어렵다.[142]

(3) 손실회피 견해와 KIKO

KIKO의 손익구조는 가격변동의 일부구간에서 기업이 '재산증식'의 측면에 초점을 맞춘 것이다. 즉, 기업이 콜옵션을 매도한 것은 가격의 불변 내지 하락 시 '재산증식'에 초점을 맞춘 것인데, '손실회피 견해'에 따르자면 이는 투기로 볼 수 있다.

이러한 콜옵션 매도로 취득된 금원이 풋옵션의 옵션 매수에 전부 사용되었다 하더라도, 콜옵션 매도 행위가 헤지로 인정되기는 어렵다. KIKO 계약에서는 기업은 풋옵션 매수 부분으로 일부구간에서 헤지 기능이 있음에도 불구하고 콜옵션 매도의 투기성에 기인하여, 두 포지션을 합성하면 가격변동의 전체구간에서는 투기적 손익구조를 갖게 된다.

그러므로 손실회피 견해에 비추어도 KIKO는 헤지로 보기 어렵다.

---

142) 별론으로, 동적헤지(dynamic hedge)라는 개념을 살핀다. 동적헤지란 통상 옵션 매도포지션 보유의 위험을 헤지하는 것을 말한다. KIKO 계약에서 기업은 옵션의 매도인이다. KIKO 계약이 기업 입장에서 위험회피기능이 인정되려면, 기업이 옵션의 매도 포지션으로 헤지를 할 수 있다는 점이 입증되어야 할 것이다. 여기서 옵션의 매도 포지션으로 헤지를 할 수 있는가 하는 것과 옵션의 매도포지션 위험을 어떻게 헤지하느냐 하는 것은 다른 문제이지만, 동적헤지의 개념을 살피는 것은 KIKO의 헤지성 여부를 이해하는 데 있어서 새로운 시각의 도움을 줄 것으로 생각된다. 요컨대, 동적헤지란 통상 파생상품딜러가 옵션매도 포지션의 가격변동위험 및 변동성 위험을 전가시키기 위하여 행하는 일련의 노력을 의미한다. KIKO 계약에 있어서 기업은 전체로 보아 옵션매도인이다. 동적헤지란 기업이 보유한 콜 옵션매도포지션의 위험을 어떻게 전가시킬 것인가에 관한 문제이다. 동적헤지는 기본적으로 은행(derivatives dealers)의 고유 업무영역이다. 그러므로, 옵션매도를 통하여 기업이 동적헤지를 한 것이라고 판단하기 위해서는, 기업이 은행 고유의 업무영역인 동적헤지를 할 능력이 있는지(행위능력), 이론적인 능력이 있다하더라도 실제로 시장상황이 기업의 동적헤지를 허용하는지(즉, 유동성은 충분한지, 기업의 헤지비용 얼마나 발생하는지) 살핀 후, 기업이 동적헤지를 통하여 헤지의 고유의 목적인 위험감소를 달성할 수 있는지 여부가 입증되어야 한다. 그런데, 동적헤지에서 헤지를 하고자 하는 목적물은 옵션매도포지션이다. 하지만, KIKO 사안에서 기업의 헤지 대상은 옵션매도 포지션이 아니다. KIKO가 기업의 헤지 목적으로 사용될 수 있다는 주장은, 오히려 동적헤지의 목적물인 옵션매도포지션으로 선형포지션(linear position)인 수출대금채권을 헤지하려 한다는 것이다. 이는 헤지의 목적물과 헤지의 도구가 뒤바뀐 것으로 생각된다.

III. KIKO 계약의 본질

KIKO 계약의 본질을 헤지로 볼 수 있는가의 여부는 착오와 관하여도 중요한 논점으로 볼 수 있다. 일부 하급심 판결[143]에서 KIKO 계약이 환위험회피에 부적합한 상품이라는 원고들의 주장에 대해 재판부가 배척하였는데, 동 판결문의 내용을 통하여 KIKO 계약의 본질에 관하여 검토하고자 한다.

1. 원고의 주장과 법원의 판단

KIKO 계약이 환위험회피에 부적합한 상품이라는 원고들의 주장에 대해 하급심 법원은 배척하고 대법원은 이를 수정 없이 인용하였다. KIKO 계약의 환위험회피 적합 여부에 관한 원고들의 논거와 법원의 판단은 다음과 같다.

원고들의 논거는,

① 이 사건 통화옵션계약은 계약 구조상 기업에게 극히 제한된 범위에서의 환헤지 기능만을 제공하고, 오히려 기업이 손실을 볼 수 있는 위험성이 크게 증가하며 그 손실에는 제한이 없다는 점,

② 반면, 기업의 위험방지를 위한 고객보호장치가 전혀 설정되어 있지 아니하여, 계약 자체가 환위험 회피에 구조적으로 부적합하다는 점

이 핵심이다.

한편, 법원의 판단은,

① 이 사건 통화옵션계약은 환율이 일정한 범위 이내에서 변동하면서 하락할 경우에는 비교적 높은 행사환율로 외화를 매도하여 환손실을 축소할 수 있도록 설계되었는바, 환율이 일정한 범위 내에서 하락할 것을 전망하는 수출기업으로 하여금 발생가능성이 낮은 범위의 위험은 스스로 감당하되, 발생 가능성이 높은 범위의 위험에 한정하여 부분적으로 환위험 회피를 할 수 있도록 하는 통화옵션계약인 점,

143) 서울중앙지방법원 2010. 11. 29. 선고 2008가합108045 판결 등.

② 원고들의 주장과 같이 … 고객보호장치(가령 더블 넉아웃(Double Knock-Out))를 부가하면 콜옵션의 가치가 하락하고, 그에 따라 행사환율이 낮아지게 되어 환율하락에 대비한 환위험 회피라는 목적을 충분히 달성할 수 없게 되는 결과에 이르게 되는 점

등을 종합적으로 고려하면, 이 사건 통화옵션계약의 계약기간이나 구조, 조건들이 환위험회피에 구조적으로 부적합하다고 할 수 없다는 것이다.

2. 검토의견

(1) 환율 예측의 불가능성

법원은, KIKO 계약이 "환율이 일정한 범위 내에서 하락할 것을 전망하는 수출기업"으로 하여금 "발생가능성이 낮은 범위의 위험은 스스로 감당하되, 발생가능성이 높은 범위의 위험에 한정하여 부분적으로 환위험 회피"를 할 수 있도록 하는 통화옵션계약이라고 판단하고 있다.

헤지(hedge)는 위험을 감소 또는 상쇄시키기 위한 것이고, 위험은 불확실성 하에서 자연적으로 발생하는 것이므로, 헤지와 위험은 본질적으로 예측이나 전망이 불가능하다는 것을 전제로 하는 것이다. 가격에 대한 예측이나 전망을 기준으로 파생상품을 거래하는 것은 투자자나 투기자의 몫이고, 헤저(hedger : 위험회피자)는 예측이나 전망이 불가능하다는 기본 전제하에 위험을 회피하려는 목적으로 파생상품을 거래하는 것이다.

요컨대, 환율은 예측이 불가능하므로, 법원이 "환율이 일정한 범위 내에서 하락할 것을 전망하는 수출기업"이라고 지칭하려면, 이는 동 기업이 투자 목적으로 파생상품 거래를 하는 경우에만 사용할 수 있는 표현이다. 법원이 KIKO를 헤지상품으로 판단한다면 이는 표현상의 오류로 볼 수 있다.

(2) 작은 위험과 큰 위험

법원은 KIKO 계약이 "발생가능성이 낮은 범위의 위험은 스스로 감당하되, 발생가능성이 높은 범위의 위험에 한정하여 부분적으로 환위험회피를 할 수 있

도록 하는 통화옵션계약"이라고 판단하고 있는데, 이를 따져 보면 발생가능성이 낮은 위험은 KI 이상의 큰 위험과 KO 이하의 큰 위험이고, 발생가능성이 높은 위험은 KI와 KO 사이의 작은 위험이다.

여기서 헤지와 비슷한 용도로서 보험 역시 위험을 대비한다는 점에서, 헤지를 보험과 비교해 보자. 헤지와 보험은 둘 다 위험을 대비하자는 것이 주된 목적인데, 작은 위험은 대비하고 큰 위험은 스스로 감당하는 것이, 위험을 대비하는 헤지의 목적에 맞는지 의문이다.

예컨대, 보험 역시 불확정한 사고를 대비하는 것인데(상법 638조), 그렇다면 스스로 감당할 수 있는 작은 위험을 위하여 보험계약을 체결할 필요가 있는지 의문이 드는 것이다.

수출기업의 입장에서 보면, 발생가능성이 낮더라도 큰 위험이 발생하는 것에 대비할 수 있어야 진정한 의미의 환헤지상품이 될 수 있는 것이며, 이는 발생가능성이 낮지만 큰 위험에 대비하는 보험계약의 본질과 같은 의미로 보아야 한다는 점에서 재판부의 판단이 재고되어야 한다. 따라서 작은 위험만을 대비할 수 있다는 점에서 KIKO 계약의 본질은 헤지상품으로 보기는 어렵다.

3. 논의의 정리

KIKO 계약의 본질은 "특정 부분의 환헤지를 포기하거나 약하게 하는 대신 다른 부분에서 이익을 보려는 맞춤형 환헤지상품"이라는 견해[144]가 있는데, 법원의 판단은 이와 일맥상통한다.

즉, 법원은 ① "수출기업인 원고들이 매수한 풋옵션에는 넉아웃 조건이 설정되어 있어 환율이 일정 범위 밑으로 하락할 경우 원고들이 얻을 수 있는 이익 또는 환위험회피(환헤지, hedge)기능은 제한적인 반면, 은행인 피고가 매수한 콜옵션은 풋옵션 계약금액의 2배일 뿐만 아니라 환율이 일정 범위를 넘어 상승하여 넉인 조건이 성취될 경우 그 행사에 어떠한 제한도 없어서, 이 사건 통화옵션계약의 각 만기일에 시장환율 보다 낮은 행사환율에 외화를 매도하여야 함으로써

144) 김·장 법률사무소, 전게서, 113면.

원고들이 입는 손실이 무제한적으로 확대될 수 있는 점은 인정된다."고 하여, KIKO 계약의 헤지 기능은 제한적이고, 손실확대 가능성은 무제한이라는 점을 인정하고 있고, ② "결제일에 현물이 확보되지 못하는 경우에는 환율 상승으로 인한 현실적인 위험성을 인수하는 결과가 되고 나아가 환변동의 시세차익을 추구하는 투기적 성향을 가진 상품으로 변질될 수 있다."며, 오버헤지(over hedge) 시에는 투기적 상품으로 변질된다고 하면서도, ③ 결론적으로는 KIKO 계약이 "본질적으로 부분적 환위험회피를 위하여 설계된 이상 그 자체를 환투기 상품이라고 단정 지을 수 없다."고 판시하고 있다. 법원은 KIKO 상품이 설계상의 결함이 있을 수 있다는 점을 간과하고 있는 것으로 보인다.

KIKO는 환율변동의 전체구간에 대하여 권리·의무관계가 변동하는 단일계약이므로, 환헤지상품이라고 하려면 가격변동의 전체구간을 대상으로 판단하였을 때, 환헤지 기능이 있어야 한다. 따라서 가격변동의 일부구간에만 환헤지 기능이 존재하는 KIKO를 환헤지상품이라고 하는 판단은 타당하다고 보기 어렵다.

요컨대, KIKO 계약의 본질은 가격변동의 전체구간으로 보아 투기 상품으로 볼 수 있다. 그러므로 법원의 KIKO 계약의 본질에 관한 판단은, KIKO의 일부구간에서의 헤지 기능이 아닌, 환율변동의 전체구간에서의 투기성을 고려하여 재고될 필요가 있다.

IV. 착오에 관한 논점

1. KIKO 계약의 본질과 착오

KIKO 소송의 주요 쟁점 중 하나가 착오의 문제인데, 일부구간에 헤지 기능이 있다는 것만으로 KIKO 계약의 본질을 헤지로 볼 수 있는가 하는 것은, 착오 판단에 있어서 중요한 기준이 된다. 앞서 살핀 바, KIKO 계약의 본질은, 일부구간에서의 헤지 기능으로 판단할 것이 아니라 가격변동의 전체구간을 기준으로 판단하자면 투기상품으로 보인다.

한편 착오의 유형을 분류하자면, 예컨대, 가격변동의 전체구간을 기준으로, '헤지가 불가능한데 가능한 상품이라고 착오'하였던 경우는 법률행위의 주요 내용에 관한 착오일 것이다. 다른 한편 '헤지가 완전하지는 않고 제한적이라는 것을 알았지만, 자신의 회사의 처지에 비추어 부적절하다는 것을 몰랐던 착오'라면 동기의 착오로 볼 수 있다.

다시 앞의 하급심 판결[145]로 돌아가서 논의(論議)하자면, 원고들은 KIKO가 "환위험회피를 위한 적합한 상품"으로 착오하였고, "이러한 착오를 피고가 원고들에게 유발하였다"고 주장한다. 이는 법률행위의 주요 내용에 관한 착오로 볼 수 있다. 그러나 동 재판부는 KIKO가 "환위험회피에 적합한 상품"이므로 "원고들이 이 점에 관하여 착오하였다고 할 수 없다."고 설시하며 원고의 주장을 배척하였다.

요컨대, 원고는 KIKO 계약이 헤지에 부적합한 상품인데 적합한 상품으로 착오하였다는 주장이고, 법원의 판단은 헤지에 적합한 상품이니 착오를 인정할 수 없다는 것이다. 이러한 재판부의 판단은 앞에서 살펴본 'KIKO 계약의 본질'이 투기상품적 성향이 매우 강하다는 점에서, 재고될 필요가 있다.

2. KIKO 계약의 비유

KIKO는 헤지 목적으로 가입하였는데 거대손실이 발생한, 이전에는 유례(類例)를 찾아 볼 수 없는 사건이다. 헤지는 손실을 피하고자 하는 행위인데, 그러한 행위가 거대손실을 야기하였다는 점에서, KIKO 사안에서 착오의 가능성을 검토할 필요가 있는 것이다.

이해의 편의를 위하여, 고용계약의 예를 들어 비교해 보자. 예컨대, 고용계약을 체결하면서, 자신이 사용자가 되는지 근로자가 되는지에 대해 착오를 한 경우 법률행위의 중요부분의 착오로서 취소대상이 됨을 부정할 수 없을 것이다.

KIKO 계약을 체결하면서 "헤지"를 하는 것인지 "투기"를 하는 것인지에 대해 착오를 한 경우도 마찬가지로 법률행위의 중요부분의 착오로서 취소대상이 됨을 부정할 수 없을 것이다.

또한 옵션계약을 체결하면서 매수를 하는 것인지 매도를 하는 것인지에 대해

145) 서울중앙지방법원 2010. 11. 29. 선고 2008가합108045 판결.

착오를 한 경우도 마찬가지로 법률행위의 중요부분의 착오로서 취소의 대상이 됨을 부정할 수 없을 것이다.

물론 고용계약의 경우 실제 사안에서 이와 같은 일이 발생하여 문제되는 경우는 드물 것이다. 하지만 혼합계약으로서 사용자의 지위와 근로자의 지위가 약간씩 혼합되어 있는 계약을 체결하는 상황을 가상해 보자.

예컨대, 근로자로서 월급 200만 원을 받지만, 사용자가 근로자에게 어떤 일을 해 주는 경우 시간당 40만 원을 주기로 하기로 하는 경우, 이를 고용계약이라고 할 수 있을까? 이는 앞부분만 가지고 “기본적으로 고용계약이다.”라고 판단할 수 있는 것은 아니고 뒷부분의 결합한 전체적인 구조에 따라 판단하여야 한다.

예컨대, 사용자가 일을 해 주는 것을 근로자가 요구하는 경우에만 해 주기로 되어 있고, 그 보수가 비록 시간당 40만 원이라 하더라도 매월 시간 한도 또는 총액한도가 월급보다 적은 한도로 정해져 있다면, 고용계약에 가까운 혼합계약이라고 할 수 있을 것이다.

하지만 근로자가 요청하지 않았더라도 소정의 조건이 달성되면 사용자가 일을 해 주고 보수를 청구할 수 있다고 되어 있다면 사정은 전혀 달라진다. 근로자가 사용자에게 지급하여야 할 보수가 자신의 월급여를 넘을 수 있는 것이다. 이 경우에는 고용계약이라고 말하기는 어렵다.

만일 일을 해서 돈을 벌어야 하는 사람에게 사용자가 이와 같은 일자리를 제안하였는데, 근로자가 이 계약이 정상적인 고용계약이라고 생각하고 취직하였다면, 이는 근로자에게 중대한 과실이 있는지 여부는 차치하고라도 이를 착오라고 하지 않을 수 없다. 한편 이 계약을 통하여 사장에게 약간의 보수를 되돌려 주어야 할지 모르지만, 이를 공제하고도 어느 정도 월급을 받을 수 있다고 생각하고 생활비를 벌 목적으로 취직하였다면, 동기의 착오에 가깝지 않을까 생각된다.

어느 모로 보나 이와 같은 경우를 두고 고용계약이라고 말하기는 어렵다.

이와 같은 계약은 통상적으로 취업을 희망하는 일반인들의 기대를 벗어나는 내용이며(소비자기대이론), 이 계약으로 얻을 이익과 손해를 비교해 볼 때 손해가 더 커서 통상적인 고용계약으로서의 성상을 가지고 있다고 보기 어려울 것(비용효용이론)이다. 이와 같은 계약을 “고용계약”이라고 하면서 직원을 모집하는 사장이 있다면, 일시적으로 활용되다가 얼마 못 가서 문제가 발생할 것이 분명하다.

KIKO의 경우도 마찬가지이다. 기본적으로 특정물에 대한 매매계약에서 매도인의 지위와 매수인의 지위는 다르며, 이를 혼동한 경우 착오의 대상이 된다. 그런데 특히 옵션계약에 있어서는 특정물에 대한 매매계약과 비교할 수 없는 정도로 매도인과 매수인의 지위와 경제적 효과가 현저히 다르다. 따라서 자신이 옵션을 매수하는지 매도하는지에 대하여 착오하고 계약을 체결하였다면, 이는 당연히 법률행위의 중요부분의 착오로서 취소대상이 된다.

나아가 옵션을 매도한다는 것은 알았지만 매도하는 것이 위험을 회피하는 것이라고 거꾸로 생각하였다면, 이는 동기의 착오문제가 될 것이다. 따라서 이 경우에는 그 사람이 위험을 회피하고자 하는 동기로 계약하였는지가 명시적·묵시적으로 표시되어 법률행위의 내용이 되었을 경우에 한하여 취소할 수 있을 것이다.

문제는 KIKO 상품의 경우 매수와 매도가 혼합되어 있는 상품으로서 자신이 옵션 매도인인지 매수인인지 잘 모르게 되어 있었다는 점이다. 기업이 KIKO에 가입한 것은 전체적으로 평가하였을 때 옵션을 매도하는 것이지 매수하는 것이 아니다. 환율위험을 회피하는 상품이라기보다는 환율위험을 회피하려는 사람들에게 옵션을 매도하여 위험을 인수함으로서 금전적인 이익을 누리려는 투자상품이다.

이와 같은 상품을 투자자에게 투자상품으로 팔았다면 착오의 문제가 있을 수 없으나, 이를 수출업체를 위한 환위험회피 상품이라고 설명하면서 팔았다면, KIKO 매수인으로서는 법률행위의 중요부분인 목적물의 성상에 관한 착오 내지 당사자의 지위에 관한 착오를 한 것으로서, 취소할 수 있다고 보아야 할 것이다.

3. 규제 법리의 적용 순서

KIKO 사안은 자본시장법에 반영되어 있는 설명의무위반, 적합성의 원칙 등으로 규제할 수도 있다. 하지만 이들 원칙은 의사표시에 하자가 없는 계약을 체결하는 과정에서 적용되는 법리이다. 그러나 KIKO 문제는 그 단계까지 가기 전에 근본적으로 의사표시의 하자로서 착오가 있는 사안이다. 착오 여부를 판단한 후 착오가 인정되지 아니하는 사안에 대하여 다음 단계로 적합성의 원칙 등을 적용하여야 하는 것이다.

법원이 KIKO를 투자상품으로 인정한다면, 이를 헤지상품으로 판매하는 가입권유 자체에 위법성이 인정될 수 있다. 또 KIKO 상품이 객관적으로 불합리하고 당해 회사의 상황에 부적합한 상품이라고 인정된다면, 동 상품 가입 회사의 담당 임직원에게는 배임으로서 불법행위가 성립될 수 있으며, 그와 같은 상황에서 은행이 그 직원에게 가입권유를 하는 것은 공동불법행위나 방조가 성립될 수 있다. 이와 같이 가입권유 자체의 위법성을 인정한다면, 원칙적으로 은행이 면책되는 경우는 매우 제한적일 것이다. 그러나 대부분 사안들은 과실상계 사유가 다양한 형태로 나타날 수 있을 것이다.

기존의 KIKO에 대한 판례들이 인식하듯이, 객관적으로 KIKO 상품이 문제가 없고, 정상적인 상품이라면, 현재시점에서 중소수출업체에게 권유해도 되는가? 설명만 충실히 한다 하여 면책이 되는가? 지금 와서 다시 KIKO 상품을 팔면 안 된다는 것을 누구나 동의한다면, 객관적으로 이 상품이 불합리하게 설계되었음을 입증하는 것이다. 다만, 은행 측으로서는 고의 과실이 있는지 여부가 문제될 뿐이다.

V. 소결

KIKO 계약은 가격변동의 전체구간으로 보아서, 기업의 위험을 증대시켰다. 기업의 원시 위험은 가격 하락한 방향뿐이었지만, KIKO 계약은 기업의 위험을 가격의 상승 및 하락 양 방향 모두로 증대시켰다. 더욱이, 소위 '풋 매수 1 : 콜 매도 2' 구조는 하락 위험 1을 감소시키기 위하여 상승 위험 2를 인수하여야 한다는 점이 문제이다.

앞의 재판부 III이 헤지의 효과가 있다고 설시한 KO~KI구간은, 사실상 헤지의 필요성이 적은 구간이다. 헤지의 대상은 보험과 마찬가지로 가능성은 적지만 큰 위험으로 보아야 할 것이다. 헤지의 필요성이 크지 않은 구간(가능성은 크지만 작은 위험)을 헤지하기 위하여 정작 헤지가 필요한(가능성은 적지만 큰 위험) 구간을 위험에 노출시킨 것은, 헤지의 대상이 바뀐 것이며 헤지가 아니라 투기적 거래를 한 것에 불과하다.

다이아몬드 펀드 사건, 리먼 증권 사태, 키코사안의 공통점은 모두가 '장외옵션의 매도에서 발생한 문제'라는 점이다.

이 사안들의 첫 번째 차이점은 투자의 전문성 여부로 볼 수 있다. KIKO 사안은, 투자의 전문가로 보기 어려운 중소기업들이, 장외옵션의 매도지위를 보유한 상황에서 발생한 문제이다. 그러나 다이아몬드 펀드 사건이나 리먼 사태는 장외옵션매도의 주체가 증권 등 투자 전문가이다. 리먼과 같은 세계적인 명성을 떨치던 투자전문 은행도 파멸로 이끈 장외옵션매도를 기업체에게 헤지상품이라고 권한 것이 정당한 것인지 생각해 볼 필요가 있다.

두 번째 차이점은 다이아몬드 펀드와 리먼은 헤지를 목적으로 위험을 인수한 것이 아닌 반면, KIKO 피해 기업은 헤지를 목적으로 장외옵션매도의 위험을 인수하였다는 점이다. 즉, 가격 하락의 위험을 헤지하기 위하여 가격 상승의 위험을 2배로 인수한 것이 KIKO 계약의 구조이다. 헤지의 기본 개념은 가격 상승이나 하락은 알 수 없다는 것에서 출발하는 것이다. 즉, 확률적으로 가격 상승과 하락의 위험은 동일하므로 기초 자산에 가격 하락의 위험이 있는 때에는 가격 하락의 위험을 배제하는 것이 헤지이다. 그러나 KIKO 사안에서는 가격 상승의 위험을 2배로 인수하면 가격 하락의 위험이 일부 헤지된다고 하는, 납득(納得)하기 어려운 주장이 은행에 의해서 제기되었는데, 재판부는 이를 인용한 것이다. 옵션 매도 프리미엄은 보험료와 마찬가지로 위험을 인수한 대가로 수취한 것이다. 위험의 인수대가로 수취한 금원이 위험을 헤지 한다는 주장은 "논리의 오류"(誤謬)로 볼 수 있다.

한편, 위험의 인수를 대가로 프리미엄을 수취한다는 점에서 보험자와 장외옵션매도자는 동일한 지위이다. 90년대 말 한국의 외환위기 시, 여러 증권회사와 종금사가 보증보험 수수료 수입을 탐하다가 도산한 사례가 있다. KIKO 사안도 위험의 인수를 대가(콜옵션 매도)로 수수료(프리미엄) 수입을 탐하다가 도산한 사례가 있다는 점에서 동일하다.

이는 위험인수업에 특화되지 않은 기업이나 증권·종금사 등이 보험자의 지위를 누리다가 도산에 처한 것으로 볼 수 있다. 위험 인수를 전문으로 하는 보험회사도 보험계약자의 위험을 인수하는 대가로 수취한 보험료 일부를 재보험료로 사용하고 있다. 재보험 가입을 KIKO 사안과 비교하자면, 보험회사는 KI 가격보다 일정 가격 위의 행사가격에 콜옵션을 매수하여, 가격 상승의 위험을 관리하고 있는 셈이다. 반면에 KIKO 가입 기업에서는 재보험 가입에 해당한 부분이 없다는 점도 큰 문제 중 하나이다.

KIKO 사안은 천차만별이므로 사안별로 독립된 판단의 필요성이 크다. 파생상품 계약의 경험이 많은 기업은 착오 가능성이 적다고 볼 수 있는 반면 경험이 적은 기업은 상대적으로 착오의 개연성이 높다 할 수 있다. 그러나 지금껏 은행측의 착오(성상의 착오)에 관한 재판부의 검토는 전무한 것으로 보인다.

KIKO 계약의 판매는 각 은행 본점의 금융공학전문가들이 직접 판매하기 보다는 지점단위로 비전문가가 판매한 경우가 일반적인 것으로 보인다. 지점단위의 비전문가인 판매원이 설명의무를 충실히 이행할 정도로 KIKO 상품의 구조를 정확하게 이해하고 있었는지 하는 점도 살필 필요가 있었다. 구조를 정확하게 이해하지 못한 경우에는 성상의 착오 개연성은 더욱 커진다 할 수 있는 것이다.

제3절 | 보통거래약관의 위반문제

KIKO 계약이 약관에 해당하는지 여부는 기업과 은행 양자에게 매우 중요하다. 이는 KIKO 계약이 약관으로 인정된다면, 약관규제법을 통한 규율이 가능하므로, 동 계약의 무효를 주장하는 기업 측에는 상당히 유리해 질 수 있는 반면, 은행 측에는 상당히 불리해질 수 있기 때문이다. 2008월 6월 11일 (주)신화플러스 등 8개 수출중소기업은 한국외환은행 등 7개 은행의 키코 통화옵션계약은 불공정약관이라고 약관심사청구서를 공정위에 제출하였다.[146] 한편 이후 몇 건의 가처분신청 및 본안소송에서도 약관성은 중요 쟁점 중 하나였다. 이하에서는 우선 사안의 개요와 공정위 및 재판부의 판단을 살핀 후, 각각의 판단내용을 검토하고자 한다.

146) 동 청구건의 청구인 및 피청구인은 다음과 같다.
- 청구인 : (주)신화플러스 등 8개 수출중소기업.
- 피청구인 : 한국외환은행, 한국산업은행, 우리은행, HSBC, 신한은행, 국민은행, 한국씨티은행.

I. 사안의 개요

이 사안[147]의 청구인은 (주)신화플러스 등 8개 수출중소기업이고, 피청구인은 한국외환은행 등 7개 시중은행이다.

이들 청구인들은 '키코 통화옵션계약은 환율이 일정 환율 이하로 내려가면 계약이 무효로 되고, 일정 환율 이상으로 올라가면 계약금액의 2배 매도의무가 발생하는 매우 불공정한 거래구조를 가지고 있는 불공정한 약관이므로 약관법 제6조[148]에 기하여 무효'라는 취지로 공정위에 불공정약관 심사를 청구하였다.

1. 청구인의 주장

청구인들이 공정위에 심사 청구한 내용은 세 가지로 요약될 수 있는데, 그 내용은 다음과 같다.

첫째, '고객'인 기업들은 환율이 상승(knock in 환율)한 때에는 계약금액의 통상 2배수만큼 '사업자'인 은행에 급부하여 막대한 손실을 입게 되는 반면 은행은 그만큼 이익을 얻게 되므로, 약관법 제6조 제2항 제1호의 "고객에게 부당하게 불리한 조항"에 해당하여 불공정하다는 점이다.

둘째, 약관상의 손익발생 구조에 대하여 고객들은 환율이 일정 수준(knock out 환율) 이하로 하락할 경우에는 환위험에 노출되어 환차손이 발생할 가능성이 있다는 사실을 제대로 인식하기 어렵기 때문에, 약관규제법 제6조 제2항 제2호의 "고객이 계약의 거래형태 등 제반사정에 비추어 예상하기 어려운 조항"에 해당하여 불공정하다는 점이다.

---

147) 공정거래위원회, 보도자료 "KIKO, 불공정약관 아니다.", 2008. 7. 25.

148) 약관의 규제에 관한 법률 제6조(일반원칙) ① 신의성실의 원칙에 반하여 공정을 잃은 약관조항은 무효이다. ② 약관에 다음의 각호의 1에 해당되는 내용을 정하고 있는 경우에는 당해 약관조항은 공정을 잃은 것으로 추정된다.

1. 고객에게 대하여 부당하게 불리한 조항
2. 고객이 계약의 거래형태 등 제반사정에 비추어 예상하기 어려운 조항
3. 계약의 목적을 달성할 수 없을 정도로 계약에 따르는 본질적 권리를 제한하는 조항.

셋째, KIKO 옵션거래조항은 고객이 계약체결 시의 기대와는 정반대의 계약을 체결하게 한 것이므로, 약관규제법 제6조 제1항의 신의성실의 원칙에 반하여 공정을 잃은 약관조항이므로 무효라는 주장이다.

2. 공정위의 판단

동 심사청구 건에 대하여 공정위[149]는 다음과 같이 판단하였다. 우선, KI 수준 이상에서 계약금액의 통상 2배수만큼 은행이익을 얻게 되므로, 약관법 제6조 제2항 제1호 내지 제2호에 기한 신청인의 주장에 관하여는, 만기환율이 넉인(knock-in)환율과 넉아웃(knock-out)환율 사이에 있는 경우에는 고객에게 유리하고, 그 범위 밖에 있는 경우에는 고객에게 불리하게 되므로 불공정한 것으로 볼 수 없다고 판단하며, 통상 만기환율이 외환시장에 의해 결정이 되고, 넉인환율과 넉아웃환율 사이에 있을 가능성이 훨씬 높기 때문에 일률적으로 유·불리를 판단하기가 곤란하다는 점, 중소기업의 피해가 급증한 것은 환율이 시장의 예측과 정반대로 급반등하였기 때문에 발생한 현상으로 판단된다는 점, 2007년말 이전까지는 키코계약을 한 상당수의 중소기업들이 환차익을 본 것으로 판단되며, 키코상품은 선진외국에서도 판매되고 있는 통화옵션상품의 일종이라는 점을 들어 구체적인 판단근거를 제시하며 신청인의 주장을 배척하였다.

요컨대, 공정위는 조건에 따라 약관의 유·불리가 달라지는 경우에는 약관법상 불공정성을 판단하기 곤란하다며, 그 이유로 통상 약관법상 불공정한 것으로 보는 것은 조건과 상관없이 사업자에게 유리한 것을 계약내용으로 하는 경우로 국한된다고 설명하였다.

한편, 공정위는 '약관규제법 제6조 제1항의 신의성실의 원칙에 반하여 무효'라는 신청인의 주장에 관하여는 별도의 언급을 하지 않았으며, 은행들이 키코 통화옵션상품과 같이 고위험성 금융상품을 판매하면서 그 위험성을 고객에게 제대

149) 정확하게는 2008. 7. 24. 공정거래위원회 약관심사자문위원회(전원위원회) 결과이다. 동 심사건은 2008. 7. 14. 소위원회(4인)에서 심의했으나, 최종결론을 내지 못해 전원위원회(12인)에 상정하여 다루게 되었다. 약관심사자문위원회(전원위원회)는 법조계·학계 민간 자문위원 12인으로 구성된 자문기구이며, 의결기관은 아니지만 약관심사의 전문성·특수성 때문에 공정거래위원회는 통상 자문회의 결과를 최대한 존중한다.

로 명시·설명을 하였는지 여부는 법원에서 구체적 심사를 통하여 판단할 사항이라는 점, 공정위의 약관심사는 약관의 문언적 의미만을 심사하는 추상적 심사이고, 법원이 계약체결과정에서 명시·설명의무 이행 여부 및 약관의 구체적 타당성 여부 등을 심사하는 것이 타당하다는 점 등을 이유로 설명하며, 은행들이 키코상품과 같이 아주 복잡한 손익구조를 가진 상품을 금융지식이 일천한 중소기업들에 대해 제대로 설명하였는지 여부는 법원을 통하여 가려질 문제라며, 구체적 판단은 법원에 미루었다.

3. 법원의 판단

법원의 판단은 두 부분으로 나뉘는데 즉, KIKO 계약의 구조에 관하여는 약관성을 인정하면서도 KIKO 계약 전체의 내용에서는 약관성을 부인하고 있다.

법원이 KIKO 계약구조의 약관성을 인정하는 근거는 이러하다. 서울중앙지방법원은 2008. 12. 30. 결정문[150]에서 KIKO 계약의 구조에 대하여는 약관성을 인정하고 있는바, 그 근거로서 ① 기본형 KIKO 계약의 경우 기업의 넉아웃 풋옵션과 은행의 넉인 콜옵션을 1 : 2의 비율로 결합하여 제로코스트를 실현하는 구조라는 점, ② 계약기간이 1년 내지 3년의 장기간으로서 보통 1개월 단위로 만기가 도래하는 수개의 옵션의 묶음으로 구성되어 있는 구조라는 점, ③ 변형 KIKO 계약의 경우에도 넉인-이벤트 조항이나 B파트에서 은행만 애니타임-넉아웃 콜옵션을 갖는 구조라는 점 등은, 피신청인 은행이 다수의 기업과 계약을 체결하기 위하여 일정한 형식에 의해 미리 마련해 놓은 것으로 볼 수 있으므로 약관에 해당한다는 것이다.

한편, 동 재판부는 2009. 4. 24. 결정문[151]에서 좀 더 구체적으로 계약의 기

---

150) 서울중앙지방법원 2008. 12. 30. 자 2008카합3816 결정. 이 사건의 신청인은 (주)모나미이고 피신청인은 SC제일은행인 바, 동 재판부가 사정변경의 원칙을 적용하여 '키코(KIKO 통화옵션계약'이 적법하게 해지되었다고 인정하고, 해지일 이후의 효력을 정지시킨 사례이다.

151) 서울중앙지방법원 2009. 4. 24. 자 2008카합207 결정. 이 사건의 신청인은 티엘테크(주)이고 피신청인은 한국씨티은행인 바, 신청인의 KIKO 통화옵션계약 효력정지 신청을 법원이 기각한 사례이다.

본구조에 관한 약관성 인정의 사유를 밝히고 있는바, 그 내용은 다음과 같다. ① 기업이 은행으로부터 풋옵션을 매수하면서, 그 대가(프리미엄)를 현금이 아닌 옵션의 매도로써 지급하여 제로코스트(Zero Cost)를 실현하는 구조라는 점, ② 은행이 취득하는 옵션의 이론가를 기업이 취득하는 옵션의 이론가에 비해 크게 설계하여 그 차액 상당을 은행이 마진으로 수취하는 구조라는 점, ③ 계약기간 동안 주로 1개월 단위로 만기가 도래하는 수 개의 풋옵션과 콜옵션이 묶음으로 이루어진 구조라는 점, ④ 환율이 하락하는 경우 은행의 손실범위는 일정액으로 제한되는 반면(넉아웃 조건, Put Spread 형태의 계약, EIV 조기종결조건), 환율이 상승하는 경우 기업의 손실범위에 대하여는 아무런 제한을 두지 않는 구조라는 점 등은 다수의 기업과 계약을 체결하기 위하여 일정한 형식에 의해 미리 마련해 놓은 것으로 볼 수 있으므로 약관에 해당한다고 판단한 것이다.

그럼에도 불구하고 법원이 KIKO 계약 전체의 약관성을 부인하는 근거는 다음과 같다. 서울중앙지방법원은 2008. 12. 30. 결정문에서[152] KIKO 계약의 구조에 대하여는 약관성을 인정하면서도 동 계약 전체의 약관성은 부인하였다. 그 이유로 들고 있는 것은, 계약의 주요 조건(행사환율, 넉인환율, 넉아웃환율, 레버리지 등)의 구체적인 내용이 개별적 교섭에 의해 결정된 사실이 소명된다는 점이다. 한편 동 재판부는 2009. 4. 24. 결정문[153]에서는 KIKO 계약의 구조는 약관성이 인정되지만, 계약구조에 관한 조항이 약관규제법에 위반되는 것은 아니라고 판단하였던 바, 그 근거는 다음과 같다. 즉, 이 사건 KIKO 계약처럼 계약당사자의 손익이 장래의 환율변동과 같은 불확정적 요소에 직접적으로 연계되어 있고, 계약의 내용인 대가관계가 그러한 유동적 요소에 대한 예측과 확률 및 위험인수의 개연성을 고려한 총체적 평가에 달려있는 경우에는, 사후적으로 실현된 상황을 기준으로 소급하여 계약의 공정 여부를 판단할 수 없고, 계약 당시를 기준으로 계약조건이 합리적으로 구성되었는지를 가려야 할 것인데, 이 사건 KIKO 계약은 신청인에게 불리한 것으로 볼 수 있는 구조에도 불구하고, 다음과 같은 점에 비추어 신의성실의 원칙에 반하여 공정을 잃은 것은 아니라고 판단하였다.

'① 이 사건 KIKO 계약의 구조는, 신청인과 피신청인에게 이론적으로 발생가

152) 서울중앙지방법원 2008. 12. 30. 자 2008카합3816 결정.
153) 서울중앙지방법원 2009. 4. 24. 자 2008카합207 결정.

능한 모든 손익을 대등하게 하는 것이 아니라, 환율변동의 확률적 분포를 고려하여 양자의 기대이익을 대등하게 하는 것이므로, 환율변동의 확률적 분포에 대한 판단이 부적절하여 양자의 기대이익에 현저한 불균형이 생겼다는 이유로 계약의 구조 자체가 신청인에 대하여 부당하게 불리하다고 보기는 어렵다는 점과 ② 피신청인은 이 사건계약에 따라 시장리스크 관리비용(헤지 비용) 및 신청인에 대한 신용리스크 관리비용 등을 부담하게 되는 사실이 소명되고, 한편 피신청인도 영리를 추구하는 기업인 이상 이 사건 계약 체결을 통해 일정한 수익을 얻는 것은 당연하다고 보아야 하므로, 위와 같은 방법으로 은행이 마진을 취득하도록 한 구조 자체가 신청인에 대하여 부당하게 불리하다고 보기는 어렵다는 점 및 ③ 시장환율이 일정 수준 아래로 하락하는 경우 신청인이 환위험에 노출되는 것은 사실이나, 이 사건 계약의 목적이 환율 하락에 따른 모든 위험을 회피하는 것이 아니라, 신청인이 옵션의 행사환율 등 계약조건에 영향을 미치는 여러 요소를 감안하여 발생가능성이 낮은 범위의 환위험은 스스로 감당하기로 하고 가능성이 높은 범주의 위험에 한정하여 환헤지가 가능하도록 하거나, 전체 계약기간을 A/B 파트 등으로 구분하여 구간별 위험인수의 대가를 일정 부분 상호 교환하는 구조로 설정한 것이므로, 위와 같이 이 사건 계약의 구조가 환율변동 상황에 따라 환헤지의 목적을 달성할 수 없게 되는 부분이 있다고 하여 그것만으로 그 계약조항이 신청인의 본질적 권리를 제한한다고 보기는 어렵다'고 판단한 것이다.

II. 검토의견

약관이라 함은 그 명칭이나 형태 또는 범위를 불문하고 계약의 일방 당사자가 다수의 상대방과 계약을 체결하기 위하여 일정한 형식에 의하여 미리 마련한 계약의 내용이 되는 것을 말한다[154](약관법 제2조).

약관의 요건을 나누어 설명하면, ① 일방 당사자가 일정한 형식에 의하여 미리 마련한, ② 다수의 계약체결을 위한, ③ 계약의 내용이 되는 것이다.[155] 이러한 약관[156]의 개념요소는 명칭·형태·범위의 불문성, 일방성, 다수성, 사전성,

154) 대법원 1998. 12. 23. 선고 96다38704 판결.
155) 곽윤직 편집대표, 전게서, 300면.

계약내용성으로 분류한다.

1. 일방성과 다수성 측면

KIKO 계약의 약관성은, 명칭·형태·범위의 불문성, 사전성 및 계약내용성 등의 측면에서는 논란의 여지없이 인정될 것이다. 그러나 일방성 및 다수성 측면에서는 약관성 인정에 있어서 이견이 대립할 수 있다.

즉, 일방성 측면에서는, 예컨대, 1 : 2 구조는 인정될 것이나, KI와 KO 수준을 기업의 요청에 의하여 변경하였다면 일방성이 인정되지 않을 가능성이 있다. 사실상 1 : 2 구조를 유지하려면, KI와 KO 수준을 은행이 제시한 수준에서 변경하는 것은 가격 흥정 차원의 미세한 조정은 가능하겠지만 구조적 변경은 불가능하다. 미세 조정의 차원을 넘어서게 되면 1 : 2가 아닌 1 : 3 등 구조가 변경될 수밖에 없다. 따라서 1 : 2 구조를 유지하고 있는 KIKO 계약은 일방성이 인정될 수 있으나, 1 : 2 구조에 변경이 있는 경우는 일방성 측면에서는 약관성이 인정될 수 없을 것으로 판단된다.

한편, 다수성 측면에서는, 은행의 KIKO 계약서가 오로지 일 기업만 대상으로 작성되고 1회만 사용된 경우는 다수성 요건을 충족하지 못할 것이다. 그러나 당초에 오로지 일 기업만을 대상으로 작성된 계약서라 할지라도, 동일한 내용으로 다수의 기업과 계약을 체결한 경우는 약관의 다수성 요건이 충족되는 것으로 볼 수 있다.

2. 공정위 판단에 관한 검토

공정위의 판단은 “조건에 따라 약관의 유·불리가 달라지는 경우에는 약관법상 불공정성을 판단할 수 없다.”라고 한 점, “법원이 계약체결과정에서 명시·설

156) 약관의 개념에 관한 상세는, 곽윤직 편집대표, 전게서, 300－306면; 공정거래위원회, 『약관규제의 실제－약관규제법 시행 20주년을 기념하여』, 공정거래위원회, 2008. 2, 30－32면; 김두진, “KIKO 통화옵션거래조항의 공정성 통제－『약관규제에 관한 법률』의 적용여부를 중심으로－”, 민주당 환헤지피해대책위원회, 환헤지피해대책 마련을 위한 공청회 발제문, 2008. 9, 44－46면.

명의무 이행 여부 및 약관의 구체적 타당성 여부 등을 심사하는 것이 타당"한 것으로 밝힌 점에서, 일단 KIKO 계약의 약관성은 인정한 것으로 보인다. 요컨대, 공정위의 판단은 '약관성이 인정된다 하더라도 약관법상 불공정성은 부인'한 것이다.

여기서 공정위가 언급하는 조건은 만기환율의 범위이다. 즉, 만기환율이 넉인환율과 넉아웃환율 범위사이에 있는 조건(이하 "A조건"이라 한다)은 기업에게 유리하고, 그 범위 밖에 있는 조건(이하 "B조건"이라 한다)은 은행에게 유리하므로, 이는 항상 사업자에게만 유리한 것이 아니므로 약관법상 불공정한 것으로 볼 수 없다는 것이다.

KIKO 계약에 있어서 A조건과 B조건이 급부와 반대급부로서 형평성을 잃었다거나, 공정성이 결여되었다는 것은 현실적으로 생각하기 어렵다. 왜냐하면, KIKO 계약은 다수의 은행에 의하여 공개적으로 A조건과 B조건이 제시되었고, 다수의 기업이 다수은행의 A조건과 B조건을 비교 검토하여 계약을 체결한 경우가 적지 않기 때문이다.

A조건과 B조건은 시장가격에 해당하는 부분이므로, 여기에서 불공정성이 인정된다면 이는 폭리행위 등에 해당하므로 민법 제104조로 규율되어야 할 여지가 있는 것이다. 그러므로 A조건과 B조건의 형평성 측면에서만 본다면 공정위의 판단은 타당하다.

그러나 문제로 제기되는 것은 A조건과 B조건은 각기 장외옵션의 매도인 지위 및 매수인 지위와 사실상 같은 것으로 볼 수 있다는 점이다. 즉, 기업은 장외옵션을 매도한 것이고, 은행은 장외옵션을 매수하였다는 점이다. 장외옵션의 매수인은 보험계약의 보험계약자에 해당하는 한편 장외옵션의 매도인은 보험자와 같은 지위이다.[157]

사안의 KIKO 계약은 가격변동의 전체구간으로 보면[158], 은행이 보험계약자가 되어 환율변동의 위험을 기업에게 이전하고, 기업은 보험자가 되어 환율 변동

157) 옵션과 보험계약의 손익구조 및 차이를 비교설명하는 자료로는, 박선종, "법률가를 위한 파생금융상품의 이해", 『증권법연구』 제9권 제1호, 2008, 482-483면 참조.

158) 물론 부분적으로 나누어 보면, 일부구간은 기업이 풋옵션 매수, 은행이 풋옵션을 매도한 것이 사실이나, KIKO 계약의 전체가 단일계약이므로, 전체의 계약 내용을 살피면, 기업이 옵션의 매도인, 은행인 옵션의 매수인의 지위를 가지고 있다.

의 위험을 인수한 것이다. 여기서 B조건은 보험금에 해당하고 넉인환율은 보험사건 발생에 해당한다. 이러한 A조건의 내용을 올바로 인식한다면, 공정위가 A조건이 기업에게 유리하다고 판단한 것은, 기업이 은행으로부터 보험료를 징수하는 것을 정당하다고 주장하는 것이나 마찬가지다.

공정위가 약관성을 인정한 것은 타당하다. 이는 예컨대, 금융투자회사가 고객과 장외파생거래를 하려면 사전에 약관을 감독원에 신고하고 승인을 받아야 하기 때문에, 동일업무에 관한 동일 규제라는 측면에서 은행의 장외파생거래도 약관으로 규제할 당위성이 있다는 점에서 타당해 보인다.

다만, KIKO 계약의 불공정성은 A조건과 B조건의 등가성 측면에서 볼 것이 아니라, 그러한 매수인과 매도인 지위를 갖는 것이 은행과 기업에게 각각 적합한 것인가 하는 측면에서 판단되어야 할 필요가 있다.

3. 법원의 판단에 관한 검토

법원이 KIKO 계약의 구조를 약관으로 인정하면서도, 전체로 보아 약관으로 인정하지 않는 것은 다음과 같은 측면에서 이론(異論)의 제기가 가능하다. 즉, "계약의 주요 조건인 행사환율, 넉인환율, 넉아웃환율, 레버리지 등의 구체적인 내용은 신청인들과 피신청인 은행 사이의 개별적 교섭에 의해 결정된 사실이 소명되므로 이 사건 계약이 전체적으로 약관에 해당한다고 하기는 어렵다."라는 점에 관하여는, 은행대출과 비교 검토해 보자.

은행대출계약은 은행과 기업 간에 약관을 통하여 체결된다. 은행대출계약에서 주요조건은 대출금리, 대출기간, 신용대출한도, 담보대출한도 등이고 구체적인 내용은 은행과 기업간의 개별적 교섭에 의하여 결정된다. 즉, 은행과 기업 간의 거래에 있어서 KIKO 계약과 금전대출계약의 구조는 사실상 동일하다.

예컨대, 양 계약의 주요 조건 중 KIKO 계약의 환율은 대출금리에 해당하고, 레버리지는 대출한도의 성격과 같다. 은행의 대출약관을 통하여 기업이 대출을 받는 것에 관하여 계약의 주요 조건인 대출금리 등이 개별적 교섭에 의한다고 하여서 은행대출계약이 전체로 보아 약관이 아니라는 주장은 보이지 않는다.

그렇다면, 개별적 교섭에 의하여 계약의 주요조건이 결정된 것이 소명된 점이 동일한, 두 계약 중에서 대출계약은 약관인데, KIKO 계약은 왜 약관으로 인정될 수 없는가 하는 의문이 남는다.

한편, 공정위 자료의 내용과 비교하여 살핀다. 공정위가 2008년 2월 발간한 자료[159]에 따르면, "약관은 사업자와 고객사이의 계약을 위해 그 내용으로 되는 것 즉, 계약의 초안을 말한다. 계약의 가격, 수량 등을 포함하는 모든 조건을 마련해야 된다는 것은 아니고 계약의 상당부분 즉, 가격이나 수량 등은 별도 협의를 통하여 정할 수 있다고 할지라도 계약내용의 일부가 미리 정해져 있으면 약관에 해당된다. 따라서 약관은 계약서 전체를 보는 것이 아니고 조항별로 약관여부를 판단한다."라고 설명하고 있다.

법원은 "사건 계약의 주요 조건인 행사환율, 넉인환율, 넉아웃환율, 레버리지 등의 구체적인 내용은 신청인들과 피신청인 은행 사이의 개별적 교섭에 의해 결정된 사실이 소명되므로 이 사건 계약이 전체적으로 약관에 해당한다고 하기는 어렵다."고 판단하고 있는바, 이는 공정위의 약관의 계약내용성에 따른 개념설명과 배치되는 것으로 보인다. 법원이 약관규제의 주무부처인 공정위의 설명에 정면으로 배치되는 판단을 하는 경우에는, 그 근거를 충분히 구체적으로 제시하며 설명하는 것이 바람직해 보인다. 더욱이 KIKO 계약은 장외파생상품 계약인데, 장외파생상품은 통상 기본계약서(예컨대, ISDA Master Agreement)와 개별약정서(Confirmation)의 이원화 구조인바, 공정위 및 법원에서 KIKO 계약의 약관성 판단의 대상은 개별약정서에 국한되었을 뿐 기본계약서가 포함되어 논의된 사실이 없어 보인다는 점에서 재고의 여지가 있다.

제4절 | 사정변경 원칙의 적용문제

서울중앙지방법원은 가처분 결정문[160]에서 KIKO 계약에 관하여 최초로 사정변경의 원칙을 적용하여 키코(KIKO)통화옵션계약이 적법하게 해지되었다고 인정

---

159) 공정거래위원회, 『약관규제의 실제－약관규제법 시행 20주년을 기념하여』, 공정거래위원회, 2008. 2, 31면.

160) 서울중앙지법 2008. 12. 30. 자 2008카합3816 결정.

하였는데, 이하에서는 동 결정문의 내용을 검토한 후 비판적인 관점에서 의견을 제시하고자 한다.

I. 결정문의 요지

동 재판부는 KIKO 계약의 기초가 되는 객관적 사정을 원달러 환율의 내재변동성(implied volatility)으로 보았다. 한편, 동 재판부는 계약의 기초가 되었던 당사자 공통의 근본적인 관념은 환율이 계약기간동안 일정한 범위[161)]에서 안정적으로 변동할 것이라는 것 즉, 내재변동성이 큰 변화가 없을 것이라고 판단한 것으로 보인다.

그런데 이 사건 계약 체결 이후 원달러 환율이 급등한 것뿐만 아니라, 원달러 환율의 내재변동성 또한 급격하게 커졌다. 즉, 이 사건 계약 체결 당시 원달러 환율의 내재변동성은 1년 물을 기준으로 3.6 내지 5.4이던 것이, 2008년 3월 18일은 10.025, 2008년 10월 28일은 37.86을 각각 기록하였다.

동 재판부는 이러한 내재변동성의 급격한 변동을 현저한 사정의 변경으로 판단한 것으로 보인다. 한편, 동 재판부는 이 사건 계약 체결 직전 3~4년의 원달러 환율의 변동 상황 및 이 사건 계약 체결 당시 국내의 유수한 금융기관이나 연구소의 원달러 환율 예측에 비추어 볼 때, 신청인들이나 피신청인 은행이 이를 예견할 수 없었다고 보았다.

또한, 내재변동성이 급격히 증가하여 계약체결 당시의 내재변동성을 기초로 한 계약조건이 더는 합리성을 갖기 어렵게 된 경우에, 계약조건을 변경하거나 계약을 조기에 종결하여 환율의 변동에 적응할 수 있는 장치가 결여되어 있다는 점은, 동 재판부의 판단에 큰 영향을 준 것으로 판단된다.

동 재판부는 동 KIKO 계약이 ① 내재변동성의 급격한 변동이라는 현저한사정의 변경이 있었고 ② 당사자 쌍방은 이를 예견할 수 없었으며 ③ KI 조건 성취 후 해지 장치가 결여되어 있으므로, 당초의 계약대로 구속력을 인정한다면 기업에 발생할 큰 손실이 신의칙 내지 공평에 반하는 결과가 될 것이라고 판단한

161) 여기서 일정한 범위란 상단환율과 하단환율 사이만을 위미하는 것이 아니라 피신청인 은행도 이익을 누릴 수 있는 상단환율 위로의 일정폭의 환율 상승도 포함하는 의미이다.

것이다.

요컨대, 동 결정문은 계약의 해지를 인정할 사정변경의 대상으로 “내재변동성”을 적시하였는데, 이하에서 그 타당성을 검토해 보고자 한다.

II. 평가

1. 내재변동성의 개념

변동성은 통상 역사적 변동성(historical volatility)과 내재변동성(implied volatility)으로 분류한다. 역사적 변동성이란 기초 자산의 가격이 과거 일정 기간 동안 어떻게 변동하였느냐를 나타내 주는 지표이다. 한편 내재변동성이란 실제시장에서 형성된 프리미엄으로부터 투자자가 추정한 변동성으로서 프리미엄 결정모델을 이용하여 변동성을 역산한 지표이다.[162]

즉, 내재변동성은 시장에서 옵션 거래자들이 개별 옵션의 잔존기간 동안에 기대하는 변동성의 크기라고 할 수 있다.[163] 역사적 변동성은 기초자산의 가격변동성이 안정적일 것이라는 가정 즉, 과거의 변동성이 미래에도 지속될 것이라는 가정 하에 옵션가격결정모형에서 요구되는 미래변동성을 대신하여 사용된다. 그러나 옵션의 유효기간 동안에 기초자산의 가격변동성이 역사적 변동성과 같을 것이라는 가정은 비현실적인 경우가 많다.[164]

한편 내재변동성의 장점은 미래지향적이라는 점이다. 역사적 변동성은 미래에 발생할지 모르는 기초자산의 가격변동성의 변화에 대한 새로운 정보를 반영할 수 없다. 옵션시장의 투자자들은 미래의 변동성에 영향을 미치는 요소를 감안하여 거래하기 때문에 이러한 정보는 옵션가격에 영향을 미쳐서 내재변동성에 반영되게 된다.

그러므로 과거 자료를 활용하여 추정한 역사적 변동성은 사실상 변동성이 시간의 흐름에 따라 변화하는 상황에서 신뢰하기 어려우므로 실무적으로는 내재변동성을 선호한다.[165]

---

162) 이창복, 『파생금융상품과 기초금융자산』, 율곡출판사, 2007, 337-338면.
163) 강태훈, 『금융성물옵션과 장외파생상품』, 시그마프레스, 2009, 180면.
164) 박진우, 『파생상품론』 제2판, 명경사, 2009, 312-313면.

2. 검토의견

법원이 원달러 환율 변동 대신 내재변동성을 '계약의 기초가 되는 객관적 사정'으로 설시한 이유는 과거의 판례[166]가 물가변동문제와 관련하여서는 사정변경의 원칙의 적용을 부정하였다는 점을 의식한 것으로 생각된다.

즉, 원달러 환율은 물가와 마찬가지로 '가격'에 해당하는 것이므로, 이를 근거로 사정변경의 원칙을 도출하려면 과거의 판례를 부정하는 결과가 초래되기 때문에 이를 피해서 내재변동성을 선택한 것으로 보인다.

내재변동성은 미래의 가격을 현재시점에서 합리적으로 예측하여 결정된 부분이 상당하므로, 계약의 기초가 되는 객관적 사정을 '가격'으로 보는 것과 '내재변동성'으로 보는 것에는 분명 차이점이 있어 보인다.

즉, 법원의 판단은 가격은 예측할 수 없는 것이지만, 내재변동성은 양 당사자의 예측의 결과가 아니냐 하는 것으로 보인다. 그러므로 그 예측을 현저하게 벗어난 내재변동성에 기초한 키코계약은 사정변경의 원칙이 적용된다는 것이다.

그러나 동 재판부의 판단이 정당성을 가지려면 내재변동성은 예측 가능하다는 것이 전제가 되어야 할 것이다. 내재변동성은 일단 현재시점에서 미래의 가격을 예측한 것이라는 점에서 가격과는 분명 다르지만, 실제로 도래한 미래의 가격이 예측치와 다를 수 있다는 점에서는 가격과 별반 차이가 없다. 예컨대, 원유의 선물가격은 '현물원유가격+금융비용+창고비용+보험비용'을 감안하여 결정되므로 현물 원유가격과 분명 다르지만, 현재시점에서 '계약의 기초가 되는 객관적 사정'을 원유선물가격으로 정한다고 하여, 장래에 선물이 현물이 되는 시점에서 그 가격이 당초의 예상에서 현저히 벗어난다하여 사정변경의 원칙을 적용하기는 어려울 것이다.

내재변동성도 현재시점에서 기대한 미래의 예측치라는 점에서는 마찬가지이다. 기본적으로 시장가격과 마찬가지로 내재변동성도, 시간의 경과에 따라 예측의 대상이 되었던 미래가 현재가 되는 시점에서 당초의 예측과 다를 수 있다.

---

165) 박진우, 전게서, 314면.

166) 대법원 1956. 3. 10. 선고 1955민상234, 235 판결; 대법원 1963. 9. 12. 선고 63다452 판결; 대법원 1991. 2. 26. 선고 90다19664 판결.

동 재판부의 판단은 내재변동성이 예측과 달라진 것을 사정변경의 근거로 삼은 것인바, 이는 내재변동성에 대한 예측은 항상 맞아야 한다고 전제하고 있는 것이 아닌가 생각된다. 사정변경의 원칙에 기한 판단을 하려면, 자산의 규모에 비추어 감당하기 어려운 위험이 발생할 것을 감내하면서 헤지를 하려는 것이 판단의 대상이 되면 설득력이 있을 것이다.

즉, 신청인 디에스엘시디는 자산총액 1,886억 원 규모의 회사인데, 98억 원의 파생상품 거래손실, 1,017억 원의 파생상품 평가손실을 입어 당기순이익이 △641억 원에 달하는 점을 기준으로 판단할 필요가 있다. 과연 신청인의 자산규모에 비추어 수출로 인한 외화매출채권의 환율변동(하락)위험을 회피(헤지, hedge)하기 위해, 전기한 막대한 손실의 위험을 알거나 알 수 있었던 때에도 그러한 거래를 하였을까 라는 점을 판단하는 것이 유의미할 것이다. 즉, 기업을 파산으로 내몰 수 있는 위험성을 사전에 인지하고도 KIKO 계약을 체결한다는 것은 기업 담당자의 배임이 아니라면 불가능한 것으로 보아야 할 것이다.

KIKO 소송에서 사정변경의 원칙을 적용하려면, 계약의 기초가 되는 객관적 사정은 '헤지 가능성의 신뢰'로 하고 변경된 사정은 '거대손실'(헤지 실패)라고 하면, 사정변경이 인용될 가능성이 있어 보인다. 즉, KIKO 계약은 양 당사자 모두가 헤지가 가능하다고 신뢰하고 체결하였는데, 결과적으로 헤지가 아닌 거대손실이라고 하는 현저한 사정의 변경이 발생한 것으로 보자는 것이다. 계약의 기초가 되는 객관적 사정은 "헤지 가능성의 신뢰"로 하고 변경된 사정은 "거대손실"로 본다면, "계약의 기초가 되었던 객관적인 사정(헤지가능성의 신뢰)이 계약성립 이후 변경되고(거대손실 발생) 그러한 사정의 변경이 당사자가 예견할 수 없었을 뿐만 아니라 당사자에게 책임 없는 사유로 생긴 경우에, 계약내용대로 구속력을 인정한다면 신의칙에 현저히 반하는 결과가 생긴다."는 하급심 결정의 판단은 타당한 것으로 볼 수 있다.

제5절 | KIKO 계약의 구조에 관한 문제

I. 서론

대법원은 2013. 9. 26. 수년간 치열한 법정공방이 펼쳐졌던 100여 건의 KIKO 계약 관련 소송 중 4건에 대한 전원합의체 판결을 선고하였다.[167] 그 결과 원심에서 기업이 패소한 사건과 은행이 패소한 사건의 결론을 그대로 유지하거나, 반대로 기업이 패소한 사건과 은행이 패소한 사건을 파기하여 원심법원에 환송하였다. 동 판결에서 대법원은 KIKO 계약이 불공정행위 등으로 무효라거나 사기나 착오로 인한 계약이어서 취소할 수 있다는 기업 측 주장은 모두 인정하지 않고 있다.

KIKO 계약 관련 소송은 사안의 스펙트럼이 매우 넓다는 특징이 있다.[168] 따라서 일반화된 기준을 전체 사안에 적용할 수 없다. 그러므로 대법원의 4가지 사안에 대한 판결에서 제시된 심리 · 판단의 기준에도 불구하고, 향후 KIKO 소송 판결은 지속적으로 개별적 사안의 특성을 충분히 반영하여, 일반화의 오류를 배제하여야 할 것이다.[169]

---

167) 이하 제5절 부분은 박선종, “KIKO 계약의 구조에 관한 연구”, 『민사법학』 No.66, 한국민사법학회, 2014. 3.의 내용을 토대로 재구성하였다.

168) 예컨대, 필자 주변에서 발생한 두 사안을 소개한다. 사안1은 은행의 지점장이 광주에서 건설업체를 운영하는 초등학교 동창에게 KIKO 계약의 가입을 권유하여 친구를 파산에 이르게 한 것으로, 은행지점장의 Know Your Product 부재가 원인이 된 사안이다. 동 지점장은 강남에서 치과를 개업한 친구에게도 엔화자금 20억 원 상당의 대출을 주선하여, 결국 치과의사 친구 또한 파산하였다. 사안2는 안산의 모 중견업체 사장의 경우이다. KIKO 계약으로 상당한 이익을 이미 경험한 사장은 모 지점장에게 ‘당신네 은행은 KIKO 계약을 취급 안하느냐’라며 질책하였고, 지점장은 본점에 확인해 본 결과 동 은행에서도 KIKO 계약이 가능함을 확인하고 KIKO 계약을 체결하였다. 이후, KIKO 계약 관련 소송이 사회적 이슈로 부각하자 동 사장은 소송을 제기하여, 본인은 파생상품은 아무것도 모르는 사람인데, 지점장이 대출 회수 등 압박을 가하며 KIKO 계약의 체결을 강요하였다고 주장한 것이다.

169) “키코사안은 획일적으로 처리될 수 있는 문제는 아니다. 이는 키코계약에 가입한 회사들의 가입동기와 헤지의 필요성, 파생상품의 위험성에 대한 인식과 위험관리능력 등이 회사마다 상당히 다르기 때문이다.”, 박선종, “키코계약에 대한 법적 쟁점의 재검토”, 『금융법연구』 제8권 제1호, 한국금융법학회, 2011. 8, 84면.

KIKO 계약 관련 소송에서는 계약의 불공정성, 사기·착오, 약관성, 사정변경의 원칙 적용, 적합성 원칙, 설명의무 등 다양한 쟁점이 있으나, 이 절에서는 대법원이 KIKO 계약 관련 소송 첫 판결에서 인정하지 않았던, 민법 제104조 및 제109조의 적용 가능성에 관하여 살피고자 한다.

이 절에서는 대법원의 민법 제104조 관련 판단에 있어서 합목적성이 결여된 점 등을 지적하고 있다. 한편 민법 제109조 관련 판단에 있어서는, 은행은 KIKO 계약을 위험회피상품으로 판매하였고, 기업은 위험을 회피하기 위하여 KIKO 계약을 체결하였는데, 왜 다수의 기업들이 막대한 손실을 입고 어려움에 처하게 되었는지에 대한 의문점을 풀고자 연구하였다. 이를 위하여, 옵션계약의 생성배경 등 일반론에 대한 이해에서 출발하여 KIKO 계약의 구조 및 특징을 파악한 후, 이를 바탕으로 민법 제104조 및 제109조의 적용 가능성을 제시하고 있다.

II. KIKO 계약의 구조 및 특징

1. 옵션계약일반론

(1) 옵션계약의 생성배경 및 의의

매매계약의 체결 후 가격이 상승하면 매수인은 싼 가격에 목적물은 취득하여 이익(利益)을 본 셈이므로 기쁨을 향유하게 된다. 반면 매매계약의 체결 후 가격이 하락하면 매수인은 조금 더 기다리지 못하고 목적물을 비싸게 취득하여 손해(損害)를 본 셈이니 불편한 마음이 들게 된다. 그러나 시장가격이 상승할지 또는 하락할지는 확률적으로 반반의 가능성일 뿐, 정확한 예측이 불가능하다.[170)]

옵션계약의 생성배경은 이러한 '시장가격의 예측 불가능성'을 구조적으로 극복하고자 하는 것이다. 즉, 시장가격의 예측이 적중했을 경우 이익은 무한으로 향유하고, 반대로 시장가격 예측에 실패하더라도, 손해는 일정 수준 이하로 제한하고자 하는 인간의 욕구가 옵션계약 창출의 배경이다.

구 선물거래법 제3조에서는 옵션계약을 '당사자 일방이 상대방의 의사표시에

---

170) 이를 일컬어 '가격 예측은 人間의 영역이 아니라 神의 영역'이라 한다.

의하여 거래를 성립시킬 수 있는 권리를 상대방에게 부여하고, 그 권리를 부여받은 상대방은 당사자 일방에게 그 권리에 대한 대가를 지급할 것을 약정하는 거래'로 규정하였다. 이 조문에서 '당사자 일방'은 옵션계약의 매도인을, '상대방'은 매수인을 의미한다. 환언하자면, 이 조문은 '옵션계약은 매도인이 매수인의 의사표시에 의하여 거래를 성립시킬 수 있는 권리를 매수인에게 부여하고, 그 권리를 부여받은 매수인은 매도인에게 그 권리에 대한 대가를 지급할 것을 약정하는 거래'로 정의하고 있는 것이다. 여기서 '매수인의 의사표시에 의하여 거래를 성립시킬 수 있는 권리'는 옵션매수인의 권리가 형성권임을 규정한 것이다. 한편 동 '권리에 대한 대가'는 옵션대금(option premium)을 의미한다.[171)]

옵션계약[172)]은 상당부분 보험계약과 유사하다.[173)] 보험계약은 당사자 일방이 약정한 보험료를 지급하고 상대방이 재산 또는 생명이나 신체에 불확정한 사고가 생길 경우에 일정한 보험금액 기타의 급여를 지급할 것을 약정함으로써 효력이 생긴다(상법 제638조).

옵션계약은 당사자 일방(매수인)이 약정한 옵션대금(보험료)을 지급하고 상대방(매도인)이 재산에 관하여 불확정한 사고(행사가격[174)]보다 불리한 방향으로 시장가

171) 자본시장과 금융투자업에 관한 법률(이하 '자본시장법'이라 한다.) 제5조에서는 옵션계약을 "당사자 어느 한쪽의 의사표시에 의하여 기초자산이나 기초자산의 가격 · 이자율 · 지표 · 단위 또는 이를 기초로 하는 지수 등에 의하여 산출된 금전 등을 교환할 것을 약정하는 계약"으로 규정하고 있는데, 옵션계약 양 당사자의 권리관계를 충분히 설명하고 있지 못하다. 특히 옵션 매수인은 시장가격보다 유리하게 교환할 권리를 갖고 옵션 매도인은 시장가격보다 불리하게 교환할 의무를 부담하는 대가로 옵션대금을 수취한다는 내용이 누락되어 있다.

172) 옵션계약의 의의에 관한 상세는 박선종, "보험계약과 옵션계약의 비교에 관한 연구", 『보험법연구』 제6권 제1호, 한국보험법학회, 2012. 6, 16－17면 참조.

173) 옵션계약과 보험계약의 유사점에 관한 상세는 박선종, 전게논문(2012), 18－19면.

174) 행사가격(exercise price, strike price)이란 옵션계약 매수인이 형성권을 행사할 수 있는 기준가격이다. 예컨대, 콜옵션의 경우 행사가격이 시장가격보다 낮으면 옵션매수인은 행사가격에 목적물을 매수할 수 있는 형성권을 가지고 있는 것이므로, 행사가격과 시장가격의 차액만큼 이익이 확보할 수 있다. 반대로 풋옵션의 경우에는 행사가격이 시장가격보다 높으면 옵션매수인은 행사가격에 목적물을 매도할 수 있는 형성권을 가지고 있는 것이므로, 행사가격과 시장가격의 차액만큼 이익이 확보할 수 있다. 옵션매수인의 행사가격이 시장가격보다 불리한 경우에는 형성권을 행사하지 않는다. 요컨대, 행사가격이란 옵션계약의 매수인이 형성권을 행사하였을 때, 매수포지션(콜옵션) 또는 매도포지션(풋옵션)을 취득하게 되는 가격이다.

격이 변동)가 생길 경우에 일정한 급여를 지급(행사가격에 목적물을 인도(콜옵션) 또는 인수(풋옵션))할 것을 약정하는 계약이다.'[175]

보험계약은 위험이라는 목적물을 보험계약자가 이전(risk transfer)하고 보험자가 이를 인수(risk taking)하는 거래이다. 보험자는 위험을 인수하는 대가로 보험료(insurance premium)를 수취한다. 옵션계약에서는 '목적물을 비싸게 취득하여 손해를 볼 가능성(콜옵션의 경우) 또는 목적물을 염가로 인도하여 손해를 볼 가능성(풋옵션의 경우)'이 바로 위험이다. 동 위험을 옵션매수인은 이전(risk transfer)하고 옵션매도인은 이를 인수(risk taking)하는 거래이다. 옵션매도인은 위험을 인수하는 대가로 옵션대금(option premium)을 수취한다.

옵션계약의 기본구조는 보험계약과 동일하다. 즉, 옵션매수인은 위험을 이전하는 대가(對價)로 옵션대금을 지불한다. 반면, 옵션매도인은 위험을 인수하는 대가(對價)로 옵션대금(option premium)을 수취한다.

(2) 양 당사자의 지위 : 매수인과 매도인

1) 옵션매수인과 보험계약자 : 대가관계

보험계약자는 보험료 납입의 대가로 부보된 목적물의 손해에 상당하는 보험금을 수령할 권리를 갖는다. 옵션매수인은 옵션대금 납입의 대가로 행사가격(exercise price)이 시장가격보다 유리한 때에는, 유리한 가격에 목적물을 매수 또는 매도할 수 있는 권리를 가진다. 즉, 옵션계약에서 행사가격이 시장가격보다 유리한 상태로 된다는 것은 보험계약에서 보험사건이 발생한 것과 동일하다.

보험계약에서 보험사건이 발생하지 않으면 보험금을 청구할 수 없는 것과 마찬가지로, 옵션계약에서는 행사가격이 시장가격보다 유리하지 않으면 옵션매수인의 권리행사가 없다.

보험계약자에게는 보험료(비용)와 실손보장(효용)이 대가관계(對價關係)에 있다. 옵션매수인에게는 옵션대금(비용)과 유리한 가격에 행사할 형성권(효용)이 대가관계에 있다.

175) 박선종, "법률가를 위한 파생금융상품의 이해", 『증권법연구』 제9권 제1호, 한국증권법학회, 2008, 479면.

2) 옵션매도인과 보험자 : 대가관계

보험자는 보험료 수령의 대가로 부보된 목적물의 손해에 상당하는 보험금을 지급할 의무를 지게 된다. 옵션매도인은 옵션대금 수령의 대가로 행사가격이 시장가격보다 불리한 상태인 경우에, 불리한 가격으로 목적물을 매수 또는 매도해야만 하는 의무를 지게 된다. 보험자에게는 수취한 보험료(효용)와 보험금 지급의 위험(비용)이 대가관계에 있다.

옵션매도인에게는 수취한 옵션대금(효용)과 시장가격보다 불리한 가격에 목적물을 취득할 위험(비용)이 대가관계에 있다.

3) 양 당사자의 지위 : 제한과 무제한

보험계약자는 보험료 납입이라는 제한된 손실과 실손 한도 내에서 무제한적 보험금 수취라는 무제한적 기대이익을 갖는 지위를 갖는다. 반면 보험자는 보험료 수취라는 제한된 수익과 무제한적 보험금 지급의무를 부담하는 지위를 갖는다. 옵션매수인은 보험계약자와 마찬가지로 제한된 손실과 무제한적 기대이익을 갖는 지위이다. 반면 옵션매도인은 보험자와 마찬가지로 제한된 기대이익과 무제한적 손실가능성을 갖는 지위이다.

즉, 옵션매수인은 보험계약자의 지위를 갖는 것이고, 옵션매도인은 보험자의 지위를 갖게 되는 것이다. 옵션매수인과 보험계약자는 일정한 금원(premium)을 대가로 지급하고 위험(risk)을 각각 옵션매도인과 보험자에게 이전(transfer)한 것이다.

2. KIKO 계약의 구조 및 특징

(1) 당사자 지위[176]의 전도 : 옵션매수인과 옵션매도인

KIKO 계약은 목적물이 통화인 옵션계약이다. KIKO 계약은 언뜻 보면, 옵션

---

176) KIKO 계약상 '양 당사자의 지위'에 관한 상세는 박선종, 전게논문(2011. 8.), 99－102면 참조.

매수인의 지위와 매도인의 지위가 기업과 은행에 각각 혼재되어 있다. 즉, 은행은 풋옵션에 대하여는 매도인, 콜옵션에 대하여는 매수인의 지위를 가지고 있다. 한편, 기업은 풋옵션에 대하여는 매수인, 콜옵션에 대하여는 매도인의 지위를 가지고 있다.

그러나 은행이 매도인의 지위를 가지고 있는 풋옵션에는 KO 조건이 첨부되어 은행의 손실은 제한된다. 반면 은행이 매수인의 지위를 가지고 있는 콜옵션은 KO 조건이 없으므로 은행은 기대이익은 무제한적으로 크다. 은행은, 콜옵션과 풋옵션을 합성하면, 옵션매수인의 지위를 갖는다.

한편, 기업이 매수인의 지위를 가지고 있는 풋옵션에는 KO 조건이 첨부되어 기업의 이익은 제한된다. 반면 기업이 매도인의 지위를 가지고 있는 콜옵션은 KO 조건이 없으므로 기업의 기대손실은 무제한적으로 크다. 기업은, 콜옵션과 풋옵션을 합성하면, 옵션매도인의 지위를 갖는다.

양 당사자의 콜옵션과 풋옵션을 합성한 지위를 살펴보면, 은행은 제한된 기대손실과 무제한적 기대이익의 구조를 가지고, 기업은 제한된 기대이익과 무제한적 기대손실의 구조를 가지게 된다. 보험계약에 비교하자면, 기업이 보험자가 되고 은행이 보험계약자가 된 것이라는 점, 당사자의 지위가 전도된 점이 KIKO 계약의 특징이다.

보험업법 제4조 내지 제12조에서는 보험계약의 일방 당사자인 보험자에 관해서 요건을 엄격히 제한함으로써 규제하고 있다. 동법이 보험계약의 양 당사자 중 보험자에 관해서만 요건을 엄격히 규정한 이유는 보험자가 위험을 인수하는 자이기 때문이다.[177] KIKO 계약에서는 옵션매도인에 대한 규제가 필요 없는 것일까?[178]

(2) 계약 목적의 전도 : 위험회피와 위험인수

옵션매수인은, 옵션계약을 투자(위험인수, risk taking)의 목적으로 체결할 수도 있고 헤지(위험회피, risk aversion)의 목적으로 체결할 수도 있다. 이는 보험계약자

177) 박선종, 전게논문(2012. 6.), 9면.

178) "장외옵션의 매도는 제한된 수익을 대가로 무제한의 위험을 인수하는 행위라는 점에서 여타파생상품 거래와 구분할 필요가 있을 것이다." 박선종, 전게논문(2012. 6.), 12면.

가 보험상품이 위험회피(hedge) 목적으로만 사용될 수 있을 뿐 위험인수(투자, investment)목적으로 사용될 수 없는 것과 다른 특징이다.

부보될 위험이 없는 보험계약자는 보험계약을 체결할 수 없다. 그러나 회피할 위험이 없는 옵션매수인은 옵션계약의 체결이 가능한데, 이 경우가 투자 목적의 옵션매수이다.

KIKO(통화옵션) 계약은 위험인수(투자)의 목적으로 사용될 수도 있고 위험회피(헤지)의 목적으로 사용될 수도 있다. KIKO 계약이 전문투자자 사이에 투자목적으로 체결된 경우에는 불공정성이나 착오에 관한 논의의 실익은 없을 것이다. 그러나 기존 KIKO 계약 소송에서 기업과 은행의 논거는, 기업은 KIKO 계약을 헤지(위험회피)목적으로 가입했고, 은행은 기업의 위험을 인수했다는 것이다.

이에 관하여 각급 법원의 판단은 KIKO 계약은 일부구간이나마 헤지성이 있으므로 헤지상품이 맞다는 것이다. 즉, KIKO 계약 체결의 목적은 위험회피(헤지)였다는 것이다. 계약의 체결 목적이 헤지였다는 점은 기업과 은행 간에 이견이 없고 법원이 이를 확인하고 있는 것이다. 이를 보험계약에 비유하자면, 기업은 환율변동 위험에 대한 보험계약자이고 은행은 보험자로서의 역할을 수행했다는 것이 각급법원의 판단이다.

그러나, 은행이 기업에 대하여 보험료를 면제(zero cost)하는 대신 원화가 KI구간 이상으로 상승할 경우의 위험을 기업이 인수하도록 구조화한 점을 보면 과연 은행이 보험자로서의 역할을 한 것인가에 관하여 의문이 든다.

KIKO 계약에서 제로코스트라는 것은 기업의 풋옵션 매수대금을 면제하는 대가로 기업에게 콜옵션 매도위험을 부과한 것으로서, 콜옵션에 대하여는 기업이 보험자의 지위를 갖게 되는 것이다.

더욱이 위험회피를 하려고 체결한 KIKO 계약에 기하여 원시위험보다 더 큰 손해가 발생하였다면, 이는 KIKO 계약의 당초의 체결 목적은 위험회피였으나, 결과는 위험인수의 계약이 체결된 것 아니고는 설명이 어렵다.

즉, KIKO 계약은 체결목적이 위험회피였으나 결과는 전도되어 위험인수 계약이 체결되었다는 점을 특징으로 볼 수 있다.[179]

---

179) KIKO 계약을 포함한 모든 파생상품은 위험회피목적뿐만 아니라, 투자 목적으로도 거래될 수 있다. 그러나 은행과 기업이 소송으로 다투었던 KIKO 계약은 대개 위험회피목적

(3) 헤지 대상의 전도 : 큰 위험과 작은 위험

각급 법원의 판결문에서는 '기업이 가능성이 높은 위험은 회피하기로 하고, 가능성이 낮은 위험은 스스로 인수하기로 한 것'이 KIKO 계약의 구조라고 판단하고 있다.[180] 즉, 헤지의 대상이 가능성이 높은 위험이었다는 것이다.

가능성이 높은 위험이란 현재가격에서 가까운 즉, KI－KO구간을 의미한다. 이는 상대적으로 작은 위험이다. 이러한 작은 위험이 현실로 닥쳐도 기업이 도산에 이를 정도로 어려움을 겪지는 않을 것이다. 반면, 가능성이 낮은 위험은 KI 이상 구간의 상대적으로 큰 위험이다.

이를 감기와 암에 비유해보면, 법원의 판단은, '보험계약자는 발생가능성이 높은 감기는 보험에 가입하고, 발생가능성이 낮은 암의 위험은 스스로 인수하기로 하였다.'는 것과 마찬가지인 것이다.

감기보험이 보험계약으로서의 가치가 얼마나 있을까? 보험은 가능성이 아무리 낮아도 큰 위험에 대비하기 위해서 필요한 것 아닌가? 이러한 측면에서 바라보면, 법원의 판단은 이해하기 어렵다. 더욱이 KIKO 계약은 감기보험료를 면제해주는 대신 암 발생 시의 보험금을 기업이 은행에게 지급하도록 한 구조라는 점에서 더욱 그러하다.

KIKO 계약이 헤지상품이라는 주장은 KIKO 계약을 통하여 기업의 위험이 회피되었다는 주장과 마찬가지이다. KIKO 계약을 통해 기업의 위험이 회피되었다고 주장하는 것은 거대손실이 발생한 사실(fact)과 모순된다. 그 이유는 무엇일까?

거대손실이 발생한 이유는 헤지의 대상이 전도되었기 때문이다. 즉, 큰 위험 대신 작은 위험만 헤지한 결과이다. KIKO 계약의 특징은 헤지의 대상이 전도되었다는 점이다.

으로 거래되었다는 점에 대하여, 양 당사자뿐만 아니라 법원에서도 이견이 없다.

180) 서울중앙지방법원 2010. 11. 29. 선고 2008가합108045 판결; 서울고등법원 2011. 5.31 판결 2010나34519; 대법원 2013. 9. 26. 선고 2011다53683 판결 등.

III. 민법 제104조와의 관계 : 불공정성 판단기준의 보완점을 중심으로

1. 서설

KIKO 계약 관련 소송에서, 현재까지 법원은 불공정성 판단기준으로, ① 매매가격, ② 수수료율, ③ 기대이익의 대등성, ④ 헤지구간, ⑤ 위험의 발생가능성 등을 들고 있다. 그러나 법원의 판단은 다음과 같은 측면에서 재고할 필요가 있다.

2. 매매가격과 지위의 전도

대법원은 '어떠한 법률행위가 불공정한 법률행위에 해당하는지는 법률행위시를 기준으로 판단하여야 한다(대법원 2000. 12. 8. 선고 2000다30905 판결 참조). 따라서 계약 체결 당시를 기준으로 전체적인 계약 내용에 따른 권리의무관계를 종합적으로 고려한 결과 불공정한 것이 아니라면, 사후에 외부적 환경의 급격한 변화에 따라 계약 당사자 일방에게 큰 손실이 발생하고 상대방에 게는 그에 상응하는 큰 이익이 발생할 수 있는 구조라고 하여 그 계약이 당연히 불공정한 계약에 해당한다고 말할 수 없다.'[181]라며, KIKO 계약 체결 당시의 매매가격에서 불공정 여부를 판단하고 있다.

대법원은 KIKO 계약은 환율 변동의 확률적 분포를 고려하여 기업과 은행의 기대이익이 대등하도록 구조화 한 것이라는 원심의 판단을 그대로 인용하고 있는데, 이는 동 계약 매매가격의 불공정여부에 관한 판단인 것이다. 그러나, 불공정 판단의 기준이 매매가격 하나에 국한되는 것인가에 대하여는 의문이 든다.

예컨대, 보험계약에 있어서 보험회사와 보험계약자의 지위가 전도되어, 개인이 위험을 인수하고 보험회사가 위험을 회피한 경우를 가정해 보자. 이 경우, 보험료가 보험사건 발생의 확률적 분포를 고려하여 양 당사자의 기대이익을 대등

---

181) 대법원 2013. 9. 26. 선고 2011다53683 판결(수산중공업).

하도록 한 것은 동 보험계약의 매매가격에 관한 사항일 뿐이다. 따라서 이는 지위의 전도(즉, 개인이 위험을 인수하고 보험회사가 위험을 회피한 행위)가 불공정한 것인가 여부를 판단하는 것과는 다른 것이다.

KIKO 계약에서 매매가격의 불공정성은 별론[182]으로 하더라도, 옵션매수인(위험회피자, risk transferor)과 옵션매도인(위험인수자, risk taker)의 지위가 전도된 것에 대한 불공정성 여부의 판단이 없었다는 점은 아쉽다. '지위의 전도'는 일반투자자인 기업의 '무경험에 기한 불공정한 법률행위의 가능성'을 찾을 수 있는 근거가 될 수 있다. 불공정성을 법률행위 시를 기준으로 판단하는 것은 일면 타당하다. 다만, 대법원은 법률행위 시의 매매가격의 불공정성 여부 판단에 천착하였을 뿐, 지위의 전도에 관하여 불공정성 여부를 판단하지 않았다는 점은 재고의 여지가 있다. 지위의 전도를 기준으로 불공정성 여부를 판단하자면, 법률행위 시와 법률행위 시 이후의 구분은 무의미해질 수 있다.

3. 수수료율(마진율) 산정의 모수

대법원은 수수료[183] 과다 여부에 관하여, "콜옵션 계약금액을 기준으로 이 사건 각 통화옵션계약의 수수료율을 산정하면 최소 0.058%에서 최대 0.48%로서 펀드 등 다른 금융상품 거래에 비하여 현저히 높다고는 볼 수 없다."며 원심의 판단을 수정 없이 인용하고 있다.

이는 몇 가지 측면에서 의문이 제기된다. 첫째, 대법원은 옵션계약이 환전계

182) 매매가격에 대하여도 다음과 같은 불공정성에 대한 지적이 있다. "녹아웃 풋옵션과 녹인 콜옵션을 1대 1로 거래할 때의 차액이 100원이라면, 녹아웃 풋옵션 1개에 녹인 콜옵션 2개가 결합되어 있는 KIKO 거래에서는 달러당 200원 정도의 프리미엄을 외국계 은행이 국내 수출업체에 지불했어야 한다. 만약 계약원금이 1억 달러라면, 외국계 은행이 지불했어야 할 프리미엄은 200억 원 정도이다. 전체적으로 KIKO 거래금액이 100억 달러라면 총 2조 원의 천문학적인 금액을 외국계 은행이 KIKO 가입자에게 지급했어야 했다. 상대방에게 지급해야 할 거액의 프리미엄을 상대방이 몰라서 요구하지 않는다고 해서 지급하지 않은 것은 불공정한 거래이며 사기에 가깝다. 결국 KIKO 문제의 본질은 값싼 녹아웃 풋옵션을 매도하고 값비싼 녹인 콜옵션을 매수한 외국계 은행이 중소수출업체에 지급했어야 할 거액의 프리미엄을 주지 않았다는 거래의 불공정성에 있다." 강태훈, "KIKO 거래 불공정성 정말 없나", 매일신문 2008. 12. 10. 기고문.

183) KIKO 계약의 수수료(마진율)에 관한 상세는 박선종, 전게논문(2011. 8.), 94-98면.

약과 같고, 환전계약은 계약금액을 기준으로 수수료를 산정하므로 옵션계약도 계약금액을 기준으로 수수료를 산정하는 것이 타당하다고 판단하였다는 점이다. 즉, 대법원은 "선물환계약은 장래의 약정 기일 또는 기간 내에 일정 금액, 일종 종류의 외환을 일정 환율로 교부할 것을 약정하는 계약"이고, "환전은 즉석에서 당시의 시장환율에 따라 외환을 매매하는 것이므로, 선물환계약과 환전은 결제일과 매매대금의 기준이 되는 환율이 다를 뿐 외환의 매매라는 점에서 그 성질이 다르지 아니하다."라고 판단하였는데, 이는 선물환 계약은 환전계약이다. 옵션계약은 분해하면 선물환계약이다. 그러므로 옵션계약은 환전계약이라는 논리인 것으로 보인다.[184] 이는 '물은 액체다. 우유도 액체다. 얼음을 녹이면 액체가 된다. 그러므로 얼음은 액체다.'라고 주장하는 것과 동일한 정도로 잘못된 논리전개로 볼 여지가 있는 것이다. 대법원이 주장하는 논리전개의 목적은 콜옵션의 액면금액을 수수료 산정의 모수(母數, population parameter)로 삼기 위한 것으로 추정된다.[185]

예컨대, 당첨금 1,000만 원인 복권의 판매금액이 1,000원인데, 판매수수료가 100원이라 하자. 수수료율은 100÷1000=10%이다. 콜옵션의 액면금액을 수수료 산정의 모수로 삼은 것은 이 복권의 수수료 산정 시 모수를 당첨금 1,000만 원으로 삼은 것과 마찬가지이다. 이 경우 수수료율은 100÷10,000,000=0.001%이다. 옵션매수인은 행사가격이 시장가격보다 유리한 때에 권리행사를 청구한다. 복권매수인은 당첨이 확정된 경우에만 당첨금 지급청구권을 갖게 된다. 매수의 법률행위 시를 기준으로 하면 복권매수인의 당첨여부는 확정된 것이 아니며, 옵션매수인의 권리행사 가능성 확정된 것이 아니다. 단지 당첨금이 1,000만 원이라는 사실에 근거하여 복권 판매수수료의 모수를 1,000만 원이라고 할 수 있는지 의문이다.

KIKO 계약 관련 소송에서 수수료 과다 여부의 판단 시 모수가 작을수록 기업에게 유리하고 은행에게 불리하다. 모수로 채택될 수 있는 각각의 크기는 '옵

184) 대법원 2013. 9. 26. 선고 2011다53683 판결(수산중공업), 4−5면.

185) 대법원은 "피고들이 수취한 수수료 항목 중 신용위험 관리비용과 동적헤지 비용이 가장 큰 비중을 차지하는데 이러한 비용들은 콜옵션 계약금액에 영향을 받을 수밖에 없는 점"을 근거로 콜옵션 계약금액을 기준으로 수수료가 부과되는 것이 정당하다는 판단을 하고 있다.

션대금<풋옵션 행사가격<콜옵션 행사가격' 순(順)이다. 예컨대, KIKO 계약의 1 : 2 구조를 감안하면, 콜옵션 계약금액은 풋옵션 계약금액의 2배가 되므로, 풋옵션 계약금액을 기준으로 수수료의 공정성을 판단하면, 현저하게 높아서 불공정하다고 볼 여지가 있는 것이다. 더욱이 옵션대금을 모수로 채택한다면 불공정성은 훨씬 증폭될 수 있다.[186]

예컨대, <표 1>은 옵션대금을 모수로 산정된 수수료의 마진율이다. 법원이 사용하는 수수료율은 이 표에서는 마진율에 해당하는 것이다. <표 1>을 보면, 모수를 옵션대금으로 변경하여 산정하면, 마진율(수수료율)은 무려 49.51%까지 치솟는다. 이는 대법원이 산정한 수수료율 최대 0.48%와는 무려 100배가 넘는 현저한 차이를 보이고 있다. 잘못된 논리전개의 결과적 판단은 정당화되기 어렵고, 공정하다고 보기도 어렵다.

표 1 | 옵션대금(프리미엄)을 모수로 산정한 수수료 및 마진율[187]

(단위: 원, 달러)

당사자	풋프리미엄 (P)	콜프리미엄 (C)	총마진 (C−P)	MPP (원)	수수료 (원)/$	마진율 (%)
에프에스티 v. 국민은행	41,355,425	69,302,117	27,946,692	35	7.76	22.18
메센아이피씨 v. 국민은행	22,116,974	36,118,656	14,001,682	32	4.67	14.59
삼코 v. 하나은행(2007)	12,349	33,390	21,041	35	8.27	23.64
삼코 v. 하나은행(2008)	10,096	57,485	47,389	38	18.81	49.51

주) 프리미엄 및 총마진: 국민은행(원), 하나은행($)

186) 옵션계약에서 수수료를 부과하는 방법은 ① 옵션대금을 모수로 정률제를 취하는 방식(예컨대, 한국거래소 KOSPI200 옵션)과 ② 행사가격을 모수로 정율제를 취하는 방식(예컨대, LME 옵션) 및 ③ 계약단위를 기준으로 정액제를 취하는 방식(예컨대, CME 옵션)으로 대별된다.

187) 서울중앙지방법원 2010. 11. 29. 선고 2008가합131793 판결에서 발췌 및 정리한 내용을 박선종, 전게논문(2011. 8.), 96면에서 재인용. 이 표에서 MPP(Maximun Possible Profit)는 최대가능이익을 의미한다.

4. 기대이익의 대등성과 계약의 합목적성

대법원은 '계약 당시 시장의 환율 추이에 비추어 보면 모든 구간에서 환율변동의 확률이 같았던 것이 아니라 시장환율 부근에서 변동될 확률이 높아 환율이 넉아웃(Knock-out)과 넉인(Knock-in) 환율 사이 구간을 벗어날 가능성이 매우 낮았으므로 환율의 확률분포는 KIKO 계약을 체결하는 기업에 유리한 것이었고, 그 외에도 기업은 KIKO 통화옵션계약에서 통화선도계약에 비하여 행사환율을 더 높이는 이익을 얻고 그 대신 기업이 매도하는 콜옵션(call option)에 레버리지(leverage) 조건을 부가하거나 은행이 매도하는 풋옵션(put option)에 넉아웃 조건을 부가하는 방법 또는 계약기간을 장기간으로 하거나 넉인-넉아웃 환율 사이의 폭을 좁히는 방법 등을 통하여 기업과 은행의 기대이익을 대등하게 만든 것이므로, 이러한 사정을 고려하면 넉아웃 조건이나 레버리지 조건이 부가되었다 하여 옵션교환을 통하여 은행이 가지는 기대이익이 기업의 기대이익보다 부당하게 크다고 할 수 없다.'는 원심의 판단을 그대로 인용하고 있다. 요컨대, 대법원의 판단은 기대이익의 대등성 측면에서 KIKO 계약은 공정하다는 것이다.

KIKO 계약은 은행이 헤지상품으로 판매하였다고 주장하고, 기업도 헤지상품으로 가입하였다고 주장하며, 법원도 헤지상품으로 인정하고 있다. 그러나 법원의 판단은 동 계약 당시 양 당사자의 기대이익의 대등성에만 집중되어 있고, 동 계약의 합목적성에 대한 판단이 없었다는 점은 아쉽다. 즉, 기업의 원시 위험은 넉아웃 구간 이하로 환율이 하락하는 것인데, 넉아웃 조건을 삽입하여, 기업의 실효적 위험회피가 원천적으로 불가능하도록 설계된 옵션상품이 공정한 헤지상품인지에 대한 판단이 필요하다.

이는 예컨대, 감기치료비를 보장하는 보험상품을 판매한 것이 비교할 수 있다. 더욱이 보험계약자가 보험료의 납입을 면제하는 대가로, 보험자에게 암이 발병하면 그 치료비를 보험계약자가 부담하는 계약을 체결한 것과 마찬가지이다. 즉, 기업은 발생가능성은 많으나 작은 감기 정도의 위험을 은행에게 전가한 대가로, 발생가능성은 희박하나 치명적일 수 있는 암의 위험을 은행으로부터 인수한 것으로 볼 수 있다. 또한 이는, 암보험을 판매하면서 보험금 지급상한금액을 10만 원으로 제한(knock-out)한 것과 마찬가지이다. 이러한 암보험이 보험으로서의 합목적성을 충족한다고 볼 수 없을 것이다.

한편 계약기간을 장기간으로 한 것도 마찬가지이다. 기업의 환율변동위험은 대개 1~3개월 정도 노출된 것인데, 법률행위 시 기대이익을 대등하게 만들기 위하여 2~3년으로 장기간에 걸쳐 위험을 헤지하는 상품도 계약의 합목적성에 부합된다고 보기는 어렵다.

합목적성에 위배되는 계약을 공정하다고 볼 수 있는지 의문이다. 비단 KIKO 계약이 아니라 할지라도, 향후 법원의 판결에서는 합목적성에 위배되는 계약이, 기업의 경솔, 궁박 또는 무경험에서 비롯된 불공정한 법률행위가 아니었는지 재고해 볼 필요가 있어 보인다. 계약의 불공정성을 판단함에 있어서는 '기대이익의 대등성' 뿐만 아니라 '합목적성'도 중요한 기준이 될 수 있다.[188]

5. 전체구간과 일부구간

대법원은 '헤지거래는 현재보유하고 있거나 보유할 것으로 예상되는 현물의 거래에 따른 가격변동위험을 전체적으로 또는 부분적으로 줄이기 위한 거래'로 판단하고 있다. 이는 타당하다.

한편 대법원은 "그 헤지거래에 따른 손익이 현물의 가격변동에 따른 손익과 전체구간에서 반대방향인 거래에 한정되지 아니하고, 특정구간에서만 반대방향인 거래도 포함"되는 것으로 판단하고 있다. 이 또한 타당하다. 그러나 대법원의 판단은 "헤지거래를 하려는 당사자가 현물의 가격변동과 관련하여 특별한 전망이나 목적으로 가지고 있는 경우에는 특정 구간에서만 위험회피가 되는 헤지거래도 다른 거래조건들과 함께 고려하여 선택할 수 있으므로, 전체구간에서 위험회피가 되지 않는다는 이유만으로 구조적으로 헤지에 부적합하다고 단정할 수는 없다."는 부분에서[189]보완의 여지가 있어 보인다.

즉, 문제의 본질은 일부구간에서 위험이 줄어드는 헤지효과가 있는 것에 대

---

188) 계약의 합목적성은 기본적으로 사적 자치의 영역이지만, 법원이 동 계약의 불공정성을 판단하여야 하는 경우, 합목적성을 판단기준의 하나로 선택한다고 하여, 이를 사적자치에 대한 침해라고 보기는 어렵다.

189) 대법원 2013. 9. 26. 선고 2011다53683 판결.

한 판단을 구하는 것이 아니라, 가격변동의 전체구간을 기준으로 가격변동위험이 전체적으로 또는 부분적으로 줄었는가 하는 것이다.[190] 대법원은 헤지거래를 '가격변동을 전체적으로 또는 부분적으로 줄이기 위한 거래'로 정의하고 있는데, 일부구간의 헤지를 부분헤지로 포섭한 오류가 있다.[191] 헤지 여부의 판단기준을 가격변동의 전체구간을 대상으로 한다는 점에서 일부구간에 헤지 기능이 있다고 부분헤지라고 주장하는 것은 오류이다.

이러한 오류는 계속 반복되고 있다. 즉, 대법원이 "장외파생상품을 이용한환 헤지거래의 목적은 이익을 극대화하려는 것이 아니라 미래의 환율 변동과 관계없이 현재시점에서 장래에 적용받을 환율을 일정 환율로 고정함으로써 기초자산인 외환현물의 가격변동에 따르는 위험을 제거하려는 데 있음"[192]으로 설시한 점은 헤지거래의 목적에 대한 정확한 판단이다.

다만, 헤지거래에서 제거의 목적이 되는 가격변동위험은 일부구간에만 존재하는 것이 아니라는 점이 명백하다. 가격변동위험은 가격변동의 전체구간에 걸쳐서 존재하는 것이기 때문에, 위험의 제거 내지 감소 여부는 전체구간을 대상으로 판단하는 것이 당연하다. 그럼에도 불구하고 대법원이 일부구간에서만 가격변동위험이 제거되는 것을 헤지거래로 본 판단은 명백한 오류이다. 명백한 오류를 토대로 내린 판단은 공정하다고 보기 어렵다.

6. 위험의 발생가능성과 크기

대법원은, KIKO 계약은 "환율변동에 따른 모든 위험을 회피하려는 목적이 아니라 발생가능성이 낮은 위험 즉, 콜옵션 행사로 인한 위험은 스스로 감수하고 발생가능성이 높은 위험에 한정하여 환헤지가 가능하도록 설계된 것"이라는 원심의 판단을 수정 없이 인용하고 있는데, 이에 대하여는 다음과 같은 문제가 지적될 수 있다.

즉, 위험의 헤지여부 판단에 있어서는 발생가능성도 중요하지만, 위험의 크기

190) '부분헤지와 일부구간의 헤지'에 관한 상세는 박선종, 전게논문(2011. 8.), 86－90면 참조.
191) 대법원 2013. 9. 26. 선고 2011다53683 판결.
192) 대법원 2013. 9. 26. 선고 2012다1146 판결.

가 중요한데, 대법원은 위험의 크기에 대하여는 언급하지 않고 있다. 즉, 발생가능성이 아무리 높더라도 위험의 크기가 작다면 헤지의 필요성이 없다고 할 수 있는 것이다. 예컨대, 감기는 발생가능성이 높지만 위험의 크기가 작기 때문에 감기보험을 별도로 가입하지 않는 것과 마찬가지이다. 기실, KIKO 계약에서 발생가능성이 높은 위험은 KI과 KO 사이의 구간으로서 위험의 크기가 작다. 반면, 발생가능성이 낮은 위험은 KI 이상의 구간인데, 이는 큰 위험이다. KIKO 계약에서 기업은 발생가능성이 높지만 작은 위험인 '감기의 위험'은 회피하기로 하고, 발생가능성이 낮지만 큰 위험인 '암의 위험'은 스스로 감수하기로 했다는 것이다.

위험회피의 합목적성은 발생 가능성은 희박하지만 큰 위험을 회피하는 것에 있다. 큰 위험은 외면하고 작은 위험만 회피될 수 있는 KIKO 계약을 공정한 위험회피 상품이라 보기는 어렵다.

7. 소결

KIKO 계약에서 '매수인과 매도인의 지위가 전도'되었다는 점과 '가격 변동의 전체구간에서 보면 위험이 줄지 않는다는 점' 및 '위험 발생의 가능성과 크기' 면에서 기업의 무경험으로 인한 공정을 잃은 법률행위로 볼 수 있다. 한편 옵션대금을 모수로 사용하면 은행의 수수료는 폭리행위로서 공정을 잃은 것으로 볼 수 있다. 또한 계약의 불공정성을 판단함에 있어서는 '기대이익의 대등성'뿐만 아니라 '합목적성'도 중요한 기준이 되는바, 향후 대법원의 판결에서는 이와 같이 합목적성에 위배되는 KIKO 계약이, 기업의 경솔, 궁박 또는 무경험에서 비롯된 불공정한 법률행위가 아니었는지 재고해 볼 필요가 있다.

Ⅳ. 민법 제109조와의 관계 - 착오 적용의 가능성을 중심으로 -

1. 서설

헤지목적으로 체결된 KIKO 계약은 기업의 입장에서는 '상대방에 의하여 유발된 동기'의 착오로 볼 수 있고, 은행의 입장에서는 KIKO 계약 가입 권유행위가 선의인 경우 '성상의 착오'로 볼 수 있으며, 악의라면 '사기'로 볼 수 있다.[193] 예컨대, 가격변동의 전체구간을 기준으로, '헤지가 불가능한데 가능한 상품이라고 착오'하였던 경우는 법률행위의 주요 내용에 관한 착오일 것이다. 한편 '헤지가 완전하지는 않고 제한적이라는 것을 알았지만, 자신의 회사의 처지에 비추어 부적절하다는 것을 몰랐던 착오'라면 동기의 착오로 볼 수 있다.[194] 그럼에도 불구하고 KIKO 소송의 각급 판결을 통하여 원고의 착오주장이 인용된 경우는 전무하다. 이하에서는 몇 가지 측면에서 KIKO 계약의 착오 적용 가능성이 실제로 전혀 없었던 것인지를 검토해 본다.

2. 위험회피와 거대손실

KIKO 계약 소송에 있어서 문제의 본질은 환위험을 저감 또는 배제하기 위해서 헤지상품을 가입했는데 거대손실이 발생했다는 데 있다.[195] 이에 대하여는 여러 가지 이유와 설명이 있겠지만 중요한 변수 중 하나는 "부분헤지"와 "일부구간의 헤지"에 대한 착오로 볼 수 있다.[196] 왜냐하면, 부분적으로나마 헤지성이 있다면, 위험을 부분적으로 밖에 회피할 수 없다는 한계가 있을지언정, 그 상품을 구입함으로 인하여 도리어 거대손실이 발생할 까닭이 없기 때문이다.[197]

KIKO 계약 사안의 본질적 문제점은 실패한 투기에서 비롯된 거대손실로 볼 수 있다. 문제가 된 상당수의 KIKO 계약 사안은 결과적으로 보면 투기에 해당하는 것인데, 기업들이 헤지목적으로 가입하였다고 주장한다 하더라도, 당초 목적과 달리 거대손실이 문제되는 것은 실패한 투기에서 기인하는 것이고, 여기서 착오의 문제가 제기되는 것이다.[198]

기업이 KIKO 계약이 헤지에 적당하지 않다고 주장하는 경우 중 상당부분은

193) 박선종, "KIKO 계약의 헤지性", 『증권법연구』 제10권 제1호, 한국증권법학회, 2010. 4, 101면.
194) 박선종, "파생상품의 법적규제에 관한 연구", 고려대학교 박사학위논문, 2010. 12, 175면.
195) KIKO 계약 사안의 본질적 문제에 관한 상세는 박선종, 전게박사학위논문, 170-175면 참조.
196) '부분헤지와 일부구간의 헤지'에 관한 상세는 박선종, 전게논문(2011. 8.), 86-90면 참조.
197) 박선종, 전게논문(2011. 8.), 90면.
198) 박선종, 전게논문(2011. 8.), 99면 각주 36.

KIKO 계약 상품에 부분헤지 기능이 있는 것으로 착오하였는데, 일부구간에만 헤지 기능이 있어서 결과적으로 거대손실이 발생한 점에 관하여, 사기 또는 착오로 인한 취소를 주장하는 취지로 이해할 수 있다.[199] 가격변동의 특정구간에서 헤지효과가 인정된다 하더라도 다른 구간에서 이를 초과할만한 반대효과가 있다면, 헤지 기능을 인정할 수 없는 것이 타당한 판단이다.[200]

두 재무학자가 공동 연구한 논문을 보면, '헤지상품은 현물포지션의 위험을 감소시키는 상품으로 정의되는데, 실증분석결과에 따르면 KIKO 계약과 함께 현물매입포지션을 취할 경우 기대수익률은 크게 하락하는 것으로 나타났다. 한편, KIKO 계약과 현물매입포지션의 경우 위험의 측정치인 VaR[201]도 현저히 커지는 것으로 나타났다. 실증분석결과에 따르면 KIKO 계약은 수출업자를 위한 헤지상품으로 간주될 수 없다.'[202]고 한다.

거대손실이 발생하였다는 것은 정상적인 헤지 기능이 작동하였다면 불가능한 결과이다. 그러므로 일부구간에 헤지 기능이 있다는 것만으로 KIKO 계약을 헤지상품으로 판매하는 것은, 착오를 유발할 개연성이 높다. 나아가 착오를 유발한 행위가 행위자가 희망하는 재산적 처분행위를 위한 판단의 기초가 되었다면 기망행위로 볼 여지가 있다.[203] 은행의 입장에서는 상대적으로 고마진의 상품이라면, 적극적인 판매를 권유할 유인 즉, 기망행위의 동기부여가 가능할 것이다. 한편, 기업의 입장에서는 제로코스트로 안내되었지만 실제로는 상당한 거래비용이 내재되어 있다는 점을 알거나 알 수 있었다면, 계약체결에 부정적일 것이라는 점에서, 착오의 개연성이 상당하다 할 수 있다.[204]

거대손실은 위험을 인수하다가 발생할 수는 있다. 예컨대, Lehman, Barings

199) 박선종, 전게논문(2011. 8.), 91면.
200) 박선종, 전게논문(2011. 8.), 88면.
201) VaR(Value at Risk)는 '발생가능한 최대손실금액'을 의미한다. VaR값이 커진다는 것은 투자비중이 높아졌다는 의미이고, 낮아진다는 것은 헤지비중이 높아졌다는 의미로 해석될 수 있다.
202) 윤종인 · 김성수, "KIKO의 환위험 헤지기능에 관한 일고찰", 『무역보험연구』 제14권 제1호, 한국무역보험학회, 2013. 3, 23면.
203) 박선종, 전게논문(2011. 8.), 91면. 은행의 KIKO 계약 상품 판매행위는, 수수료를 제로코스트로 고지한 점에서는 작위에 의한 기망행위로 볼 수 있고, 상대적으로 고마진의 상품이라는 점을 고지하지 않은 점에서는 부작위에 의한 기망행위로 볼 수 있다.
204) 박선종, 전게논문(2011. 8.), 98면.

등 파생상품 거래에 기인하여 파산한 모든 기업들의 거대손실은 위험인수과정에서 발생한 것이다. 그러나 헤지(위험회피)과정에서 거대손실이 발생한다는 것은 착오를 배제하고는 설명되기 어려운바, KIKO 사안이 그러하다.

3. 지위의 전도

옵션상품은 헤지와 투자의 양면성을 갖는데, 동일한 옵션상품이라도 헤지계약을 하는지 또는 투자계약을 하는지는 마치 매매계약에서 매도인과 매수인의 지위만큼이나 전혀 다른 결과를 초래할 수 있다. 이를 잘못 이해한 경우는 착오로서 취소의 대상이 된다. 이는 마치 동일한 매매계약이라 하더라도 매수인과 매도인은 전혀 다른 것이고, 같은 고용계약에서도 사용자와 피용자는 전혀 다른 것과 같다. 예컨대, 매도인이 되려고 했는데 매수인이 되었다던가, 피용자가 되려 했는데 사용자가 되었다면, 비록 동일한 매매계약, 고용계약이라 할지라도 이는 중요부분의 착오라 아니할 수 없다. 마찬가지로 옵션계약을 체결하면서 매수를 하는 것인지 매도를 하는 것인지에 대해 착오를 한 경우도 법률행위의 중요부분의 착오임을 부정할 수 없을 것이다.[205)]

거대손실을 입은 기업은 ① KIKO 계약을 헤지상품으로 착오하고 체결하였는데, 사실은 투자상품을 선택한 것인 경우, ② KIKO 계약을 투자상품으로 알고 체결한 경우로 구분될 수 있다. KIKO 계약은 기업과 은행이 각각 옵션 매수인 및 매도인 양자의 지위가 부분적으로 혼재되어 있으나, 합성하여 볼 때 기업은 옵션 매도인의 지위, 은행은 옵션 매수인의 지위를 갖게 되는 복잡한 구조라는 점을 보자면, ①과 같은 착오의 개연성을 배제하기 어렵다. 즉, ①은 헤지거래자와 투자자의 지위가 착오로 전도된 경우로 볼 수 있다.

4. 제로코스트-은행과 증권회사의 차이

KIKO 계약 상품이 기업들에게 다수 판매되게 된 배경에는 "제로코스트"[206)]

205) 박선종, 전게논문(2011. 8.), 99-100면.
206) "제로코스트" 쟁점의 상세는 박선종, 앞의 글, 92-94면 참조.

상품이라는 은행의 주장이 상당부분 작용한 것으로 볼 수 있다. 제로코스트 상품은 은행의 입장에서 일정 금액 이상의 선급수수료를 지급하는 거래를 피하고자 하는 외국환거래규정 제7-40조 제2항 제1호상의 유인[207]이 있음은 별론으로 하더라도, 기업의 입장에서 현금지급이 요구되는 선급수수료가 없다는 헤지상품은 충분히 매력적일 수 있다.

즉, 기업에게 있어서 현금이란 별도의 '현금흐름표'(cash flow statement)를 만들어서 관리하여야 할 만큼 중요한 자산이기 때문이다. 더욱이 은행과는 기존 대출거래 등의 오랜 신뢰관계가 형성되어 있다는 점, 은행은 통상적인 일반인의 기준으로 볼 때에도 위험상품을 판매하는 곳이 아니라는 점 등이 복합적으로 작용하면, 기업의 착오유발 개연성은 높아 보인다.

만일 증권회사가 KIKO 계약 상품을 가지고 와서 기업에게 제로코스트 헤지상품이라고 판매하였다면, 기업이 그대로 믿고 거래했을지 의문이다. 이러한 면에서 KIKO 계약은 은행이 유발한 착오로 볼 수 있는 것이다. 파생상품은 기존 규정이나 제도의 흠 또는 틈새 등 취약부분을 토대로 생성되는 것이 적지 않

---

207) 외국환거래규정(재정경제부고시 제2007-13호, 2007. 2. 26. 개정)
제7-40조(거래절차) ① 거주자간 또는 거주자와 비거주자간 파생금융거래로서 다음 각 호의 1에 해당하는 거래를 하고자 하는 경우에는 신고를 요하지 아니한다. <재정경제부고시 제2005-25호, 2006. 1. 1. 개정>
1. 외국환업무취급기관이 고객의 위탁을 받아 체결하는 선물거래법 제3조의 규정에 의한 선물거래 및 해외선물거래
2. 외국환업무취급기관이 외국환업무로서 행하는 거래 중 신용파생금융거래에 속하지 않는 거래 <재정경제부고시 제2002-12호, 2002. 7. 2. 개정>

② 거주자간 또는 거주자와 비거주자간 파생금융거래로서 제1항에 해당하지 않는 거래 또는 다음 각호의 1에 해당하는 거래를 하고자 하는 경우에는 한국은행총재에게 신고하여야 한다. 다만, 다음 각호의 1에 해당하는 거래를 하고자 하는 경우에는 한국은행총재가 인정하는 거래타당성 입증서류를 제출하여야 한다. <재정경제부고시 제2006-26호, 2006. 8. 3. 개정>
1. 액면금액의 100분의 20이상을 옵션프레미엄 등 선급수수료로 지급하는 거래를 하는 경우
2. 기체결된 파생금융거래를 변경·취소 및 종료할 경우에 기체결된 파생금융거래에서 발생한 손실을 새로운 파생금융거래의 가격에 반영하는 거래를 하고자 하는 경우
3. 파생금융거래를 자금유출입·거주자의 비거주자에 대한 원화대출·거주자의 비거주자로부터의 자금조달 등의 거래에 있어 이 법·영 및 규정에서 정한 신고등의 절차를 회피하기 위하여 행하는 경우

다.[208] 만일, KIKO 계약 상품이 외국환거래규정 제7-40조 제2항 단서조항에 해당되어 '한국은행총재가 인정하는 거래타당성 입증서류'를 제출하여야 했다면 은행이 KIKO 계약 상품을 판매할 수 있었을지 의문이다.

5. 소결

KIKO 계약 소송에 있어서 문제의 본질은 환위험을 저감 또는 배제하기 위해서 헤지상품을 가입했는데 거대손실이 발생했다는 점이다. 위험을 줄이려고 노력하였는데, 도리어 거대손실이 발생하였다는 것은 착오를 배제하고 설명되기 어렵다. KIKO 계약에서는 더욱이 옵션매수인과 옵션매도인의 지위가 전도되어 있다는 점, 통상적인 일반인이 은행은 위험상품을 판매하는 곳이 아니라고 신뢰한다는 점 등을 토대로 판단컨대, 착오의 개연성이 상당해 보인다.

V. 결어

옵션계약에서 매수인과 매도인 간 '지위의 전도' 문제는 KIKO 계약 관련 대법원 판결에서는 언급되지 않았지만, 향후 유사 소송에서 계약의 불공정성이나 착오 여부 판단에 있어서 중요한 기준이 될 수 있다. 특히, 옵션매도인은 보험자의 지위로서 규제의 필요성이 각별하다는 점에서 더욱 그러하다. KIKO 계약에 있어서 매수인과 매도인의 지위는 풋옵션과 콜옵션을 합성한 결과로서 판단하는 것이 타당해 보인다.

한편, 계약의 공정성 판단에 있어서는, 법률행위 시 기대이익의 대등성도 중요하지만 이에 못지않게 합목적성도 중요할 것이다. 왜냐하면 합목적성에 어긋나는 계약을 공정하다고 보기는 어렵기 때문이다. 또한 대법원이 심사숙고한 판단이라 할지라도, 잘못된 논리전개의 결과로 내려진 점이 인정된다면 판례 변경의 필요성이 있는 것이다. 수수료율 산정 시 모수의 선택뿐만 아니라 일부구간 헤지의 문제가 그러한 것으로 보인다.

---

208) 박선종, 전게논문(2008), 469면.

대법원이 KIKO 계약 관련 소송 관련 첫 판결에서 4건 모두 계약의 불공정성이나 착오를 인정하지 않았지만, 사실관계의 스펙트럼이 매우 넓은 KIKO 계약 관련 소송의 특징에 비추어 보면, 4건 이외의 모든 KIKO 계약 관련 소송에서 향후 민법 제104조 또는 제109조의 적용 가능성이 배제된다고 단정할 수는 없을 것이다. 이러한 점에서 대법원의 보도자료 내용 중 향후 판결의 "일관성"을 요구하는 듯한 표현[209]을 담은 것은 적절하다고 보기 어렵다. 즉, 일반적으로 판결의 일관성은 법적 안정성과 판결에 대한 국민의 신뢰를 위하여 중요하지만, KIKO 계약 관련 소송은 사안마다 사실관계가 천차만별이라는 점에서, 판결의 일관성이 유지되는 것은 매우 위험할 수 있다.

KIKO 계약은 위험을 회피하기 위해서 체결했는데, 거대손실로 기업이 도산했다는 사실이 모순적이다. 이러한 모순적인 사실에 대하여, 향후 우리 대법원의 판례 변경을 기대한다.

제6절 | KIKO 계약의 사기 가능성 문제

I. 서설

2017년 6월 20일 국회 간담회를 통하여, '키코사건'의 피해기업들과 투자자들이 검찰의 재수사를 촉구하고 나서면서 사건의 실체가 재조명되고 있다. 한국기업회생지원협회에 따르면 초기 '키코 피해기업 공동대책위원회'에 가입한 기업은 1,000개를 넘었고, 피해 규모는 최소 3조 원 수준이며 도산과 상장폐지 등으로 소송에 참여하지 못한 기업까지 보태면 10조 원 규모로 추산하고 있다. 피해규모도 크지만 피해 당사자가 한국 경제와 함께 견실하게 성장해 온 수출 중소기업들이 대부분이라는 점에서 키코사건은 우리 경제에 큰 상처를 입혔다.

키코사건의 본질에 대하여는 은행의 사기행각에서 비롯된 것이라는 기업 측

209) '이러한 전원합의체 판결에 따라, 앞으로 KIKO 통화옵션계약의 효력을 둘러싼 다툼에 관한 정리가 이루어지고…(중략) 하급심 법원의 일관성 있는 심리와 판단이 이루어질 것으로 기대한다.', 대법원, 전게보도자료, 14면.

의 입장과 기업의 투기에 기인한 것이라는 은행의 입장이 첨예하게 대립하였다. IMF 자료에 따르면, 키코와 유사한 형태의 파생상품에 기인한 거대손실 사례는 한국, 일본, 중국, 인도, 스리랑카, 말레이시아, 홍콩, 인도네시아 등 아시아 지역뿐만 아니라, 브라질, 멕시코 등 중남미 지역과 폴란드 등 유럽 지역에서도 발생하였다. 각국에서 사회적으로 문제가 된 주요 쟁점은 어김없이 은행의 '사기' 여부였다. 키코와 동일한 구조의 파생상품은 미국이나 이탈리아 등 선진국뿐만 아니라, 인도 같은 아시아 국가에서도 일찌감치 사기로 결론이 났다.[210] 그런데 한국에서는 아직까지 검찰이 기소조차 제대로 못해 본 상태에서 민사소송에서 사기가 아니라는 이례적인 판단이 내려진 것이다.[211]

키코사건은 민사소송으로는 대법원 판결까지 다투어졌지만, 형사소송으로는 아직까지 본격적으로 다투어졌다고 볼 수 없다. 그러나 만일 키코사건이 형사소송으로 다투어졌다 하더라도, 종래 대법원의 판단에 따른다면, 사기죄가 인정되기 어려웠을 것이다. 왜냐하면, 우리 대법원은 사기죄의 성립상 처분행위에 관하여, 주관적으로 피기망자에게 처분의사 즉, 처분결과에 대한 인식이 있고, 객관적으로 이러한 의사에 지배된 행위가 있어야 한다고 판시하여 왔기 때문이다.[212] 이러한 판단에 따르면 피해자가 기망을 당하여 자신에게 재산상 손해를 초래하는 행위를 하였다고 하더라도 그로써 생겨나는 결과에 대한 인식이 없으면 처분행위가 인정될 수 없었다. 즉, 기망을 당하여 키코계약을 체결했다 하더라도, 피해자에게 자신을 파산으로 내몰 수도 있다는 결과에 대한 인식이 없었다면, 처분행위가 인정될 수 없었기 때문에 사기죄가 성립하지 않는다는 것 이었다.

그러나 우리 대법원은 2017. 2. 16. 전원합의체 판결[213]로, '사기죄에서 말하는 처분행위가 인정되려면 피기망자에게 처분결과에 대한 인식이 있어야 한다.'고 판시한 종래의 대법원 판결을 변경하였다. 즉, 사기죄의 본질과 구조, 처분행위와 의사적 요소로서 처분의사의 기능과 역할, 기망행위와 착오의 의미 등에 비

210) 오세경 · 박선종, 『키코사태의 진실을 찾다』, 북마크, 2013, 133－150면.
211) 박선종, "키코 사건 판결의 재조명", 2017년 판결비평, 참여연대 사법감시센터, 2017. 7. 12, http://www.peoplepower21.org/Judiciary/1476842 (검색일 : 2019. 4. 24.)
212) 대법원 1987. 10. 26. 선고 87도1042 판결; 대법원 1999. 7. 9. 선고 99도1326 판결; 대법원 2011. 4. 14. 선고 2011도769 판결 등 참조.
213) 대법원 2017. 2. 16. 선고 2016도13362 전원합의체 판결.

추어 보면, 비록 피기망자가 처분행위의 의미나 내용을 인식하지 못하였다고 하더라도, 피기망자의 작위 또는 부작위가 직접 재산상 손해를 초래하는 재산적 처분행위로 평가되고, 이러한 작위 또는 부작위를 피기망자가 인식하고 한 것이라면 처분행위에 상응하는 처분의사는 인정된다고 판단한 것이다. 즉, 기망을 당하여 키코계약을 체결했다면, 피해자에게 자신을 파산으로 내몰 수도 있다는 결과에 대한 인식이 없었다 하더라도, 계약체결이라는 처분행위가 인정될 수 있기 때문에 사기죄가 성립한다는 것이다. 이러한 변경된 대법원 판결에 따르면, 키코사안이 형사소송으로 다투어질 경우 사기죄의 인용 가능성이 높아 보인다.

키코사건에 관하여 형법상 사기죄는 본격적으로 다투어진 적도 없을 뿐만 아니라, 학술논문으로 연구된 구체적 사례도 찾을 수 없다. 키코사건이 야기한 처분행위의 내용과 그 재산상 피해금액의 규모를 보자면, 동 사건에 대한 형법상의 사기죄 인용 가능성에 관한 연구는 상당한 필요성이 있을 것으로 본다. 이 절에서는 키코사건이 향후 형사소송으로 다투어질 경우에, 형법 제347조의 사기죄 인용 가능성을 검토하고자 한다. 키코사건에 사기죄가 인용되기 위해서는 은행의 계약권유 등이 기망행위에 해당하는지, 상대방인 기업의 착오가 있었는지, 키코계약의 체결이 처분행위에 해당하는지가 판단되어야 할 것이다.

II. 키코계약의 사기죄 인용 가능성

1. 사기죄의 이해

(1) 사기죄 개념의 변천

사기죄는 '허위'나 '기망'을 이용한 범죄로부터 변천되어 왔다. 19C 중반 이후 거래관계가 심화되어 감에 따라 범죄성립의 범위를 명확히 한정하고자, '기망범죄'로서의 사기죄가 '재산범'으로서 사기죄로 전환된다. 초기에는 진실이 아닌 '허위'나 '기망' 자체를 윤리규범이나 도덕적 관점에서 문제 삼아왔던 경향이, 차츰 거래의 확대나 계몽주의에 의한 죄형법정주의에 영향을 받아, '권리'나 '재산'의 침해를 처벌의 근거로 삼고자 하였던 것이다. 이와 같이 '기망범죄'에서부터 변천되어 온 사기죄의 연혁으로 볼 때, '기망'은 사기죄의 본질적 요소를 이루고 있었다.

요컨대, 사기죄는 '재산상의 손해'발생이라는 결과측면적 요소와 '기망'이라는 행위측면이 구성하는 '재산범죄'일 뿐만 아니라 '기망범죄'인데, 개념의 변천 연혁을 살펴보면, 본질적 요소는 기망행위로 보아야 한다.[214]

(2) 기망행위 : 사기죄의 핵심

형법 제347조는 "사람을 기망하여 재물을 교부받거나 재산상의 이익을 취득" 한 행위를 사기죄로 규정하고 있다. 따라서 사기죄가 성립하기 위해서는 '기망행위' 및 그로 인한 상대방의 '착오' 및 '처분행위'가 필요하다. 본 규정에 의해 사기죄의 핵심적인 본질은 '기망행위'로 볼 수 있다.

학설은 '기망행위'를 "상대방을 허위의 사실로 속이거나 진실한 사실을 왜곡·은폐하여 상대방에게 착오를 일으키게 하는 일체의 행위"[215] 또는 "널리 거래관계에서 지켜야 할 신의칙에 반하는 행위로써 사람으로 하여금 착오를 일으키게 하는 것"[216]이라고 정의하고 있다. 한편, 기망행위를 '작위에 의한 기망행위'라 하여 다시 명시적 기망행위와 묵시적 기망행위로 나누고, '부작위에 의한 기망행위'와 구별한다.[217]

한편 판례는 사기죄의 기망행위를 "널리 재산상의 거래행위에 있어서 서로 지켜야 할 신의와 성실의 의무를 저버리는 모든 적극적 및 소극적 행위로서 사람으로 하여금 착오를 일으키게 하는 것"[218]으로 보아, 적극적인 작위 및 소극적인 부작위에 의한 기망행위로만 분류하고 있다.

(3) 소결

키코사건에 사기죄 적용 여부를 판단하기 위해서는, 재산상의 손해발생이라

---

214) 박상진, "사기죄에 있어 '기망'과 '보호법익'에 대한 연구", 『홍익법학』 제16권 제1호, 홍익대학교 법학연구소, 2015. 2, 432－433면.

215) 박상기, 『형법각론』 제8판, 박영사, 2011, 306면; 이정원, 『형법각론』, 신론사, 2012, 385면; 임웅, 『형법각론』 제6정판, 법문사, 2015, 343면.

216) 이재상, 『형법각론』 제9판, 박영사, 2013, 326면.

217) 김준혁, "부작위에 의한 사기죄의 성부", 『한양법학』 제53집, 한양법학회, 2016. 2, 191－192면.

218) 대법원 2005. 2. 5. 선고 2001도5789 판결; 대법원 1998. 4. 24. 선고 97도3054 판결.

는 결과적인 측면뿐만 아니라, 은행의 계약체결권유 행위가 기망에 해당하는지에 대한 면밀한 검토가 필요할 것이다. 한편, 은행의 계약체결권유 행위는 작위에 의한 기망행위에 해당할 가능성이 있으며, 중요부분에 대한 설명 누락은 부작위에 의한 기망행위로 볼 수 있다. 요컨대, 키코사건에 사기죄가 인용되기 위해서는 은행의 계약권유가 기망행위에 해당하는지, 상대방인 기업의 착오가 있었는지, 키코계약의 체결이 처분행위에 해당하는지가 문제될 수 있다.

2. 기업금융범죄의 일반적 특징과 KIKO 계약

기업금융범죄는 범죄의 실질적인 주체가 되는 사람들이 주로 전문경영인들로서, '범죄에 대한 의식이 매우 희박'하다는 점에서 다른 범죄와 차이가 있다.[219) 만일 키코계약에 사기죄가 인용된다면, 은행이라는 거대금융기업의 전문경영인 등 전문가들이 범죄의 실질적인 주체가 될 것이라는 점에서 기업금융범죄의 일반적인 특징과 다르지 않을 것이다. 그러므로 키코계약의 실질적인 주체가 되는 은행의 전문경영인 등 전문가들의 '범죄에 대한 의식 또한 매우 희박'한 것으로 볼 수 있다.

기업금융범죄는 일반범죄와는 달리 지능성, 전문성, 모방성, 상호연쇄성 등의 특징을 가지고 있으며, 그 파급효과가 크고 광범위한 영역에 미치는 반면에 법적인 제재가 미약하여 형벌로서의 효력이 미흡했다는 점이다.[220)]

키코사건 역시 고도의 수학적 계산이 수반되는 계약 내용을 가졌다는 점에서 지능성과 전문성이 특징이다. 즉, '제로코스트'라는 미명하에 '마이너스 시장가치'라는 사실상의 수수료가 숨겨져 있었던 점, '대고객가격'이라는 미명하에 개별 콜

219) 신혜진, "영미법계 기업금융범죄 동향 및 대책방안 : 미국, 캐나다 중심으로", 국외훈련검사 연구논문집(III) 제29집, 120면.

220) 미국과 캐나다에서도 기업금융범죄는 수사기관이 위법사실을 인식하기가 매우 어렵고, 수사를 하게 되더라도 광범위하고 복잡한 회계자료 및 회사 서류 분석, 기업 관련자들의 수사 비협조, 침묵 등으로 인해 기소되기까지 난관에 봉착하는 경우가 비일비재하였고, 매우 오랜 시간이 걸려 글로벌경제위기 이전(de-regulation 시기)에는 플리바게닝(plea bargaining)에 의해 제대로 처벌받지 않고 경미한 범죄로만 처리되었던 경우가 많았다. 그러나 글로벌경제위기 이후에는 Re-regulation 입장이 지배적이다. 신혜진, 전게보고서, 120-121면.

옵션·풋옵션 가격을 공개하지 않았던 점, '헤지상품'이라는 미명하에 '엄청난 위험 감수'가 감춰졌던 점 등에서 지능성과 전문성을 볼 수 있다. 이러한 지능성과 전문성에 근거한 키코상품은 합리적 경제활동의 외형을 지니므로 은행 측의 범죄의식이 희박할 뿐만 아니라, 피해기업 측의 피해의식 또한 미약한 경향이 있었다.

한편, 한 은행의 키코계약 사례가 여러 은행으로 전파되었다는 점에서 모방성이 있으며, 피해 기업과의 키코계약에 근거하여 스노우볼계약 체결 등의 거래가 있었다는 점에서 상호연쇄성이 인정될 수 있을 것이다. 또한 키코사건은 피해규모도 최소 3조 원 수준으로 크지만, 피해 당사자가 한국 경제와 함께 견실하게 성장해 온 1,000여 개에 달하는 중소기업들이라는 점에서, 그 파급효과가 크고 광범위한 영역에 미쳤다고 볼 수 있다.

이처럼 키코계약은 기업금융범죄의 일반적인 특징과 상당부분 일치한다는 점에서, 만일 향후에 사기죄가 인용된다 하더라도, 법인의 범죄능력이 부정되는 우리의 현실에서, 유사한 사건의 재발방지를 위한 법적인 제재의 효과가 충분할지도 의문이다.[221)]

3. 대기업 직원 업무관행의 사기죄 인용 사례

(1) 서

대기업 중심으로 경제성장을 이룩한 우리 국민의 통상적인 관념으로는, 대기업직원의 업무추진 관행과 사기죄는 무관할 것으로 여겨진다. 즉, 엘리트를 자처하는 대기업 직원이 개인적인 이유가 아닌 회사의 업무적인 이유로 사기죄를 저지를 수 있다는 기대는 흔치 않을 것이다. 우리 대법원이 대기업 직원의 업무추진 관행을 사기죄로 판단한 대표적인 사건은 이른바 '변칙세일사건'[222)]인데, 이는

221) 법인의 범죄능력을 부정하고 있는 국내에서는 법인에 대한 양벌규정이 없는 한 법인을 처벌할 수 없다. 기업금융범죄는 단순히 개인에 의하여 이루어지기 보다는 조직적으로 이루러지는 범죄이므로 개인에 대한 처벌만으로는 그 실효성을 거두기 어렵다. 개인만 처벌되고, 기업이 처벌되지 않는다면 당해 기업 내에서 처벌된 자 이외 다른 사람들에 의해서 동일한 범죄가 반복될 가능성이 적지 않다. 신혜진, 전게보고서, 165면.

222) 대법원 1992. 9. 14. 선고 91도2994 판결.

이러한 통상적인 관념을 깨는 계기가 되었다.

(2) 사건의 개요

동 사건의 개요는 대형백화점들이 "특정(수수료)매장"의 형태로 백화점 매장을 운영하면서 변칙세일을 실시한 것인바, 그 내용은 백화점의류부에서는 거래업체대표와 짜고 처음부터 대금 315,000원에 팔기로 된 신상품의 롱코트를, 대금 450,000원씩에 팔아오던 것을 특정기간 중에만 특별할인하여 판매하는 것처럼 [450,000원－315,000원]이라고 기재된 가격표를 부착하고, 매장광고대에서 [30% 할인]이라고 표시하여, 소비자들이 종전에는 450,000원씩에 팔던 고가품을 특별히 할인한 가격으로 판매하는 것으로 믿고 동 제품을 구입한 것이다.[223)]

(3) 판결의 요지

이 사건에 대하여 대법원은 "현대산업화 사회에 있어 소비자가 갖는 상품의 품질, 가격에 대한 정보는 대부분 생산자 및 유통업자의 광고에 의존할 수밖에 없고 백화점과 같은 대형유통업체에 대한 소비자들의 신뢰(정당한 품질, 정당한 가격)는 백화점 스스로의 대대적인 광고에 의하여 창출된 것으로서 이에 대한 소비자들의 신뢰와 기대는 보호되어야 한다고 할 것인바, 종전에 출하한 일이 없던 신상품에 대하여 첫 출하 시부터 종전가격 및 할인가격을 비교표시하여 막 바로 세일에 들어가는 이른바 변칙세일은 진실규명이 가능한 구체적 사실인 가격조건에 관하여 기망이 이루어진 경우로서 그 사술의 정도가 사회적으로 용인될 수 있는 상술의 정도를 넘은 것이어서 사기죄의 기망행위를 구성한다."[224)]고 판단하였다.

한편, 대법원은 "사기죄의 요건으로서의 기망은 널리 재산상의 거래관계에 있어서 서로 지켜야 할 신의와 성실의 의무를 저버리는 모든 적극적 및 소극적 행위로서 사람으로 하여금 착오를 일으키게 하는 것을 말하며 사기죄의 본질은 기망에 의한 재물이나 재산상 이익의 취득에 있고, 상대방에게 현실적으로 재산상

---

223) 김재영, "소비자거래에 있어서 사기죄에 관한 소고", 『소비자정책동향』 제64호, 한국소비자원, 2015. 10. 16, 3면.
224) 대법원 1992. 9. 14. 선고 91도2994 판결.

손해가 발생함을 그 요건으로 하지 아니하는바, 일반적으로 상품의 선전, 광고에 있어 다소의 과장, 허위가 수반되는 것은 그것이 일반 상거래의 관행과 신의칙에 비추어 시인될 수 있는 한 기망성이 결여된다고 하겠으나 거래에 있어서 중요한 사항에 관하여 구체적 사실을 거래상의 신의성실의 의무에 비추어 비난받을 정도의 방법으로 허위로 고지한 경우에는 과장, 허위광고의 한계를 넘어 사기죄의 기망행위에 해당한다."[225]고 판시하였다.

(4) KIKO 사건과의 유사성

위 변칙세일 사건은 몇 가지 측면에서 키코사건과 유사한 면이 보인다. 첫째, 동 사건의 행위자는 대형백화점의 직원으로서 회사의 이익을 위한 업무관행이 문제된 것이다. 키코사건도 행위자는 은행의 직원으로서, 회사의 이익을 위한 업무관행이 문제된 것이라는 점에서 유사하다.[226]

둘째, 동 사건에 대하여 대법원은 "현대산업화 사회에 있어 소비자가 갖는 상품의 품질, 가격에 대한 정보는 대부분 생산자 및 유통업자의 광고에 의존"할 수밖에 없는 것으로 판단하고 있는데, 키코사건의 경우에도 거의 대부분의 피해기업들은 가격의 정보에 관하여 은행의 호가에 의존할 수밖에 없었다는 점에서 유사하다. 특히 이러한 사정은 가격의 정보를 은행의 호가 외에 스스로 산정하여 비교할 수 있는 능력을 가진 대기업들은, 키코사건 피해기업에서 배제되어 있다는 점으로도 반증되고 있다.

셋째, 동 사건에서 대법원은 "백화점과 같은 대형유통업체에 대한 소비자들의 신뢰(정당한 품질, 정당한 가격)는 백화점 스스로의 대대적인 광고에 의하여 창출된 것으로서 이에 대한 소비자들의 신뢰와 기대는 보호되어야 한다."고 판시하였다. 이를 키코사건에 적용하자면, 은행이 '위험을 회피하는 헤지상품'을 정상적인 가격에 판매하리라는 피해기업의 신뢰와 기대는 보호되어야 하는 것이라는 점에서 유

225) 대법원 1992. 9. 14. 선고 91도2994 판결.

226) 한걸음 더 들어가면, 변칙세일사건이나 키코사건 양자 모두에서 직원 개인의 '성과급'이 문제될 수 있을 것이다. 키코사건에서는 상당한 금액의 성과급이 지급된 사례 다수인 것으로 알려지고 있으나, 과거 민사소송을 통하여 공개된 실증자료는 보이지 않는다. 향후 형사소송에서는 실증자료가 공개될 것으로 기대된다.

사하다. 예컨대, 증권회사가 키코상품을 판매했다면, 피해기업의 신뢰와 기대는 달랐을 것이다. 왜냐하면 증권회사는 '위험이 수반되는 투자상품'을 전문적으로 판매한다는 점에서 은행과 비교할 때 일반적인 신뢰와 기대가 다르기 때문이다.

넷째, 동 사건에서 대법원은 "종전에 출하한 일이 없던 신상품에 대하여 첫 출하 시부터 종전가격 및 할인가격을 비교표시하여 막 바로 세일에 들어가는 이른바 변칙세일은 진실규명이 가능한 구체적 사실인 가격조건에 관하여 기망이 이루어진 경우"로 판단하였다. 키코사건은 ① 종전에 출시된 적이 없는 신상품이라는 점, ② 콜옵션 가격과 풋옵션 가격을 구분하여 알려주지 않고 제로코스트로 선전하며 실제로는 마이너스 시장가치가 내재되어 있었다는 점, ③ 진실규명이 가능한 구체적 사실인 가격조건에 관하여 기망이 이루어진 경우라는 점에서 유사하다. 만일 은행이 진실규명이 가능한 구체적 사실인 콜옵션 가격조건과 풋옵션 가격조건을 기업에게 알려주었더라면, 제로코스트라는 은행의 주장이 기망인 것이 즉시 판명되기 때문에 기업이 계약에 더욱 신중했을 것으로 볼 수 있다.

III. KIKO 계약의 기망행위 태양

1. 법원의 입장과 KIKO 계약의 모습

대법원은, "사기죄의 요건으로서의 기망은 널리 재산상의 거래관계에 있어서 서로 지켜야 할 신의와 성실의 의무를 저버리는 모든 적극적 또는 소극적 행위를 말하는 것으로서, ① 반드시 법률행위의 중요 부분에 관한 허위표시임을 요하지 아니하고, ② 상대방을 착오에 빠지게 하여 행위자가 희망하는 재산적 처분행위를 하도록 하기 위한 판단의 기초가 되는 사실에 관한 것이면 충분하므로, ③ 거래의 상대방이 일정한 사정에 관한 고지를 받았더라면 당해 거래에 임하지 아니하였을 것이라는 관계가 인정되는 경우에는 ④ 그 거래로 인하여 재물을 수취하는 자에게는 신의성실의 원칙상 사전에 상대방에게 그와 같은 사정을 고지할 의무가 있다 할 것이고, ⑤ 그럼에도 불구하고 이를 고지하지 아니한 것은 고지할 사실을 묵비함으로써 상대방을 기망한 것이 되어 사기죄를 구성한다."[227]고 판단

227) 대법원 2014. 1. 16. 선고 2013도9644 판결.

하고 있다.

위 ①에 관하여 보자면, 은행의 키코계약 권유에 있어서 가격은 중요한 부분에 해당한다. 이에 따르자면, 마이너스 시장가치를 알리지 않은 점, 콜옵션 및 풋옵션 각각의 가격을 고지하지 않고 합성옵션의 가격만을 고지한 점 등은 중요부분의 허위표시로서 기망행위에 해당할 수 있다.

더욱이 키코계약에서는 이러한 중요부분의 허위표시를 배제하고도 기망행위가 성립할 수 있다고 볼 수 있다. 즉, ②의 기준으로 보자면, 예컨대, 키코계약의 실질적 헤지가능성 여부만으로도 기망행위 판단의 중요한 근거가 될 수 있다. 즉, 키코상품의 구조는 일반적으로 헤지의 대상이 되는 가격변동의 전체구간으로 보면 헤지가능성이 극단적으로 제한되는 반면, 도리어 새로운 위험을 인수하게 되는 것이다. 이에 관하여 은행이 정확하게 설명하여 기업의 이해가 충분하다는 점에 관한 증명이 없다면, '은행의 청약에 따른 기업의 승낙'으로 키코계약이 체결된 경우, 은행의 기망행위가 인정될 수 있다. 반면 '기업의 청약에 따른 은행의 승낙'으로 키코계약이 체결된 경우에는 은행의 기망행위가 인정될 수 없을 것이다.

한편 ③의 기준으로 보자면, 키코상품의 문제점이 세상에 널리 알려진 이후에는 더 이상 판매가 안 되고 있다는 사실에서 은행의 기망행위가 추정될 수 있다. 이는 키코계약 당시에도 기업들이 키코계약의 문제점을 정확하게 고지 받았다면 당해 거래에 참여하지 아니하였을 것이라는 점이 인정될 수 있는 중요한 단서가 될 수 있다.

다른 한편 ④는 은행이 '재물을 수취한 자'라는 것에 대한 증명이 있으면, 은행의 고지의무가 인정될 것이다. 이 경우 은행이 기업의 거래상대방인 경우는 재물을 수취한 자로의 증명이 어렵지 않을 것이다. 은행이 델타헤지(delta hedge)를 한 경우는 직접 거래상대방이 된 경우로서 재물을 수취한 자라는 것이 증명되기 용이하다. 그러나 은행이 단순히 중개인의 역할만을 한 경우에는 사안별로 면밀한 검토가 필요할 것이다. 은행이 백투백헤지(back-to-back hedge)를 한 경우는 단순 중개인 역할에 해당할 수 있다. 그러므로 이 경우 은행이 재물을 수취한 자에 해당하는지는 논란의 여지가 있다.

또한 ⑤에 관하여는 첫째, 고지해야 할 키코계약 내용의 구체적인 범위를 어디까지로 보아야하는지가 문제될 수 있다. 즉, 일반적인 헤지상품보다 유리한 점과 불리한 점을 고지하면 족한 것인지, 또는 시장가격이 기업의 이익과 반대로 변동할 경우 키코계약을 통하여 치명적인 손해가 발생할 수 있다는 사실까지 고지하여야 하는지 등이다. 둘째, 고지하는 방법이 문제될 수 있다. 즉, 단순히 위험고지약관(risk disclosure statement)에 서명한 것으로 고지의무를 이해한 것으로 볼 것인지 또는 실제로 기업이 키코상품의 위험성을 충분히 이해하였다는 추가적인 증명이 필요한 것인지 등의 문제가 제기될 수 있다.

2. 사실상 수수료와 기망행위

파생상품은 거래하는 장소에 따라 장내파생상품(자본시장법 제5조 제2항)과 장외파생상품(동법 제5조 제3항)으로 대별된다. '장내파생상품 거래는 거래소와 같이 조직된 시장에서 거래되는 것으로 관계법령과 해당 거래소 규정 등에 따라 거래당사자 또는 해당 거래를 중개하는 기관이 '표준화된 금융투자상품'을 거래한 것이므로, 계약의 체결 및 결제 등에 관하여 법적 쟁점이 거의 없다.'[228]

장내파생상품 거래는 아래 <그림1>과 같이 '매수인-거래소(청산소)-매도인'의 3당사자 간의 구조를 갖는다.

그림 1 | 장내파생상품 계약의 3당사자[229]

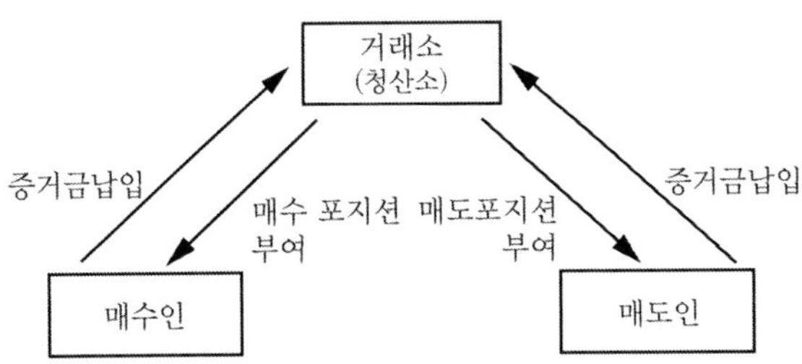

장내파생상품은 거래소의 회원에게만 거래가 허용되므로(파생상품시장 업무규정 제2조 제1항 제6호), 일반기업이 장내파생상품 거래를 하는 경우에는 실제로는

228) 황민택, 『장외파생상품계약실무』, 탐진, 2005, 13면.
229) 박선종, 전게논문(2008), 473면.

매수인 및 매도인과 거래소 사이에 각각 거래소 회원인 금융투자업자가 중개인으로서 주문의 접수, 체결 통보, 대금의 지급, 결제 등의 사무를 수행하는 구조이다. 이러한 사무를 수행하는 대가로 중개인인 금융투자업자는 매수인 및 매도인(일반기업 등)으로부터 '중개수수료'(brokerage commission)를 받는다. 한편 거래소(청산소)는 주문체결서비스를 제공하는 대가로 '거래수수료'(execution fee)를 받고, 청산서비스(clearing service)를 제공하는 대가로 '청산수수료'(clearing fee)를 받는다. 따라서 장내파생상품 거래의 경우에는 비회원인 매수인 및 매도인은 회원에게 중개수수료를 납입하고, 거래소(청산소)에게는 거래수수료 및 청산수수료를 납입하여야 한다.

표 2 | 일반기업의 장내파생상품 거래 관계자

일반기업(매수인) ⇔ 회원(중개인) ⇔ 거래소 ⇔ 회원(중개인) ⇔ 일반기업(매도인)

장내파생상품과는 달리, 장외파생상품 거래는 ＜표2＞와 같이 양 당사자 간의 구조를 갖는다.

표 3 | 장외파생상품 거래 당사자

매수인 ⇔ 매도인

장외파생상품 거래는 일반적인 매매계약과 동일한 양 당사자 간의 거래구조이다. 중개인이나 거래소(청산소)가 없는 장외파생상품 거래는 중개수수료, 거래수수료 및 청산수수료가 불필요한 구조이다. 키코계약은 장외파생상품 거래이므로 수수료의 수수가 불필요한 구조이다. 즉, 중개인이나 거래소(청산소)가 배제되고 은행과 기업이 각각 거래의 상대방으로서 직접 계약을 체결한 것이다. 그럼에도 불구하고 키코계약에서 이른바 마이너스 시장가치라는 사실상 수수료의 폭리행위가 문제된 점은 주목할 필요가 있다. 즉, 수수료의 징구가 불필요 내지 부당한 구조의 계약을 체결하는 과정에서 '사실상의 수수료'를 징구하였다면 이는 기망행위로 볼 수 있는 것이다.

3. ISDA Master Agreement와 기망행위

장외파생상품 거래는 거래소 시장 밖에서 거래당사자들이 스스로 상대방과 접촉하여 계약을 맺고 그 조건을 이행해야 하는 거래이다. 그러므로 거래 조건을 합의하는 과정과 계약관계 서류를 문서화하고 지급 및 결제의 과정에서 다양한 법률문제가 발생할 수 있다. 그런데 장외파생상품 거래에 있어서 두 당사자가 개별거래 시 마다 거래의 주요 가격 조건뿐만 아니라 진술보장조항(representations and warranties), 약속조항(covenants), 채무불이행 사유(event of default), 계약해지방법 및 해지정산금 계산방법, 준거법(governing law), 재판관할법원(jurisdiction)과 같은 법적인 사항 등을 일일이 합의하고 이를 문서로 확인하여야 한다면 매우 번거로울 것이다. 따라서 장외파생상품 거래를 하는 경우에는 이러한 사항들을 개별거래 이전에 미리 '기본계약서'(master agreement)에 담아 기본계약을 체결하고, 개별 거래 시에는 가격조건 등 당해 거래에서 합의된 사항만을 명시한 '거래확인서'(confirmation)를 주고받음으로써 서류작성을 간편화하고 있다. 이러한 기본계약서 중 세계적으로 널리 사용되는 것이 ISDA Master Agreement[230]이고, 국내 금융기관에서는 한글로 된 기본계약서 양식도 사용한다.[231] 기본계약서는 원칙적으로 '약관'으로 볼 수 있다.

표 4 | 장외파생상품 거래 계약서의 2중 구조

기본계약서(Master Agreement)	+	거래확인서(confirmation)

230) ISDA(International Swaps and Derivatives Association)는 장외파생상품 거래에 관한 표준계약서류양식의 제정, 보급 및 관련된 제반 법적 문제에 관한 자문, 홍보, 교육 등의 업무를 수행하는 미국 뉴욕 소재 협회이다. 이 ISDA가 제정한 파생상품 관련 기본계약서와 그에 부수하는 계약서 양식 등은 국제 금융시장에서 표준으로 자리잡아 널리 활용되고 있다. 황민택, 전게서, 15면.

231) 황민택, 전게서, 13－15면.

장내파생상품을 거래하기 위해서는 매수인과 매도인 모두가 거래소에 증거금을 납입하는데, 이 증거금이 계약이행보증금의 역할을 하게 된다. 따라서 장내파생상품 거래는 개인이든 중소기업이든 증거금을 납입하는 자는 누구라도 참여가 가능하다.

반면 장외파생상품 거래는 원칙적으로 증거금이 배제되고 계약이행 여부는 상대방의 신용에 달린 구조이므로, 당사자는 신용도가 높은 금융기관 또는 대기업이 원칙이고 신용도가 낮은 기업이나 개인은 배제된다. 국제 금융시장의 일반적인 기준으로 보자면, 신용도가 낮은 중소기업은 장외파생상품의 거래당사자가 될 수 없다. 예외적으로, 거래소의 증거금에 해당하는 마진(margin)을 선납하는 경우에 개인이나 중소기업이 장외파생상품 거래당사자가 되는 경우가 있다. 이를 margined derivatives라 하는데, 대표적인 경우로 margined FX를 들 수 있다.

키코계약은 장외파생상품인데, 은행에 비하여 신용도가 현저히 낮으며, 전문투자자가 아닌, 중소수출기업들이 대거 은행의 거래상대방으로 직접 참여하였다는 점에서 극히 이례적이다. 즉, 일반적으로 장외파생상품시장은 금융기관, 대기업 등 전문투자자들의 시장이기 때문이다.[232] 만일, 키코계약이 margined derivatives가 아니었다면, 이는 은행의 기망행위를 유추할 수 있는 중요한 단서가 될 수 있다. 즉, 일반적 기준으로는 장외파생상품 계약의 거래상대방 될 수 없는 중소기업을 직접적인 거래상대방으로 하여, 은행이 장외파생상품 계약을 체결하였다는 사실 자체를 기망행위로 볼 수도 있는 것이다.

장외파생상품 거래를 하기 위해서는 일반적으로 ISDA Master Agreement(이하 "기본계약서"라 한다)를 체결하는데, 각 은행별로 장외파생상품 계약의 거래상대방에 대한 신용도 등의 기준이 있고, 이 기준을 충족하는 자에 한하여 기본계

---

232) John－Peter Castagnino, Derivatives, The Key Principles 3rd Edition, Oxford University Press, 2009, p.16. "The OTC Market is the market in which derivatives are traded directly between counterparties without the infrastructure of an exchange. Generally, only professional participants such as dealers and sophisticate end－users, such as investment managers and corporate treasuries, participate in the OTC market. OTC derivatives contracts are potentially very much more complex than exchange－based contracts, involving very substantial cash flows, and those contracts are therefore suitable only for sophisticated end－users."

약서를 체결하게 된다. 왜냐하면 기본계약서를 체결한다는 의미는, 하시(何時)라도 그 상대방과 장외파생상품 거래를 하겠다는 확정적 의사표시이기 때문이다.

키코사안에서 중소기업과 '기본계약서'[233]를 체결하고 실제 장외파생상품 거래를 시행한 은행들의 '통상적인 거래상대방 기준'을 면밀히 확인할 필요가 있다. 만일 중소기업이 통상적인 거래상대방 기준에 미달함에도 불구하고 기본계약서를 체결하고 키코계약을 체결하였다면, 이는 은행의 기망행위에 대한 중요한 증거가 될 수 있다.

4. 대고객가격과 기망행위

은행이 수출입업자 등 일반고객과 거래를 할 때 적용되는 환율을 대고객환율이라 한다. 시장 환율은 우선 은행간 환율(interbank rate)과 대고객환율로 구분할 수 있다. 은행간 환율이란 외국환은행 상호 간의 거래에 있어서 형성되는 환율을 말하며, 대고객 환율이란 외국환 은행의 대고객 거래에 적용되는 환율을 말한다. 말하자면 은행간 환율은 도매가격이고 대고객 환율은 소매가격인 셈이다.[234]

마진(margin)의 사전적 의미는 '원가와 판매가의 차이' 또는 '상품(또는 용역)의 판매가격과 생산원가의 차이'이고 마진의 순화된 용어는 '중간이윤'이다. 마진 산정 시 생산원가는 생산에 소요되는 제반 비용을 포함한 가격이다. 동 규정상 대고객가격이라는 것은 거래원가에 마진이 더해진 가격(소매가격)으로 볼 수 있다.

(대고객가격 = 거래원가 + 마진)

그러므로 대고객가격에 '각종 비용 및 영업이익 등이 반영되는 것'은 당연하고, 이것이 바로 마진의 개념이다. 한편 은행 측 대리인이 작성한 한 자료[235]에 따르면, 별도로 '신용위험관리 비용'과 '반대거래 비용'을 추가하고 있는데, 이는 타당하지 않을 뿐만 아니라 기망행위의 중요한 증거가 될 수 있다.

---

233) ISDA Master Agreement외 국내용 기본계약서 포함.

234) 국세청 용어사전.

235) 김 · 장 법률사무소, 전게서, 90면.

(대고객 거래가격 = 거래원가 + 마진 + '비용')

신용위험은 '거래상대방'의 파산가능성에 관한 위험으로써, 이를 관리하는 것은 키코와 같은 장외파생상품의 거래에서 필수적인 것이며, 이에 필요한 비용은 마진에 포함되어 있는 것이 당연하다. 장외파생상품의 신용위험관리 비용은 장내파생상품 거래 시 부과되는 증거금 비용에 해당하는 것으로 볼 수 있다. 장외파생상품 거래 시 은행의 신용위험관리비용[236]은 거래원가 또는 마진에 포함하는 것이므로, 별도의 비용으로 주장하는 것은 기망행위로 볼 수 있다.

한편, 외국환거래규정에 따른 반대거래의 필요성에 관하여는 두 가지 경우로 나누어 판단할 수 있다. 즉, 동 규정에 따라 반대거래가 필요한 경우와 필요 없는 경우이다. 반대거래가 필요 없는 경우에는 비용발생을 주장할 수 없고, 반대거래가 필요한 경우에도 동 비용은 시장상황에 따라 마이너스(−)일 수도 있고 플러스(+)일 경우도 있으므로, 마진에 포함시키는 것이 타당하다. 따라서 은행이 반대거래 비용이 항상 발생하는 것으로 주장하는 것은 명백한 기망행위로 볼 수 있다.[237]

나아가, 은행과 기업 양 당사자 간의 직접거래에서 발생하는, 은행 측의 위험을 관리하기 위하여 실행하는 반대매매의 비용을 기업에게 전가하겠다는 주장 자체도 기망행위로 볼 여지가 충분하다.

5. 제로코스트와 기망행위

은행이 키코상품을 홍보하면서 '제로코스트'를 주장한 것은 '프리미엄 수수 없이 옵션거래를 할 수 있다.'는 제로코스트의 일반적인 의미를 정확하게 홍보한

---

236) 신용위험관리 비용도 몇 가지로 나누어 볼 수 있다. 첫째, 은행이 기업에게 적정한 담보(collateral)을 징구한 경우(secured credit line) 별도의 신용위험관리 비용은 불요한 것으로 볼 수 있다. 둘째, 은행이 기업의 신용위험을 제3자에게 이전한 경우(예컨대, 신용보증기금의 보증 등) 동 비용을 은행이 부담하였다면 이는 거래원가에 포함시키는 것이 타당할 것이다. 셋째, 은행이 무담보의 신용위험(unsecured credit line)을 부담하는 경우는 동 비용은 유동적·우발적 성격의 비용이므로 마진에 포함시키는 것이 타당할 것이다.

237) 박선종, "파생상품의 설명의무에 관한 연구", 『증권법연구』 제12권 제12호, 한국증권법학회, 2011. 9, 96−97면.

것이라고 보기 어렵다. 도리어 우량고객에 대한 '특별한 혜택'의 의미거나, 은행의 '특판행사'의 일환이므로 기존의 선물환계약보다 상대방인 기업에게 유리한 상품이라는 인식을 주입한 것으로 볼 수 있다.

문제는 키코상품의 계약체결 즉시 은행에게 발생하는 '확정적 이익률'(수수료에 상당하는 부분)이 상당히 높았다는 것이다. 즉, 은행은 키코계약 체결 즉시 확정적으로 발생하는 판매마진(마이너스 시장가치)이, 동일한 기업을 상대방으로 선물환계약을 체결하는 것에 비교하여 현저히 높은 구조라는 점이다.

키코계약을 체결한 상대방 기업이 부담한 마이너스 시장가치와 통상적인 선물환계약 및 환변동보험계약의 비용을 비교하면, 제로코스트라는 주장이 기망행위인가에 대한 판단이 가능하다. 즉, 기업의 입장에서 일반적인 선물환계약 및 환변동보험계약의 비용과 비교하여 키코계약의 마이너스 시장가치가 현저히 큰 경우는 제로코스트 주장은 기망행위가 될 수 있다. 즉, 은행에 더 유리한 상품을, 기업에 더 유리한 상품이라고 호도하였다면 이는 명백한 기망행위가 되는 것이다.

키코 2심 재판부는 "피고들은 이 사건 각 통화옵션계약을 체결할 때 원고가 별도의 프리미엄을 지급할 필요가 없는 '제로코스트' 상품이라고 원고에게 설명하였다."[238]는 점을 들고 있으나, 이는 부족하다. 제로코스트라고 하지만 계약체결 당시 단순히 현금으로 지급되는 수수료 대신 가격을 조정한 것이므로 '사실상은 제로코스트가 아니라는 점'이 설명되지 않았다면 이는 기망행위로 볼 수 있다.

예컨대, 100원에 팔 물건의 수수료를 1원이라 할 때, 100원에 팔며 1원의 수수료를 별도로 징구하는 경우 기업의 코스트(거래비용)는 1원으로 볼 수 있다. 한편, 동일 물건을 가격을 101원에 판매하면서 수수료를 0원으로 하면 기업의 입장에서 경제적 효과는 동일하다. 은행의 입장에서 100원은 거래원가이고 1원은 마진이며, 101원은 대고객가격이다. 키코계약에서는 이를 제로코스트라 한 것이다. 이를 제로코스트 선전이 기망행위가 아닌 것으로 되려면, 실제로는 거래수수료가 부과되지만, 마진의 형태로 가격에 포함되어 있기 때문에 수수료 명목으로 금전이 청구되지는 않는다는 점을 설명하여야 한다. 즉, 키코계약에서는 제로코스트라는 것이 '수수료를 프리미엄 차액에 해당하는 마진의 형태로 부과하는 것

238) 서울고등법원 2011. 5. 31. 선고 2010나34519 판결.

이며 수수료가 없는 것이 아니라는 점'이 설명의 내용으로 포함되지 않으면 기망행위로 볼 수 있다.[239] 기업의 입장에서 수수료를 부담한 것과 동일한 경제적 효과가 있음에도 불구하고 조삼모사의 방법으로 수수료가 없는 것으로 호도한 것은 명백한 기망행위인 것이다.

6. 중요정보 제공의무와 기망행위

은행들이 수수료가 프리미엄 명목으로 가장되어 있음에도 불구하고 현실적으로 지급하는 비용이 없음(제로코스트)을 내세워 기업들을 상대로 적극적으로 키코계약의 체결을 권유한 것은 기망행위에 해당한다.[240] 이 기망행위는 은행의 작위에 의한 것(적극적 체결권유)과 부작위에 의한 것(설명의무 불이행)으로 구분할 수 있다.[241]

대법원은 "부동산거래에 있어 거래 상대방이 일정한 사정에 관한 고지를 받았더라면 그 거래를 하지 않았을 것임이 경험칙상 명백한 경우에는 신의성실의 원칙상 사전에 상대방에게 그와 같은 사정을 고지할 의무가 있으며, 그와 같은 고지의무의 대상이 되는 것은 직접적인 법령의 규정뿐 아니라 널리 계약상, 관습상 또는 조리상의 일반원칙에 의하여도 인정될 수 있다 …(중략) 고지의무 위반은 부작위에 의한 기망행위에 해당"한다고 판시[242]함으로써, 중요정보 제공의무를 이행하지 않은 것은 '부작위에 의한 기망행위'에 해당한다고 보았다.

동 판결을 키코사건에 적용하면, 은행은 중소기업에게 키코계약이 일반투자자인 중소기업의 은행에 대한 콜옵션 매도 거래를 포함하는데 옵션 매도는 장외파생상품 거래 중 가장 위험한 거래에 해당한다는 정보를 제공할 의무가 있었다. 한편 은행은 풋옵션의 기대이익과 콜옵션의 손실위험이 비대칭적으로 구성되어

239) 박선종, "파생상품의 설명의무에 관한 연구", 『증권법연구』 제12권 제12호, 한국증권법학회, 2011. 9, 93-94면.

240) 김용재, "KIKO 사건의 주요 쟁점에 관한 법리적 재검토", 『저스티스』 통권 제140호, 한국법학원, 2014. 2, 123면, 同旨: 박선종, "KIKO 계약에 대한 법적 쟁점의 재검토", 전게논문(2011. 8.), 91-92면.

241) 김용재, 전게논문, 123면.

242) 대법원 2006. 10. 12. 선고 2004다48515 판결.

상당한 평가손실(마이너스 시장가치)이 내재되어 있다는 정보 등을 제공할 의무도 있었다. 그럼에도 불구하고 은행이 이러한 정보를 제공하지 않은 행위는 부작위에 의한 기망행위에 해당한다.[243]

IV. 결어

은행들의 적극적인 판매권유 또는 중요정보제공 의무 위반 등은, 키코계약이 피해 기업들의 환헤지에 적합한 상품인 것으로 '착오'를 유발했을 개연성이 높아 보인다. 피해기업들은 이 착오에 기하여 장기간 고위험의 환율변동성에 노출시키는 키코계약을 체결함으로써, 막대한 '재산상 손해'를 입었다.

키코사태는 안정적인 금융상품을 취급하고 공공성이 있으며 사회적 책임을 다한다고 믿어 온 은행에 의해서 야기되었다는 점이 특히 문제된다. 은행은 예금과 대출을 고유업무로 수행하는 금융기관으로서, 은행을 이용하는 일반적인 고객들은 은행이 매우 안전한 상품을 취급한다고 신뢰한다. 만일 은행이 아닌 금융투자업자가 KIKO 상품을 판매하였다면 중소기업들의 피해규모가 이처럼 막대했을까 하는 점에는 의문이 있다. 더욱이 피해 기업 거의 모두가 일반투자자였다[244]는 점에서 은행의 기망행위에 기한 착오의 개연성은 더욱 높을 수밖에 없다. 한편 ISDA Master Agreement를 기반으로 개별계약서가 존재하는 키코계약의 체결행위는 처분행위로 포섭될 가능성이 높을 것으로 본다.

앞에서 살펴본 바, 키코계약의 전반적인 모습을 법원의 기존 판례에 비추어 보면 명백한 기망행위로 보인다. 구체적으로는 장외파생상품 계약에서 사실상 수수료를 징구한 정황, 중소기업이 ISDA Master Agreement의 거래상대방으로서 적합했는지 의문이 드는 점, 대고객가격, 제로코스트에 관련된 기망행위가 추정될 수 있는 점 등을 고려하여 종합적으로 판단하자면, 키코사건이 형사소송으로 다투어지는 경우 형법 제347조상의 사기죄가 인용될 가능성이 높아 보인다.

243) 김용재, 전게논문, 123-124면.
244) 김용재, 전게논문, 116-118면.

제4장

ELW 규제의 쟁점

제4장

ELW 규제의 쟁점

제1절 | 서설

우리나라 ELW 시장은 설립 5년 만에 거래규모면에서 홍콩에 이어 세계 2위 규모로 급성장한 바 있었다. 한국거래소의 자료에 따르면, 2010년 말 기준 ELW 시장은 9,063개 종목, 시가총액 23.8조 원으로 전년 말 대비 각각 108%, 228% 성장하였다. 그러나 시장의 급속한 성장과 아울러, 일반투자자 거래비중 과다 및 경쟁 심화 등으로 시장의 건전성이 저해될 수 있다는 인식 때문에 시장 감독이 강화되기 시작하였다.

당시 ELW 시장의 주요 거래주체는 일반투자자와 유동성공급자(Liquidity Provider, 이하 "LP"라 한다.) 등으로 구성되어 있다. 2005년 7개사였던 LP는, 2009년 이후 ELW 시장이 급성장하면서 2011년 5월 말 기준 30개사에 달하는 등 경쟁이 심화되는 추세를 보이고 있었다.[245] 당시 검찰은 ELW 매매와 관련하여 스캘퍼(초단타 매매자)[246]들에게 일반투자자보다 빨리 ELW 주문을 체결할 수 있는

245) 박창욱, "ELW 시장의 성장과 건전화 방안 논의", 『자본시장 Weekly』 2011-24호, 자본시장연구원, 2011. 6. 14, 1-2면.

246) 스캘퍼(scalper)라는 용어는 초단기차익을 목적으로 거래하는 매매인을 칭하는 것으로,

전용회선 등 부정한 수단을 제공한 혐의(자본시장법 제178조 제1항 위반)로 증권사 전·현직 대표 12명을 불구속 기소했는데,[247] 이에 대하여는 증권업계뿐만 아니라 관련 감독당국 마저 '의외(意外)'라는 반응을 보였다.

검찰이 주장하는 부정한 수단의 내용은 '스캘퍼들의 ELW 매매 주문이 일반투자자보다 빠르게 한국거래소에 도달되도록, 증권사가 주문체결전용시스템 등 일반투자자와 다른 차별화된 특혜를 제공하였다는 것'이고 이를 '부정한 수단'의 제공으로 보아 위법하다는 것이다. 부정한 수단의 제공에 관하여는, 그러한 수단을 제공한 사실에는 이견이 없지만, 그 수단이 부정한 것인가에 관하여는 검찰의 입장과 다른 몇 가지 반론이 제기된다.

첫째, 전용회선의 제공 등 속도의 차별화는 차익거래에 있어서 필수요건인데, 검찰이 이를 불법행위로 규정하는 것은 사실상 차익거래를 불법행위로 규정하는 것과 마찬가지이고, 이는 시장의 효율적 가격발견 기능을 제한한다는 점에서 재고될 필요가 있다.[248]

둘째, 속도의 차별제공을 부정한 수단으로 보려면, 동일한 속도의 제공이 가능하다는 것이 전제되어야 하는데, 모든 고객에게 동일한 속도를 제공하는 것은 원시적 불능이라는 점에서 검찰의 주장은 재고될 필요가 있다.

셋째, DMA(direct market access)등 '차별화된 전산속도 서비스'는 2000년 뉴욕증권거래소 업무규정 제390조 폐지 이후, 전 세계 증권선물업계의 보편적 업무관행으로 자리매김하고 있는데, 검찰의 주장은 이러한 점을 감안하여 재고될 필요가 있다.

이 장에서는 주문체결속도의 차별을 '부정한 수단'의 제공으로 보는 검찰의

ELW 시장에서 문제가 되고 있는 대량매매자들은 초단기차익을 주목적으로 한다는 점에서 스캘퍼로 볼 여지는 있으나, 국제적인 업계의 기준으로 보면 알고리즘 매매인(algorithmic trader)으로 칭하는 것이 정확할 것이다. 다만, 이 글에서는 검찰의 표현을 좇아 스캘퍼라는 용어를 사용하기로 한다.

247) 조선일보 http://news.chosun.com/site/data/html_dir/2011/06/24/2011062400105.html (검색일 : 2011. 8. 2.)

248) 과거에는 인간의 민첩한 행동 등이 차익거래의 필수요건이었지만, 전자매매시스템이 도입된 이후에는 전산주문의 빠른 체결속도 확보가 차익거래의 필수요건이 되었다. 검찰이 불법행위로 기소한 전용선 제공 등이 코스피200 선물옵션 등에서 실무상 차익거래의 필수요건으로 자리매김한 것은 2001년 이후 약 10년이 경과하였다.

입장에 대한 문제제기와 아울러, 검찰 주장의 배경이 되는 몇 가지 논리에 대하여 검토의견을 제시하고 있다.

제2절 | ELW 쟁점의 이해

I. ELW와 옵션과의 상위(相違)

1. 자본시장법상 분류

자본시장법상 ELW는 파생결합증권으로 분류되어 증권에 속하지만, ELW와 본질적으로 속성이 동일한 주식옵션은 파생상품으로 분류되어 있다.[249] 이러한 차이는 ELW 거래자는 별도의 파생상품 계좌 개설 없이 일반주식계좌로 거래할 수 있는 반면, 주식옵션은 포지션에 대하여 일일정산(daily mark to market)을 받고, 증거금을 징수해야 하는 파생상품 계좌를 통해서 거래해야 한다는 점에서 구분된다.

ELW의 매매 및 결제방식은 주식거래와 동일하여 2일 결제이며, 결제 이후 가격변동에 따른 추가 납입이 없으나, 주식옵션은 지수옵션거래와 동일하며 거래 이후 가격변동에 따라 적정 증거금을 유지해야 한다.[250]

2. 매매체결시스템

국내시장에서 ELW는 기본적으로 LP의 호가주도형(quote－driven) 방식의 매매체결시스템을 사용하고 있고, 장내옵션은 투자자의 주문주도형(order－driven) 방식의 매매체결시스템을 사용하고 있다는 점에서 구분된다. 세계 각국의 거래소들은 효율적 시장운영과 합리적 가격 발견을 위해 고유한 시장운영 및 매매체결

249) 김정수, 『자본시장법원론』, 서울파이낸스앤로그룹, 2011. 5, 56면.
250) 최 혁 외 1, "유동성공급자 제도의 도입 효과 분석 : ELW 시장을 대상으로", 『한국증권학회지』 제40권 1호, 한국증권법학회, 2011. 2, 23면.

시스템을 운영하고 있다.

우리나라에서도 저유동성종목 문제 해결을 위한 방안으로 2005년 12월 1일 ELW 시장 개설과 동시에 LP제도가 도입되었고, 주식시장과 ETF 시장은 2006년 1월 2일부터 LP제도가 도입되었다. 파생상품시장은 일부 상품에 한정하여 2005년 12월 4일 시장조성자(market maker)라는 명칭의 LP제도를 도입하였다.[251)]

3. 신용위험 및 발행 · 유통시장

ELW는 옵션과 상품특성이 유사하지만, 신용위험, 발행시장 및 유통시장 등에서 차이가 있다.[252)] ELW는 발행주체가 장외파생상품 영업인가를 받은 금융투자업자로 한정되며, 설계에 따라 다양한 상품을 만들 수 있으며 발행자의 신용위험이 존재하고 있다. 반면, 옵션은 상품이 표준화되어 있어 불특정 다수의 투자자가 발행자가 될 수 있으며, 결제월도 매월 둘째 주 목요일로 정해져 있고, 한국거래소가 결제를 보증하고 있어 사실상 발행자의 신용위험이 없다.

발행시장 측면에서, 옵션은 한국거래소가 상장하여 발행되는 것과 달리, ELW는 장외파생인가를 받은 금융투자업자만이 발행할 수 있으며, 금융투자업자는 발행 종목에 대해 유동성 공급자 계약을 맺은 LP에게 전체 발행물량을 인도한다. LP는 인수한 물량을 한국거래소에 상장하고, LP가 매도한 물량을 다른 투자자들이 매수하면서 거래가 시작된다.

유통시장 측면에서, 옵션은 금융투자업자와 일반투자자(스캘퍼 포함) 모두가 투자자의 지위로서 자유롭게 매수와 매도거래를 할 수 있는 것과 달리, ELW는 일반투자자는 매수 후 전매도 거래만이 가능하고, LP(증권사)는 매도 후 환매수 거래만이 가능하도록 제한을 두고 있다.

4. 보험계약과의 유사성

ELW 계약은 발행자(매도)를 인가된 금융투자업자로 제한하고 있다는 점에

---

251) 최 혁 외 1, 전게논문, 20면.
252) 이하 '발행시장 및 유통시장' 부분은 최 혁 외 1, 전게논문, 24면.

서, 보험계약이 위험인수(매도)를 인가된 보험자로 제한하고 있는 구조와 흡사하다. 따라서 ELW 계약은 옵션계약에 비하여 한층 더 보험계약과 유사한 점이 많은 것으로 볼 수 있다. ELW의 프리미엄이 옵션 프리미엄에 비하여 높게 형성되는 이유 중 하나는 이러한 옵션과 ELW의 구조적인 차이에 기인하는 것으로 볼 수 있다.

특히 ELW는 옵션에 비하여 보험상품의 성격이 강해서 시장변동성이 적은 평상시에는 ELW 보유자(매수인, 보험계약자)가 손해를 보나(보험료만 소멸되는 경우에 해당) 시장이 급변하면 ELW 보유자는 막대한 이익을 얻는데 이것은 보험자가 지급하는 보험금과 같다고 볼 수 있다.[253] 최근 풋 ELW 보유자에게 이틀 만에 4,000% 수익률을 안겨준 사례[254]는 ELW의 보험적 기능(즉, 적은 비용으로 큰 위험에 대비할 수 있는 기능)을 잘 대변해 주고 있다.

II. ELW와 차익거래

1. 차익거래의 의의

강학상의 차익거래(academic arbitrage)는 투자 없이 무위험수익의 생성이 가능한 것이다. 예컨대, IBM 주식이 뉴욕증권거래소와 보스톤증권거래소에서 동시 상장되어 거래되고 있는데, 뉴욕거래소에서는 $110에 거래되고, 보스톤거래소에서는 $105에 거래된다고 가정하자. 이 경우 다음과 같은 두 거래를 동시에 수행하면 무위험수익 $5가 발생한다.

매수 IBM 1주 $105 - 보스톤증권거래소
매도 IBM 1주 $110 - 뉴욕증권거래소

253) 시장급락의 경우에는 풋 ELW 보유자가 큰 이익을 얻고 시장급등의 경우에는 콜 ELW 보유자가 큰 이익을 얻게 된다. 두 가지 ELW를 다 보유한다면 시장 급등락으로 어느 정도의 이익을 기대할 수 있지만 시장변동이 충분히 크지 않으면 보험료를 거의 두 배로 잃게 된다.

254) 파이낸셜뉴스신문 기사, “이틀 폭락장에 풋 ELW 4000% 대박”, 2011. 8. 4, 10면.

두 거래는 동시에 발생한 것이므로 투자활동은 없었다(no investment).[255] 이것이 강학상 차익거래의 개념이다. 본래 차익거래(arbitrage)란 상품시장에서 동일한 상품은 서로 다른 가격으로 판매될 수 없기 때문에, 만약 상이한 가격으로 거래되고 있다면 싼 것을 매입하고 동시에 비싼 것을 매각하여 일물일가의 법칙(law of one price)이 성립할 때까지 초과이익을 취하고자 하는 계속적인 활동을 말한다.[256]

차익거래는 단순히 한 상품을 한 시장에서 매수하고 이후에 이를 더 비싼 가격에 매도하는 것이 아니다. 두 거래가 동시에 발생하여 시장위험을 피할 수 있어야 한다. 시장위험이란 한 시장에서 두 거래가 완료되기 이전에 가격이 변동하는 위험이다.[257] 차익거래란 불균형가격을 거래를 통하여 균형가격으로 만들면서 이익을 추구하는 투자이다.[258]

2. 차익거래의 효과

차익거래는, 다른 시장에서도 가격이 동일한 가격으로 수렴하는 효과 즉, 가격수렴(price convergence)의 효과가 있다. 차익거래의 결과로, 통화의 환율, 일반상품의 가격 및 주식의 가격이 다른 모든 시장에서도 동일한 가격으로 수렴하는 경향을 가지게 된다. 가격이 수렴하는 속도는 시장의 효율성의 척도이다. 차익거래는 가격차별(price discrimination)을 감소시키는 효과가 있다.

3. 통계적 차익거래(statistical arbitrage)

통계적 차익거래란, 강학상 차익거래와는 차별화된 개념으로서, 일 자산 또는

---

255) 상기 예의 상세한 설명은 Robert W. Kolb, James A. Overdahl, 『Futures, Options and Swaps』(5th edition), blackwell publishing, 2007, p.9 이하.

256) 장영광, 『현대재무관리』 제3판, 신영사, 2011, 337면.

257) Hedgefund.com http://www.hedgefund-index.com/d_statarb.asp (검색일 : 2011. 10. 8.)

258) The free dictionary http://financial-dictionary.thefreedictionary.com (검색일 : 2011. 10. 8.)

수개 자산의 기대가격 대비 오가격(誤價格, mis-pricing)과 관련된 것이다. 동전던지기의 예를 들어보자. 100원 짜리 동전을 던졌을 때, 앞면이 나오면 100원을 수취하고 뒷면이 나오면 50원을 지급한다 하자. 동전던지기 한 번으로는 승패를 알 수 없다. 그러나 동전던지기 1회당 통계적인 기댓값은 100원×50%-50원×50%= 25원이다. 대수의 법칙에 따르면, 동전던지기 횟수가 반복될수록 기댓값에 근사한 수익이 발생한다.[259] 통계적 차익거래는 통계적 기대수익에 근거한 차익거래를 말한다.

4. 차익거래와 통계적 차익거래

강학상 개념의 차익거래는 무위험수익(risk-free)이다. 반면 통상적으로 실무에서 활용되는 것은 강학상 차익거래가 아닌 통계적 차익거래이다. 통계적 차익거래는 기대수익(expected profit)에 기초한 것인데, 위험이 상존하고 있기 때문에 실무상 손실이 발생할 수 도 있다.[260] ELW의 스캘퍼는 기본적으로는 강학상 차익거래를 추구하지만, 현실적으로는 통계적 차익거래를 수행하고 있는 것이다. 따라서 ELW 시장에서 모든 스캘퍼가 큰 수익을 얻고 있는 것은 아니다. 한편 어떤 스캘퍼도 항상 이익만을 내는 것은 아니다. 이는 스캘퍼가 현실적으로 통계적 차익거래를 할 수 밖에 없기 때문이다.

5. 통계적 차익거래의 위험

통계적 차익거래의 일상적 위험(day-to-day risks)은 비교적 적지만, 예컨대, 금융위기와 같은 상황에서는 파산에 이를 수 있는 정도의 극도로 큰 위험(extremely high risk)이 있다. 통계적 차익거래에는 '체결 위험'(execution risk), '거래상대방 위험'(counterparty risk) 및 '유동성 위험'(liquidity risk)이 있다.[261] ELW 거래에서 스캘퍼는 일반적으로 체결 위험, 거래상대방 위험(발행자인 증권회

259) Hedge Funds Consistency Index http://www.hedgefund-index.com/d_statarb.asp.
260) Wikipedia http://en.wikipedia.org/wiki/Arbitrage.
261) Wikipedia http://en.wikipedia.org/wiki/Arbitrage.

사의 신용위험) 및 유동성 위험에 노출된다.

III. ELW 상품의 국내 도입 배경

1. 시장의 효율성 제고

국내 자본시장의 발전을 위해서는 투자자의 다양한 요구를 만족시키면서 유동성이 보장되는 ELW와 같은 상장파생결합증권의 개발과 시장활성화가 요구되었던바, ELW 상품의 국내도입의 기본적 배경은 새로운 투자기회를 제공하고 다양한 투자전력의 수립을 가능케 하며 증권 및 파생상품시장의 효율성 제고시키는 긍정적 효과를 기대하는 것이었다.[262)]

2. 유가증권시장과 증권사 이익의 합치

2005년 1월 27일 한국증권선물거래소법(법률 제7112호, 2004. 1. 29, 제정)이 시행됨에 따라 한국증권거래소(Korea Stcok Exchange, 이하 "KSE"라 한다)는 한국증권선물거래소(Korea Exchange, 이하 "KRX"라 한다)내 유가증권시장으로(동법 제2조 제1항), 한국선물거래소(Korea Futures Exchange, 이하 "KOFEX"라 한다)는 선물시장으로(동법 제2조 제3항)으로 개편되었다. 당시 KSE가 상장하여 관리하던 KOSPI 200 옵션상품은 거래량 기준으로 전 세계 1위인 매우 성공적인 상품이었는데, 거래소 통합으로 KOFEX의 후신인 '선물시장'이 관장하는 상품이 되었다. KSE의 후신인 '유가증권시장' 관계자 입장에서는 막대한 수익원을 선물시장에 이양하게 된 점이 아쉬울 수밖에 없었고, 증권회사 입장에서는 선물회사들이 KOSPI 200 관련 파생상품의 중개업무에 참여하는 것이 못마땅하였다. 이러한 유가증권시장과 증권회사들의 불만이 ELW 상품의 KRX의 도입에 일조한 것으로 볼 수 있다.

한편, 2005년 4분기부터 증권으로 의제된 ELW 상품을 출시하게 된 것은, ELW가 파생상품으로 분류되면 '선물시장'에 관리권이 넘어갈 수밖에 없으므로,

---

262) 자본시장연구원, 『주식워런트증권(ELW)시장 발전을 위한 연구』, 자본시장연구원 학술연구용역보고서, 2008. 12, 1면.

'유가증권시장'에서 관리하면서 증권회사의 거래독점을 제도화하는 양자의 이해가 합치한 결과물로 볼 수 있다.

제3절 | 주문체결속도 차별의 위법성

1. 핵심쟁점 및 공소사실

(1) 핵심쟁점

ELW 사안의 핵심쟁점은 주문체결속도의 차별의 위법성 여부이다. 즉, 증권회사가 특정고객(스캘퍼)에게 일반투자자에 비하여 빠른 주문체결속도 서비스를 제공한 것이 불공정하다는 것이 검찰의 입장이고, 증권업계의 주장은 빠른 주문체결속도 서비스는 수수료 기여도가 높은 우수고객에게 제공하는 일반적인 서비스일 뿐 불공정한 것이 아니라는 것이다. 검찰은 증권사가 스캘퍼에게 빠른 주문체결속도 서비스를 제공한 것이, 자본시장법 제178조 제1항 제1호의 '부정한 수단'을 사용하는 행위에 해당하는 부정거래라고 하는데, 만일 동 서비스의 불공정성이 부인된다면 검찰의 주장은 받아들여질 수 없는 것이다. 이하에서는 각각의 주장을 살펴보고, 몇 가지 측면에서 검토하고자 한다.

(2) 공소 사실

검찰은 일반투자자의 ELW 주문 등 통상의 전산 처리 과정에 비하여 스캘퍼의 주문처리과정이 속도 면에서 차등이 있는데, 동 속도 차이는 주문체결(order execution)과 시세정보(market data)로 양분된다 한다. 검찰은 특히 "ELW의 기초자산 시세정보를 남들보다 미리 받는 것은, 시험을 볼 때 남들보다 미리 시험지를 받아 보고 문제 힌트까지 독점적으로 받는 것"과 같다며, 동 속도 차이는 스캘퍼가 ELW 시세차익을 확보하기 위한 필요조건인바, 증권사가 스캘퍼의 필요조건을 충족시켜 준 것이 '부정한 수단'을 제공한 것이고, 동 부정한 수단의 제공이 증권회사와 스캘퍼의 ELW 대량·초단타 매매를 통해 공생관계 유지에 기초가 되는바, 피고들은 특정 스캘퍼에게 일반투자자들은 모르는 부정한 수단 및 특혜를 제공하였으므로, 자본시장법 제178조 제1항 제1호 위반이라는 것이다.

2. 검찰주장의 논리적 배경

(1) LP의 독점적 호가제공과 일반투자자의 이익축소

서울중앙지검은 "다수의 주식투자자들 사이에 매매가 이루어짐으로써 상품(주식)의 가격이 결정되는 주식시장과 달리, ELW 시장의 경우 대부분의 거래는 ELW 유동성 공급자(Liquidity Provider, 주로 증권회사가 담당, 이하 "LP"라 한다)와 투자자들 사이에 이루어지고 있으며 이에 따라 특정 ELW의 가격은 LP가 제시한 매매 호가(매도호가 및 매수호가)에 의해 결정되는 구조이다."[263]라며 LP의 의무호가 제도가 일반투자자의 이익에 반하는 것으로 인식하고 있다.

이러한 논리는 당시 금융감독원 직원 3인이 공저한 논문[264]의 취지와 흡사하다. 동 논문의 내용은 LP의 독점적 지위에 기인하여 ELW 가격이 동일한 구조의 옵션 대비 평균적으로 높게 형성된다는 것인바, 결국 ELW 시장에서 LP의 독점적 지위에 기인한 높은 가격이, 일반투자자들의 변동차익만을 좇는 초단타 매매를 부추겼다고 볼 수 있고, ELW 시장에서 수익을 내고 있는 투자자는 LP의 알고리즘을 잘 알고, 보다 빠른 전산시스템을 이용할 수 있는 극소수 스캘퍼에 불과하다고 주장한다.[265]

(2) LP의 호가의무와 스캘퍼의 수익

검찰은 공소장에서 "LP의... 호가 변동은 미리 정해진 일정한 법칙에 따라 기계적으로 이루어지고 있으며, 투자자들이 이러한 법칙을 알게 되면서 ELW 매매거래에 있어서는 기초자산의 가격이 변경될 경우 곧이어 기계적으로 이루어질 LP의 기존 매도·매수 호가 변경을 예측할 수 있으므로 투자자들은 기초자산 가

263) 서울중앙지방검찰청, 공소장(사건번호: 2011년 형 제58143호), 2011. 6. 23, 3-4면.

264) 이은태 외 2, "ELW 시장의 가격 행태 분석", 『한국증권학회지』 제40권 1호, 한국증권법학회, 2011. 2.

265) 그러나, 검찰의 공소장이나 동 논문에서 스캘퍼의 수익과 일반투자자의 손해 간의 직접적인 인과관계에 대한 구체적인 증거제시 내지 주장은 없다.

격의 변동을 확인하는 즉시 LP가 기존 매도 호가를 취소하고 거래 가격을 상향 조정하기 전에 기존 매도호가로 ELW를 구입한 다음, LP가 매도·매수 호가를 변경한 뒤에 ELW를 즉시 되파는 방법으로 호가 차익만을 취득함으로써 수익을 올리는 투자방법이 성행되어 왔고, 이러한 투자기법을 전문적으로 수행하는 스캘퍼 그룹들이 등장하였으며, 전산장비와 매매 프로그램(알고리즘)을 이용함으로써 LP의 매도·매수 호가 제시를 컴퓨터가 예상하여 즉각적이고 기계적으로 매매 주문을 제출함으로써 더 많은 거래를 통해 더 많은 수익을 올리려는 스캘퍼팀들까지 등장하게 되었다."한다.[266)]

요컨대, LP의 ELW 호가제시 의무는 기초자산의 가격변동 시, 일시적으로 기초자산과 ELW 간의 가격불균형(disequilibrium price) 상태가 발생하고, 이는 스캘퍼의 차익거래에 의해 균형가격(equilibrium price)으로 회귀한다는 것이다. 검찰은 스캘퍼가 차익거래를 통하여 수익을 창출하는 것을 범죄행위로 인식하는 것으로 보인다.

(3) 스캘퍼 수익과 빠른 속도의 상관관계

검찰은 공소장에서 '스캘퍼가 ELW 시세차익을 확보하기 위한 필요조건'을 다음과 같이 명기하고 있다. 'ELW 시장에서 스캘퍼가 매매차익을 얻기 위해서는 LP가 ELW 가격변동 요인을 ELW 가격에 반영시키기 전에(즉, LP가 기존 매도호가를 취소하고 새로운 매매호가를 제시하기 전에) 기존가격으로 매수한 다음 새로운 매매호가가 제시되면 이를 매도하여야 하고, 이를 위해서는 LP가 ELW 호가를 변동시킬 것으로 예상되는 특정 ELW 종목에 대한 스캘퍼의 매매 주문이 일반 개미 투자자나 다른 스캘퍼 보다 빠르게 증권회사를 거쳐 거래소에 도달시켜 매매가 체결되도록 할 필요가 있다.'[267)]며 빠른 속도를 들고 있다.

요컨대, 검찰의 주장은 스캘퍼의 수익에 있어서 빠른 속도는 필요조건이라는 것이다. 다만, 검찰이 이를 필요조건이라고 할 뿐, 충분조건이라고 주장하지 않는 점에 유의할 필요가 있다.

---

266) 전게공소장, 4－5면.
267) 전게공소장, 6－7면.

(4) 스캘퍼 수익과 일반투자자 손실의 상관관계

검찰은 공소장에서 "일반투자자들이 증권회사에 접속하여 금융투자상품의 매매 주문을 내는 경우, 증권회사의 1대의 서버에 수천에서 수만 명의 일반개미투자자들이 접속하고, 수천에서 수만 건의 매매 주문이 소수의 상품주문처리 서버에서 처리되고 있는바, 증권회사 주문처리 서버를 한 팀의 스캘퍼가 독점하거나 소수의 스캘퍼들만이 사용하는 자체가 주문처리속도의 향상에 직결되는 것으로, 이는 일반 개미투자자들과 비교해 볼 때 커다란 특혜에 해당"[268]한다고 하는 등 스캘퍼에게 일반투자자에 비교하여 빠른 속도 서비스를 제공함으로써 상대적으로 수익에 유리하였다는 듯한 취지의 주장을 하고 있으나, 구체적으로 일반투자자의 손실이 스캘퍼의 이익과 직결된다는 주장을 하지는 않는다.

(5) 스캘퍼와 증권사의 공생관계

검찰은 공소장에서 "증권회사는 스캘퍼에게 부정한 수단 및 특별대우를 제공해 주는 대가로, 스캘퍼들이 매월 수조 원의 대량·초단타 ELW 매매 거래를 하게 될 때 최저 우대 수수료율을 적용하더라도 이 경우 발생하는 수수료 수입으로 매월 수억 원을 취득할 수 있었고, 증권회사의 시장점유율을 상승시키는 데 결정적인 기회가 될 수 있었다. 결국 증권회사와 스캘퍼 사이에 이루어지는 위와 같은 부정한 수단의 제공은 증권회사와 스캘퍼 사이에 형성되는 공생 관계 유지의 기초가 된다."[269]며 스캘퍼와 증권회사의 공생관계를 주장하였다.

요컨대, 검찰의 주장은 증권회사가 "수수료 및 시장점유율 확대 목적으로 부정한 수단을 제공하였다는 것"[270]이고, 스캘퍼는 빠른 속도 서비스를 제공받아 수익을 올렸으므로 양자 간의 공생관계라 보는 것이다.

---

268) 전게공소장, 8면 각주 9.

269) 전게공소장, 10면.

270) 서울중앙지방검찰청, "세계 2위의 ELW시장, 개미들에게는 무덤"－12개 증권사 대표이사 및 5개 슈퍼메뚜기 조직 기소(보도자료), 2011. 6. 23.

3. 증권업계의 주장

(1) 부정한 수단의 해석

당시 증권업계는 자본시장법은 '부정한 수단, 계획 또는 기교의 사용'이라고 규정할 뿐 무엇이 부정한 수단, 계획 또는 기교에 해당하는지를 정의하고 있지 않는바, 특히 '부정한'의 의미가 모호하여, 동 규정을 해석함에 있어서 최초로 부정거래를 도입한 미국의 사례와 자본시장법과 그 형태가 흡사한 일본의 사례를 참조하여 다음과 같이 주장하였다.[271] 첫째, 미국의 SEC Rule 10b-5조는 포괄적인 사기금지 규정으로서 '사기'(fraud)를 요건으로 한다는 점에서 자본시장법의 부정거래 행위보다 그 범위가 훨씬 좁으므로, 미국의 기준을 따르자면 본건 편의 제공이 '부정한 수단'으로 해석될 수 없다한다. 둘째, 자본시장법 제178조 제1항 제1호의 포괄적인 부정거래행위 금지에 해당하는 일본의 법은 금융상품거래법 제157조[272]인데, 현재는 동 규정이 사실상 사문화되어 있다는 점을 지적하며, 그 이유는 동 규정이 지나치게 추상적이어서 실제 사건에 적용하기가 매우 곤란하다는 점을 주장하고 있다.

요컨대, 우리 자본시장법 제178조상 '부정한 수단'은 매우 추상적이어서 미국이나 일본의 예를 보면 이 조항을 근거로 형사처벌을 하는 것은 적절하지 않다는 주장이다.

---

271) 법무법인 화우, "ELW 부정거래 혐의 관련 연구용역보고서", 금융투자협회 연구용역 보고서, 2011, 9-12면.

272) 일본 금융상품거래법 제157조
누구든지 다음 각호에 해당하는 행위를 하여서는 아니 된다.
1. 유가증권의 매매 기타 거래 또는 파생상품거래 등에 관하여 부정한 수단, 계획 또는 기교를 사용하는 것
2. 유가증권의 매매 기타 거래 또는 파생상품거래 등에 관하여 중요한 사항에 대하여 허위의 표시가 있거나 오해를 발생시키지 아니하기 위하여 필요한 중요한 사실의 표시가 누락된 문서 기타 표시를 사용하여 금전 기타 재산을 취득하는 것
3. 유가증권의 매매 기타 거래 또는 파생상품거래 등을 유인할 목적으로 허위의 시세를 이용하는 것.

(2) 죄형법정주의와의 관계

자본시장법 제178조 제1항은 지나치게 광범위하고 포괄적이어서 입법 목적이나 인접 조문 등의 유기적 해석을 통하여 살펴보아도 수범자가 자신의 행위를 충분히 결정할 수 있을 정도로 명확하다고 보기 어렵고, 동조가 명확성의 원칙에 위배될 소지가 있다는 점은 재정경제위원회의 자본시장법(안) 심사보고서에도 명시[273]되어 있는 점 등을 감안하면, 동조의 적용은 위헌성 소지가 있으므로 신중을 기할 필요가 있다고 주장한다.[274]

(3) 주관적 요건

증권업계는 자본시장법 제178조의 적용에 있어서, 동법 제176조의 시세조종행위와 같은 소정의 목적은 요구되지 않지만 자본시장법상 과실범에 대한 형사처벌 규정이 없으므로, 모든 객관적 구성요건요소에 대한 고의가 있어야 한다[275]고 주장한다. 이는 즉, 자본시장법상 부정거래행위 금지 위반은 고의범으로서 거래와 관련하여 부정한 수단, 계획 또는 기교를 사용한다는 인식과 의사가 필요한바, 자신의 행위가 부정하다는 인식이 없었다면 위법성의 인식이 없는 경우로서, 정당한 이유가 있다면 형법 제16조[276]의 법률의 착오에 해당하여 처벌할 수 없게 된다는 주장이다.

(4) 기타주장

요컨대, 증권업계의 주장은 증권사의 편의제공 행위가 다음과 같은 이유에 비추어 부정거래행위 위반에 해당된다고 보기 어렵다는 것이다. '① 금융투자상품의 거래에 있어서 주문처리속도의 차별은 국내외에서 오랫동안 이루어지고 있

---

273) 재정경제위원회, "자본시장과 금융투자업에 관한 법률안 심사보고서", 2007. 7, 86면.
274) 법무법인 화우, 전게보고서, 12－16면.
275) 임재연, 『자본시장법』, 박영사, 2011, 897면; 법무법인 화우, 전게보고서, 18면에서 재인용.
276) 형법 제16조(법률의 착오)
자기의 행위가 법령에 의하여 죄가 되지 아니하는 것으로 오인한 행위는 그 오인에 정당한 이유가 있는 때에 한하여 벌하지 아니한다.

는 관행으로 볼 수 있는 점, ② 증권거래에서 주문처리속도의 차이는 주문처리의 속성상 내재되어 있다는 점, ③ 주문처리속도의 차이가 있다고 하더라도 그로 인하여 스캘퍼가 ELW 거래에서 수익을 얻었다고 단정하기는 어려운 점, ④ 본건 편의제공 행위로 인하여 ELW의 가격 형성에 장애가 초래되었거나 일반투자자들에게 손해가 발생하였다고 볼 수 없는 점'[277]등이다.

제4절 | 검토의견

I. 속도 차별과 부정한 수단

1. 차익거래 금지의 우려

검찰이 증권사가 스캘퍼에게 주문체결속도 차이에 차별을 둔 서비스를 제공한 것에 기하여 자본시장법 제178조 위반으로 기소한 사실은, 일응 차익거래를 금지하는 것으로 해석될 수 있다는 점에서 재고가 필요하다. 즉, 시장에서 차익거래의 기회가 발생하는 경우 속도가 가장 빠른 거래자가 차익거래를 통하여 이익을 누리게 되며, 차익거래는 시장경제의 중요한 기능 중 하나인데, 빠른 속도의 제공을 불법으로 보면, 차익거래를 불가능하게 하여 차익거래를 금지하는 것으로 볼 수 있으며, 이를 금지하는 것은 자칫 시장경제 체제를 부정하는 것과 마찬가지로 볼 수 있기 때문이다.

(1) 알고리즘 매매, DMA 및 차익거래의 관계

알고리즘 매매(algorithmic trading)란 기본적으로 매매의 판단기준에 있어서 인간의 영역을 기계의 영역으로 치환(置換)한 것으로 볼 수 있다. 예컨대, A와 B는 KRX에 상장된 KOSPI의 합성선물 가격이 실제선물가격보다 높다는 것을 발견하였다하자. 이 경우 당해 합성선물을 매도하고 선물을 매수함으로써 즉시 무

277) 법무법인 화우, 전게보고서, 44-45면.

위험수익을 얻을 수 있다. 이때 A와 B가 동시에 차익의 기회를 인지하였다 하더라도, 매매주문을 먼저 집행하는 자가 무위험수익을 얻을 수 있다. 알고리즘 매매란 매매의 기회를 인지하고 주문을 집행하는 일련의 과정을 컴퓨터에 프로그래밍하여 자동화시킨 것을 말한다. 자동화를 통하여 인간의 인지능력을 초월하여 신속하게 투자의 기회를 인지하고 주문을 집행하여 무위험수익을 추구하는 것이 주목적이다.[278)]

DMA(direct market access)란 거래소 전산시스템에 직접 접속하여 매매하는 것을 의미한다. DMA의 목적은 알고리즘 매매와 마찬가지로 주로 차익거래를 위한 것으로 볼 수 있다. 우수한 알고리즘은 무위험수익의 기회 인지와 주문집행의 경과시간을 최소화한 것이다. 그러나 거래소의 시스템을 통한 거래에 있어서는 주문집행에 있어서 회원사의 전산시스템을 경유하는 것이 주문집행시간 최소화의 큰 걸림돌이다. 즉, 고객은 회원에 비하여 상대적으로 주문집행 경과시간이 길 수밖에 없고 이에 따라 차익거래의 기회가 제한되는 구조적인 문제점이 있다. DMA는 상당부분 알고리즘매매의 실효성을 높이는 도구로서 활용되고 있다. 'DMA와 연계된 알고리즘 매매'(이하 "DMA매매"라 한다)는 2001년 이후 여러나라에서 가파른 증가추세를 보이고 있으며, 세계 유수의 증권거래소 및 선물거래소들이 DMA 매매고객을 유치하기 위하여 인센티브제도까지 도입하고 있는 실정이다. 이들 거래소가 DMA 매매고객을 유치하고자 하는 목적은 거래량 및 유동성 증대와 이를 통한 가격의 효율성 제고로 볼 수 있다.[279)]

(2) 차익거래의 유형별 평가

ELW 스캘퍼는 기본적으로 차익거래를 추구하지만, 현실적으로는 통계적 차익거래를 수행하고 있다. 따라서 ELW 시장에서 모든 스캘퍼가 공히 큰 수익을 얻고 있는 것은 아닌 한편 어떤 스캘퍼도 항상 이익만을 내는 것도 아니다. 실무상 어떤 스캘퍼가 상당기간 지속적으로 무위험수익만을 획득한다는 것은 불가능하다. 이는 만일 무위험수익거래가 지속적으로 가능하다면 고객인 스캘퍼보다 유

278) 박선종, "알고리즘 매매와 DMA에 관한 연구", 『증권법연구』 제10권 제1호, 한국증권법학회, 2009. 6, 223－224면, 알고리즘 매매와 DMA에 관한 상세는 동 논문 223－241면.
279) 박선종, 전게논문(2009. 6.), 224면.

리한 지위에 있는 시장의 회원사인 증권회사가 이를 양보할 이유를 찾기 어렵다는 점에 비추어 보면 이해가 쉽다. 통계적 차익거래의 일상적인 위험(day-to-day risks)은 비교적 적지만 예컨대, 금융위기와 같은 상황에서는 파산에 이를 수 있는 정도의 극도로 큰 위험(extremely high risk)이 있다.

주문체결 속도 차별이 부정한 수단이라는 검찰의 주장이 타당성을 갖기 위해서는 차별화된 속도 제공으로 스캘퍼가 항상 무위험수익을 거두었다는 점이 입증되어야 한다. 복수의 스캘퍼가 ELW 거래를 통해서 지속적으로 이익을 창출하였다는 사실은 상당부분 차익거래에 기초한 것으로 추정된다. 그러나 기소된 스캘퍼가 강학상 차익거래만을 반복한 것인지, 통계적 차익거래를 한 것인지 또는 양자를 병행한 것인지는 분명치 않다. 따라서 스캘퍼의 차익거래는 세 가지 경우로 유형화되어 평가될 필요가 있다. 첫째, 강학상 차익거래만을 지속적으로 반복하여 무위험수익만을 창출한 경우는 이론상 지극히 이례적인 경우로서, 자본시장법 제178조 제1항의 부정한 수단으로 인정할 수 있을 뿐만 아니라, 증권사 직원의 배임(형법 제355조 제2항) 내지 미공개 중요정보 이용행위(자본시장법 제174조 제1항 제1호)가 문제될 수 있다. 둘째, 통계적 차익거래에 따른 저위험 수익을 창출한 경우는 지극히 통상적인 경우로서, 증권사의 차별화된 고속주문체결 서비스 제공을 부정한 수단의 제공으로 보는 것은 타당하지 않으며, 자본시장법 제178조 제1항의 적용 대상이 아닌 것으로 볼 수 있다. 셋째, 강학상 차익거래와 통계적 차익거래가 병행되어 수익이 창출된 경우는, 양 거래의 수익구성 비율을 참조하여 개별적으로 판단을 달리할 필요가 있다.

2. 동일한 속도제공의 원시적불능성

당시 실무에서의 속도 경쟁은 이미 나노 초(秒, nano second)[280]를 다투고 있었다. 예컨대, 비단 스캘퍼 뿐만 아니라 일반투자자를 포함한 모든 고객에게 동일한 주문체결전용시스템을 제공한다 하더라도, 나노 초 기준으로는 동일한 체결속도의 제공이 불가능하다. 이는 증권사가 모든 고객에게 동일한 수단을 제공하

280) 1 나노 초는 10억분의 1초.

여도, 고객의 주문집행용 서버가 동일한 위치에 배치될 수 없는 물리적인 한계 자체가 경쟁대상이 되고 있음을 의미한다. 따라서 고객의 서버를 회원사의 전산실에 배치하는 등 한국거래소의 주문체결시스템(matching engine)의 최근거리(最近距離)에 배치하는 것 자체가 경쟁이 되고 있는 것이다. 그러므로 차별적 속도 제공이 자본시장법 제178조 제1항의 부정한 수단의 제공이라는 검찰의 주장이 타당성을 가지려면, 증권사가 모든 고객에게 나노 초 기준으로 동일한 속도를 제공하는 것이 가능하다는 점이 입증되어야 할 필요가 있다.

한편, 증권사가 고객으로부터 주문을 받아 이를 거래소에 전달함으로써 고객의 주문이 최종적으로 실행되는데, 주문을 하는 방법은 인터넷망(HTS), 전용선, 전화 또는 메신저를 통할 수 있고 각 방법에 따라 주문의 처리속도가 차이난다. 여기서 각 증권사 전산시스템의 성능이 우수할수록 주문처리속도가 빨라진다. 따라서 스캘퍼의 주문을 더 빠르게 처리한 것이 부정거래행위 금지 위반으로 처벌되어야 한다는 검찰의 주장은, 동일한 증권사에서 어떤 고객의 주문은 인터넷망(HTS)을 통해 이루어지고, 다른 고객의 주문은 전용선을 통해 처리한 것도 역시 부정거래행위 금지 위반에 해당한다는 실무상 납득하기 어려운 결론에 이르게 된다. 즉, 검찰의 주장은 주문속도의 차이가 주문처리의 속성상 내재되어 있다는 점을 간과한 흠이 있다.[281)]

요컨대, 검찰이 모든 고객에게 동일한 속도를 제공하는 것이 가능하다는 점을 입증하지 못한다면, 고객 간의 속도 차이를 부정한 수단으로 보아 자본시장법 제178조 위반으로 기소한 판단은 타당하다고 보기 어렵다.

3. 보편적 국제 업무관행에 역행

검찰이 '속도'를 공정성 판단의 기준으로 삼은 것은 1990년대 까지는 타당성이 인정될 수 있었다. 그러나 '최선 주문집행의무'(best execution) 개념의 도입 이

281) 금융감독당국 역시 증권사가 투자자에게 합리적인 범위 내에서 서비스를 제공하는 것은 허용된다는 전제하에, 투자자의 주문방법과 관련하여 전용선을 제공하거나, 주문시스템 탑재 등 접수 위치상 편의를 제공하는 것은 허용된다는 입장이다. 한편 외국의 경우도 회원사 주문 통신장비 등에 투자자의 알고리즘 주문시스템을 탑재하는 것을 대부분 허용한다고 한다. 금융위원회(보도자료), 2011. 5. 20, 4면.

후에는 '속도' 이외에 '고객의 입장에서 비용대비 효율성'이 새로운 공정성 판단의 기준이 되었고, 이는 보편적 국제 업무관행으로 자리하게 되었는데, 현재의 새로운 기준하에서는 속도만을 기준으로 공정성을 판단하는 것은 타당하다고 보기 어렵다.

2000년 뉴욕증권거래소의 Rule 390 폐지[282] 이후, 2001년부터 국제적으로 DMA 거래가 급속히 확산되었고, 이러한 DMA 거래의 확산은 2005년 미국의 Reg. NMS(National Market System)의 Rule 611(Order Protection Rule) 및 Rule 610 (Access Rule)을 도입하는 계기가 된다. 미국의 법제화는 유럽에도 영향을 미치게 되는데, 이는 EU가 2007년 MiFID 제정 시 Article 21에서 최선집행의무 조항을 도입하는 것으로 반영되었다.

Reg. NMS 및 MiFID상 주문체결속도에 관한 조항의 내용은 '고객의 입장에서 비용대비 효율성'이라는 기준을 제시하고 있는데, 이는 전 세계 60여 개 거래소가 고객의 투자목적 및 비용부담을 기준으로 DMA 등 '차별화된 전산속도 서비스 제공'을 장려하게 된 근거로 볼 수 있다. 한편, 최근 금융위원회가 자본시장법 개정안에서 ATS(대체거래시스템)[283]를 도입하고자 하는 것도 Reg. NMS 및 MiFID상 최선집행의무 제도를 계수하고자 하는 시도로 볼 수 있다. 금융투자업자에 대한 기존의 '시장매매의무'를 대신하여 '최선집행의무'를 부과하는 것은 공정성 판단에 있어서 속도 이외에 '비용 대비 효율성'이라는 새로운 기준이 적용됨을 의미하는 것이다.[284]

요컨대, 검찰이 DMA 등 차별화된 전산속도 서비스를 자본시장법 제178조

282) NYSE Rule 390 폐지의 시사점에 관하여는 박선종, 전게논문(2009. 6.), 238-239면.

283) 참고로 美·EU·日 등 해외 주요 자본시장에서는 정규 거래소와 경쟁하는 대체거래시스템(Alternative Trading System(美)/Multilateral Trading Facility(EU)/금융상품다각적거래(日))을 도입함으로써 유통시장의 경쟁 촉진과 더불어 효율성을 제고하고 있다. (미국 ATS 84개/유럽 MTF 26개/아시아 등 기타 국가에서 20여 개가 영업 중이다). 상세는 금융위원회 (보도자료), "『자본시장과 금융투자업에 관한 법률』개정안 입법예고", 2011. 7. 26; 금융위원회, "우리나라 금융의 미래를 위한 자본시장법 개정 추진방안", 2011. 7.

284) 시장매매의무란 금융투자업자가 투자자의 매매주문을 받으면 거래소에서 체결만 시켜주면 되는 의무인 것과 달리, 최선집행의무(Best Execution)는 금융투자업자가 거래소·ATS 등의 호가를 비교하여 투자자에 가장 유리한 가격 등으로 거래를 체결시켜야 하는 의무이다.

제1항 위반으로 기소한 것은, 보편적 국제 업무관행 측면에서 보자면 이해하기 어려운 것이었다.

II. 독점적 호가제공과 LP의 손익

검찰은 LP의 호가공급독점이 ELW의 고가판매를 가능케 하여 일반투자자로터 부당한 이익을 얻었다고 주장하였다. 검찰이 호가공급독점을 직접 위법행위로 기소한 것은 아니지만, 자본시장법 제178조 제1항의 부정한 수단을 제공하는 동기 중 일부로 보고 있으므로 실상을 검토할 필요가 있다.

이하에서는 검찰 주장의 이론적 배경으로 볼 수 있는 논문[285]의 내용을 검토한다. 동 논문에서는 ELW 가격이 옵션가격 대비 고가인 이유에 대하여 LP의 공급독점이 원인이라면서, ELW와 주식옵션이 동일한 경제적 가치를 갖는 경우라도 ELW 시장에서 형성되는 시세가 옵션시장 가격에 비하여 평균 24.2% 높다고 한다.[286] 이러한 주장의 근거로 LP가 ELW 시장에서 2007년을 제외하고는 매년 상당한 이익(2006년 323억 원, 2007년 △648억 원, 2008년 386억 원, 2009년 1,789억 원)을 올렸으며 이는 마켓메이커의 스프레드 차익으로 보기는 과도한 수준이기 때문이라고 주장한다.

이 견해는, 2007년 발생한 LP의 손실에 대한 설명이 없다는 점에서 문제가 있다. 생각건대, 공급독점에 기인하여 완전경쟁시장 대비 높은 가격이 형성되려면 시장에 대체상품이 없고, 충분한 수요가 존재하여야 한다. 우선 ELW는 옵션이라는 대체상품이 존재한다는 점에서 공급독점이 가능한지가 의문이다. 대체상품이 존재하는 가운데에서도 높은 가격에 충분한 수요가 존재하였다는 것은, ELW와 대체상품인 주식옵션이 동일한 경제적 가치를 가진 것이 아니었기 때문이라고 보는 것이 합리적이다. 예컨대, ① 대체상품인 옵션시장에 유동성이 부족하여 실제적인 거래가 불가능하였다거나 또는 ② 소액 일반투자자들에게는 1,500만 원의

---

285) 이은태 외 2, 전게논문(2011. 2.), 8－14면.

286) 그러나 동 논문에서도 LP가 유동성 공급에 수반된 헤지 비용을 가격에 전가하고 투자자들은 LP가 제공하는 유동성의 대가로 높은 가격을 기꺼이 지불함으로써 이러한 가격차이가 발생할 수도 있다는 점은 부인하지 않고 있다.

기본 예탁금을 요구하는 옵션상품에 비하여 증권계좌에서 10만 원, 20만 원의 소액으로도 쉽게 투자할 수 있는 ELW가 24.2%의 높은 가격임에도 불구하고 이를 지불할 가치가 있었다고 보는 것이 합리적이다.[287]

한편 LP의 2007년도 손실은 다음과 같이 설명될 수 있다. ELW 시장은 2006년 이후 지속적으로 성장해 왔기 때문에, 이에 상응하여 LP의 수익이 해마다 증가하는 것은 당연하다. 그런데 이 수익 중 상당부분은 시간가치라는 점을 주목하여야 한다. 한편 ELW 상품 자체가 LP는 변동성을 매도하고 일반투자자는 변동성을 매수한 구조이기 때문에 변동성이 급격히 증가하면 LP가 손해를 볼 수밖에 없는 구조라이다. 이는 2007년 LP의 손실을 설명할 수 있는 중요한 근거이다. 즉, 동 손실은 변동성 급증에 기인한 것으로 설명될 수 있다. 시간가치와 변동성에 근거하여 보면, 2006년 대비 2007년은 변동성이 급증하여 시간가치만큼의 이익을 상쇄하고도 LP가 손실은 본 것이고, 2008년은 시장규모가 더욱 커져서 상당한 변동성이 있었음에도 불구하고 시간가치 수익이 이를 초과한 것으로 볼 수 있으며, 2009년은 변동성이 축소되었지만, 충분한 거래량에 기인하여 시간가치 수익이 많았던 것으로 설명할 수 있다. 그렇다면, ELW 가격이 옵션 대비 높은 이유는 LP의 독점적 호가공급 때문이라고 볼 것이 아니라, 옵션과 차별화된 충분한 수요가 존재하였기 때문인 것으로 보는 것이 타당하다.

III. 스캘퍼와 일반투자자 손익의 상관관계

검찰은 일반투자자의 손해와 스캘퍼의 이익이 직접적인 인과관계를 갖지는 않지만, ELW 시장에서 LP와 스캘퍼 이익의 합은 일반투자자의 손해와 같으므로, 결국 스캘퍼의 이익도 일반투자자의 손해를 토대로 발생한 것이라는 논리로 스캘퍼의 존재를 부정적인 시각으로 보고 있다. 이는 불법행위와 전혀 관련 없는 건전한 스캘퍼까지 매도(罵倒)할 수 있으므로, 별도의 검토가 필요하다.

287) 이는 수박을 한 통 사는 것 보다 반 통 또는 1/4통을 살 때 비싼 가격을 지불하는 수요가 있는 것과 마찬가지로 이해할 수 있다. 한편, 로또복권의 투자상품으로서의 가치를 평가(valuation)하면 ELW에 비하여 훨씬 높은 가격이겠지만 로또 복권의 수요가 있는 것은, 절대금액이 작을 경우 투자위험 자체가 작으므로 다소 높은 가격이라도 수요가 발생할 수 있다고 보는 것이 합리적 추론이라 생각된다.

1. 거래목적과 태양의 차이

스캘퍼는 통상 차익거래 목적으로 LP를 상대로 독자적 매매기법으로 거래하는 반면, 일반투자자는 시장변동의 방향성 매매라는 고위험 거래를 빈번히 수행하거나 또는 빈도는 낮지만 위험헤지거래로서 방향성 매매를 하는 것으로서 양자의 거래 는 그 목적과 태양이 다른 것으로 볼 수 있다. 더욱이 스캘퍼의 전용선 이용과 일반투자자의 손해가 직접적인 인과관계 있다고 보기는 어렵다. 왜냐하면 스캘퍼는 순간적인 가격 불일치를 이용해 차익을 얻고 개인 투자자들은 기초자산 가격의 방향을 예측해서 수익을 올리려고 하기 때문에 근본적인 차이가 있기 때문이다.[288)]

2. 일반투자자 손실의 배경

표 5 | ELW 투자자 보유비율과 매매거래 회전율 추이[289)]

(단위: 억 원, %)

	2009년 12월 말	2010년 1월 말	2010년 2월 말	2010년 3월 말	2010년 4월 말
투자자 보유금액(A)	1,285	1,526	1,154	1,284	1,376
일중 거래대금(B)	10,745	15,042	13,151	13,330	9,511
시가총액(C)	40,019	42,193	35,929	43,795	46,360
투자자 보유비율(A/C)	3.2	3.6	3.2	2.9	3.0
매매거래 회전율(B/C)	26.8	35.6	36.6	30.4	20.5

일반투자자 손실 중 상당부분은 '시간가치 손실', '호가차이에 기한 손실' 및 '수수료비용' 등으로 구성된다. <표 5>에서 보면 ELW의 '매매거래 회전율'이 상당히 높음을 알 수 있다. 매매거래 회전율이 높다는 것은 증권사와 거래소가

288) ELW 시장에서 개인만 손해를 봤다는 통계 자료는 모든 계좌를 열어 보지 않는 한 많은 가정을 포함할 수밖에 없다. 어쨌거나, 위험헤지라는 기본 목적이 있는 상품에 대해 여러 가정을 포함시켜 통계를 낸 것은 개인의 손해 부분이 상당부분 과장될 수 있다.

289) 이은태 외 2, 전게논문, 5면에서 재인용.

책정한 수수료 비용이 적지 않음을 의미한다. 수수료비용과 호가차이에 기한 손실은 일반투자자 손실의 상당한 부분을 차지하고 있는데, 이는 매매거래 회전율이 높으면 높을수록 커지는 비용이다. 그런데 고 매매거래 회전율의 주체는 일반투자자 자신이므로, 동 비용으로 인한 손실의 책임을 스캘퍼는 물론이고 증권사나 LP에게 부담시키는 것은 타당하지 않다. 한편, 헤지거래 목적의 일반투자자는 시간가치의 손실분이 상당한바, 이는 시간의 경과 분만큼 위험을 헤지한 효과에 대한 비용으로 인식할 일이지 손실로 인식하는 것은 타당하지 않다. 즉, 이는 시간의 경과에 따라 보험료는 소멸하였지만, 이 비용은 경과된 기간 중 보험 상품으로부터 위험회피의 효과를 달성했던 사실에 대한 대가인 것이다.

3. 마이너스섬 게임의 결과

ELW는 기본적으로 옵션상품과 마찬가지로 제로섬 게임(zero-sum game)의 속성을 가진다. 그런데 ELW 거래에서는 옵션거래와 달리 일반투자자는 항상 순매수포지션을 취할 수밖에 없으므로 아래와 같은 이유로 옵션에 비교하여 상대적으로 손실의 가능성이 높다. 그러므로 다음의 관점에서 일반투자자의 ELW 거래는 마이너스섬 게임(negative sum game)으로 볼 수 있다.

(1) 시간가치 소멸

시간가치의 소멸은 매수인의 손실과 매도인의 이익이 정확히 일치한다는 점에서는 제로섬 게임의 구조이다. 그러나 시간가치는 일방적으로 매수인(일반투자자)가 손실을 보는 경우에 해당한다. 옵션이나 ELW 상품의 가격에는 시간가치가 포함되어 있는데, 시간가치는 시간이 경과함에 따라 소멸하는 것이어서, 이는 매수인에게 일방적으로 불리한 부분이다. ELW의 경우 옵션대비 통상 시간가치가 고평가되어 있으므로 더욱 불리하다. 더욱이 ELW의 경우 일반투자자는 순매수(net long)만 가능한 것이 상품의 기본구조이므로, 옵션상품과 달리 일방적으로 시간가치 소멸의 비용을 부담할 수밖에 없다. 그러므로 시간가치 기준에서, 일반투자자에게 ELW 거래는 마이너스섬 게임의 구조이다.

(2) 매도 · 매수 호가차이 비용

LP가 삼성전자 ELW의 매수호가는 100원, 매도호가는 105원을 제시한다고 가정하자. 이 두 호가에서, 일반투자자가 매수할 수 있는 가격은 105원이 되고, 매도할 수 있는 가격은 100원이다. 즉, 두 호가가 다 거래되면 LP는 호가차이인 5원의 이익이 발생하고, 일반투자자는 5원의 손실이 발생한다. 호가차이를 기준으로 LP의 이익과 일반투자자의 손실이 일치한다는 점에서 이는 제로섬 구조이다. 그러나 거래가 반복될수록 일방적으로 LP에게는 이익이 되고 일반투자자에게는 손실에 된다는 점에서는 시간가치의 소멸과 동일한 마이너스섬 게임의 속성을 가진다.

(3) 지급수수료 비용

일반투자자는 ELW의 거래횟수와 규모에 비례하여 수수료를 지급 비용이 발생하고 증권사 및 거래소(유관기관 포함)는 수수료 수익이 발생한다. 증권사 및 거래소 수수료 수익의 합은 일반투자자의 수수료 비용의 합과 일치한다는 점에서 보면 제로섬 구조이다. 그러나 문제는 거래가 증가할수록 일방적으로 일반투자자의 비용이 증가한다는 점에 있다. 그러므로 지급수수료 기준으로도 일반투자자의 ELW 거래는 결국 마이너스섬 게임의 구조인 것이다.

4. 소결

요컨대, ELW는 일반투자자에게는 마이너스섬게임으로 보아야 한다. 반면, LP, 증권사 및 거래소에게는 플러스섬 게임(positive sum game)의 속성이 있다. 따라서 ELW 시장의 구조상, 가격변동성이 충분히 크고, 일반투자자에게 유리한 방향으로 변동되지 않는 한, 일반투자자가 손실을 보는 것은 당연한 결과이다. 앞에서 살핀 스캘퍼 및 일반투자자의 거래 목적과 태양, 일반투자자 손실의 배경 및 마이너스섬 구조 등을 감안하여 판단하면, ELW 시장에서 일반투자자들의 손해가 스캘퍼 때문이라고 단정하기는 어렵다.

IV. LP와 스캘퍼의 관계

검찰은 LP와 스캘퍼가 공생관계에 있으며, 차별화된 속도라는 부정한 수단의 제공이 공생관계 유지의 기초가 된다고 주장한다.[290] 이와 같은 견해[291]의 요지는 'LP 입장에서는 스캘퍼가 자신이 취급하는 종목을 거래해 주지 않을 경우, 취급 종목이 시장의 주목을 받지 못하고 결국 조기 퇴장하기 쉽다. 따라서 LP는 시장의 주목을 받기 위하여 상장초기에 스캘퍼와의 거래에서 다소 손실을 보더라도 호가 간격을 좁혀서 스캘퍼의 진입을 유인할 필요가 있으며, 스캘퍼는 이러한 LP의 입장을 이용하여 매매차익을 얻기 쉬운 호가를 제출하는 LP를 선택하여 거래한다.'는 주장이다.

이러한 주장은 LP제도의 근본취지를 간과한 것이다. 즉, LP제도 자체가 초기의 유동성이 부족한 시장에 LP가 인위적으로 위험(손해)을 감수하고 유동성을 공급하여 시장을 형성시키려는 목적으로 도입한 것이다. 그러나 검찰 등의 주장은, LP제도 자체가 자본시장법 제176조 제2항 제1호의 매매유인 목적 행위 금지 조항에 위반된다는 것으로 해석될 여지가 많고, 이 경우 LP제도의 도입 자체가 불가능해진다는 문제가 발생한다.

ELW의 가격형성을 위하여 LP가 매도 및 매수호가를 통한 시장조성행위(market making)를 하는 경우, LP의 시장조성행위는 비록 시세조종행위의 유형(자본시장법 제176조 제2항 제1호)에 속하더라도 ELW 시장에서 LP의 역할을 고려하면 위법성조각사유인 정당행위에 해당한다고 보아야 할 것이다.[292][293] 그러므

290) 전게공소장, 10면.

291) 이은태 외 2, 전게논문, 7면.

292) 임재연, 전게서, 2010, 891-892면.

293) LP제도 도입의 효용은 다음의 사례를 통해 판단할 수 있다. "한국거래소는 상장 이후 시장의 기능을 상실하고 있던 개별주식 옵션시장의 활성화를 위해 2005년 9월 26일부터 기초자산의 범위를 7개에서 39개 종목으로 확대하고, 시장실패(market failure)의 원인을 지적된 실물결제 방식을 현금결제 방식으로 전환 시행하였다. 그러나 경제적 성질이 동일한 ELW 시장의 성공과 달리 개별주식 옵션시장은 제도변경 이후에도 투자자들의 냉담한 반응으로 거래량이 전무한 시장이 되어 버렸다. 이러한 결과에 대해 시장참여자들은 ELW 시장에 도입된 LP제도를 두 시장의 성공과 실패를 결정한 주된 원인으로 꼽고 있다.", 최 혁 외 1, 전게논문, 21면.

로, LP와 스캘퍼의 관계는 공생관계로 보기는 어렵고,[294] '증권회사와 스캘퍼 사이에 이루어지는 부정한 수단의 제공이 양자 간 공생관계의 기초가 된다.'는 검찰의 주장[295]은 동의하기 어렵다.

V. 법원의 판단

동 ELW 사안에 관하여는 2014년 대법원의 판결이 선고되었다.[296] 대법원의 판시사항은 "자본시장과 금융투자업에 관한 법률 제178조 제1항 제1호에서 정한 '부정한 수단, 계획 또는 기교'의 의미 및 금융투자업자 등이 특정 투자자에 대하여만 투자기회 또는 거래수단을 제공한 행위가 부정한 수단 등에 해당하는지 판단하는 기준"이 골자였다.

대법원은 다음과 같이 원심판결[297]을 인용하고 있다. "원심판결 이유에 의하면, 원심은 ① 증권회사가 고객의 주문을 접수하는 방식은 주문전표 접수방식, 전화·전보·모사전송 등의 방식, 전자통신 방식 및 고객이 자신의 주문을 직접 통제하면서 증권사 전산 시스템을 이용하여 거래소에 주문을 전송하여 주문처리속도를 높이는 DMA(Direct Market Access, 이하 'DMA'라 한다) 방식 등으로 다양한데, 각각의 주문 접수 방식마다 그 특성으로 인하여 필연적으로 주문처리속도에 차이가 나게 되어 있음에도 서로 다른 방식으로 접수된 주문들 사이의 접수시점을 언제로 볼 것인지에 관한 명확한 기준이 없고, 각 수단 사이의 시계 일치에 필요한 기술적 한계를 극복할 방법 또한 없어서 접수 순서대로 주문이 체결되도록 하는 것은 사실상 불가능한 점, ② 유가증권시장 업무규정 시행세칙 제123조 및 금융위원회, 한국거래소, 금융감독원의 각종 행정지도 공문 등에는 주문접수시점에 관한 기준이나 DMA 방식의 주문접수를 허용할 것인지에 관한 명확한 언급이 없어 위 규정 및 공문을 근거로 증권회사가 고객의 주문 정보를 처리하는 과정에서 속도의 차이가 없도록 할 법률상 의무가 있다고 보기도 어려운 점, ③ 한국거래소

294) 다만, 양자의 관계를 기생관계 즉, LP를 숙주로 스캘퍼가 기생하는 관계로 볼 여지는 있다.
295) 서울중앙지검, 전게공소장, 10면.
296) 대법원 2014. 2. 13. 선고 2013도1206 판결 외.
297) 서울고법 2013. 1. 17. 선고 2011노3527 판결.

시장감시본부 팀장인 소외 1, 금융감독원 선임조사역 소외 2는 제1심 법정에서 DMA 서비스의 제공에 관한 감독규정이나 감독기관의 공문들에 관하여, 유가증권의 거래에는 원칙적으로 시간 우선의 원칙이 적용되는 것이지만 접수순서에 관한 특별한 기준이 정해져 있지 않을 뿐만 아니라 거래 수단이 다양하여 현실적으로 모든 주문에 대하여 시간 우선의 원칙을 그대로 적용할 수는 없고, 그러한 이유로 감독기관에서는 거래소와 직접 연결된 증권회사의 대외계 서버(일명 FEP 서버)에서 거래소에 이르기까지의 주문프로세스를 부당하게 배정하여 발생하는 속도 차이만을 감독할 뿐 그 이전 단계에서는 증권회사가 자율적으로 주문을 처리할 수 있으며, 감독기관도 DMA 방식의 주문접수를 허용하고 있었다는 취지로 진술한 점, ④ 2009년 7월경부터 여러 증권회사에서 ELW(주식워런트증권, Equity Linked Warrant, 이하 'ELW'라 한다) 매매 주문의 속도를 높이기 위한 전용 전산 시스템을 개발한 후 고객 유치를 위하여 이를 광고하여 왔으므로, 피고인들이 소외 3 등 일부 투자자에 대하여만 배타적으로 대신증권 주식회사의 내부 전산망 및 전용서버 이용, 별도의 데이터베이스 구축, 가원장 확인, 시세정보 우선제공과 같은 DMA 서비스를 제공하였다고 볼 수 없고, DMA 서비스를 제공받은 투자자와 그렇지 못한 투자자 사이에 이해충돌의 가능성이 작고 DMA 서비스의 공시에 관한 규정이나 감독기관의 행정지도가 없었던 점에서 대신증권이 이 사건 속도 관련 서비스를 공시할 의무가 있다고 보기 어려운 점, ⑤ ELW 시장은 투자자와 유동성 공급자인 LP(Liquidity Provider, 이하 'LP'라 한다) 사이에 대향적 관계가 형성되어 있어 대부분의 거래가 양자 사이에서 이루어지는 특수한 구조이고, 일반투자자들은 개인용 컴퓨터에 설치된 전산주문프로그램으로 인터넷을 통하여 ELW를 매매하는데 LP는 자동화된 알고리즘 매매프로그램을 이용하여 DMA 방식을 통하여 그보다 훨씬 빠른 속도로 ELW를 거래하므로, 일반투자자들이 기초자산의 가격 변동 이후 LP가 ELW의 호가를 변경하기에 앞서 변경 전의 가격으로 ELW를 매매하려고 시도하더라도 그러한 거래가 성공할 가능성이 거의 없었고, 그 결과 DMA 방식으로 LP와 비슷하거나 더 빠른 속도로 ELW를 거래하는 일부 투자자들과 일반투자자는 예외적인 경우를 제외하고는 직접적인 이해충돌의 문제가 발생하지 아니하는 점 등에 비추어 피고인들이 소외 3 등 일부 투자자들에게 이 사건 속도 관련 서비스를 제공하여 ELW를 거래하도록 한 것이 자본시장법 제178조 제1항 제1호의 ‘부정한 수단, 계획 또는 기교를 사용하는 행위’에 해당한다고 보기 어렵다고 판단하였다.”

대법원은 “원심의 위와 같은 판단은 정당한 것으로 수긍할 수 있고, 거기에 상고이유 주장과 같이 자본시장법 제178조 제1항 제1호의 ‘부정한 수단, 계획 또는 기교를 사용하는 행위’에 관한 법리를 오해하거나 논리와 경험법칙을 위반하여 자유심증주의의 한계를 벗어난 등의 위법이 없다.”며 검사의 상고를 기각하였다.

제5절 | 결어

자본시장법은, 증권시장의 다양한 불공정행위를 모두 규제할 수 있도록 하기 위하여, 포괄적인 부정거래행위 금지규정으로서 제178조 제1항 제1호를 도입하였다. 동 조문의 해석과 관련하여 ‘부정한’의 의미는 입법취지 및 다른 규정들과의 체계를 고려할 때 사회통념상 부정한 행위를 의미하는 것으로 해석되어야 한다. 검찰이 주장하는 부정한 수단의 내용은 ‘스캘퍼들의 ELW 매매 주문이 일반투자자보다 빠르게 한국거래소에 도달되도록, 증권사가 주문체결전용시스템 등 일반투자자와 다른 차별화된 속도상의 특혜를 제공하였다는 것’이다.

주문체결 속도에 차별은 두는 것은, 2000년 뉴욕증권거래소 Rule 390 폐지이전에 속도가 공정성 판단의 유일한 기준이었던 시대의 관점에서는 불공정한 것으로 평가될 수 있지만, Reg. NMS 및 MiFID상의 최선집행의무(best execution)에서 도입된 ① 고객의 입장에서 비용대비 효율성이라는 기준, ② 차익거래의 속성 및 경제적 기능, ③ 동일속도 제공의 원시적 불능성, ④ 세계적인 업계 관행, ⑤ 미국 및 일본의 적용사례, ⑥ LP의 독점적 호가제공 제도의 효과, ⑦ 스캘퍼 수익과 일반투자자 손실의 상관관계, ⑧ ELW 시장의 구조상, 가격변동성이 충분히 크고 일반투자자에게 유리한 방향으로 변동되지 않는 한, 일반투자자가 손실을 보는 것은 당연한 결과라는 점 등의 사정을 감안하여 판단하자면, 불공정하다거나 또는 사회통념상 부정한 행위로 보기 어렵다. 따라서 주문체결속도차별을 자본시장법 제178조 제1항 제1호의 위반으로 기소한 검찰의 판단을 물리친 법원의 판결에 공감한다.

제5장

ELS 소송의 주요 쟁점

-ELS 델타헤지와 금융투자업자의 주의의무-

제5장

ELS 소송의 주요 쟁점

-ELS 델타헤지와 금융투자업자의 주의의무-

제1절 | 서언

2015년 5월 14일 대법원은 ELS 관련 사안의 원심판결을 파기 환송하였다. 동 사안은 1심에서는 원고가 승소하였으나, 원심에서 피고가 승소하였다는 점에서 관련 업계의 이목이 집중[298]되어 있던 터에, 대법원의 판단이 금융투자업자에게 부과되는 투자자 이익 보호의 의미에 관하여, 델타헤지와 이해상충 관리의무를 중심으로, 구체적으로 설시하였다는 점에서 큰 의의를 갖는다.

1심 판결의 요지는 '조건의 성취로 인하여 불이익을 받을 당사자가 신의성실에 반하여 조건의 성취를 방해한 때에는 상대방은 그 조건이 성취된 것으로 주장할 수 있다'는 민법 제150조 제1항에 기한 것으로써 투자자 이익 보호의 관점에서 판단한 것은 아니다. 한편, 원심 판결의 요지는, '델타헤지는 정당한 거래행

298) 학술논문상 견해도 대립하고 있었다. ELS 발행자에 대하여 비판적인 견해는, 나승철, "주가연계증권(ELS)에 있어서 발행사와 투자자 사이의 이해상충", 『기업법연구』 제24권 제4호, 한국기업법학회, 2010, 지지하는 견해는, 이숭희, "ELS 분쟁의 현황과 법적 쟁점", 『YGBL』 제2권 제2호, 연세 글로벌비지니스와 법센터, 2010, 중립적인 견해는, 김홍기, "자본시장법상 연계불공정거래 규제체계 및 입법론·해석론에의 시사점", 『YGBL』 제2권 제2호, 연세 글로벌비지니스와 법센터, 2010.

위이므로, 그로 인하여 이 사건 주가연계증권의 상환조건이 성취되지 아니하였다 하더라도 이를 신의성실에 반하여 조건의 성취를 방해한 것으로 볼 수 없다.'는 것으로써, 이 역시 투자자 보호의 관점에서 판단한 것은 아니었고, 도리어 델타헤지를 법령상 의무로 판단하여, 투자자 이익보호의 주의의무나 이해상충 관리의무에 우선하는 것으로 본 것이었다.

이에 대하여 대법원은, '① 이 사건 델타헤지는 기본적으로 금융투자업자 자신의 이익을 위하여 행하는 것이라는 점, ② 금융투자업자와 투자자 사이의 이해관계가 서로 상충되는 상황에서는, 금융투자업자는 투자자의 신뢰를 저버리는 내용 또는 방법으로 헤지거래를 하여서는 아니 되고, 중도상환조건의 성취 여부에 최소한의 영향을 미치는 방법으로 헤지거래를 하여, 투자자를 보호할 주의의무가 있다는 점' 등을 설시한 바, 이는 투자자 이익 보호의무와 이해상충 관리의무의 구체적 기준을 제시하였다는 점에서 큰 의미를 갖는다. 이하에서는 동 사안의 사실관계의 핵심 내용을 분석한 후, 주요 쟁점에 대하여 검토함으로써 동 대법원 판결의 의미를 살피고자 한다.

제2절 | 사실관계의 분석

I. 양 당사자의 지위

원심 판결문의 내용[299]을 요약하면, 원고는 일반투자자로서, 디지털 옵션의 매도자이고, 최대기대수익은 연 9%에 상당하고, 최대기대손실은 원금전부인 자이고, 피고는 전문가인 금융투자업자로서, 디지털 옵션의 매수자이고, 최대기대수익은 무제한이며, 최대기대손실은 제한적인자이다. 한편, 피고는 금융투자업자로서 자본시장법 제44조[300]에 규정된 이해상충의 관리의무를 부담하는 자이다.

---

299) 상세는 서울고등법원 2012. 12. 14. 선고 2010나71761 판결, 2 내지 6면 참조.

300) 자본시장법 제44조(이해상충의 관리) ① 금융투자업자는 금융투자업의 영위와 관련하여 금융투자업자와 투자자 간, 특정 투자자와 다른 투자자 간의 이해상충을 방지하기 위하여 이해상충이 발생할 가능성을 파악·평가하고, 내부통제기준이 정하는 방법 및 절차에 따라 이를 적절히 관리하여야 한다. ② 금융투자업자는 제1항에 따라 이해상충이 발생할 가

II. 가격변동에 따른 양 당사자의 기대손익

실무에서 기초자산의 보유여부와 보유규모는 ELS 발행자인 피고의 투자판단에 따르는 것이지만, 이하에서는 동 ELS를 발행하고 인수한 피고와 원고 각각의 손익구조에 대한 이해를 돕기 위하여, 가격변동에 따른 피고의 투자선택을 기준으로 단순화하여 몇 가지 경우를 살핀다.

1. 가격이 상승하는 경우

(1) 무위험수익자산에 100% 투자한 경우

예컨대, 동 ELS를 판매한 후 판매대금 전액으로 3년 만기 국채를 매입(2015. 6. 7. 현재 3년 만기 국채금리는 연 1.65%[301])하고 다른 투자(내지 델타헤지)가 전혀 없는 경우, 피고의 최대기대손실은 연 7.35% (연9%－연1.65%)로 볼 수 있다.

(2) 기초자산에 100% 투자한 경우

원고가 납입한 대금의 100%를 피고가 기초자산[302]에 투자한 경우를 가정해 보자. 원고의 기대수익은 어떠한 경우에도 연 9%를 초과할 수 없다. 반면에 피고의 기대수익은 기본적으로 시장가격이 연 9% 상당 이상 상승하는 부분의 전부이므로 예컨대, 시장가격이 30%, 50%, 100% 상승하는 경우 각각 21%, 41%, 91%의 수익이 기대되는 등, 기대수익이 무제한적으로 열려있는 지위이다. 한편, 피고는 중도상환일이든 만기상환일이든, 하시(何時)라도 이익의 일부와 원고가

능성을 파악·평가한 결과 이해상충이 발생할 가능성이 있다고 인정되는 경우에는 그 사실을 미리 해당 투자자에게 알려야 하며, 그 이해상충이 발생할 가능성을 내부통제기준이 정하는 방법 및 절차에 따라 투자자 보호에 문제가 없는 수준으로 낮춘 후 매매, 그 밖의 거래를 하여야 한다. ③ 금융투자업자는 제2항에 따라 그 이해상충이 발생할 가능성을 낮추는 것이 곤란하다고 판단되는 경우에는 매매, 그 밖의 거래를 하여서는 아니 된다.

301) 국채금리는 http://www.bondweb.co.kr에서 조회 가능. (검색일 : 2015. 9. 7.)

302) 이 사안에서는 '삼성 SDI 보통주'.

납입한 원금을 상환할 수 있는 지위이다.

2. 가격이 하락하는 경우

(1) 무위험수익자산에 100% 투자한 경우

피고가 판매대금 전액으로 3년 만기 국채를 매입한 경우, 기초자산의 가격이 40%까지 하락하여도, 원고는 시장가격 하락에 따르는 손실이 없다. 한편, 피고는 국채보유분에서 발행하는 이자소득분(연 1.65%) 만큼 이익이다. 가격이 40% 이상 하락하면, 원고의 기대손실은 시장가격 하락분 전체인 반면, 피고의 기대손실은 없고, 도리어 40% 이상 하락분에 대하여 원고의 손실에 정비례하여 이익이 발생한다. 즉, 피고가 기초자산을 보유하지 않아서 가격 하락에 대한 손실이 없는 경우에도 원고는 가격 하락에 대한 손실이 있다.

(2) 기초자산에 100% 투자한 경우

이 경우 피고의 최대 기대손실은 40%이다. 그러나 이는 가격 하락이 40%를 초과하지 않고, 40% 하락에 수준에서 고정되어 있는 경우에 국한되는 제한적인 기대손실이다. 가격이 3년 만기 기간 내에 장중 단 한 번이라도 40% 이하를 기록하는 경우, 피고의 손실은 0이고, 원고가 가격 하락에 대한 손실 100%를 감당하게 된다. 현재 한국거래소 상장 주식의 일일가격제한폭은 30%이다.[303] 이 사안의 ELS가 판매된 당시의 일일가격제한폭은 15%였다. 이러한 상황에서 3년 동안 가격이 40% 이하로 한 번도 하락하지 않을 확률이 얼마나 되겠는가?[304] 더욱이 40% 하락하여 그대로 고정될 확률은 얼마나 되겠는가?

---

303) 한국거래소의 주식시장에서 일일가격제한폭은 2015년 6월 15일부터 과거 상하 15%에서 상하 30%로 확대되었다.

304) 참고로 삼성 SDI 보통주의 1994~2014년 기간 동안 연별 OHLC(Open, High, Low, Close) 기준으로 연평균변동율을 계산한 결과는 76.64%이다. 이는, 이 사건 ELS의 만기인 3년인 점을 감안하면, 동기간 동안 가격이 40% 이하로 한 번도 내려가지 않을 확률은 매우 희박함을 시사하고 있다.

3. 가격이 불변인 경우

(1) 무위험수익자산에 100% 투자한 경우

피고가 연수익률 1.65%의 3년 만기 국채에 투자한 경우, 원고의 수익률은 연 9%이다. 한편, 이 경우 피고의 수익률은 연 △7.35%이다.

(2) 기초자산에 100% 투자한 경우

이 경우 원고의 수익은 연 9%이다. 피고의 수익률은 연 △9%이다.

제3절 | 주요쟁점에 대한 검토

I. 델타헤지의 목적

1. 피고의 주장과 원심의 판단

(1) 피고의 주장

피고는 "파생상품 거래를 취급하는 금융기관의 경우 그로 인한 위험을 관리하고 헤지하는 것은 재무건전성을 유지·확보함으로써 고객의 위탁재산을 보호하여야 할 의무가 있는 금융기관의 공공성에 비추어 선택의 문제가 아니라 반드시 준수하여야 하는 의무"[305]라며 델타헤지의 목적은 법정의무를 이행하기 위한 것으로 주장한다.

(2) 원심의 판단

원심은 "델타헤지는 ELS 발행의 전제조건으로 보편성과 필요성이 인정되는 헤지방법일 뿐만 아니라 금융기관의 자산운용 건전성을 위해 법령상 강제되는

---

305) 서울고등법원 2012. 12. 14. 선고 2010나71761 판결, 17면.

헤지거래의 한 방법"[306]이라고 설시한 한편 델타헤지를 'ELS 존립의 근거'라며, "금융기관은 이른바 '델타헤지'라는 금융기법을 활용하여 ELS의 기초자산(통상 거래소에 상장된 주식이다)을 거래함으로써 기초자산의 주가 변동에서 야기되는 위험을 관리함과 동시에 그 거래과정에서 얻게 되는 이익을 ELS의 상환재원으로 활용하게 된다."[307]고 판단하였다.

2. 대법원의 판단

대법원이 판결문에서 델타헤지의 목적을 직접 구체적으로 판단한 것은 아니다. 다만, "피고가 이 사건 주가연계증권에 관련한 델타헤지거래로서 삼성 SDI 보통주를 매도하는 것은 기본적으로 위험회피라는 자신의 이익을 위하여 행하는 것"[308]이라 보았고, 원심의 '법령상 강제된다'는 판단은 배척하였다.

3. 검토의견

(1) 피고 주장의 흠

피고의 주장은 "파생상품거래를 취급하는 금융기관의 경우 그로 인한 위험을 관리하고 헤지하는 것은 재무건전성을 유지·확보함으로써 고객의 위탁재산을 보호하여야 할 의무가 있는 금융기관의 공공성에 비추어 선택의 문제가 아니라 반드시 준수하여야 하는 의무"[309]라는 것인바, 이는 논리적 비약이 있는 것으로 보인다.

왜냐하면 피고가 근거로 들고 있는 자본시장법 제166조의2는 "장외파생상품의 매매에 따른 위험액이 금융위원회가 정하여 고시하는 한도를 초과하지 아니할 것"(제166조의2 제1항 제2호)이 골자인 바, 이는 장외파생상품의 매매 시 위험액이 한도초과의 투자를 금하는 것이 주된 것이고, 헤지라는 것은 보조적으로 위

306) 서울고등법원 2012. 12. 14. 선고 2010나71761 판결, 17면.
307) 서울고등법원 2012. 12. 14. 선고 2010나71761 판결, 11-12면.
308) 대법원 2015. 5. 14. 선고 2013다3811 판결, 7면.
309) 서울고등법원 2012. 12. 14. 선고 2010나71761 판결, 17면.

험을 관리하는 수단에 불과한 것이기 때문이다. 즉, ELS 발행액의 한도제한과 델타헤지는 별개의 문제이다. 그러므로 피고가 '헤지를 의무라고 주장'하는 것은, 논리적 비약으로 볼 수 있는 것이다.

(2) 원심판단의 흠

이러한 피고의 주장을 상당부분 그대로 수용한 원심의 판단은 오류의 소지가 있어 보인다. 왜냐하면 ① ELS의 주된 상환재원은 투자자의 ELS 매입대금이고 (100%), ② 통상 금융기관이 기초자산(사안에서는 '삼성 SDI 보통주')에 투자하여 얻은 수익의 일부(최대 연 9% 상당 금액)가 투자자에게 배분되며, ③ 델타헤지는 기초자산의 투자수익을 지키기 위한 보조적 수단에 불과하기 때문이다.

(3) ELS 발행자의 수익창출 : 이론과 실제

한편 앞에서 살펴본 바와 같이, 이론적으로는 피고가 현물주식을 전혀 매매하지 않고 수익을 거둘 수도 있다. 그러나 일반적으로 ELS 발행자는 디지털 풋옵션 매수자의 지위를 가지는바, 기초자산의 가격변동에 따라 변하는 동 풋옵션의 손익을 관리하기 위하여 기초자산의 매매를 통하여 델타헤지를 시행한다. 이론적으로는 선물 또는 옵션 등 다른 금융투자상품을 통한 델타헤지도 가능하지만, 통상 ELS의 발행자는 기초자산에 해당하는 주식을 취득하고, 가격 변동에 따라 처분과 취득을 반복하며 차액을 축적하여 수익을 창출하는 경우가 흔하다.[310] 이 경우 변동성이 큰 기초자산(주식)의 ELS 발행자는 상대적으로 큰 수익을 기대할 수 있고, 반대로 변동성이 작은 경우 ELS 발행자는 큰 수익을 기대하기 어렵다.

(4) 위험의 크기와 헤지의 목적

피고가 델타헤지를 하는 주된 목적은, 무제한적인 위험을 회피하기 위한 것

---

310) 예컨대, 이 사건 ELS의 발행금액이 150억 원이었고, 발행 당시 델타는 대개 등가격(ATM : At The Money) 상태로서 0.5이므로, 일반적으로는 75억 원 상당의 기초자산(삼성 SDI 보통주)을 매수하여 델타헤지를 개시하며, 이후 가격의 등락에 따라 매수와 매도를 반복하며 델타헤지를 수행하는 과정에서 매매손익을 축적하게 된다.

과는 전혀 다른 상황이다. 왜냐하면 디지털 풋옵션 매수자[311]인 피고의 위험은 앞서 살펴본 바와 같이 제한적이기 때문이다. 피고는 원고에게 디지털 풋옵션을 매수한 자이므로, 이에 관한 델타헤지 목적으로 동 주식을 취득할 이유도 일부 있다. 그러나 옵션 매수자인 피고의 위험이 앞서 살펴 본 바와 같이 제한적[312]이라는 점에서 보면, 피고가 기초자산인 주식을 매수하는 사실상의 주된 목적은 피고 스스로의 수익 창출로 보는 것이 타당하다. 한편, 동 주식을 처분하는 이유 또한 스스로의 수익을 극대화하기 위한 것이 주된 목적이다. 그러므로 ELS 발행자이며, 금융투자업자인 피고가 이 사건 주식을 매수한 주된 이유는 스스로의 수익을 창출하기 위한 것으로 보는 것이 타당할 것이다. 그러므로 대법원이 델타헤지 목적을 법령상 의무 이행으로 본 원심의 판단을 배척하고, 피고 자신의 이익을 위한 행위로 판단한 것은 공감이 간다.

---

311) ELS는 자본시장 기능의 활성화 차원에서 신종증권을 통한 자본조달을 확대하고자 2003년 구 증권거래법 시행령 개정 시 증권의 하나로 도입되었다. 이러한 ELS는 신종사채의 일종으로서, 사채에서 정한 발행조건 자체만으로 만기 시 투자자에게 지급될 금액이 사전에 확정되는 전통적인 사패와는 달리 만기 시 투자자에게 지급되는 금액이 특정 주권의 가격이나 주가지수의 변동에 연계된다는 점에서 옵션과 같은 파생금융상품의 요소가 기존의 사채에 결합된 형태의 증권으로 볼 수 있다. 김용재, "주가연계증권의 발행자 정보의 중요성과 고객보호의무", 『세계화 시대의 기업법』, 박영사, 2010, 383－384면; 성희활, "자본시장법상 연계 불공정거래의 규제현황과 개선방향", 『금융법연구』 제6권 제2호, 한국금융법학회, 2009, 66－67면, 'ELS에 관하여는 미국, 일본, 홍콩 등의 경우에 채권으로 발행되고 있다. 그러나 각국 모두 법상 별도의 정의를 두지는 않고 있다. 정승화, "혼합증권에 관한 법적 연구", 고려대학교 박사학위논문, 2011, 151, 162, 223면. 국내에도 이에 기하여 ELS는 채권으로 보아야 한다는 견해가 있으나, 필자는 ELS를 파생상품(디지털 옵션)으로 본다. 이렇게 보아야, 자본시장법 제정 시 기본원칙 중 하나인 '동일한 경제적 실질을 갖는 상품에 대한 동일한 규제'의 원칙이 지켜질 수 있을 것이다. 한편, ELS를 채권으로 보는 경우, ELS 발행자의 자격을 장외파생상품발행자의 자격으로 엄격하게 규제하고 있는 현실과도 맞지 않게 되는 문제가 있다.

312) '금융상품은 '위험 및 기대수익'(risk & return)을 기준으로 다양하게 설계된다. 예컨대, 은행예금의 경우 원본손실의 가능성이 없는 등 위험이 낮기 때문에 기대수익 또한 낮은 것이다(low risk, low return). 반면, 금융투자상품은 원본손실의 가능성(증권) 내지는 원본초과손실의 가능성(파생상품)이 존재하는 등 상대적으로 위험이 높기 때문에 기대수익률이 높은 것이 당연하다(high risk, high return).' 사안의 옵션의 경우 ELS 발행자는 제한적인 손해 가능성과 무제한적 이익의 가능성을 가진 구조이다., 박선종, "최근 판례를 통하여 본 금융투자상품의 설명의무", 『증권법연구』 제14권 제1호, 한국증권법학회, 2013, 69면.

II. All or Nothing 구조와 델타헤지

1. 원심의 판단

원심에서는, 중간평가일 근처에서 디지털 옵션인 ELS의 발행자인 피고의 입장에 대하여, "이 사건 주가연계증권의 경우 삼성 SDI 보통주가 조기상환기준가격인 108,500원을 상회하면 100원 상승이든 1원 상승이든 일정한 수익인 연 9%를 얻고, 조기상환기준가격을 하회하면 1원 하락이든 100원 하락이든 동일하게 수익금을 지급받지 못함"[313]의 All or Nothing(전부 아니면 전무)구조이기 때문에, "델타헤지를 하는 피고로서는 높게 계산된 델타값에 따라 이 사건 상환기준일 부근에서 매우 많은 주식을 보유하게 되는 것인 반면, 이 사건 중간평가일이 경과하여 종가가 결정되는 순간에는 조기상환조건의 충족여부와 무관하게 델타값이 0 또는 상당히 낮은 수치로 떨어지므로 보유 중인 기초자산인 주식을 매각하여야 한다."[314]는 사정이 있다는 점, "만약 피고가 이 사건 중간평가일 장 종료 이전에 델타값에 따라 주식을 매도하지 못한다면 피고는 투자자에게 지급해야 할 상환금을 마련할 수 없고"[315]라는 사정이 있다는 점, 또한 "나아가 보유한 기초자산은 델타헤지를 하지 못한 것이 되어 주가변동의 위험에 완전히 노출된다."[316]는 사정이 있다는 점을 들어 "금융기관들은 자산운용건전성 확보를 위해 헤지를 통한 위험관리의무를 부담하고 있는바, 이는 구 증권거래법은 물론 자본시장과 금융투자업에 관한 법률 등에 따른 법령상 의무"[317]로 인식하고 있으며, "따라서 파생상품거래를 취급하는 금융기관의 경우 그로 인한 위험을 관리하고 헤지하는 것은 금융기관의 공공성에 비추어 선택의 문제가 아니라 반드시 준수하여야 하는 의무"[318]라고 인식하고 있다.

이러한 인식을 토대로 원심 재판부는 "델타헤지는 ELS 발행의 전제조건으로

313) 서울고등법원 2012. 12. 14. 선고 2010나71761 판결, 15면.
314) 서울고등법원 2012. 12. 14. 선고 2010나71761 판결, 16면.
315) 서울고등법원 2012. 12. 14. 선고 2010나71761 판결, 16면.
316) 서울고등법원 2012. 12. 14. 선고 2010나71761 판결, 16면.
317) 서울고등법원 2012. 12. 14. 선고 2010나71761 판결, 16면.
318) 서울고등법원 2012. 12. 14. 선고 2010나71761 판결, 17면.

보편성과 타당성이 인정되는 헤지방법일 뿐만 아니라 금융기관의 자산운용건정성을 위해 법령상 강제되는 헤지거래의 한 방법이라고 할 것이고, 여기에 모든 주식매매가 영향력의 크고 작음의 차이만 있을 뿐 주식시장의 주식가격에 영향을 미치는 요소인 점을 더하여 볼 때 헤지거래로 형성되는 시장가격도 시장요인에 의한 정상적인 수요·공급에 의한 것으로 보아야 하고, 단지 거래수량이 많다거나 매매시기가 집중되어 있다는 점만으로 델타헤지로 인한 주식매매가 인위적인 시장조작에 해당한다고 단정하기는 어렵다."[319]고 판단하였다.

2. 검토의견 : 상품의 특성이 법에 우선하는가?

원심의 인식은 요컨대, ELS는 All or Nothing 구조로, 시세조종[320]이 있다하더라도, 법령상 의무인 델타헤지를 하는 과정에서 발생한 것이므로 면책되어야 한다는 논리로 보인다. 델타헤지를 법령상 의무로 보는 것은 오류라는 것은 앞서 살핀 바 있다. 원심 판결문에서는 중간평가일에 트레이더가 델타값을 맞추기 위해 보유 중인 기초자산인 주식을 상당량 매각하는 방법으로 여러 가지를 들고 있다.[321] 즉, 기초자산의 가격, 매매량, 매수세 등 시장상황을 반영하여 ① 접속매매시간대에 매도하는 방법, ② 단일가매매시간대에 매도하는 방법, ③ 위 두 가지 방법을 혼용하는 방법, ④ 상환기준일 이전부터 조금씩 매도하여 보유량을 줄이는 방법 등 다양한 매매전략을 구사할 수 있다는 점을 예시하고 있다. 이러한 다양한 매매전략의 구사가 가능함에도 불구하고, 단일가매매시간대에 집중하

319) 서울고등법원 2012. 12. 14. 선고 2010나71761 판결, 17면.

320) 정윤모·이효섭, 『파생상품 불공정거래 규제 체계의 개선방향』, 자본시장연구원, 2014. 3, 17면, "시세조종행위는 파생상품 관련 불공정거래 유형 중 가장 많이 발생하는 유형으로, 시세조종 방법에 따라 위장거래에 의한 시세조종, 현실거래에 의한 시세조종, 허위표시에 의한 시세조종, 그리로 현선연계에 의한 시세조종으로 구분할 수 있다."; 사안의 시세조종은 자본시장법 제176조 제4항 제1호 즉, '파생상품에서 부당한 이득을 얻기 위해 기초자산의 시세를 변동시키는 행위 금지'를 위반한 것이다. 이는 현물시장에서 기초가산의 시세조종을 하고 파생시장에서 이득을 취하는 '순방향의 연계시세조종'이라 한다. 한국증권법학회, 『자본시장법』 주석서 I(개정판), 2015, 1127면, 김정수, 『자본시장법원론』(제2판), SFL그룹, 2014, 1298면, 임재연, 『자본시장법과 불공정거래』, 박영사, 2014, 447면.

321) 서울고등법원 2012. 12. 14. 선고 2010나71761 판결, 18－19면.

여 가격변동을 야기하여 원고의 조건성취를 방해한 거래행위를 트레이더의 재량의 범위 내라고 인식한 원심의 판단은 동의하기 어렵다.

델타헤지가 기초자산 가격형성에 일정 부분 영향을 줄 수밖에 없는 사정은 인정될 수 있다. 그러나 델타헤지로 인한 시세변동이 불가피한 점이 일부 인정되지만, 전부가 면책될 수 있는 것은 아니다. 즉, 이 사안의 경우, 델타헤지로 인한 인정될 수 있는 부분은 객관적으로 피고에게 유리한 점이 없다는 점이 증명될 수 있는 범위 또는 원고에게 손해가 없는 범위로 보는 것이 타당할 것이다. 즉, 금융투자업자와 투자자 간 이해상충이 있는 경우, 투자자에게 손해가 없는 범위까지만 델타헤지로 인정하는 것이, 투자자 이익보호의 의미에 부합하는 것이라 생각된다.

예컨대, 이 사안에서는 108,500까지의 지정가 주문은 델타헤지로서 허용될 수 있고, 108,000 지정가 주문은 시세조종으로 보는 것이 타당할 것이다. 왜냐하면, 108,500까지의 지정가 매도주문은 시세조종의 목적성(부당이득 취득)이 없는 것으로 볼 수 있고, 108,000 지정가 매도주문은 부당이득 취득의 목적성이 있는 것으로 볼 수 있기 때문이다.[322] 그럼에도 불구하고, 원심의 판단처럼 108,000까지를 델타헤지로 인정하는 경우, 자본시장법상 시세조종 조항(제176조[323]), 이 사안

322) 첨부 표2 <단일가매매시간대 매도 주문내역> 참조.

323) 동법 제176조 (시세조종행위 등의 금지) ④ 누구든지 증권, 파생상품 또는 그 증권·파생상품의 기초자산 중 어느 하나가 거래소에 상장되거나 그 밖에 이에 준하는 경우로서 대통령령으로 정하는 경우에는 그 증권 또는 파생상품에 관한 매매, 그 밖의 거래(이하 이 항, 제177조 및 제443조 제1항 제7호에서 "매매등"이라 한다)와 관련하여 다음 각 호의 어느 하나에 해당하는 행위를 하여서는 아니 된다. [개정 2009. 2. 3, 2013. 5. 28.] [시행일 2013. 8. 29.]

1. 파생상품의 매매등에서 부당한 이익을 얻거나 제삼자에게 부당한 이익을 얻게 할 목적으로 그 파생상품의 기초자산의 시세를 변동 또는 고정시키는 행위
2. 파생상품의 기초자산의 매매등에서 부당한 이익을 얻거나 제삼자에게 부당한 이익을 얻게 할 목적으로 그 파생상품의 시세를 변동 또는 고정시키는 행위
3. 증권의 매매등에서 부당한 이익을 얻거나 제삼자에게 부당한 이익을 얻게 할 목적으로 그 증권과 연계된 증권으로서 대통령령으로 정하는 증권 또는 그 증권의 기초자산의 시세를 변동 또는 고정시키는 행위
4. 증권의 기초자산의 매매등에서 부당한 이익을 얻거나 제삼자에게 부당한 이익을 얻게 할 목적으로 그 증권의 시세를 변동 또는 고정시키는 행위
5. 파생상품의 매매등에서 부당한 이익을 얻거나 제삼자에게 부당한 이익을 얻게 할 목적으로 그 파생상품과 기초자산이 동일하거나 유사한 파생상품의 시세를 변동 또는 고정시키는 행위.

에서는 동법 제176조 제4항 제1호)이 형해화될 수 있다는 문제가 있다. 한편 동법상 이해상충의 관리 조항(제44조)이 형해화될 우려도 마찬가지이다.

요컨대, All or Nothing 구조라는 ELS 상품의 특성을 이유로, 델타헤지 행위가 자본시장법상 시세조종 금지 조항이나 이해상충의 관리 의무조항에 우선하여 면책되는 것으로 볼 수는 없다.

III. 제도의 변경과 문제의 본질

1. 원고의 주장

원고들은 "금융감독원과 검찰에서 이 사건을 비롯한 ELS 종가관여행위에 대한 조사가 이루어지고, 한국거래소 시장감시위원회가 제정한 'ELS 헤지거래 가이드라인'이 2009. 10. 1.부터 시행된 이후에는 과거와 같은 장 마감 직전의 대량매도행위가 거의 사라진 것에 비추어 보면 피고가 불가피하다고 주장한 장 마감 직전의 대량매도행위는 정당한 헤지거래가 아니라고 주장"[324]하였다.

2. 원심의 판단

원고의 주장에 대하여, 원심 법원의 판단[325]은 ① "금융감독기관에서 가이드라인을 발표하고, 이를 어기는지 여부를 모니터링하겠다고 공언한 마당에 가이드라인을 벗어나는 행위를 할 것을 기대하기는 어렵다는 점", ② "ELS를 발행하는 금융기관으로서는 가이드라인을 지키기 위해 개별 ELS 발행 규모를 줄이거나(정밀한 헤지를 수행하지 못함으로 인해 초래될 수 있는 위험부담을 줄이기 위해 거액의 ELS를 발행하기 어려울 것이다) 수익률을 하향 조정하는 등의 방법으로 과거보다는 느슨한 형태의 델타헤지를 수행할 수밖에 없을 것으로 보이는 점 등에 비추어 과거의 행위를 현재의 기준으로 바라보면서 부당하다고 판단할 수는 없다."는 것이었다.

---

324) 서울고등법원 2012. 12. 14. 선고 2010나71761 판결, 21면.

325) 서울고등법원 2012. 12. 14. 선고 2010나71761 판결, 21-22면 참조.

3. 검토의견

원심 법원의 상기 판단은 위 ①과 ②의 사정을 기반으로 하고 있는데, 이에 관하여 각각 살피자면 다음과 같다. 첫째, 통상적으로 어떠한 규정이나 제도는 문제가 발생한 이후 사후적으로 마련되는 것인데, 위 ①에서 금융감독기관이 가이드라인을 제정하고(규정의 마련), 모니터링을 공언(제도의 마련)한 것은 규제의 대상이 되는 행위에 위법요소 등 문제가 있기 때문에 현재 제도의 흠을 개선하고자 하는 것인바, 동 문제점은 제도시행 이전이나 이후나 변함없는 것일 뿐, 과거의 행위를 현재의 기준으로 바라보면서 부당하다고 하는 것과는 별개의 문제라는 점이다. 요컨대, 제도의 변경이 문제의 본질에 변화를 가져오는 것이라 보기는 어렵다.

한편, 금융위의 당시 자료[326]에 따르면, ELS의 발행규모는 지속적으로 증가한 사정으로 보아, 위 ②에 관한 원심의 인식은 부족함이 있는 것으로 보인다. 이러한 점들을 근거로 판단하자면, 원심의 판단은 동의하기 어렵다.

IV. 델타헤지거래 여부

1. 원심의 판단

원심재판부는 "피고의 델타헤지 모습은 델타헤지의 기본원리에 정확하게 부합한다고 평가하기는 어려워보인다."고 인식하면서도, "다만 그렇다고 하더라도 트레이더에게는 일정한 위험수준 한도 내에서는 재량이 인정되는 것"이라는 인식을 근거로 "일관되게 오버헤지 또는 언더헤지 상태가 유지되고 있고, 그 델타값의 증감에 따라 실제보유수량을 증감시켜 온" 사정이 있는 한, "넷델타값이 크다(혹은 넷델타 비율이 높다)는 이유만으로 피고의 델타헤지가 부당하다고 하기는 어렵다고 판단하고 있다.[327]

326) 금융위원회, "파생결합증권 발행현황과 대응방안", 보도자료, 2015. 8. 27, 2면. 첨부 표3 <파생결합증권 종류별 발행잔액 추이> 참조.

327) 서울고등법원 2012. 12. 14. 선고 2010나71761 판결, 22-23면 참조.

2. 검토의견

실무적으로 사용되는 용어인 '오버헤지'와 '언더헤지'는 엄밀한 의미에서 헤지가 아니라 투자 또는 투기의 개념을 말하는 것이다. 헤지(hedge)는 원래 울타리라는 개념에서 출발하여 재무학에서는 '손실, 위험 등에 대한 방지책'의 개념으로 사용되는 용어이다.[328] 즉, 헤지의 개념은 위험을 상쇄 또는 고정시키고자 하는 것인 바, 의도적으로 헤지량을 줄이는 행위(언더헤지)와 의도적으로 헤지대상을 초과하는 헤지물량을 보유하는 행위(오버헤지)는 헤지의 개념으로 포섭될 수 없다. 그렇다면, 원심재판부가 트레이더의 일정한 재량을 인정하는 것은 투자에 대한 재량을 인정한 것에 다름 아니므로, 이를 근거로 델타헤지의 부당성 여부를 판단한 것은 동의하기 어렵다.

V. 델타헤지의 시기

1. 원고의 주장

원고의 주장은 '델타헤지의 시기는 중간평가일 단일가 매매시간대에만 집중할 것이 아니라, 접속매매시간대 또는 장 종료 후 장외시장이나 다음 거래일에 처분하는 것도 충분히 가능하다'는 취지로 주장한다. 델타헤지의 시기에 관하여는 앞에서도 살핀 바, 원심 판결문에서도 중간평가일에 트레이더가 델타값을 맞추기 위해 보유 중인 기초자산인 주식을 상당량 매각하는 방법으로 여러 가지를 들고 있다.[329]

즉, 기초자산의 가격, 매매량, 매수세 등 시장상황을 반영하여 ① 접속매매시간대에 매도하는 방법, ② 단일가매매시간대에 매도하는 방법, ③ 위 두 가지 방법을 혼용하는 방법, ④ 상환기준일 이전부터 조금씩 매도하여 보유량을 줄이는 방법 등 다양한 매매전략을 구사할 수 있다는 점을 예시하고 있다. 이는 원고의 주장과 상당부분 부합하는 것이다.

---

328) 헤지의 개념에 관한 상세는 박선종, 전게논문(2010. 4.), 111－113면 참조.
329) 서울고등법원 2012. 12. 14. 선고 2010나71761 판결, 18－19면.

2. 원심의 판단

그럼에도 불구하고, 원심 재판부는 Overnight Risk에 관하여, 첫째, "만일 원고들의 주장과 같이 특정일의 종가에 의하여 델타값이 산정된 이후에 다음날 보유할 현물주식의 수량을 맞추어 나가는 것이 적절한 델타헤지의 원리라고 보게 되면, 금융기관은 특정일의 다음날까지 현물주식의 보유에 따른 리스크(Overnight Risk)를 전적으로 부담하여야 하기 때문에 금융기관에게 부당한 위험을 용인할 것을 요구하는 것"이라는 점과 둘째, "장 종료 후 시간외 거래는 유동성이 풍부하지 않아 대량매도가 필요한 중간평가일에 채택할 수 있는 매도방법이라고 보기 어렵다."는 점에 기하여 원고의 주장을 배척하였다.

3. 검토의견

이 사안의 ELS는 만기가 3년인데, 3년 중 불과 1일의 Overnight Risk[330)]가 얼마나 큰 것인가에 대한 계량적 분석이 수반되지 않는 한, 이를 금융기관에게 '부당한 위험을 용인할 것으로 요구하는 것'이라는 원심재판부의 판단은 동의하기 어렵다. 더욱이, 당시 금융위원회의 보도자료상 나타난, ELS의 발행량 증가 현황을 보아도, ELS 발행을 통한 금융투자업자의 수익이 1일 Overnight Risk 정도는 넉넉히 감당할 수준이 아닌가 생각된다.

한편, 원고의 주장이 단일가매매시간대에 집중된 것에 대한 것이고, 대안으로 원심재판부도 인정하고 있는 다양한 방법을 주장한 것인데 반하여, 원심재판부가 시간외 거래의 유동성이 부족한 점 하나만을 특정하여 판단한 점은, 심리에 미진함이 있을 수 있다는 점에서 동의하기 어렵다.

330) 별론으로 동 ELS의 만기 3년 중 거래일을 약 750일로 볼 때, 약 1/750에 해당하는 Overnight Risk를 심각하게 받아들이는 것은, 나무를 보느라 숲을 보지 못한 것이 아닌가 하는 의문이 든다.

제4절 | 결어

대법원의 판단은 원칙적으로는 "투자자와 증권회사의 사이에 이해상충이 발생하는 경우에는 그 기초자산과 관련된 증권회사의 위험회피거래는 그 시기, 방법 등에 비추어 경제적 합리성이 인정되어야 하고, 그 과정에서 기초자산의 공정한 가격형성에 영향을 주어 투자자의 이익과 신뢰를 부당하게 훼손하여서는 아니 된다."[331]는 것이며, 이 사안에 대하여 구체적으로는 "피고와 투자자 사이의 이해관계가 서로 상충되는 상황에서는 피고는 투자자의 신뢰를 저버리는 내용 또는 방법으로 헤지거래를 하여서는 아니 되고 중도상환조건의 성취 여부에 최소한의 영향을 미치는 방법으로 헤지거래를 하여 투자자를 보호할 주의의무가 있다."[332]는 것으로서 금융투자업자의 '투자자 이익 보호의무'와 '이해상충의 관리의무'를 설시한 것이다.

이는 '피고의 행위는 정당한 델타헤지거래행위이고, 시세를 고정시키거나 안정시킬 목적의 행위라고 볼 수 없다.'는 원심의 판단을 부정하는 등 사실관계의 파악에 있어서, 실무전문가의 의견을 존중한 것이라는 점[333] 및 헤지거래의 경제적 합리성에 우선하여 투자자의 신뢰가 보호되어야 한다는 점 등, 금융투자업자에게 부과되는 '투자자 이익 보호의무'와 '이해상충의 관리의무'를 구체화하였다는 점에서, 높이 평가될 수 있다.

331) 대법원 2015. 5. 14. 선고 2013다3811 판결, 3면.

332) 대법원 2015. 5. 14. 선고 2013다3811 판결, 7면.

333) 한국거래소 시장감시위원회는 2009. 6. 19.부터 2009. 6. 23.까지 피고에 대한 감리를 실시하여, 2009. 7. 21. '피고가 이 사건 주가연계증권의 조기상환일(2005. 11. 16.)에 기초자산인 삼성 SDI 보통주를 매도함에 있어 시장 수급상황을 고려하지 않고 헤지 물량 처분 목적을 우선시하여 종가·단일가 결정 시간대에 계속적·집중적으로 대량의 매도주문(9회, 134,000주)을 내는 등 과도하게 거래함으로써 공정거래질서를 저해하고, 투자자의 이익을 우선시 해야 할 충실의무를 위반하였다.'고 판단하였다. 상세는, 서울고등법원 2012. 12. 14. 선고 2010나71761 판결, 7면 참조.

제6장

전자거래와 착오

제6장

전자거래와 착오

제1절 | 서설

금융투자상품의 매매업무 수행이 인간 중심(open outcry)에서 컴퓨터 중심(screen trading)으로 변화함에 따라, 민법 제109조상 착오에 관한 의사표시의 적용기준에 대한 새로운 해석의 필요성이 대두되었다.

이에 관하여는, 1999년 7월 1일 전자거래기본법(법률 제5834호, 1999. 2. 8. 제정)이 시행되는 것을 전후로 몇몇 학자들의 연구[334]가 있었으나, 전자거래의 신속성 등 특성을 고려하여 상대방의 신뢰보호를 중시하는 견해가 지배적인 것으로 보인다.

이 장에서 전자거래란 '양 당사자 모두가 컴퓨터 및 쌍방의 컴퓨터를 연결하는 망(net)을 통해 전자적인 방법으로 법률행위 또는 그에 따른 이행을 하는 거래'[335] 중 파생상품 거래에 있어서 매수인과 매도인이 각각 컴퓨터 단말기를 사용하여 의사표시를 하고, 한국거래소가 전산화된 주문체결시스템(matching

334) 오병철, 전게논문, 63-64면; 한웅길, 전게논문, 34면; 최창열, 전게논문, 763면; 노태악, 전게논문, 128면; 김희진·손진화·이영균, 전게서, 359면.
335) 오병철, 전게논문, 11면.

engine)을 통하여 양 당사자 간의 계약을 전자적인 방법으로 성립시켜 주는 거래를 의미한다.

한국거래소의 전자거래에서 발생되는 착오의 문제는 실무상 상당히 빈번하게 발생되고 있다. 그럼에도 불구하고 소송으로까지 진행된 경우는 흔치 않은바, 2002년 A증권과 B증권 간의 소송(이하 '사안 1')이 첫 번째 사례이다. 당시의 소송은 2심에서 확정되었는데, 착오에 기한 취소 주장이 인용되지 않았다. 한편, 두 번째 사례는 2012년 C증권과 D증권의 소송(이하 '사안 2')인데, 1심에서 착오에 기한 취소가 인용된 점에서 2002년 사안과 법원의 판단에 차이가 있다. 그러나 법원의 판단이 두 판결 모두 전자거래에 특성을 충분히 고려한 것은 아니라는 점에서 추가적 논의의 여지가 있다.

사안 1을 여러 각도에서 연구한 필자의 논문[336]이 당시 1심 재판부에 제출되어, 원고의 주문집행 행위가 착오에 의한 것이라는 판단에 도움을 준 바 있다. 그런데 2012년 사실상 동일한 사실관계를 대상으로 하는 사안 2의 소송이 제기되었지만, 1·2심 재판부의 판단이 종래의 사안 1과 다르다는 점에서 필자는 관심을 가지게 되었다.

물론 대상사안의 쟁점이 착오의 문제에 국한되는 것은 아니다. 그러나 본고에서는 전자거래 시 착오의 문제를 어떻게 판단하여야 하는가에 국한하여 검토하고자 한다. 예컨대, 한국거래소를 통한 파생상품의 거래에 있어서 착오매매의 성립이 가능한 중요한 배경 중 하나가 전자거래 환경이라는 점이다. 즉, 본문의 착오거래는 일방의 착오의 의사표시의 결과인바, 이는 대면거래라면 실무상 상상하기 어려운 것이다. 왜냐하면 일방이 사안 1이나 사안 2와 같은 착오의 청약을 한 경우, 시장에 참여하는 평균적인 상대방이라면 누구나, 청약자의 착오임을 인지하고, 청약의 착오 여부를 되묻거나, 또는 청약의 가격을 재고(再考)하도록 알려 주는 것이 지극히 상식적인 거래의 모습이기 때문이다.

이 장에서는 이러한 대면거래라면 성립되지 않을 착오의 계약이, 전자거래였기 때문에 성립된 경우로 범위를 한정하여, 이러한 경우 상대방의 신뢰보호가 얼마나 필요한 것인가에 대한 의문을 가지고 검토하였다.

336) 박선종, "內在價値 未達價格 옵션契約의 效力", 고려대학교 석사학위논문, 2004. 6.

제2절 | 사안의 개요 및 법원의 판단

I. 사안 1

1. 사안의 개요

원고는 시가(市價) 90만 원 상당의 목적물2(풋옵션)를 2,000원에 매도한다는 전자적인 의사표시를 하였다. 원고의 내심의 의사는, 당시 시가가 약 1,000원이던 목적물1(콜옵션)을 2,000원에 매도한다는 전자적 의사표시를 하려는 것이었으나, 표시상의 착오(주문입력상의 착오)로 인하여, 콜옵션 대신 풋옵션을 매도한바, 결과적으로 이로 인하여 약 87억 원 상당의 손해가 발생하였다.

2. 원고의 주장

원고는 이 사건 옵션의 통상적인 거래 실태, 정상가격과 당일 매도가격의 가격대비 등을 종합할 때 이는 매매의 목적물에 대한 착오로서 법률행위의 중요부분에 관한 착오에 해당하므로, 이 사건 옵션에 대한 매도의 의사표시를 취소하며, 피고의 부당이득금 약 46억 원[337)]의 반환을 청구하였다.

3. 피고의 주장

이에 대하여 피고는, 선물 또는 옵션거래는 원래 미래의 불확실성을 거래대상으로 하는 것으로서 원고는 나름대로의 주가지수에 대한 예측에 근거하여 이 사건 옵션을 매도한 것이지, 착오로 인하여 이 사건 옵션을 매도한 것이 아니라고 주장한다.

337) 당시 원고의 손해 금액 약 87억 원의 거래 상대방 중 피고는 약 46억 원의 이익을, 나머지 약 41억 원은 개인투자자 등 다수의 거래 상대방이 이익을 나누어 가진 상황이었다.

4. 1심 재판부의 판단

1심 재판부는, "원고는 착오로 인하여 이 사건 옵션의 매도호가를 한 것이고, 나아가 원고의 이러한 착오는 의사표시의 목적물에 대한 착오로서 법률행위의 내용의 중요부분에 관한 착오라고 할 것이다"[338]라며, ① 원고의 의사표시가 목적물에 대한 착오에 의한 것이었다는 점, ② 이는 법률행위의 내용의 중요부분에 관한 착오라는 점에서는 원고의 주장을 인용하였다.

다만, 장내거래와 같이 "거래의 안전이 강하게 요구되는 법률관계의 경우에는 일방 당사자의 자기결정의 자유보다 거래 상대방의 신뢰 보호 또는 일반적인 거래의 안전을 보호하기 위하여 착오로 인한 의사표시에 대한 취소권을 배제할 수 있고, 특히 그와 같은 이유로 당사자 사이에 취소권을 배제하기로 하는 약정이 있는 경우에는 착오를 이유로 한 취소권은 배제된다고 할 것이다"[339]라며, 거래소 내의 파생상품 거래는 민법 제109조의 적용이 배제된다고 판단하였다. 즉, 전자거래에서는 상대방의 신뢰보호가 더욱 중요하다는 1999년 전후의 상당수 학자들의 견해에서 벗어나지 않는 판단을 한 것이다.

5. 2심 재판부의 판단

2심 재판부는, "원고의 위와 같은 착오로 인하여 피고가 증권거래소 시장에서 고유계정에서 이 사건 주가지수옵션거래를 통하여 이익을 취하였다고 하더라도, 피고가 신의성실에 반하는 방법으로 원고의 착오를 이용하였다는 등의 특별한 사정이 없는 한, 동시호가방식에 의하여 시초가를 정하는 방법으로 이루어진 이 사건 옵션거래에 관하여 피고에 대한 관계에서만 이를 취소하고 그로 인하여 얻은 이익을 부당이득으로 반환하라고 할 수 없고…"[340]라며, 사실상 1심 판결을 그대로 인용하였다.[341]

---

338) 서울남부지방법원 2004. 7. 30. 선고 2003가합3356 판결.
339) 서울남부지방법원 2004. 7. 30. 선고 2003가합3356 판결.
340) 서울고등법원 2005. 6. 24. 선고 2004나68412 판결.
341) 동 사안은, 구체적 이유는 알 수 없지만, 원고의 상고 신청이 없었으므로 2심 판결이 확정된 종국판결이라는 점에서 아쉬움이 있다.

이는 한국거래소의 파생상품 매매시스템과 같은 전자거래 환경에서는 사안 1과 같이 현저한 가격차이가 있는 특별한 상황의 경우, 상대방의 착오 이용가능성이 매우 높을 수 있다는 특성에 대한 이해가 부족한 상태에서 내려진 판단이라고 생각된다. 즉, 시장가격이 90만 원 수준이라는 것은 피고뿐만 아니라 평균적인 시장참여자라면 누구나 알거나 알 수 있었고, 그러한 상황에서 동 목적물을 2,000원에 매도 의사를 표시한 가격이 전자거래단말기에 공지되었다면, 시장가격이 갑자기 2,000원 이하로 하락될 수 있다는 객관적인 상황의 변화가 수반되거나, 객관적 가능성이 증명되지 않는 한, 표의자의 착오에 의한 의사표시임이 너무나도 명백하고, 따라서 상대방의 착오 이용가능성이 매우 높기 때문이다.

II. 사안 2

1. 사안의 개요

원고는 한국거래소의 회원 파생상품단말기로 한국거래소시스템에 매수주문을 입력하였는데, 주문가격 란에 "0.80"이 아닌 "80"을 입력하였다. 즉, 원고의 내심의 의사는 0.80에 매수하는 것이었는데, 표시된 의사는 80원에 매수한다는 것이었고, 피고는 시가 0.8원 내지 1.00원 상당의 이 사건 목적물(스프레드)을 그보다 약 100배 높은 80원에 매도함으로써 약 78억 원 상당의 이익을 취하였다.[342]

2. 원고의 주장

미국이나 유럽, 홍콩 등 외국에서도 착오로 인한 파생상품 거래의 취소를 인정하는 제도를 두고 있고, 우리나라에서도 2011년 12월 28일 개정된 파생상품시장 업무규정(규정 제800호)에서 착오거래의 구제에 관한 규정을 신설하였으며, 이 사건 거래와 같은 선물스프레드 거래에 관하여 민법 제109조의 적용을 배제하는 명문의 규정이 존재하지 않으므로, 민법 제109조의 해석과 구체적 사안의 적용

342) 서울중앙지방법원 2012. 7. 23. 선고 2011가합112747 판결; 서울고등법원 2013. 5. 30. 선고 2012나65647 판결.

을 통해 상대방의 신뢰와 거래의 안전성을 보호하면 될 것이지, 그 적용이 전면적으로 배제될 것은 아니라고 주장한다.[343)]

3. 피고의 주장

이 사건과 유사한 사안에 관하여 서울고등법원 2005. 6. 24. 선고 2004나68412 판결에서 착오를 이유로 한 취소권이 배제된다고 판시한 바 있는 점 등에 비추어 볼 때, 이 사건 거래를 포함한 선물스프레드 거래에서는 거래의 안전성과 거래 상대방의 신뢰보호가 무엇보다 중요하므로 민법 제109조의 적용이 배제된다고 주장한다.

4. 법원의 판단

1심 재판부는, "원고는 이 사건 목적물(선물스프레드)을 '0.80'원에 매수하려고 하였으나 단말기에 주문가격을 입력하는 과정에서 '80'원으로 잘못 입력함으로써 이 사건 거래가 이루어지게 되었으므로, 이 사건 매수주문은 원고의 착오로 인한 것으로서 법률행위의 내용의 중요부분에 관한 착오에 해당"[344)]하는 것으로 판단하였지만, 원고의 중대한 과실을 인정하고 있다.

그럼에도 불구하고, "의사표시의 착오가 표의자의 중대한 과실로 인한 때에는 착오를 이유로 취소하지 못한다고 규정한 민법 제109조의 단서는 표의자의 상대방의 이익을 보호하기 위한 것이므로, 당초에 그 상대방이 악의로 표의자의 착오를 알고 이를 이용한 경우에는 위 규정에 의하여 보호를 받을 수 없다고 해석함이 위 제109조 전체의 정신에 부합한다 할 것이다(대법원 1955. 11. 10. 선고 4288민상321 판결 참조)"라며 원고의 착오에 중대한 과실이 있었다 하더라도, 피고가 이를 이용한 악의가 인정되므로, 동 사안의 매수주문은 착오를 이유로 취소할 수 있다고 판시하였다.

한편, 2심 재판부는 1심 재판부의 착오 관련 판결내용을 수정 없이 인용하였

343) 서울중앙지방법원 2012. 7. 23. 선고 2011가합112747 판결, 9면.
344) 서울중앙지방법원 2012. 7. 23. 선고 2011가합112747 판결, 11면.

다.[345]

양 재판부는 피고가 원고의 착오를 알고 이를 이용한 근거로 '파생상품단말기의 입력화면에는 해당 선물스프레드 상품에 관한 매도호가와 매수호가의 현황이 실시간으로 표시되므로, 거래에 참여한 다른 당사자들이 제시한 거래의 조건을 확인할 수 있다는 점'(사안 2에서는 시장가격 0.80원보다 약 100배 비싼 가격인 80원에 누군가가 매수의 의사표시를 하고 있다는 것을 확인할 수 있다는 점)을 들고 있으며, 착오에 기한 취소를 인용한 근거로, '선물스프레드 거래는 하나의 계약이 착오로 인한 의사표시라는 이유로 취소되더라도 나머지 제3자 간의 거래에는 아무런 영향을 미치지 않는다는 점' 등 전자거래의 특성을 들고 있다.

대법원도 원심의 착오 관련 내용 판결을 수정 없이 인용하였다. 대법원은 원칙적으로 '거래소가 개설한 금융투자상품시장에서 이루어지는 증권이나 파생상품 거래에 민법 제109조가 적용되는 것'으로 판단하였고, 사안 2에 대하여는 '의사표시의 착오가 표의자의 중대한 과실로 발생하였으나 상대방이 표의자의 착오를 알고 이용한 경우에 해당하므로, 표의자가 의사표시를 취소할 수 있다.'고 판결하였다.[346]

제3절 | 전자적 의사표시 측면의 검토

I. 서설

현재 국내의 장내파생상품은 예외 없이 전자적 의사표시에 의하여 계약이 체결되고 있다. 사안 1(옵션계약)과 사안 2(선물스프레드계약)는 모두 장내파생상품의 전자적 의사표시상의 하자에서 비롯된 것이다.

전자적 의사표시의 경우, 자연적 의사표시와 비교하여 표의자의 이용수단에 대한 제어가능성이 상당히 떨어지는 데서 연유하여, 매우 다양한 유형의 하자가 발견될 수 있다. 이러한 하자 있는 전자적 의사표시의 법적 효과를 어떻게 다루

345) 서울고등법원 2013. 5. 30. 선고 2012나65647 판결, 12면.
346) 대법원 2014. 11. 27. 선고 2013다49794 판결.

어야 하는가의 문제 중에 자연적 의사표시와 많은 차이점이 생길 수 있는 착오론이 가장 중요한 문제가 될 것이다.[347]

II. 전자거래 시 착오의 특성

전자거래는 ① 불특정 다수인을 상대로 한 대량의 반복거래라는 점, ② 비대면거래라는 점, ③ 의사표시 형성과정의 즉시성 및 그에 따라 일단 거래가 성사된 후에는 그 철회가 어렵다는 점, ④ 익명성이 보장된다는 점, ⑤ 신속한 거래라는 점 등의 특성을 가진다.[348]

전자적 의사표시의 착오론 문제를 해결하기 위해서는, 착오의 특성을 파악하는 것이 상당히 중요할 것이다. 왜냐하면 전자적 의사표시의 경우에는 의사형성의 일정 부분을 컴퓨터가 담당하게 되어 자연적 의사표시와 비교하여 착오의 특성이 다를 수 있기 때문이다.

예컨대, 전자거래에 있어서 착오가 생기는 원인을 기준으로 분류하면, ① 잘못된 입력자료(예컨대, 가격이나 단위표시 등의 입력 잘못), ② 프로그램 자체에 흠이 있는 경우, ③ 기계 자체 또는 설비 이용에 잘못이 있는 경우를 들 수 있다.[349]

여기서 입력된 정보가 잘못된 경우에는 일반 서면에 의한 주문서에 목적물, 단위, 가격 등을 잘못 기재한 경우와 마찬가지이므로, '정보입력의 잘못도 표시상의 착오'로서 우리 민법 제109조에 의해 중요부분에 착오가 있는 때에는 취소할 수 있다고 보아야 할 것이다.[350] 그러나, ②와 ③은 자연적 의사표시에서는 발생할 수 없는 경우라 할 수 있다. 이하에서는 ①의 '잘못된 입력자료'로 범위를 한정하여 전자거래 시 착오의 특성을 살핀다.

---

347) 노태악, 전게논문, 127면.
348) 지원림, "전자거래와 ADR", 『법학연구』 Vol. 26, 전북대학교 법학연구소, 2008, 119면.
349) 지원림, "자동화된 의사표시", 『저스티스』 제31권 제3호, 한국법학원, 1998, 56면.
350) 최창열, 전게논문.

1. 착오발생의 고빈도성 : 대량의 반복거래, 신속한 거래

전자거래는 매매의 사무를 인간에서 컴퓨터로 대체한 것인데, 최소거래단위는 작아지고, 거래빈도는 증가하는 경향이 있다. 예컨대, 고빈도거래(HFT: High Frequency Trading)를 대표적인 사례로 들 수 있다.

매매의 사무에 인간이 종사할 경우에는 1초도 짧은 시간이지만, 고빈도거래에서는 백만분의 1초(micro second)를 다툴 정도로 거래의 빈도가 잦다. 여기서, 고빈도거래는 ②와 ③의 영역이므로, 별론으로 하더라도, 주문입력 사무를 인간이 집행하는 ①의 경우에도 최소거래단위는 작아지고, 거래빈도가 증가하는 경향은 동일한 것으로 생각된다.

거래빈도가 증가함에 따라, 이에 비례하여 착오발생 건수도 증가한 것으로 볼 수 있다.

다음 <표 6>은 한국거래소가 최근 발표한 파생상품 착오거래의 유형인바, 잘못된 입력자료의 유형을 보여주고 있다. <표 6>에서는 한국거래소의 전자거래 중 거래소에 보고된 착오거래만 해도 약 13개월간 7,224건에 달하는 것을 보여 주고 있다. 이는 일평균 약 28건에 달하는 것으로 전자거래 시 착오가 얼마나 빈번한지를 보여 주고 있다.

거래소에 보고되지 않는 사소한 착오를 합한다면 실제의 전자거래 시 착오의 발생 건수는 아래의 자료상 수치보다 더 많은 것으로 볼 수 있다. 착오의 발생 건수가 많다는 것은 전자거래의 특성으로 볼 수 있다.

한편, <표 6>에서의 분류에 따르면, 사안 1은 '종목착오'(콜과 풋)이고, 사안 2는 '가격착오'(0.8과 80)의 경우이다.

표 6 | 파생상품 착오거래 정정 유형

기간 : 2012. 1. 2.~2013. 2. 20.

구 분	정정수량		정정건수	
계좌번호착오	99,646	35.3%	2,771	38.4%
가격착오	78,352	27.7%	1,073	14.8%

매도/매수구분착오	31,090	11.0%	1,209	16.7%
종목착오	26,304	9.3%	520	7.2%
수량착오	21,933	7.8%	960	13.3%
호가종류착오	1,421	0.5%	43	0.6%
기타	23,856	8.4%	648	9.0%
합계	282,602	100%	7,224	100%

자료 : 한국거래소, "착오거래 정정 관련 업무개선방안", 2013. 6.

2. 착오의 여과 능력 열위 : 비대면거래, 의사표시 형성과정의 즉시성

전자거래에 있어서 착오 발생건수의 절댓값이 증가하는 현상은, 전자거래시스템이 대면거래에 비하여 착오의 청약을 여과(filtration)할 수 있는 능력면에서 열위에 있기 때문으로도 볼 수 있다. 필자는 약 20년 전 '종목착오'를 직접 경험한 바 있다. 당시 알루미늄 가격은 톤당 1,540달러이고, 구리 가격은 톤당 2,560달러 정도였다. 통상 실무에서는 거래의 신속을 위하여 4자리 숫자 중 뒤의 2자리 숫자만으로 매수 또는 매도의 청약을 한다. 필자는 대면거래의 상대방에게 알루미늄 1,000톤을 60에 매수의 청약을 하였다(BUY 40 ALI AT 60!).[351] 당시 상대방의 반응은 '당신 지금 알루미늄 매수청약이 맞느냐? 가격으로 보면 지금 구리의 청약으로 보인다.'는 것이었다.

필자는 구리를 매수 청약한다는 것을 알루미늄으로 종목착오의 매수청약을 한 것이다. 대면거래에서는 이와 같이 전문가인 상대방이 거래에 직접 참가하면서 착오로 인한 계약 성립의 가능성이 낮아지게 된다. 이는 대면거래에서는 비교적 경미한 착오의 청약도 상대방의 전문성 정도에 따라서 대부분 여과되기 때문이다.

반면 전자거래에서는 이와 같은 경미한 착오[352]는 사실상 예방될 수 없다.

351) BUY 40 ALI AT 60는 알루미늄 40계약(1,000톤 : 1계약=25톤)을 1,560달러에 사겠다는 매수의 청약이었다. 당시 시장가격이 1,540달러였으니, 이 매수청약을 상대방이 승낙하면 필자는 즉시 시장가격 대비 20,000달러(20달러×1,000톤)의 손실을 입게 되고 상대방은 반대로 20,000달러의 이익을 얻게 되는 상황이었다.

즉, 아무리 정교한 전자거래의 안전성 제도를 마련한다 하더라도, 전문화된 인간의 대면거래 수준의 여과 능력에 미치기는 어렵다는 것이 전자거래의 한계라고 생각된다.[353] "전자거래에서의 의사표시는 전자거래가 신속성, 대량거래성, 반복거래성, 외관 신뢰 등의 특징을 고려하면 착오를 이유로 한 취소를 제한할 필요가 있겠지만, 이러한 제한은 표의자 보호에 문제가 있으므로, 사업자가 소비자의 착오를 막을 적절한 조치를 강구할 필요가 있다. 이러한 방지조치가 잘 갖추어지면 전자거래에서의 계약은 보다 형식화될 수 있으며, 인증 등의 조치를 통하여 보다 표시를 더욱 신뢰하게 될 것이며, 의사표시이론에서도 '표시주의'가 우세해질 가능성이 있다."[354] 이는 반대로 생각해 보면, 예컨대, 착오의 예방 장치 내지는 착오 청약의 여과 능력이 부족한 경우에는 '의사주의'가 중시될 필요성이 있음을 의미하는 것으로 이해된다.

사안 1의 내재가치에 현저히 미달된 가격으로 거래된 KOSPI200 옵션계약의 경우와 사안 2의 선물스프레드 거래는, '급부와 반대급부의 객관적 가치상 현저한 불공정성'이 일반적인 파생상품 거래에 비하여 상대적으로 명확하다. 그 이유는 다음과 같이 설명될 수 있다. 예컨대, 유명인사의 유품과 같이 희소가치가 있는 재화의 가격은 경매를 통하여 매매가격이 형성될 때까지 그 가격을 가늠하기가 쉽지 않다. 그러나 금 한 돈과 같은 보통재의 가격은 시가(市價)가 항상 형성되어 있고, 과거의 가격이 변천한 기록이 있으므로, 거래가격이 계속 변동하지만, 금의 매매업무에 종사하는 평균적인 거래자라면 누구나 현재가격의 범위에 대하여 알고 있다.

어제 저녁에 한 돈에 90만 원하던 금 가격이 오늘 아침에 2,000원으로 떨어질 수 있겠는가? 사안 1의 경우, 주가지수옵션은 공개된 시장에서 거래되는 일반화된 종목으로서, 그 거래에 종사하는 평균적인 거래자라면 누구나가 쉽게 알 수 있는

---

352) 예컨대, 현물주식의 경우 일일 가격제한폭이 15%로서, 사안에 비하여 상대적으로 경미한 가격 차이이며, 이는 사실상 착오 예방이 불가능한 수준으로 판단되므로, 논의의 대상에서 제외하였다.

353) 예컨대, 자동차 생산의 경우를 생각해 보면, 대중적인 자동차는 상당부분 기계 설비를 통하여 자동화된 생산라인을 도입하고 있지만, 페라리, 람보르기니, 마이바흐, 롤스로이스 등 초고가 자동차는 여전히 수제 생산라인을 고수하고 있다. 이는 결국 기계화의 한계를 보여 주는 예가 아닌가 생각된다. 전자거래와 대면거래의 차이도 마찬가지인 것이다.

354) 한웅길, 전게논문, 34면.

순간순간마다 시장가격의 범위가 존재한다. 이는 어제 저녁에 한 단에 3,000원 하던 파가 홍수 피해에 기인하여 오늘 아침은 4,000원으로 오를 수 있는 것을 평균적인 주부들이 이해할 수 있는 것과 마찬가지의 이치이다. 평균적인 옵션의 거래자라면, 당해 옵션의 사안의 거래당일 동시호가 시, 기대하는 가격범위로 9.00포인트에서 상하로 0.5포인트 내외 정도로 이해하고 있었을 것으로 본다. 이를 금가격의 경우에 대입하여 비교하자면, 피고의 주장은 금 한 돈 가격이 어제 저녁에 90만 원이었는데, 오늘 아침은 2,000원에 거래되는 것도 정상적인 가격이라고 주장하는 것과 같다.[355)]

사안 2의 경우, 선물스프레드라는 것은 목적물의 이행기가 먼 '원월물'(deferred month)과 이행기가 가까운 '근월물'(nearby month) 가격의 차이를 의미한다.[356)] 원달러 선물스프레드는 미국의 기준금리와 한국의 기준금리의 차이에 근거하여 계산되는 것으로서, 통상 기준금리가 변동하지 않는 한 사실상 1일 중 변동가능성이 거의 없는 특성이 있다. 일국의 기준금리는 대개 월단위(monthly)로 변동하는 것이지 일단위(daily)나 일중(intra-day)에 변동하는 것이 아니다. 그러므로 시장가격이 0.8원 수준인 상황하에서 80원에 매수의 청약이 있다면 평균적인 시장참여자라면 누구나 쉽게 착오에 의한 매수청약으로 이해할 수 있는 것이다. 이는 80원이 아닌 8원이라 하더라도 마찬가지이다. 그러므로 시장가격의 무려 100배에 달하는 80원이라는 가격은 평균적인 시장참여자의 시각에서는 착오가 아니라면 도저히 불가능한 매수청약이므로, 대면거래라면 당연히 상대방의 확인에 의해 계약의 성립에 이르지 못할 착오에 의한 청약임에도 불구하고, 한국거래소의 전자거래시스템은 대면거래에 비하여 이러한 점에서 착오청약의 여과능력이 부족한 것에 기인하여, 사안 2는 매매 계약의 성립에 이른 것이다.[357)]

이렇듯 전자거래가 대면거래에 비하여 착오청약의 여과 능력 측면에서 열위

355) 박선종, 전게석사학위논문, 80면.
356) 선물 스프레드는 동일상품의 원 근월물간 가격 차이(calendar spread), 동일 상품의 시장간 가격차이(inter-market spread), 타 상품과의 가격차이(inter-commodity spread) 등으로 분류되는바, 두 상품 간의 가격 차이를 의미하는 것이다. 사안 2는 calendar spread의 문제이다.
357) 피고는 평균인을 능가하는 전문성이 있다는 점에서 악의의 개연성이 더욱 높다 할 수 있다.

에 있다는 점은 전자거래의 착오 판단에 있어서 고려되어야 할 주요한 요소로 생각된다.

3. 선의의 제3자의 피해가능성 및 상대방의 신뢰보호 필요성

사안 1의 1심 판결문에서는 "단일가 매매에 의하여 거래가 성립된 당사자 중의 일방이 거래가 성립된 이후 자신의 호가가 착오로 인한 의사표시라는 이유로 거래 상대방에 대하여 자신의 의사표시를 취소하는 것을 인정하게 되면, 원칙적으로 단일가매매의 호가에 그 의사표시가 없던 것과 같이 취급되어야 하므로 자신이 취소하고자 하는 거래뿐만 아니라 단일가 매매에서 성립된 나머지 제3자간의 거래 및 그 거래내용에도 파생적, 연쇄적으로 영향을 미치게 되는 점"[358]을 원고의 착오에 기한 취소 주장을 인용하기 어려운 주요한 이유 중의 하나로 제시하며 선의의 제3자의 피해가능성을 들고 있다.

동 판결문은 또한, "증권거래법은 유가증권의 유통을 원활히 함을 그 목적 중의 하나로 들고 있고(구 증권거래법 제1조), 아울러 유가증권의 공정한 가격의 형성과 안정 및 그 유통의 원활을 기하기 위하여 한국증권거래소[359]의 설립을 규정하고 있으므로(구 증권거래법 제71조 제1항), 불특정 다수인이 참가하는 증권거래소를 통한 유가증권거래에서는 유가증권의 유통의 보장이 극히 중요하다고 할 것인바, 만약 증권거래소를 통하여 거래가 이루어진 후에 거래의 일방이 자신의 주문이 착오 즉, 의사와 표시의 불일치라는 자신의 주관적인 사정만에 의하여 그 거래를 취소할 수 있게 된다면 증권거래소를 통한 거래의 유효성에 대한 상대방 내지 불특정 다수인의 신뢰는 상실되게 되고, 이는 증권거래소를 통한 거래의 안전에 의문을 증폭시켜 불특정 다수인이 증권거래소를 통한 증권거래에 참여를 기피하도록 하는 결과를 초래하여 결국 증권거래소를 통한 거래의 기반 자체가 흔들릴 수 있는 점 등을 종합하여 보면, 증권거래소를 통한 주가지수옵션거래에서는 거래의 안전성이 고도로 요구되어 착오를 이유로 한 취소권은 배제된다고 보아야 할 것이다."라고 설시하며, 상대방의 신뢰보호를 취소권 배제의 주요한

358) 서울남부지방법원 2004. 7. 30. 선고 2003가합3356 판결.
359) 현재 한국거래소.

이유로 들고 있다.

사안 1이나 사안 2와 같은 이상거래(異常去來)에 대하여 취소를 허용하여 사적 이익을 보호하는 것이, 거래의 안정성 및 신속성 등 공적 이익과 상충되는 것인지 의문이다. 예컨대, 부동산 매매와 같은 경우는 거래를 취소할 경우 선의의 제3자가 문제될 개연성이 높을 것이다. 그러나 거래소에서 행해지는 파생상품 거래의 경우, 완전경쟁시장에 가장 근접한 것으로 추정되는 공개된 시장에서 경매방식으로 진행되는 특성이 있으므로, 시장가격에 준하여 거래될 고도의 개연성이 있다.

그러므로 착오거래로 생성된 계약(position)이 제3자와의 거래를 통하여 전매(liquidation) 또는 환매(short-covering)하는 거래 자체가 또 다른 착오거래가 아니라면, 일반적이 상품의 계약과 달리, 선의의 제3자가 불측의 피해를 입을 가능성이 사실상 전무하다는 점이 그 특성이다.[360] 이러한 점에서 사안 2에 관한 1심 재판부의 관련 판단은 전자거래의 특성을 부분적이나마 적절히 고려한 것으로서, 사안 1의 재판부의 판단에 비하여 상당히 발전된 모습을 보여 주었고 대법원은 이를 수정 없이 인용하였다.

4. 익명성과 과감성

전자거래의 특성 중 하나는 익명성(anonymity)으로 볼 수 있다. 대면거래 시와 다른 익명성은 과감성(audacity)을 유발할 수 있다. 일부 판·검사들이 SNS(social networking service)상에서 자신의 정치적 성향을 여과 없이 드러내거나 막말을 하는 사례가 언론에 보도된 바 있다.[361] 이러한 과감성은 익명성에서 기인한 것으로 볼 수 있다. 즉, 개인 자격으로 SNS상에서 표현의 과감성을 보인 것인데,

360) 박선종, 전게석사학위논문, 9면. 부연하여 설명하면, 착오거래로 양도된 파생상품의 전득자는 민법 제109조 제2항에서 말하는 선의의 제3자에 해당하는지가 문제될 수 있다. 한국거래소와 같은 거래소에 상장된 장내파생상품의 거래에서는, 금융상품의 취득이라기보다는 차액의 현금결제가 중심이므로, 전득자라는 개념을 인정하기 어렵다.

361) "가카새끼·호위무사 … 스스로 신뢰 깎아먹은 튀는 판·검사", 조선일보(인터넷판) 기사, 2013. 10. 9, http://news.chosun.com/site/data/html_dir/2013/10/09/2013100900268.html.

상대방을 대면한 상황이라면 하기 어려운 표현을, SNS라는 일종의 전자게시판에서는 과감하게 표현한 것이다. 이는 한편 일반시민이라면 사실상 익명성이 보장될 표현일지라도 표의자의 신분이 고위공무원이기 때문이 문제가 된 것으로 볼 수도 있다. 여기서 중요한 점은 SNS는 일면 익명성이 보장되는 듯하지만, 기실 문제가 발생하면 익명성이 보장되지 않는다는 이중적인 특징이 있다. 뿐만 아니라 전자게시판 사업자가 문제된 내용의 정보를 보유 및 처분할 수 있다는 점도 특징이다.

전자거래에서 착오의 문제도 동일한 특징이 있다. 대면거래라면 필자의 경험처럼 상대방이 청약자의 착오를 청약자에게 확인하는 과정(신중성, prudence)에서 계약의 성립에 이르지 못할 착오의 청약이, 전자거래에서는 익명성에 기인한 과감성이 작용하여 계약의 성립에 이를 수 있는 것이다. 여기서도 동일한 현상이 발생한다. 웬만한 사안은 과감성의 익명성이 보장되지만, 사안 1이나 사안 2처럼 상대방이 문제를 제기할 경우, 과감성에 기한 행위의 기록이 세세히 공개됨으로써 익명성이 보장될 수 없다는 특징이 있다. 뿐만 아니라 동 기록은 한국거래소가 보유 및 처분할 수 있다는 점이 특징이다.[362] 즉, 대면거래에 비하여 기록의 보존 및 처분의 우위에 있다. 이렇듯 세부 거래기록이 보존되기 때문에, 한국거래소의 전자거래 시에는 취소를 인용하여도 시장이 붕괴될 염려는 없는 것으로 본다. 즉, 부당이득을 취한 상대방으로부터 정확한 부당이득분만을 회수하면 되는 것이기 때문에, 제3자가 선의의 피해를 입을 가능성은 생각하기 어렵다.

사안 1과 사안 2에서 공히 피고들은 거래소 거래는 취소될 수 없는 것이라고 주장하였다. 피고들 주장의 골자는 취소를 허용하면 시장이 붕괴된다는 것이다. 필자는 2004년 논문을 통해서, 법원이 취소권을 인용한다 하더라도 시장붕괴의 가능성은 없어 보인다고 주장한 바 있는데, 그 이유는 거래소 거래에서는 증거금 및 일일정산과 같은 특별한 시스템[363]에 힘입어 동적손익(動的損益)과 정적손익(靜的損益)의 분리[364]가 용이한데, 이러한 특성이 시장붕괴를 예방하기 때문이라는 것

362) 이에 관하여 한국거래소의 과실을 문제 삼을 수 있는가에 대한 의문이 제기될 수 있으나, 현재까지 소송상의 문제제기는 발견되지 않았다.

363) 증거금 및 일일정산 등 파생상품시장 특별한 시스템에 대한 상세는 박선종, 전게석사학위논문, 21-27면 참조.

364) 동적손익은 주문체결 후 시장가격 변동에 따라 발생하는 손익을 의미하며, 정적손익은

이었다. 사안 2의 재판부가 취소를 인용[365]했지만 시장의 붕괴는 일어나지 않았다. 이는 시장붕괴의 주장은 허구에 불과하다는 것이 실증된 것으로 볼 수 있다.

III. 검토의견

1. 매매환경의 변화 : 사람에서 컴퓨터로

계약자유는 채권법의 대원칙이므로, 계약의 종류나 내용형성은 기본적으로 계약당사자의 자유에 맡겨져 있다. 그렇다 하더라도 법률행위의 내용 또는 의사표시에 흠결이 있는 경우, 당해 계약의 효력은 일정 부분 제한되어야 할 것이다. 그러나 시장가격과 현저한 차이를 보이는 가격으로 체결되는 선물·옵션거래를 인용해 온 거래계의 기존 관행은, '거래의 안전'에 치중한 나머지 '법률행위'의 흠결에 대한 규율 측면이 간과되어, 균형을 잃은 것이 아닌가 하는 의문을 제기하게 한다.

기존 관행의 논거는 1대 1 상대거래를 전제로 하여 중대한 착오의 경우에 취소를 허용하는 민법과 달리(제109조), 자본시장법은 그 목적이 매매거래를 공정히 하고 유통을 원활하게 하는 데 있는 바(제1조), 거래소개설시장에서는 거래조건을 정형화·표준화하여 투자자의 주문을 신속·정확하고 공정하게 대량 처리하는 것이 생명이므로 개개 당사자의 사적 이익보다는 거래의 안정성 및 신속성 등 공적 이익이 우선되어야 하기 때문에 착오에 기한 취소 등을 인정하는데 한계가 있다는 것이다.[366]

한국거래소의 파생상품 거래는 전부 전자적인 방법으로만 거래되는 특성상, 착오에 의한 매매가 흔하다. 착오에 의한 선물·옵션의 매매는 사실상 날마다 있는 일이라 하여도 과언은 아닐 것이다.[367] 그럼에도 기존의 관행상 선물·옵션 등 파생상품 거래에서 착오에 의한 매매라 하더라도 취소할 수 없다는 것이 평

착오주문으로 체결된 당시의 시장가격을 기준으로 산정된 손익을 의미한다.

365) 서울중앙지방법원 2012. 7. 23. 선고 2011가합112747 판결.

366) 선물옵션제도팀, 『사실조회에 대한 회보』, 증권거래소, 2004. 1. 8, 3면.

367) 세부적인 주장의 근거는 박선종, 전게석사학위논문, 2-6면 '한맥투자증권 착오 주문으로 1분만에 사실상 파산', 한국경제신문, 2013. 12. 14, A12면 기사 참조.

균적인 시장참여자에게 고정관념화 되어 있기 때문에, 상대방의 실수를 염원하는 악의의 거래자들 또한 적지 않은 것이 현실이다. 심한 경우는 착오 등에 기한 비정상적인 가격의 호가에 우선적으로 체결시킬 수 있는 자동화된 컴퓨터 프로그램을 제작하여 사용하는 경우까지 있다.

이러한 측면에서 보면, 한국거래소 파생상품 시장의 구조적 특성상 시장가격과 현저한 차이를 보이는 가격에 체결되는 계약의 경우, 이익을 보는 일방이 손해를 보는 상대방의 착오를 알거나 또는 알 수 있는 개연성이 상당히 높다. 따라서 사안 1과 사안 2 파생상품의 전자거래는, 기존의 관행 내지는 학설과 달리, 대면거래보다 민법 제109조의 적용 필요성이 더욱 높다 할 수 있다.

2. 의사소통적 합리성

하버마스의 의사소통행위이론에서 정의되는 '의사소통적 합리성'은, ① 고독한 주체가 객관세계의 어떤 것을 성공적으로 인식하고 조작할 때 성립하는 합리성이 아니라, ② 언어 및 행위능력이 있는 주체들이 어떤 것에 관해 서로 이해를 도모할 때 성립하는 합리성이라 한다. 즉, 하버마스는 사회의 복잡성이 증가함에 따라 언어적 의사소통을 통해서만 행위를 조정하기가 어렵게 되고, 언어적 의사소통의 과도한 부담을 덜기 위해(전자거래와 같은) 비언어적 매체를 통해 행위 조정이 이루어지는 영역이 독립하게 되지만, 결국 중요한 것은 '의사소통적 합리성'이라는 것이다.[368]

하버마스의 '의사소통적 합리성'을 대면거래와 전자거래에 적용하자면, 신속성, 상대방의 신뢰보호 등 전자거래에서의 합리성은 결국 ①의 합리성에 불과하고, 대면거래 시의 합리성이 ②의 합리성 즉, '의사소통적 합리성'인 것으로 이해할 수 있다.

하버마스의 의사소통행위이론을 사안에 적용시켜 보자면, 전자거래의 특성을 강조한 합리성(사안 1의 판결 근거)은 고독한 주체인 피고가 거래소의 호가시스템의 비정상적인 가격을 인식하고 키보드를 조작하여 매매계약을 성립시킨 것의

368) 위르겐 하버마스(장춘익 역), 『의사소통행위이론』 1권, 나남출판, 2006, 6-7면.

합리성에 불과한 것으로 볼 수 있다. 한편, 대면거래는 언어 및 행위능력이 있는 원고와 피고가 목적물의 가격에 관해 서로 이해를 도모할 때 성립하는 정상적인 가격으로 체결된 매매계약의 합리성 즉, '의사소통의 합리성'이 달성된 것으로 볼 수 있을 것이다.

하버마스는 이렇게 비언어적인 매체에 의해 행위조정이 이루어지는 영역(전자거래)을 '체계'(system)라고 하고, 언어적 의사소통을 통해서 행위조종이 이루어지는 영역(대면거래)을 '생활세계'(lebenswelt)라고 한다.

하버마스는 현대사회의 병리현상을 체계의 논리가 생활세계에 침입하여 발생하는 '생활세계의 식민지화'로 인한 것이며, 따라서 한편으로는 '체계의 월권을 방지하는 제도적 장치'를 통하여, 그리고 다른 한편으로는 생활세계에서 의사소통적 합리성과 자발적 연대의 활성화를 통하여 '체계와 생활세계의 경계를 새롭게 설정'하는 것이 필요하다고 주장한다.[369] 하버마스식 분류를 따르자면, 전자거래는 '체계', 대면거래는 '생활세계'로 대입할 수 있을 것으로 생각된다.

예컨대, 사안 1에서 "원고는 2002. 7. 29. 한국증권전산 주식회사와(현재, 'KOSCOM')의 사이에 한국증권전산 주식회사가 제공하는 'BASE 21'시스템전산서비스 이용계약을 체결하고, 위의 시스템을 통하여 증권거래소(현재, 한국거래소)의 시스템에 대한 거래를 하여 왔는데, 위의 전산서비스에는 이상호가를 차단할 수 있는 기능이 없었고, 이 사건 옵션거래 이후인 2003. 1. 8. 원고의 요청에 따라 이상호가를 차단할 수 있는 기능이 추가되었다.

반면, 피고는 이상주문 또는 이상호가를 저지하기 위하여, 거래종목, 현재가, 매도가, 매도량 등으로 특정된 종목을 선택하면 그에 대한 가격이 자동적으로 입력되고 그 가격과는 다른 가격에 호가를 하기 위해서는 한 번 클릭할 때마다 일정 간격(3포인트 이상이면 0.05, 3포인트 미만이면 0.01포인트)으로 변동하도록 하는 전산시스템을 구축하고 있었다."[370]

여기서 원고와 피고가 각각 이상호가를 차단할 수 있는 기능을 추가한 것은 하버마스가 주장하는 '체계의 월권을 방지하는 제도적 장치'의 일종으로 볼 수 있다.

---

369) 위르겐 하버마스(장춘익 역), 전게서, 7면.
370) 서울남부지방법원 2004. 7. 30. 선고 2003가합3356 판결.

3. 착오 인정의 근거 : 급부와 반대급부의 불균형

민법 제104조는 궁박, 경솔 또는 무경험으로 인하여 현저하게 공정을 잃은 법률행위를 무효로 하고 있는데, 공정상실의 현저성 여부 판단기준으로 우리 판례는 시가 대비 약 50% 미만을 인정하는 경향이 있다.[371] 한편, 로마법이나 프랑스법에서도 유사한 판단기준들이 존재한다.

유스티니아누스법전의 "막대한 손해"(laesio enormis) 규정에 따르면, 매매가격이 시가(時價)의 절반에 못 미칠 경우에 매수인이 매매대금을 시가대로 지불하지 않는 한 매도인은 매매대금을 반환하고 매매목적물의 반환을 청구할 수 있었다.[372]

프랑스 민법 제1674조는 "부동산 매도인이 부동산 가액의 7/12을 초과하는 손해를 입은 경우에 매도인은 그가 매매계약에서 손해무효 청구권을 명시적으로 포기하였거나 초과가치를 지급할 것이라는 약정이 있다 하더라도, 매매계약의 손해무효를 주장할 수 있다."[373]라며, 과도한 손해를 원인으로 한 손해무효를 규정하고 있는데, 과도한 손해의 기준으로 시장가격 대비 약 58.3% 초과(7/12)를 들고 있다.

한편 프랑스 민법 제1619조[374]는 한정된 특정물 매매의 경우에는 시장가격의 상하 5%(1/20)를 기준으로 매매대금의 추가나 감액을 면제하도록 규정하고 있는 바, 이 조문은 특정물의 매매가격이 시장가격의 105%를 초과하거나 95%에 미달되는 것에 대하여는 대금의 추가나 감액을 청구할 수 있는 것으로 해석할 수 있다.

대면거래라면 궁박, 경솔, 무경험한 경우 이외에 급부와 반대급부가 현저히 불공정한 계약의 성립가능성은 낮은 것으로 볼 수 있다. 그러나 전자거래에서는 사안 1, 2의 경우와 마찬가지로 착오에 기한, 현저한 급부와 반대급부의 불공정

---

371) 급부와 반대급부의 현저한 불균형이 인정된 예로는 ① 매도담보에 제공한 목적물의 가격이 채권액의 3, 4배에 달하는 경우(25~33%), ② 임야를 시가의 1/2.5 내지 1/5 가격으로 매매한 경우(20~40%) 등 확정된 대법원 판례가 다수이다. 상세는 박선종, 전게석사 학위논문, 79면 재인용.

372) 곽윤직 편집대표(민일영 집필부분), 『민법주해 II』, 박영사, 2002, 242면 재인용.

373) 명순구 역, 『프랑스민법전』, 법문사, 2004, 665면.

374) 명순구 역, 전게서, 653면.

성이 존재하는, 계약의 성립가능성이 높다 할 수 있다. 그럼에도 불구하고, 기존 판례[375]에서는 착오의 중과실 여부와 상대방의 악의가 판단기준이었다. 이는 전자거래의 특성을 감안하면 부족한 면이 있다.

전자거래의 여러 특성을 감안하면, 전자거래에서는 착오 여부의 객관적 판단기준 중 하나로 '급부와 반대급부의 불공정성'을 도입할 필요가 있다. 전자거래에서 시가대비 50%를 초과하는 계약이 성립된 경우는 착오로 인정할 필요가 있다.

파생상품의 경우 통상 증거금이 시가의 5% 내외임을 감안하면, 증거금의 50%는 시가의 2.5%인데, 이러한 기준은 파생상품의 1일간 실질적인 가격변동의 가능성은 증거금의 범위 내로 제한되는 것이 원칙이므로, 구체적 타당성을 갖는 기준이 될 것이다. 한편 이는 프랑스 민법이 특정물에 대하여 5% 조항을 도입한 것과 동일한 취지로 볼 수 있을 것이다.

제4절 | 결어

전자거래 시의 착오의 특성은 ① 대량의 반복거래, 신속한 거래라는 점에서 발생의 고빈도성이 있다는 점, ② 비대면거래, 의사표시 형성과정의 즉시성 등에 기인하여 착오의 분별력이 열위에 있다는 점, ③ 선의의 제3자의 피해가능성이 적거나 없으므로, 상대방의 신뢰보호 필요성이 적거나 없다는 점 등으로 요약된다.

이러한 특성을 감안하여 결론적으로 필자는 전자거래에서 비롯된 착오의 문제를 판단함에 있어서는 ① 상대방의 착오를 알거나 알 수 있는 개연성이 높으므로, 민법 제109조의 적용 필요성이 더욱 높다는 점, ② 전자거래 시에도 결국은 언어와 행위능력이 있는 매수인과 매도인이 목적물의 가격에 관해 서로 이해를 도모할 때 성립하는 정상적인 가격으로 체결된 매매계약만이 하버마스가 주장하는 '의사소통적 합리성'이 달성된 것으로 볼 수 있다는 점 등이 반드시 감안되어야 한다는 것과 ③ 전자거래에서 착오 여부의 객관적 판단기준 중 하나로 급부와 반대급부의 불공정성을 도입하자는 점 등을 주장하는 것이다.

---

375) 서울남부지방법원 2004. 7. 30. 선고 2003가합3356 판결; 서울고등법원 2005. 6. 24. 선고 2004나68412 판결; 서울중앙지방법원 2012. 7. 23. 선고 2011가합112747 판결.

제7장

전자거래와 시세조종

제7장

전자거래와 시세조종

제1절 | 서설

2015년 증권선물위원회는 증권사 전 임원인 甲을 자본시장법 제176조 제2항 제1호 위반이라며 검찰에 고발하였다.[376] 필자는 이 사안에 대하여 甲의 거래방식이, 수년간 소속회사의 내부통제기준상 문제가 제기된 적이 없고, 한국거래소가 보유한 고도의 전산화된 시장감시시스템에서도 적출된 사실이 전무하다는 점에서, 금융위원회의 고발에 몇 가지 의문이 들었다.[377]

한국거래소 상장종목에서 발생하는 시세조종 등의 사안은, 일상적인 모니터링을 실행하는 거래소 시장감시위원회가 적출하여, 감독원에 통보하고 이를 감독원과 금융위에서 검토한 후 중대한 위법사항에 대하여 검찰에 통보 또는 고발하는 것이 통례이다. 그러나 동 사안은 거래소의 모니터링 기준으로는 적출되지 않은 거래가, 감독원 담당자의 판단에 의하여 시세조종으로 주장되었다는 점에서

376) 금융위원회, "자본시장 불공정거래에 대한 조사결과 조치", 보도자료, 2015. 10. 28.

377) 이 글은 당시 검찰에 제출된 필자의 의견서를 토대로 재구성한 것이다. 검찰은 필자의 의견을 받아들이지 않고 기소하였으나, 1심(서울중앙지법 2018. 1. 19. 선고 2016고합437 판결)에 이어 2심(서울고법 2018. 9. 6. 선고 2018노488 판결)에서도 甲에게는 무죄가 선고 되었고, 2019년 현재 상고심이 진행 중이다.

의문이 든 것이다. 즉, 수년간에 걸친 시세조종이라면 한국거래소의 시장감시시스템에 적출되지 않은 이유가 무엇인가 하는 점이 첫 번째 의문이다. 한국거래소의 시장감시시스템은 특허등록이 될 정도로 그 정교한 적출기능이 널리 알려져 있다. 그러한 정교함과 아울러 상당한 객관성을 가진 컴퓨터시스템으로 구성된 시장감시시스템에서도 적출되지 않은 거래가, 감독원 담당자의 판단으로 문제점이 발견되었다면, 동 판단의 객관적 타당성은 더욱 강하게 요구될 것이다.

두 번째 의문은 주관적 요건에 관한 것이다. 이 사안에서는 시세조종의 대상이 옵션이라는 것인데, 통상 시세조종은 주식 등 현물(기초자산)에서 흔히 발생하고, 선물이 현물을 움직이는 것은 시장전체를 움직일 수 있는 막대한 물량이 수반되지 않는 한 불가능하고, 더욱이 옵션은 수십 개의 행사가격이 있고, 사안과 같은 0.1p 내외의 저가격옵션의 경우는 델타값이 0.1에도 못미치는 수준(deep OTM)이기 때문에 천문학적인 수량[378]이 수반되지 않는 한 시세조종이 불가능하기 때문이다. 즉, 이러한 옵션종목을 시세조종 대상으로 정하는 것은 평균적인 시장참여자의 관점에서는 지극히 비합리적인 것으로 볼 수 있는데, 甲에게는 특별한 사정이 있었던 것인지 의문이다.

세 번째 의문은 객관적인 요건에 관한 것이다. 즉, 甲이 특별히 뛰어난 수익률을 기록한 것인가 하는 점 등이다. 이는 통상 시세조종의 효과는 단기간 막대한 수익률을 기록하는 것이기 때문이다. 따라서 결과적으로 단기간 막대한 수익을 기록하였다면 감독기구에서 사후적으로 면밀히 그 내용을 조사하는 경우도 적지 않다. 사안의 경우 이익금의 규모는 약 42억 원이지만, 투자된 원금이 500억 원에 달하는 점, 대상기간이 21개월[379]에 달하는 점을 보자면, 연수익률은 4.8% 수준[380]이므로 일반적인 운용역에 비하여 특별히 뛰어난 수익률이라고 보기 어렵다는 점이다.

이하에서는 위의 3가지 의문점을 중심으로 이 사안 시세조종에 관한 몇 가지 주관적·객관적 요건의 충족 가능성에 관하여 검토해 보고자 한다.

---

378) 예컨대, KOSPI200 전체종목의 거래금액을 현저히 초과하는 정도의 물량이라면 가능할 수도 있을지 모른다. 그러나, KOSPI200 옵션은 한 종목당 포지션 한도를 10,000 델타로 제한하고 있기 때문에, 이는 사실상 불가능하다.

379) 2013. 7. 1.~2015. 3. 31.

380) $42 \div 500 \div 21 \times 12 = 0.048$

제2절 | 주요 쟁점의 파악

I. 고발인의 주장

1. 고발의 내용

금융위의 주장 내용은 "증권사 前 임원인 파생상품 운용역 甲은 본인의 성과급을 극대화할 목적으로 2013. 7. 1.~2015. 3. 31. 기간 동안 기초자산(코스피200지수) 움직임에 비해 가격변동이 적고, 일반투자자 접근이 용이한 저가격(0.1p 내외)옵션 종목을 선택하여, 주문 제출 시 증거금을 필요로 하는 일반투자자에 비해 증거금 부담 없이 대량의 주문 제출이 가능한 사후증거금 계좌를 이용, 본인 포지션을 유리한 가격에 구축 또는 청산하기 위하여 물량소진 및 허수주문 등의 수법으로 파생상품의 시세를 조종하여 약 42억 원의 부당이득을 취득"[381]하였다는 것이다.

금융위는 동 보도자료에서 甲의 거래내용에 관하여 다음과 같이 부연설명하고 있다. 즉, '甲은 장중에 매수·매도를 반복하고, 장종료 후에는 미결제 약정을 보유하지 않는 데이트레이더이자, 짧은 시간 내에 1~2틱의 매매이익을 추구하는 전형적인 스캘퍼(scalper)로서 ① 대량의 연속주문 등을 이용하여 매도(매수)1호가 잔량을 모두 소진시킨 후, ② 매수(매도)1~2호가 등에 체결의사 없는 대량의 매수주문을 신규제출하고, 사전에 제출해 놓은 매도(매수)1~3호가의 매도주문을 취소시키는 방법으로 호가잔량을 변동시켜 매수(매도)세를 유인하고 ③ 이후 가격이 상승(하락)하면 매도(매수)주문을 제출, 포지션을 청산하여 매매이익을 실현"[382]하였다는 주장이다.

동 주장에 관하여는, 첫째, 최우선호가(1호가)가 포함된 매수호가나 매도호가를 체결의사가 없다고 단정할 수 있는지 의문이 든다. 둘째, 주식시장이 아닌 옵션시장에서도 1~3호가의 주문 취소가 매수·매도세를 유인할 수 있는지 의문이다.

---

381) 금융위, 전게보도자료, 2면.
382) 금융위, 전게보도자료, 4면.

2. 근거법령 : 자본시장법 제176조 제2항 제1호

금융위는 "증권사 파생상품 운용역인 甲은 2013. 7. 1.~2015. 3. 31. 기간 중 코스피200 옵션 33개 종목을 대상으로 총 6,930,535 계약을 매매하는 과정에서, 높은 시장지배력을 바탕으로 일중 수십차례 본인 포지션을 유리한 가격에 구축 또는 청산하기 위하여 물량소진주문 및 허수주문 등 총 26,663회에 걸쳐 18,337,370 계약의 시세조종 주문을 제출하여 코스피200 옵션 33개 종목의 시세를 인위적으로 변동시키고 약 42억 원의 부당이득을 취득한 혐의가 있음"[383]을 주장하며, 이를 자본시장법 제176조 제2항 제1호[384]상 '시세조종 금지 위반'이라며 고발한 것이다.

이 주장에 관하여는 주식시장과 전혀 다른 옵션시장의 가격변동 특성상, 甲의 주문입력 및 취소행위로 시세의 변동이 가능한가하는 점이 의문이다.

II. 피고발인의 항변

甲은 시세조종을 위하여 '매매유인의 목적'으로 제출한 '허수주문'은 단 한 건도 없었다고 항변한다. 그 이유로 ① 자본시장법상 '허수주문'보다 엄격하고 세밀한 기준인, 한국거래소의 파생상품시장 '허수성매매' 적출기준에서 조차 문제된 적이 한 번도 없었다는 점, ② 거래소의 '회원사 모니터링 적출 기준'[385]상 주식시장과 옵션시장의 '허수성매매' 개념과 적출기준은 상이함에도 불구하고, 甲의 '옵션거래에 대하여 주식거래 기준을 적용'한 것이므로, 금융위의 적용기준 자체가 오류라는 점, ③ 옵션시장의 시세조종은 사실상 불가능인 점, ④ 甲의 취소주문 중 50% 이상은 거래소의 '회원사 모니터링 적출 기준'을 준수하기 위하여 구

---

383) 금융위, 전게보도자료, 4면.

384) 자본시장법 제176조 ② 누구든지 상장증권 또는 장내파생상품의 매매를 유인할 목적으로 다음 각 호의 어느 하나에 해당하는 행위를 하여서는 아니 된다.

1. 그 증권 또는 장내파생상품의 매매가 성황을 이루고 있는 듯이 잘못 알게 하거나 그 시세(증권시장 또는 파생상품시장에서 형성된 시세, 다자간매매체결회사가 상장주권의 매매를 중개함에 있어서 형성된 시세, 그 밖에 대통령령으로 정하는 시세를 말한다. 이하 같다)를 변동시키는 매매 또는 그 위탁이나 수탁을 하는 행위.

385) 한국거래소, "회원사 모니터링 적출기준 요령", 2012. 12.

축한 '가장매매자동방지시스템'에 의하여 자동적으로 집행되었다는 점, ⑤ 그 밖의 취소주문도 가격변동에 따른 자동취소 등 스캘핑 기법의 특성 상 시장상황 변화에 정상적인 대응일 뿐, 허수주문과는 무관하다는 점, ⑥ 매매결과를 집계한 결과, 전체매매거래 중 20% 정도만 수익을 기록하였을 뿐이고, 약 80%는 손실(이중 약 50~60%는 동일가격에 매매한 것인바, 거래소 비용만큼의 손실이 발생하는 거래였음)을 기록하였다는 점 등을 들고 있다.

제3절 | 검토의견

I. 이상거래와 한국거래소

1. 시장감시기능

한국거래소는 '이상거래'(시장감시규정 제2조)[386]를 심리하거나 또는 회원을 감리할 수 있다(자본시장법 제404조).[387] 거래소의 이상매매심리 업무란 시세조종(법 제176조) 등 자본시장법상 불공정거래행위 등에 대하여, 불특정다수를 대상으로 '심리'(시장감시규정 제2조 제3호)[388]하는 것이며, 회원 감리업무란 허수성호가(시장

386) 시장감시규정 제2조 ① 이 규정에서 "이상거래"란 증권시장(법 제78조에 따라 상장주권의 매매가 중개되는 경우를 포함한다. 이하 같다) 또는 파생상품시장(이하 "시장"이라 한다)에서의 증권의 종목 또는 장내파생상품의 매매 품목(이하 "종목"이라 한다)의 가격이나 거래량에 뚜렷한 변동이 있는 거래 등 법 시행령 제355조의 이상거래를 말한다.

387) 자본시장법 제404조 ① 거래소는 다음 각 호의 어느 하나에 해당하는 경우에는 금융투자업자(증권 또는 장내파생상품을 대상으로 금융투자업을 영위하는 투자매매업자 또는 투자중개업자에 한한다)에게 그 사유를 밝힌 서면으로 관련 자료의 제출을 요청하거나, 회원에 대하여 그와 관련된 업무·재산상황·장부·서류, 그 밖의 물건을 감리할 수 있다. <개정 2013. 5. 28, 2014. 12. 30.>

1. 거래소시장에서 이상거래의 혐의가 있다고 인정되는 해당 증권의 종목 또는 장내파생상품 매매 품목의 거래상황을 파악하기 위한 경우
2. 회원이 거래소의 업무관련규정을 준수하는지를 확인하기 위한 경우
3. 회원이 제178조의2를 위반하는지를 확인하기 위한 경우

388) 시장감시규정 제2조 ③ 이 규정에서 "심리"란 이상거래의 혐의가 있다고 인정되는 종목(이하 "이상거래혐의종목"이라 한다)의 거래나 그 주문 또는 호가 등이 법 제147조·제

감시규정 제4조) 등 거래소 업무관련규정 위반행위에 대하여, 회원을 대상으로 감리(시장감시규정 제2조 제4호)[389]하는 것을 말한다. 甲은 거래소 회원인 경우이므로, 한국거래소의 심리 및 감리 대상이다. 따라서 시세조종 등 자본시장법상 불공정행위라면 거래소의 이상매매 심리대상이 되고, 허수성호가 등 거래소 업무관련규정 위반행위라면 거래소의 감리대상이 된다.

일반적으로는 거래소의 이상매매의 심리결과 자본시장법상 불공정거래 혐의가 발견되면 금융위에 통보하고(자본시장법 제426조 제6항)[390], 금융위는 조사결과 발견된 위법행위로서 형사벌칙의 대상이 되는 행위에 대해 고발 또는 수사기관에 통보한다(자본시장조사업무규정 제24조)[391]. 그러나 甲의 사안은 거래소의 시장감리시스템에서 적출된 것이 아니라는 점에서, 금융위의 구체적 판단근거에 대하여 여러 관계자의 관심이 집중될 수밖에 없었다. 즉, 이상매매의 적출에 관하여 객관적으로 가장 풍부한 인적·물적 자원을 보유하고 있는 거래소에서 수년 간 적출되지 않은 사안이, 금융감독원의 조사역에 의하여 적출[392]되었다는 점에서 더욱 그러하였다.

2. 신시장감시시스템

거래소 시장감시위원회는 상장주식 및 선물·옵션의 매매 및 호가상황 등을

172조부터 제174조까지 · 제176조 · 제178조 · 제178조의2 및 제180조를 위반하는 등 불공정거래 행위에 해당하는지 여부를 확인하는 것을 말한다.

389) 시장감시규정 제2조 ④ 이 규정에서 "감리"란 회원이 한국거래소(이하 "거래소"라 한다)의 업무관련규정을 준수하는지 또는 법 제178조의2를 위반하는지를 확인하기 위하여 그와 관련된 회원의 업무 · 재산상황 · 장부 · 서류, 그 밖의 물건을 조사하는 것을 말한다.

390) 자본시장법 제426조 ⑥ 거래소는 이상거래의 심리 및 회원에 대한 감리결과 이 법 또는 이 법에 따른 명령이나 처분을 위반한 혐의를 알게 된 경우에는 금융위원회에 통보하여야 한다.

391) 자본시장조사업무규정 제24조(고발등) 금융위는 조사결과 발견된 위법행위로서 형사벌칙의 대상이 되는 행위에 대해서는 제34조의 규정에 따라 관계자를 고발 또는 수사기관에 통보하여야 한다.

392) 당시 금감원 조사역은 특정인의 제보에 근거하여 본 건을 적출한 것으로 알려졌다. 제보가 출발점이라 하더라도 시세조종 여부의 판단은 금감원 조사역이 한 것이므로, 그 제보의 내용이 한국거래소 신시장감시시스템 상 적출기준과 동일 내지 우월하다는 증명의 책임은 고발인인 금융당국에 있다.

분석하여 이상거래 의심종목(계좌)를 적출하는데, 이를 위하여 전산화된 시장감시시스템을 운영하고 있다. 동 시스템은 ① 주식감리시스템, ② 지수선물·옵션감리시스템, ③ 상품선물감리시스템 및 ④ 현선연계감리시스템으로 구성되어있다. 사안의 KOSPI200 지수 옵션의 호가와 매매데이터는 '지수선물·옵션감리시스템'을 통하여 실시간으로 감시되고 있다.

특히 거래소는 2013년 1월 21일부터 이상거래 적출기준 전면개편 및 시각적 분석기법을 도입하고 데이터 조회·분석 처리속도를 크게 향상시킨 파생상품 '신시장감시시스템'을 가동[393]하고 있으며 동 시스템은 특허청에 특허 등록되었다.[394]

(1) 불공정 계좌 자동 적출

신시장감시시스템은 시세관여 과다계좌 및 허수성호가 과다계좌에 대해 개별계좌의 매 주문시점별로 매매 양태에 대한 불공정거래 정도를 점수화하는 계량부 및 장이 종료되면 상기 계량부에서 점수화된 상기 매매 양태에 대한 불공정거래 정도를 합산하여 불공정거래 점수를 산출하고, 상기 불공정거래 점수가 높은 계좌를 시장감시 대상계좌로 적출하는 적출부를 포함하는 것을 특징으로 한다.

신시장감시시스템은 ① 적출기준(rule)을 정교하고 치밀하게 설계함으로써 적출 이후 추가적인 분석 없이도 불공정한 매매행위 자체를 적출할 수 있는 효과, ② 불공정한 매매행위 자체를 적출하여 불공정거래 정도를 점수 등으로 계량화하여 적출의 정확성을 높이는 효과, ③ 시세관여, 허수성매매 등 불공정매매라는 결과 값을 나오게 하기 위해 사전에 혐의계좌가 보인 불공정한 매매행위 자체를 적출함으로써 적출의 정확성을 제고할 수 있는 효과가 있다.

393) 한국거래소, "파생상품新시장감시시스템<Vitamin> 구축 가동", 보도자료, 2013. 1. 17.

394) 특허청 공개특허 10-2013-0065822, 공개일자 : 2013년 6월 20일, 출원인 : (주)한국거래소, 발명의 명칭 : 신(新)시장감시시스템. 이하 신시장감시시스템의 내용에 관한 설명은 특허내용 중 일부를 발췌·정리한 것이다.

그림 2 | 신시장시스템의 특징 : 불공정계좌 자동 적출

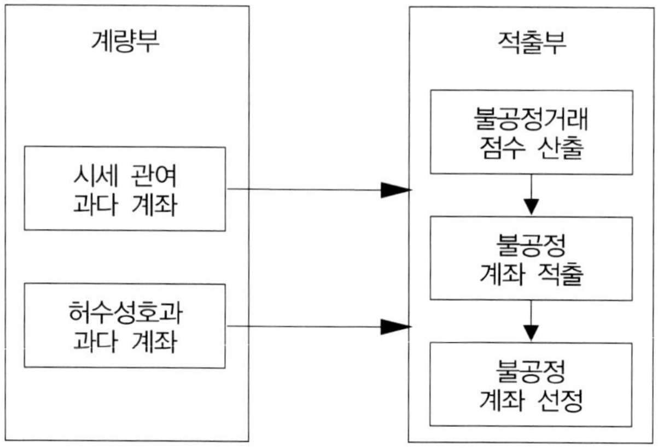

(2) 허수성호가의 계량화 및 객관화

신(新)시장감시시스템은 허수성매매에서 불공정 매매양태를 크게 5가지로 분류하며, 각 불공정 매매양태별로 불공정거래 점수를 부여한다.[395]

---

395) 5가지의 불공정 매매양태의 내용 및 각 불공정 매매양태에 대해 부과하는 불공정거래 점수의 기준은 아래와 같다.

① 유인하는 호가의 단계

- 내용 : 허수성호가를 제출하고자 하는 투자자의 경우 체결가능성이 낮은 호가를 제출하게 되므로 호가단계별로 점수를 부여하여 매매양태 분석 시 사용
- 불공정거래 점수 : 호가제출 이후 체결이 없어야 하며, 허수성매수(매도)호가의 경우는 매수(매도)호가단계별 점수를 부여함

② 잔량에 영향을 주는 호가 비중

- 내용 : 제출한 정상호가수량이 제출시점 10단계 전체 호가잔량에서 차지하는 비중을 매매양태 분석 시 사용
- 불공정거래 점수 : 정상호가수량이 매수(매도)호가의 10단계 전체 호가잔량에서 차지하는 비중을 기준으로 점수를 부여하며, 호가 비중이 10% 미만인 경우 점수를 부여하지 않음

③ 잔량에 영향을 주는 취소호가 비중

- 내용 : 정상호가 제출 후 호가를 취소하는 경우 취소호가수량이 취소시점 10단계 전체 호가잔량에서 차지하는 비중을 매매양태 분석 시 사용
- 불공정거래 점수 : 호가 취소시점의 취소호가수량이 매수(매도)호가의 10단계 전체 호가잔량에서 차지하는 비중을 기준으로 점수를 부여하며 단, 취소호가 비중이 10% 미만인 경우 점수를 부여하지 않음

신시장감시시스템은 허수성호가 과다(연계)계좌를 단순허수성호가 과다계좌, 실질허수성호가 과다계좌 및 취소호가 과다(연계)계좌로 세부적으로 구분하여 적출이 가능할 뿐만 아니라, ① 단순허수성호가 과다계좌는 유인하는 호가의 단계 변수 및 체결가능성이 높아질 때 취소 및 정정 호가 비중 변수를 합산하여 상기 불공정거래 점수를 산출하고, ② 실질허수성호가 과다계좌는 유인하는 호가의 단계 변수, 잔량에 영향을 주는 호가의 비중 변수, 반대주문 제출 시 호가 비중 변수, 잔량에 영향을 주는 취소호가 비중 변수 및 체결가능성이 높아질 때 취소 및 정정 호가 비중 변수를 합산하여 상기 불공정거래 점수를 산출하며, ③ 취소호가 과다계좌는 잔량에 영향을 주는 취소호가 비중 변수 및 체결가능성이 높아질 때 취소 및 정정호가 비중 변수를 합산하여 상기 불공정거래 점수를 산출한다.

3. 소결

한국거래소의 신시장감시시스템은 앞에서 살펴본 바, 허수호가 등 이상매매에 대하여 정량적 평가를 주 기반으로 한 객관적 기준으로 볼 수 있다. 금융위가 甲을 검찰에 고발하는 근거로 거래소의 신시장감시시스템과 동일하거나 또는 이를 능가하는 정도의 객관적 판단근거의 상세가 제출되었는지 의문이다. 이러한 객관적 판단근거가 제출되지 않았다면, 금융당국의 甲에 대한 주장은 정성적 평

---

④ 체결가능성이 높아질 때 취소, 정정호가 비중
- 내용 : 정상호가 제출 후 시세의 변동으로 체결가능성이 높아질 때 취소, 정정하는 경우 취소, 정정호가수량이 취소, 정정시점 5단계 전체 호가잔량에서 차지하는 비중을 매매양태 분석 시 사용
- 불공정거래 점수 : 최초 호가 제출 시 호가단계 보다 취소 및 정정호가 제출 시 호가단계가 축소될 경우 취소 및 정정수량이 취소 및 정정시점 5단계 전체 호가잔량에서 차지하는 비중을 기준으로 점수를 부여한다.

⑤ 반대주문 제출 시 호가 비중
- 내용 : 매수(매도)호가 제출 후 매도(매수)호가를 재차 제출하는 경우 재차 제출한 매도(매수)호가가 매도(매수) 10단계 전체 호가잔량에서 차지하는 비중을 매매양태 분석 시 사용
- 불공정거래 점수 : 반대주문으로 제출한 호가 수량이 10단계 전체 호가잔량에서 차지하는 비중을 기준으로 점수를 부여하며, 단 호가 비중이 10% 미만인 경우 점수를 부여하지 않음.

가를 주 기반으로 한 주관적인 것으로 볼 수밖에 없고, 따라서 그 판단결과의 객관적 타당성은 박약한 것으로 볼 수 있다.

II. 관련 법규에 관한 검토

1. 시세조종의 객관적 요건

자본시장법 제176조는 시세조종행위 등을 금지하기 위하여 제2항에서 "누구든지 상장증권 또는 장내파생상품의 매매를 유인할 목적으로 다음 각 호의 어느 하나에 해당하는 행위를 하여서는 아니 된다."로 규정하고 있으며, 제1호는 "그 증권 또는 장내파생상품의 매매가 성황을 이루고 있는 듯이 잘못 알게 하거나 그 시세(증권시장 또는 파생상품시장에서 형성된 시세, 다자간 매매체결회사가 상장주권의 매매를 중개함에 있어서 형성된 시세, 그 밖에 대통령령으로 정하는 시세를 말한다. 이하 같다)를 변동시키는 매매 또는 그 위탁이나 수탁을 하는 행위"로 규정하고 있다. 자본시장법 제176조 제2항 제1호는 누구든지 상장증권 또는 장내파생상품의 매매를 유인할 목적(주관적 요건)으로 매매가 성황을 이루고 있는 듯이 잘못 알게 하거나(객관적 요건 1) 그 시세를 변동시키는 매매(객관적 요건 2)를 금지한다. 이는 행위자가 직접 거래에 참여하여 금융투자상품의 가격에 변동을 미치는 행위라는 점에서 통상 '현실거래에 의한 시세조종'이라 불리운다.[396)]

금융위의 고발내용은 甲이 "코스피200 옵션 33개 종목의 시세를 인위적으로 변동"[397)]시켰다는 것이므로, 법조문상 시세조종의 2가지 성립요건 중, '매매가 성황을 이루고 있는 듯이 잘못 알게 하는' 요건 1은 논외로 한다. 요건 2 즉, 시세변동에 기한 시세조종 위반이 성립하려면, 시세변동이 가능해야 하고, 시세를 변동시킨 사실이 증명되어야 한다. 甲의 능력으로 시세변동 자체가 사실상 불가능하거나, 甲이 시세를 변동시킨 사실이 증명될 수 없다면 갑의 시세조종을 주장하기는 어렵다.

---

396) 한국증권법학회, 전게서(2015. 7.), 1095면.
397) 금융위, 전게보도자료, 4면.

2. 시세조종의 주관적 요건 : 매매의 유인목적

자본시장법이 시세변동이라는 객관적 요건 외에 '유인목적'이라는 특별한 주관적 요건을 요구하는 이유는, 증권시장이나 장내파생상품시장에서의 매매의 경우 다양한 목적과 동기를 가지고 이루어지기 때문에 외양적 · 객관적 행태만으로 현실거래에 의한 시세조종 여부를 판단하게 되면, 정당한 거래기법이나 수요에 응하여 이루어진 선의의 거래까지 시세조종으로 처벌받게 되는 법적 위험성을 없애기 위한 것이다. 따라서 투자자를 조작된 가격으로 유인하려는 목적이 없는 매매는 비록 시세를 변동시키는 행위일지라도 시세조종으로 처벌되지 않는다.[398)]

甲의 경우는 주문취소율이 높다는 외양적 · 객관적 행태를 시세조종으로 판단하여 검찰 고발에 이른 사안이므로, 정당한 거래기법이나 수요에 응하여 이루어진 선의의 거래까지 시세조종으로 처벌받게 되는 법적 위험성이 있는 경우에 해당될 수 있다. 왜냐하면, 甲은 코스피200 지수 외가격 옵션시장의 정당한 시장조성자 수요에 응하여, 자발적 시장조성자(market maker)로서 스캘핑[399)]이라는 정당한 거래기법에 의한 선의의 거래를 한 것으로 볼 수 있기 때문이다.

다음은 미국에서 유인목적의 부재로 무죄 판결을 받은 경우이다.

> "Trane Co. v. O'Conner Securities 사건에서 혐의자는 9개월에 걸쳐 Trane 주식을 활발하게 거래하였고, Trane 유동주식의 15%를 보유하였던 차익거래자였다. 미국 법원은 이 사건에서 이러한 정도의 거래는 불가피하게 주가에 영향을 미칠 수밖에 없으며, 타인으로 하여금 거래에 참여하도록 유인의 효과가 있었음을 의심할 여지가 없다고 인정하였음에도 불구하고 시세조종의 혐의가 없다고 판결하였다. 법원은 이 사건에서 34년법 제9조(a)[400)]의 근본 목적은 주가를 올리거나 내릴 수 있는 거래행위를 금지하는 것이 아니라, 자연스러운 공급

---

398) 한국증권법학회, 전게서, 1105-1106면.

399) 스캘핑의 사전적 의미는 "주식 보유시간을 통상적으로 2~3분 단위로 짧게 잡아 하루에 수십 번 또는 수백 번씩 주식 거래를 하며 박리다매식으로 매매차익을 얻는 기법이다.

400) SEA(Securities Exchange Act of 1934)는 제9조 (a)항 (1)호에서 '매매가 성황을 이루고 있는 듯 오인하게 하는 행위', (2)호에서는 '타인의 매수 매도를 유인할 목적' 등 (6)호까지 시세조종의 유형을 열거하고 있다. 상세는 https://www.sec.gov/about/laws/sea34.pdf, pp 85-86, 임재연, 『미국증권법』, 박영사, 2009. 9, 299-301면, 참조.

과 수요가 주가에 영향을 미치는 자유롭고도 공개된 시장의 유지라고 판시하였다. 그런데 혐의자인 O'Conner는 ① 공개시장을 통해서 주식을 거래하였으며, 그가 ② 주가를 조작하였다는 증거가 없으며, 또한 ③ 그의 활발한 거래가 종료된 후에도 시장이 붕괴되지도 않았다. 또한 ④ O'Conner의 목적은 Trane 주식의 인위적인 수요를 창출하려는 것도 아니었고, ⑤ 타인의 거래를 유인할 목적도 없었다. ⑥ 그는 단지 이익을 얻을 목적으로 빈번하게 거래를 하였을 뿐이라고 인정하여 무죄로 판결하였다."[401]

이는 甲의 사안과 유사한 면과 시사점이 있다. 즉, ① 甲도 공개시장을 통해서 옵션을 거래하였으며, ② 옵션가격을 조작하였다는 증거가 없으며, ③ 甲의 활발한 거래가 종료된 후에도 시장이 붕괴되지도 않았으며, ④ 甲의 목적은 특정 옵션종목의 인위적인 수요를 창출하려는 것도 아니었고, ⑤ 타인의 거래를 유인할 목적도 없었으며, ⑥ 단지 이익을 얻을 목적으로 빈번하게 거래를 하였을 뿐이다. 따라서 미국판례의 기준을 따른다면 甲의 '매매의 유인목적'은 부인되며, 따라서 자본시장법 제176조 제2항 제1호상의 시세조종의 주관적 요건을 충족하지 못하는 것으로 볼 여지가 있다.

3. 허수호가와 허수성호가

(1) 허수호가와 허수성호가의 개념

허수호가란 진정한 매매체결의 의사가 없는 호가로서, 이러한 호가의 제출목적은 매매가 성황을 이루고 있는 듯이 보이도록 하여 타인으로 하여금 매매에 참여하도록 유인하기 위한 호가이다.[402] 이러한 허수호가 행위는 법 제176조 제2항이 금지하는 "증권 또는 장내파생상품의 매매가 성황을 이루는 듯이 잘못 알게 하는 행위"에 해당된다. 즉, 타인을 매매에 유인할 목적으로 매매가 성황을 이루고 있는 듯이 잘못 알게 하기 위하여 진정한 거래의 의사 없이 빈번하게 호

401) Trane Co. v. O'Conner Securities, 561 F.Supp.301, 302-305(S.D.N.Y. 1983), 한국증권법학회, 전게서, 1106면에서 재인용.
402) 한국증권법학회, 전게서, 1103면.

가행위를 하는 것은 시세조종에 해당된다.[403)]

허수성호가란 시세조종을 야기하는 허수호가의 정도에 이르지는 않지만, 시세에 부당한 영향을 미치거나 미칠 우려가 있는 호가(시장감시규정 제4조 제1항 제5호)[404)]로서, 양자의 관계를 정리하면 다음과 같다.

$$허수호가 \subset 허수성호가$$

즉, 허수성호가는 허수호가를 포함하여 허수호가가 포섭하지 못하는 부분까지 영역을 확장하여 한국거래소 차원에서 회원 등을 대상으로 이상매매행위를 규제할 수 있는 개념이다. 따라서 허수성주문이지만 허수주문에 못미치기 때문에 자본시장법상 시세조종으로 제재할 수 없는 경우에도, 한국거래소 차원의 제재는 가능하다. 양자의 관계를 환언하면, 거래소의 허수성호가 기준으로 적출되지 않는 주문은 허수호가로 인정될 수 없다. 甲의 호가는 거래소의 허수성호가 기준으로 적출된 사례가 전무하다는 점에서, 허수호가로 시세조종을 하였다는 금융위의 주장에는 의문이 들 수 있다.

(2) 목적물에 따른 개념의 구분

한국거래소에 따르면 '허수성호가'에 관하여 현물시장과 파생상품시장을 구분하여 그 정의를 달리하고 있다. 즉, 현물시장에 대한 정의는 "거래 성립 가능성이 희박한 호가를 대량으로 제출하거나 직전가격 또는 최우선호가의 가격이나 이와 유사한 가격으로 호가를 제출한 후 당해 호가를 반복적으로 정정 · 취소하여 시세 등에 부당한 영향을 미치거나 미칠 우려가 있는 행위"로, 파생상품시장에 대한 정의는 "선물거래 또는 옵션거래에서 매매체결가능성이 희박한 호가를 대량으로 제출하는 행위"로 구분하고 있다.[405)]

403) 한국증권법학회, 전게서, 1103면.
404) 시장감시규정 제4조 제1항 제5호 거래 성립 가능성이 희박한 호가를 대량으로 제출하거나 직전가격 또는 최우선호가의 가격이나 이와 유사한 가격으로 호가를 제출한 후 당해 호가를 반복적으로 정정 · 취소하여 시세 등에 부당한 영향을 미치거나 미칠 우려가 있는 행위.
405) 한국거래소, "회원사 모니터링 적출기준 요령", 2012. 12. 36면.

이와 같이 주식(현물시장)과 옵션(파생상품시장)에 대한 '허수성호가'의 개념 정의를 달리하는 이유는 ① 주식의 경우는 현재가 기준으로 10단계 우선호가가 공개되지만 총잔량이 비공개되는 상황에 대한 악용 방지이고, ② 옵션의 경우는 현재가 기준으로 상하 5틱 및 총잔량이 공개되는 상황에 대한 악용 방지로, 양자의 규제대상이 다르기 때문이다.

이러한 사항을 토대로 판단하자면, 거래소의 허수성호가 기준으로는 신시장감시시스템을 통하여서도 적출되지 않은 甲의 매매행위를, 금융위가 적출한 것은 공감하기 어렵다.

III. 주관적 요건에 관한 검토

1. 시세조종 수혜 가능성

금융위의 보도자료상 표시된 甲의 지위는 데이트레이더이며 스캘퍼이다. 사전적인 개념의 데이트레이더는 "선물시장 시장메이커 중의 하나로 자기의 계산으로 소위 당일거래를 행하는 자를 말한다. 시시각각 변화하는 가격의 추이를 보면서 빈번히 매매를 행하고, 포지션을 다음날로 미루는 일이 없다."[406] 즉, 甲은 데이트레이더로서 당일 장중에 매매를 종료하며, 오버나잇(over-night, 포지션을 다음날로 미루는 일)이 없다. 따라서 가사 甲에게 시세조종 의사가 있었고, 시세가 甲의 의사대로 움직였다 하더라도, 오버나잇에서 발생하는 큰 시세차익에 대한 이익가능성은 전혀 없다.

스캘퍼는 스캘핑을 하는 사람인데, 스캘핑의 사전적 의미는 "주식 보유시간을 통상적으로 2~3분 단위로 짧게 잡아 하루에 수십 번 또는 수백 번씩 주식 거래를 하며 박리다매식으로 매매차익을 얻는 기법이다. '스캘핑'(scalping)이란 원래 '가죽 벗기기'라는 의미로, 북미 인디언들이 적의 시체에서 머리가죽을 벗겨내 전리품으로 챙겼던 행위를 뜻한다. 선물시장에서 말하는 스캘핑이란 하루에 수십 번 또는 수백 번씩 트레이딩을 하며 단기 시세차익을 챙기고 빠져 나오는 방식

406) NEW 경제용어사전, http://terms.naver.com/entry.nhn?docId=780808&cid=42111&categoryId=42111.

을 통해 박리(薄利)를 취하는 초단타 매매기법을 뜻하는 말이다. 사람의 피부 중 가장 얇은 피부층으로 이루어진 곳이 머리가죽인 만큼 '박리' 즉, 아주 적은 이윤을 챙긴다는 의미에서 스캘핑이라는 이름이 붙었다고 한다."[407]

요컨대, 스캘퍼는 데이트레이더 중에서도 매매회전율이 가장 높은 거래자를 가리키는 용어이다. 시세조종의 효과는 가격의 변동이 클수록 커진다. 이를 트레이더별로 대입해 보면 시세조종의 수혜를 입을 가능성은 다음의 순서로 작아진다.

(큼) 포지션트레이더 〉 데이트레이더 〉 스캘퍼 (적음)

甲은 기본적으로 시세조종의 수혜를 입을 가능성이 가장 적은 지위이다. 따라서 시세조종을 의도할 유인이 가장 적은 유형의 트레이더인 것이다.

2. 시세조종 대상 적합성

금융위의 주장에 따르면, 甲이 시세조종의 대상으로 삼은 종목은 "기초자산[408](코스피200 지수) 움직임에 비해 가격변동이 적고, 일반투자자 접근이 용이한 저가격(0.1p 내외)옵션 종목[409]을 선택"했다는 것이다. 이는 논리적 모순으로 볼 수 있다. 즉, '기초자산 움직임에 비해 가격변동이 적은 옵션'은 델타가 낮은 옵션인데, 현실적으로 옵션의 시세조종 가능 여부는 별론으로 하더라도, 델타가 낮을수록 시세조종의 가능성은 더욱 낮아지는 옵션상품 구조의 특성을 이해한다면, 낮은 델타의 옵션을 시세조종 대상으로 선정한다는 것 자체가 모순으로 볼

407) 두산백과, http://terms.naver.com/entry.nhn?docId=1351834&cid=40942&categoryId=31830.

408) 파생상품시장 업무규정 제2조 제9호 "기초자산"이란 선물거래의 경우에는 거래의 대상물을 말하고, 옵션거래의 경우에는 매수자의 일방적 의사표시(이하 "권리행사"라 한다)에 의하여 성립되는 거래의 대상물을 말한다. 코스피200 지수 옵션의 기초자산은 코스피200 지수이다.

409) 파생상품시장 업무규정 제2조 제13호 "종목"이란 선물거래의 경우에는 기초자산·결제월·최종거래일·최종결제방법 및 거래승수 등으로 구분되는 것을 말하고, 옵션거래의 경우에는 기초자산·콜옵션과 풋옵션·행사가격·결제월·거래승수 및 권리행사의 유형(최종거래일에만 권리행사를 할 수 있는 유형과 최종거래일 이전에 권리행사를 할 수 있는 유형을 말한다. 이하 같다) 등으로 구분되는 것을 말한다.

수 있는 것이다.

금융위가 예로 든 0.1p 옵션의 델타는 대략 0.05 수준이고 이는 기초자산이 100 변동할 때, 옵션이 5만큼 변동한다는 의미이다. 이러한 관계는 다음과 같은 지렛대의 원리를 생각하면 이해가 쉽다.

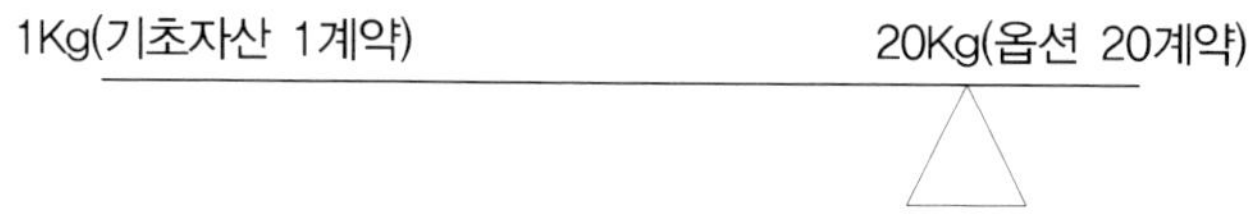

옵션 델타가 0.05라는 것은 기초자산 1계약에 해당하는 옵션은 20계약이라는 의미이다. 이는 예컨대, 기초자산을 시세조종하기 위하여 100계약의 물량이 필요하다면 옵션을 대상으로 시세조종하기 위해서는 20배에 해당하는 2000계약의 물량이 필요하다는 의미이다. 즉, 옵션의 델타가 낮으면 낮을수록 시세조종의 성공가능성은 더욱 희박해진다는 의미이다.

시세조종의 성공가능성을 일반적인 기준으로 표시해 보면 다음과 같다.

(쉬움) 소형주 〉 중형주 〉 대형주 〉 주가지수 〉 주가지수선물 〉 주가지수옵션 (어려움)

기존의 판례나 관련 교과서에 소개되는 시세조종의 사례들이 대개 주식에 관한 것이고, 일부 선물에 관한 것이 있으나 현재까지 옵션에 관련 사례가 보이지 않는 것은 이러한 사실을 설명해 주는 것이다. 한편, 한국거래소가 허수성호가에 대한 개념을 증권시장과 파생상품시장에서 구분하고 있는 이유도 금융투자상품 각각의 특성을 반영하여 효과적인 규제를 하고자 하는 것이다. 2011년 11월 11일 도이치증권이 단일가매매시간에서 2조 원 이상의 주가지수선물을 매도하면서 코스피지수가 10분만에 50포인트 이상 급락한 이른바 "옵션쇼크"에서도 시세조종 대상종목은 주가지수선물이었다. 옵션종목은 시세조종 결과로 발생하는 수익을 수확하는 창구에 불과했다.

통상 소형주는 수십억 원 정도의 자금으로도 시세조종이 가능한 반면, 주가지수선물은 2조 원 정도로 시세조종이 가능했던 사례가 있는바, 주가지수옵션을 대상으로 시세조종을 하려면 더욱 큰 자금이 있어야 가능할 것이라는 점에서 판단하면, 甲이 옵션을 통한 시세조종을 의도한다는 것 자체가 비상식적이다. 왜냐하면 甲이 운용한 자금(증거금) 500억 원 정도에 불과했기 때문에 옵션시장의 시세변동을 초래할 수 있는 자금으로는 턱없이 부족한 것이기 때문이다. 즉, 甲이 시세조종을 의도했었다면, 중소형 주식 종목을 대상으로 선정하는 것이 합리적인 선택이고 누구나 이해할 수 있는 선택이다. 그러므로, 이러한 사정들을 감안하면, 甲이 옵션의 시세변동을 초래하여 시세조종을 하였다는 금융위의 주장은, 한국거래소 옵션종목의 가격변동 구조를 이해하는 평균적인 업계 종사자의 기준으로 판단하면, 이해하기 어렵다.

3. 시세조종 성공 가능성

예컨대, 甲이 사용한 20억 원 정도의 자금이면 소형주의 시세조종은 가능할 수도 있다. 그러나 주가지수옵션의 시세조종이 불가능할 것으로 보는 이유는 양자의 가격결정 구조가 다르기 때문이다. 즉, 거래소에 상장된 주식은 당해 종목의 매수수요가 많으면 가격이 상승하고, 매도수요가 많으면 가격이 하락한다. 반면, 코스피200 지수옵션은 기초자산인 코스피200 지수의 변동에 따라 가격이 결정된다. 한편, 코스피200 지수의 가격변동은 한국거래소에 상장된 주요 200종목의 평균적인 가격변동에 따라 발생하는 것이다.

즉, 상품의 구조상 코스피200 옵션종목은 자체적인 가격결정 기능이 없고, 기초자산인 코스피200 지수의 변동에 종속되어 가격이 변동하기 때문에, 사실상 옵션 종목의 거래량은 가격변동에 전혀 영향을 미치지 못한다. 예컨대, 코스피200 지수가 햇볕을 쬐는 피사체라면 코스피200 지수옵션은 동 피사체의 그림자와 같은 것이다. 즉, 피사체가 좌로 이동하면 그림자도 좌로 이동하고 우로 이동하면 우로 따라가는 관계인 것이다. '왝더독'[410]현상은 가능하고 발생한 사실이 있지만, 이는 선물시장에 관한 것일 뿐이며, 옵션시장이 주식시장을 움직이는 현

410) 'Wag the Dog'을 우리말로 하자면 '꼬리가 개의 몸통을 흔든다.'는 뜻으로, 하극상 혹은 주객전도의 경우를 이른다. 주식시장에서 'Wag the Dog'이라 함은 선물시장에 의해 현물시장이 좌지우지되는 현상을 말한다., 시사상식사전(인터넷판), 박문각, http://terms.naver.com/entry.nhn?docId=74848&cid=43667&categoryId=43667 (검색일 : 2019. 4. 3.)

상은 유명 교과서나 판례에서 뿐만 아니라 실무적으로도 알려진 바가 없다.

특히 코스피200 옵션종목의 경우 파생상품시장규정 제154조 및 동 시행세칙 162조(별표 23)에 규정된 미결제약정수량의 보유한도(델타기준 10,000계약)를 감안하면, 현실적으로 시세조종이 가능하다고 보는 것이 공감하기 어렵다.

4. 성과급과 시세조종

금융위는 甲이 '성과급 극대화 목적으로 시세조종을 한 것'으로 주장하고 있다. 그러나 이러한 주장에 대하여 다음과 같은 관점에서 몇 가지 의문이 제기된다. 첫째, 국내 증권사의 운용역에 대한 성과급은 회사의 규모, 운용대상상품, day trading 여부, 투자자금의 규모 등 여러 가지 기준이 복합적으로 고려하여 정해지는 바, 통상 거래소 수수료 등 직접 비용을 공제한 순수익의 10% 내지 60% 수준에서 정해지는데, 일반적으로 동 성과급 비율이 높을수록 역량이 우수한 운용역으로 볼 수 있다. 둘째, 성과급이 적용되는 운용역 중에서 성과가 부진하여 퇴출위기를 맞는 경우는 이를 회피하기 위하여 위규 내지 위법행위의 유혹에 빠질 수도 있다. 그러나 이러한 위규 내지 위법행위는 통상 증권사의 내부통제기능(자본시장법 제28조)에 의하여 즉시 적출되는 것이 일반적이다. 한편 성과가 좋고, 성과급 수령금액이 큰 운용역일수록 현 지위를 계속 유지하기 위하여, 사소한 위규행위조차도 피하고자 노력하는 것이 일반적인 현상으로 볼 수 있다. 셋째, 증권사의 내부통제기준이 작동하고 있는 상황에서는 장기간 근속한 운용역일수록 위법행위의 개연성은 더욱 낮아지는 것으로 볼 수 있다. 더욱이 성과급의 극대화는, 성과급이 적용되는 모든 직종의 종사자들에게서 일반적으로 볼 수 있는 목적일 뿐, 甲에게만 특별히 적용되는 목적이라고 보기도 어렵다.

따라서 甲의 성과급 극대화를 목적으로 시세조종을 한 것으로 주장하려면, ① 갑의 운용역으로서의 역량에 관한 객관적 평가, ② 현 지위를 유지하고자 하는 유인의 크기(성과급의 크기), ③ 내부통제기능에 의한 위규 적출 가능성(현 직책 근속년수) 등 객관화된 지표를 근거로 제시하는 것이 필요하다.

5. 사후증거금과 시세조종

금융위는 甲이 "증거금 부담 없이 대량의 주문제출이 가능한 사후증거금 계좌를 이용"하여 부당이득을 취했다고 주장한다. 이는 사실관계 파악의 오류이다. 일반적으로 모든 파생상품 운용역은 회사로부터 증거금 사용한도를 부여받고 있으며, 甲이 회사로부터 증거금 사용한도를 부여받았음은 의문의 여지가 없다. 그러므로 甲이 회사에서 부여받은 증거금 한도를 초과하여 거래하지 않은 이상, 甲의 정당한 주문제출을 소액 일반투자자의 기준으로 평가하여 '대량의 주문제출'이라고 평가하는 것은 타당하지 않다. 한편 사후증거금 계좌는 甲이 소속한 회사와 같은 금융투자업자인 증권사뿐만 아니라 적격기관투자자라면 누구나 적용되는 한국거래소의 제도[411]일 뿐, 甲에게만 특혜가 주어진 것이 아니라는 점에서, 감독당국이 주장은 사실관계 파악에 흠이 있는 것으로 볼 수 있다.

IV. 객관적 요건에 관한 검토

1. 시세조종의 성립가능성

보도자료에 따르면, 금융당국은 甲을 자본시장법상 '시세조종 금지 위반'으로 고발하며, "시세조종 주문을 제출하여 코스피200 옵션 33개 종목의 시세를 인위적으로 변동"시켰다고 주장한다. 그러나 금융당국이 제시한 구체적인 수치를 분석해 보면 실효성 면에서 의문이 든다.

금융당국 주장에 따르면, '甲은 21개월(약 420 거래일)간, 26,663회(일평균 약 63회)에 걸쳐 18,337,370계약(일평균 43,660계약)의 시세조종 주문을 제출하여 코스피옵션 33개 종목의 시세를 인위적으로 변동'시켰다는 것이다. 금융 당국이 밝

411) 회원제로 운영되는 한국거래소의 청산회원인, 甲이 소속한 증권사의 거래계좌는 당연히 사후증거금이 적용되고, 위탁자에 대한 사후증거금 적용은 다음의 규정에 따른다. 파생상품시장업무규정 제133조(사후위탁증거금의 적용 및 관리) ① 회원은 세칙으로 정하는 요건을 충족하는 기관투자자 중에서 재무건전성, 신용상태, 미결제약정의 보유상황 및 시장상황 등에 비추어 결제이행능력이 충분하다고 인정하는 위탁자(이하 "적격기관투자자"라 한다)는 사후위탁증거금을 적용하고, 적격기관투자자 이외의 위탁자는 사전위탁증거금을 적용한다.

히 甲의 선호종목인 0.1p을 대입하면 일평균 거래금액은 약 22억 원[412]이다. 한국거래소에 따르면 당시 코스피200 선물과 옵션의 하루 평균 거래대금은 각각 19조 4,592억 원, 7,750억 원이다.[413]

앞에서 검토한 바, 22억 원 정도의 금액이라면 소형주 정도는 시세조종 성공가능성이 있을 수 있겠지만, 시세조종의 성공가능성이 가장 희박한 주가지수옵션의 시세를 변동시켰다는 주장은 동의하기 어렵다.

2. 승률과 시세조종

확률적으로 가격이 상승의 가능성과 하락의 가능성은 정확히 반반이다. 시세조종을 의도하고, 시세조종이 상당기간 지속적으로 성공한다는 것(객관적 결과)은 승률이 100%이라면 승률자체가 가장 명확한 증거가 될 수 있다. 그러나 가사 시세조종을 의도하였다 하더라도, 승률이 0%라면 시세변동에 따른 시세조종이 성립될 수는 없다.[414] 승률과 시세조종 성립가능성의 관계를 정리하면 다음과 같다.

〈승률과 시세조종 성립가능성〉

(없음) 승률 0% < 20% < 51% < 80% < 100% (있음)

예컨대, 시세조종을 주장하려면 행위자의 승률이 확률적 기대치인 50%보다 큰 현상이 상당 기간 지속되어야 하는 것이 타당할 것이다. 甲의 매매결과는 20% 정도만 수익을 기록하였고, 약 80%는 손실(이 중 약 50~60%는 동일가격에 매매한 것인바, 거래소 비용만큼의 손실이 발생하는 거래였다 한다)을 기록하였다. 즉, 甲의 승률은 20%에 불과하며, 80%의 거래는 손실을 기록했다. 이러한 객관적인 승률을 보자면, 甲이 시세조종을 했다는 금융위의 주장은 공감하기 어렵다.

---

412) 0.1×50,000×43,660=2,183,000,000(원), 계산식은 한국거래소 홈페이지, http://www.krx.co.kr/m3/m3_3/m3_3_1/m3_3_1_2/UHPKOR03003_01_02.html 참조.

413) 파이낸셜뉴스(인터넷판) 기사, 2015. 11. 12, http://www.fnnews.com/news/201511111737563338 (검색일 2019. 4. 3.)

414) 이는 시세조종의 미수일 뿐 기수가 성립될 수는 없다. 시세조종에는 미수죄가 규정된 것도 아니다.

3. 연속주문과 시세조종

파생상품시장 업무규정 第71조 및 동 시행세칙 第61조(별표 17의 2)에 규정된 바에 따르면, 코스피200 옵션거래의 호가[415]수량 한도는 1,000계약이다. 이는 예컨대, 10,000계약의 주문[416]을 입력하려면, 1,000계약씩 10회로 분할하여 입력하도록 규정하고 있는 것이다. 이는 동 규정에서 코스피200 선물거래의 호가수량 한도를 1,000계약으로 정하고 있는 것에 비교하자면, 상대적으로 작은 한도이다.

따라서, 甲과 같은 기관투자자의 입장에서 현실적으로 작게 규정되어 있는 코스피200 옵션거래에서 일반적·일상적으로 1,000계약 단위의 호가를 연속으로 입력하는 경우가 흔하다. 더욱이 甲이 선호하는 외가격옵션의 경우 구조적으로 대량연속주문의 필요성이 특히 크다. 예컨대, 0.1p 이하 외가격옵션의 호가한도 수량이 10,000계약으로 확대된다면 현재의 대량연속주문 현상은 상당부분 축소

---

415) 파생상품시장 업무규정 제2조 제1항 제15호 : "호가"란 거래소의 회원이 시장에서 거래를 하기 위한 매도의 의사표시 또는 매수의 의사표시를 말하며, 다음 각 목과 같이 구분한다.
  가. 지정가호가: 종목, 수량 및 가격을 지정하는 호가로서 지정한 가격 또는 그 가격보다 유리한 가격으로 거래를 하려는 호가
  나. 시장가호가: 종목 및 수량은 지정하되 가격은 지정하지 아니하는 호가로서 제73조 제3항 및 제74조 제2항에서 각각 호가한 것으로 보는 가격으로 거래를 하려는 호가
  다. 조건부지정가호가: 제73조 제1항 제3호의 최종약정가격을 결정하는 경우에 시장가호가로 전환되는 것을 조건으로 하는 지정가호가
  라. 최유리지정가호가: 종목 및 수량은 지정하되 가격은 이 규정 시행세칙(이하 "세칙"이라 한다)으로 정하는 가격을 지정한 것으로 보아 거래를 하려는 호가 <본호개정 2014. 8. 27.>

416) 파생상품시장 업무규정 제2조 제1항 제16호 : "주문"이란 위탁자가 거래를 위하여 투자중개업자에게 하는 매도의 의사표시 또는 매수의 의사표시를 말하며, 다음 각 목과 같이 구분한다.
  가. 지정가주문: 종목, 수량 및 가격을 지정하는 주문으로서 지정한 가격 또는 그 가격보다 유리한 가격으로 거래를 하려는 주문
  나. 시장가주문: 종목 및 수량은 지정하되 가격은 지정하지 아니하는 주문으로서 제73조 제3항 및 제74조 제2항에서 각각 호가한 것으로 보는 가격으로 거래를 하려는 주문
  다. 조건부지정가주문: 제73조 제1항 제3호의 최종약정가격을 결정하는 경우에 시장가주문으로 전환되는 것을 조건으로 하는 지정가주문
  라. 최유리지정가주문: 종목 및 수량은 지정하되 가격은 제1항 제15호 라목에서 지정한 것으로 보는 가격으로 거래를 하려는 주문 <본호개정 2014. 8. 27.>

될 것으로 보인다. 한편, 동 시행세칙 제163조의3에 따르면, 한국거래소는 일간 총호가건수가 10만 건을 초과하는 하는 경우에 과다호가부담금을 부과하고 있다. 보도자료의 내용에 따르면 甲은 21개월간(약 420일) 26,663회의 호가를 제출하였다는 것인바, 일 평균 약 63회에 불과하며, 과다호가의 기준인 10만 건에는 현저히 미달하는 수치이다. 이러한 수치들을 종합하여 판단하자면, 금융당국의 주장은 공감하기 어렵다.

4. 기타 객관적 요건

(1) 최우선호가 점유와 시세조종

갑의 거래기록은 甲이 유동성이 적은 옵션종목의 양방향 최우선호가 점유를 지속적으로 시도하는 것을 보여주고 있다. 이에 관하여 금융당국은 다음과 같이 주장하고 있다.

> '① 대량의 연속주문 등을 이용하여 매도(매수)1호가 잔량을 모두 소진시킨 후 ② 매수(매도)1~2호가 등에 체결의사 없는 대량의 매수주문을 신규제출하고, 사전에 제출해 놓은 매도(매수)1~3호가의 매도주문을 취소시키는 방법으로 호가잔량을 변동시켜 매수(매도)세를 유인하고 ③ 이후 가격이 상승(하락)하면 매도(매수)주문을 제출, 포지션을 청산하여 매매이익을 실현'417)

위 ①과 ②의 내용은 공통적으로 甲이 양방향 최우선호가를 점유하는, 매수·매도 1호가에 주문을 입력한 것을 설명해주는 것이다. 이러한 거래방식의 거래자를 '시장조성자'(market maker)라 한다.

(2) 시장조성자와 시세조종

"시장조성자 또는 유동성공급자는 특정 금융투자상품 종목에 대하여 bid-offer spread(매수호가와 매도호가 차이)에서 수익을 올릴 목적으로 매수호가와 매

---

417) 금융위원회, 전게보도자료, 5면.

도호가를 제출하는 회사 또는 개인"[418]으로 정의된다. 미국 SEC는 시장조성자에 관하여 "공개적으로 제출되는 가격으로, 정기적이며 연속적으로 주식의 매수와 매도를 할 준기가 되어 있는 업체"로 정의하고 있다.[419]

시장조성자는 시장에 유동성을 공급하여 시장을 활성화시키는 역할을 담당한다. 시장조성자의 전형적인 업무는 매수·매도 양방향 최우선 호가에 상당량의 주문을 입력하여, 다른 시장참여자들의 시장참여를 유도하여 시장의 거래를 활성화시키는 것이다. 시장조성자는 거래소와 계약을 체결하는 경우와 체결하지 않은 경우로 나뉜다. 거래소와 계약을 체결한 시장조성자(이하 '지정 시장조성자'[420]라 한다)는 그 계약의 내용에 따라 의무적으로 시장을 조성하는 호가를 제출해야 한다 (파생상품시장 업무규정 제85조 제2항).

반면, 계약을 체결하지 않은 시장조성자(이하 '자발적 시장조성자'라 한다)의 경우는 본인의 필요에 따라 호가를 제출할 뿐 의무를 부담하지 않는다. 자발적 시장조성자들로만 구성된 대표적인 시장은 외환시장이다. 통상 거래소 설립 초기 또는 신상품의 도입 시, '지정 시장조성자'를 유치하여 시장활성화를 꾀하는 경우가 흔하다. 2005년 한국거래소가 도입한 ELW를 신규 상장하면서 도입한, '유동성공급자'(LP, Liquidity Provider)도 지정 시장조성자의 일종이다.

한국거래소는 파생상품시장 업무규정 제83조[421]에서 시장조성자 제도를 규정

---

418) A market maker or liquidity provider is a company, or an individual, that quotes both a buy and a sell price in a financial instrument or commodity held in inventory, hoping to make a profit on the bid–offer spread, https://en.wikipedia.org/wiki/Market_maker.

419) The U.S. Securities and Exchange Commission defines a "market maker" as a firm that stands ready to buy and sell stock on a regular and continuous basis at a publicly quoted price, https://en.wikipedia.org/wiki/Market_maker.

420) A Designated Primary Market Maker (DPM) is a specialized market maker approved by an exchange to guarantee that he or she will take the position in a particular assigned security, option or option index, https://en.wikipedia.org/wiki/Market_maker.

421) 파생상품시장 업무규정 제83조
제1항 : 시장에 유동성을 공급하기 위하여 거래소와 시장조성계약을 체결한 자(이하 "시장조성자"라 한다)는 시장을 조성하는 호가를 제출할 수 있다. 다만, 시장조성계약에서 정하는 경우에는 그 계약의 내용에 따라 의무적으로 시장을 조성하는 호가를 제출하여야 한다.

하고 있다. 그러나 시장에는 지정 시장조성자뿐만 아니라 자발적 시장조성자도 존재한다. 통상 양자의 차이는, 거래소와의 대가관계를 가지고 있는가 하는 점일 뿐, 수행하는 업무는 큰 차이가 없다. 일반적으로, 지정 시장조성자는 거래소에 대하여 호가제공의무를 부담하는 대가로 거래소로부터 수수료 수입의 일부인 금전을 지급받는다(파생상품시장 업무규정 제83조 제3항). 반면, 자발적 시장조성자는 본인의 필요에 따라 호가를 공급할 뿐, 거래소에 대하여 호가제공의무를 부담하지 않는다. 그러나 일부 거래소의 경우, 자발적 시장조성자에 대하여도 금전을 지급하는 사례도 있다.[422)]

甲이 소속된 증권사는 한국거래소의 회원사이지만 동 옵션 종목에 대하여 거래소와 시장조성자 계약을 체결한 바는 없으므로 지정 시장조성자는 아니다. 甲은 회사를 위하여 자발적 시장조성자의 역할을 수행하는 자이다. 甲은 지정 시장조성자가 아니므로, 상당량의 양방향 호가를 제출 유지하여야 하는 의무를 부담하지 않는다. 甲은 본인의 판단에 따라 일시적으로 양방향의 호가를 제출할 수도 있고, 일시적으로 한 방향의 호가만을 제출할 수도 있으며, 제출한 호가를 취소 또는 정정할 수도 있다.[423)]

甲은 양방향의 호가를 유지하여야 할 의무가 없고, 관련 규정에 따라 제출한 호가를 취소할 권리가 있다. 따라서 甲이 자발적 시장조성자로서, 최우선호가를 점유하기 위한 목적으로 또는 시장상황의 변화에 대응하기 위하여 여러 가지 형태의 호가를 제출하고 주문을 입력 또는 취소한 행위를 시세조종이라고 주장하는 것은 객관적 타당성이 결여된 것으로 생각된다.

제2항 : 시장조성자가 되려는 자는 파생상품에 관한 전문성, 위험관리 능력 및 재무 건전성, 사회적 신용 등을 고려하여 세칙으로 정하는 요건을 갖추고 사전에 거래소와 시장조성계약을 체결하여야 한다.

제3항 : 거래소는 시장조성계약에서 정하는 바에 따라 시장조성자의 시장조성 실적을 평가한 후 그 실적에 따라 파생상품거래와 관련한 수수료 수입의 범위에서 시장조성에 대한 대가를 지급할 수 있다.

422) 상당수의 HFT(High Frequency Trader)는 자발적 시장조성자이다. Singapore Exchange는 HFT를 확보하기 위하여 회원사 또는 고객에 대하여 금전적 인센티브 제공을 제시한다. 박선종, “알고리즘 매매 및 DMA에 관한 연구”, 『증권법연구』 제10권 제1호, 한국증권법학회, 2009, 233－234면.

423) 파생상품시장 업무규정 제69조(호가의 취소 및 정정) ① 회원은 호가한 수량의 전부 또는 일부를 취소하거나 세칙으로 정하는 바에 따라 호가의 종류 및 가격을 정정할 수 있다.

(3) 주문취소율과 시세조종

앞의 여러 가지 관점에서의 분석을 기반으로 판단하자면, 금융위는 甲의 주문취소율로 시세조종을 추정한 것이 아닌가 하는 의문이 든다. 그러나 甲은 지정 시장조성자가 아니므로, 본인의 판단에 따라 일시적으로 양방향의 호가를 제출할 수도 있고, 일시적으로 한 방향의 호가만을 제출할 수도 있으며, 관련된 규정에 따라 제출한 호가를 취소 또는 정정할 권리가 있다.

그러므로 관련된 규정에 따라 제출된 가격변동에 따른 자동취소 등 스캘핑 기법의 특성상 시장상황 변화에 따른 정상적인 대응의 취소건수는 주문취소율 산정에서 배제되어야 할 것이다. 더욱이 甲이 증선위에 제출한 자료에 따르면, 甲의 취소주문 중 상당부분은 거래소의 '회원사 모니터링 적출 기준'을 준수하기 위하여 구축한 '가장매매자동방지시스템'에 의하여 자동적으로 집행되었다는 것이다. 이는 당연히 주문취소율 산정에서 배제되어야 할 수치이다.

5. 만기일 매도와 시간가치 소멸

옵션의 가격은 시간가치와 내재가치로 구성되는데, 만기가 도래하면 시간가치는 0이 된다. 코스피200 지수옵션시장의 많은 증권사 운용역들이 옵션 만기일에 매도포지션을 취하는 거래를 한다. 이는 박리다매의 원리와 유사하다. 첫째, 단위당 이익은 작으나 대량거래를 통하여 수익을 올리는 점에서 같다. 둘째, 상당한 자본이 없으면 할 수 없다는 점에서 개인 보다는 기업이 주로 한다는 점에서 같다. 셋째, 적시에 처분이 안 되는 경우 큰 손실의 위험이 있다는 점에서 같다.

즉, ① 만기일 옵션매도는 계약당 수익금이 작기 때문에 통상 수천 계약 또는 수만 계약 단위로 거래한다는 점, ② 대량의 옵션매도를 위해서는 수십억 내지 수백억 단위의 막대한 증거금이 필요하다는 점, ③ 만일 만기일 장 종료 시에 내재가치분이 시간가치 소멸분을 초과하는 경우에는 재앙적 손실이 발생할 수 있다는 점 등의 이유로 일반투자자의 접근이 어렵고 주로 증권사의 고유계정 운용역들이 주도하는 거래이다. 이 거래의 매수인은 주로 일반투자자들인바, 이들의 주된 투자목적은 로또복권 구매자와 유사하다. 즉, 당첨가능성은 낮으나 당첨이 되면 천문학적인 수익률을 거둔다는 점이다.

甲의 수익 42억 원 중 상당부분은 옵션 만기일 매도거래에서 발생하였다. 즉, 회사계정에서 허용된 증거금 한도를 재원으로, 시간가치의 소멸분에서 상당한 수익을 거둔 것이다. 옵션 만기일 매도거래에서 발생한 수익은, 옵션상품의 구조상 만기도래 시까지 당해 종목 기초자산의 가격이 행사가격 보다 유리한 가격이 변동되지 않으면, 잔존 시간가치 전액이 소멸하는 특성에 기인한 것이므로, 시세조종과 연결시키기는 어렵다.

제4절 | 결어

금융위의 시세조종 주장은, 본문에서 검토한 결과 몇 가지 의문점이 있다. 그 첫째는 허수성호가까지도 적출하는 거래소의 엄격한 기준을 통과한, 甲의 시장조성자로서의 정상적인 스캘핑이 시세조종으로 주장되고 있다는 점이다. 둘째는 옵션상품의 구조적인 특성이나, 갑의 증거금 한도 등을 기준으로 판단컨대, 甲이 옵션을 시세조종의 대상으로 삼았다는 금융위의 주장은 동의하기 어렵다. 셋째는, 甲의 수익률이나 승률 등 객관적인 자료를 보아도 시세조종을 통하여 거둔 성과라고 보기에는 초라해 보인다는 점이다.

필자는, 우리 금융당국이 어떻게 이러한 정도의 사안을 검찰에 고발할 수 있었는지 의문이었다. 한편 검찰에서 이 사안을 기소할 수 있을지도 상당한 의문이었다. 결국 금융위의 고발내용을 일부 수정하여 검찰이 기소하였으나, 1심 법원은 '공소사실이 특정되지 않았음'을 이유[424]로 2심 법원은 '외가격 옵션을 통한 인위적인 시세조종은 용이하지 않은 것으로 보이며, 피고의 주문행위가 매매를 유인할 목적이었다는 점을 증명할 증거를 찾기 어렵다.'는 이유[425]로 각각 검사의 주장을 사실상 전혀 받아들이지 않았다. 현재 상고심에 계류 중인 이 사건은, 일면 개별 파생상품의 특성을 정확하게 파악하지 못한 검찰의 무리한 기소에서 비롯된 공권력 남용 사례로 볼 여지가 있다.

---

424) 서울남부지방법원 2018. 1. 19. 선고 2016고합437 판결.
425) 서울고등법원 2018. 9. 16. 선고 2018노488 판결.

제8장

파생상품과 설명의무

제8장

파생상품과 설명의무

제1절 | 파생상품의 거래목적과 설명의무

I. 서설

2009년 독일 연방대법원과 서울고등법원은 유사한 파생상품 관련 소송에서 설명의무에 관하여 서로 다른 판결을 내린 바 있다. 독일의 판결[426)]은 장외파생상품의 설계자이자 판매자인 은행에 대하여 설명의무와 유사한 조언의무[427)]를 부과한 반면, 국내의 판결[428)]은 금융소비자인 수출기업에게 자기책임의 원칙을 강조한 것으로 볼 수 있다.

파생상품은 투자목적으로 사용되기도 하지만 헤지목적으로 사용되기도 하는

426) 독일 연방대법원 판결(BGH, Urt. v. 22. 3. 2011-XI ZR 33/10). 동 판결은 2009. 12. 30. 자 프랑크푸르트 고등법원 제23민사부의 판결을 파기한 것이다.

427) '조언'은 사전적 의미 그대로 '말로 도움을 주는 것'이다. '조언'이라는 독일어는 상담, 설명의 뜻이라한다. 설명·조언의무의 개념에 대한 상세는 신현윤, "파생금융상품 거래시 고객에 대한 설명·조언의무-독일 연방대법원 판결(BGH, Urt v. 22. 3. 2011-XI ZR 33/10)을 중심으로", 『상사판례연구』 제24집 제2권, 한국상사판례학회, 2011, 424면 이하 참조.

428) 서울고등법원 2011. 5. 31. 선고 2010나34519 판결.

데, 독일의 사안은 투자목적으로 사용된 경우이고, 국내의 사안은 헤지목적으로 사용된 경우라는 점에서 차이가 있다.[429] 자본시장법(이하 '法'이라 한다) 제47조 제1항은 금융투자상품을 '투자권유'하는 경우의 설명의무에 관하여 규정하고 있다. 이는 금융투자상품이, 투자목적으로 사용될 경우, 수익의 기회가 제공되지만 동시에 손실의 위험을 내포하고 있으므로, 투자에 따르는 위험 등을 설명하도록 규정하고 있는 것이다.[430]

그러나 금융투자상품 중에서 특히 파생상품을 헤지목적으로 사용하는 때에는 기초자산의 위험을 배제 또는 저감시키기 위한 것이고, 동일한 파생상품이라 할지라도 투자목적으로 사용되는지 또는 헤지목적으로 사용되는지에 따라 그 효과가 전혀 다르기 때문에 설명의무도 각각 다르게 부과되어야 할 필요가 있다.[431] 투자는 위험인수(risk taking)행위이고 헤지는 위험회피(risk aversion)[432]행위로서 그 동기와 효과가 전혀 다르기 때문에 동일한 설명의무를 부과하는 것은 옳다고 보기 어려운 것이다.[433]

---

429) 파생상품을 투자목적과 헤지(위험회피)목적으로 구분하는 기준은 다음과 같다. 즉, 동일한 파생상품이라 할지라도 수익창출을 목적으로 위험을 인수한 경우는 투자목적이고, 위험회피를 목적으로 비용을 부담하는 경우는 헤지목적이라 할 수 있다.

430) 자본시장법 제3조 제1항에서 '금융투자상품'이란 '이익을 얻거나 손실을 회피할 목적'의 상품으로 칭하여 투기목적과 헤지목적을 포괄적으로 규정하고 있고, 파생상품의 투자목적을 투기(speculation)과 헤지(hedge)로 구분하는 용어 사용례가 있다. 투자(投資)의 사전적 의미는 '이익을 얻기 위하여 어떤 일이나 사업에 자본을 대거나 시간이나 정성을 쏟음' 또는 '이익을 얻기 위하여 주권, 채권 따위를 구입하는 데 자금을 돌리는 일'로 설명되는데, 투자라는 용어를 헤지를 포괄하는 것으로 사용하는 것은 재고할 필요가 있다. 즉, 투자는 위험인수 행위이고 헤지는 위험회피행위로서 위험을 기준으로 보면 그 성질이 정반대로 대립되는 개념인데, 양자를 투자라는 용어로 단일화하여 사용하는 것은 어색하다. 따라서 이 논문에서는 투자와 헤지를 구분하여 사용하기로 한다. 한편, 어떠한 용어 사용례를 따른다하더라도 法 제47조의 설명의무가 헤지목적의 설명의무로서 적합하다고 보기는 어렵다.

431) 키코소송의 쟁점 중 하나는 설명의무에 관한 것인데, 이는 파생상품이 헤지목적으로 사용되는 경우의 설명의무에 관한 다툼이라는 점에서 종래의 투자권유에 관한 설명의무와는 상당한 차이가 있어 보인다.

432) 위험회피는 위험전가(risk transfer)라고도 한다.

433) 파생상품은 투자목적으로 사용되기도 하지만 헤지목적으로 사용되기도 한다. 오히려 어떤 의미에서는 파생상품은 연혁적으로 볼 때 본래 헤지목적으로 개발된 것이고, 다만 이 파생상품의 반대당사자, 즉, 위험을 인수하는 주체로서 위험인수자 내지 투자가들이 개입되게 된 것이다. 이른바 '헤지펀드'라는 것이 그것으로서, 이들은 헤지목적이 아닌 투자목

파생상품이 투자목적으로 사용되는 경우의 효과는 투자수익이지만 이에는 손실위험이 수반된다(위험과 수익의 대가관계).[434] 반면 파생상품이 헤지목적으로 사용되는 경우의 효과는 기초자산의 위험회피이지만 이에는 헤지비용이 수반된다(위험회피와 비용의 대가관계). 法 제47조 제1항은 투자목적 즉, 투자에 수반되는 위험고지를 대상으로 한 것으로 볼 수 있다.[435] 그러므로 동 규정의 설명의무 조항은 헤지목적 즉, 위험을 배제 또는 저감시키기 위한 비용 및 위험배제의 범위를 주로 설명하여야할 규정으로 적합하다고 보기 어렵다.[436]

파생상품이 헤지목적으로 사용되는 때에는 위험보장을 목적으로 한다는 점에서 일응 보험계약과 유사하다.[437] 특히 옵션계약은 보험계약과 상당히 유사한데,

---

적으로 헤지상품에 관여함으로써 즉, 헤지상품에 있어서 헤지상품 구매자의 반대당사자로서 위험을 인수함으로써, 고위험·고수익(high risk, high return)을 추구한다. 현재로서는 투자목적과 헤지목적은 동전의 양면과 같아서 어느 것이 더 근본적인 것인지를 판단한다는 것은 어려울 수 있다. 하지만 파생상품의 본질적 기능은 헤지목적에 있다는 점, 현재에도 헤지상품의 거래에 있어서 적어도 한 당사자는 헤지목적으로 구매하는 것이며, 이들에 대한 경제적·법적 측면은 투자목적 구매자와는 전혀 다르다는 점을 염두에 두어야 한다.

434) 투자시 위험과 기대수익위험(risk & return)은 정비례 관계에 있는 것으로 본다. 즉, high risk high return, low risk low return, no risk no return의 원칙이 적용된다.

435) 10) 자본시장법 제47조(설명의무) ① 금융투자업자는 일반투자자를 상대로 투자권유를 하는 경우에는 금융투자상품의 내용, 투자에 따르는 위험, 그 밖에 대통령령으로 정하는 사항을 일반투자자가 이해할 수 있도록 설명하여야 한다.

436) 금융투자상품 중 증권도 헤지목적으로 사용될 수 있다. 예컨대, 주식옵션의 매도인이 기초자산이 되는 주식을 매수하는 경우 이는 헤지목적으로 볼 수 있을 것이다. 다만, 이 글에서는 통상적으로 헤지목적으로 사용되는 파생상품을 중심으로 헤지목적과 투자목적의 구분이 필요하다는 점을 설명하고자 한다.

437) 옵션 등 파생상품을 보험계약에 비교하는 시도에 대하여는 '보험계약의 직접대상이 되는 위험은 당해 기초자산 그 자체에 관한 것이지만, 파생상품의 헤지목적 거래에서는 기초자산에 관한 위험을 회피하기 위해 copy된(파생된) 다른 상품을 대상으로 하여 위험회피 효과를 도모하는 것이기 때문에, 비록 양자가 경제적 효용이 유사하다고 하더라도 법적인 구성설계는 상이할 수밖에 없을 것이라며 보험상품과의 단순비교의 한계성을 지적하는 견해가 있다. 그러나 필자는 다음과 같은 이유로 동 견해에 동의하지 않으며, 보험과 헤지는 유사한 점이 많다는 주장을 펴고 있다. 예컨대, 자동차보험 중 자차 부분의 기초자산은 온전한 상태의 자동차일 것인데, 사고가 발생(보험사건)하여 파손된 경우 수리비에 상당하는 금액을 보험자가 지불하는 것이 계약의 내용인바, 자동차 수리비를 기초자산으로 발행된 콜옵션과 사실상 동일한 것으로 볼 수 있다. 통상 자동차보험은 대인·대물·자손·자차로 분류되는데, 이는 각각의 원상복구비용(실손보상비용)을 기초자산으로 하는 콜옵션의 합과 경제적 효과가 동일한 것으로 볼 수 있다. 다만, 보험은 위험인수자

보험계약은 당사자 일방이 약정한 보험료를 지급하고 상대방이 재산 또는 생명이나 신체에 불확정한 사고가 생길 경우에 일정한 보험금액 기타의 급여를 지급할 것을 약정함으로써 효력이 생기는 것(상법 제638조)에 비교하면, 옵션계약은 당사자 일방(매수인)이 약정한 프리미엄(보험료)을 지급하고 상대방(매도인)이 재산에 관하여 불확정한 사고(행사가격보다 불리한 방향으로 시장가격이 변동)가 생길 경우에 일정한 급여를 지급(행사가격에 목적물을 인도(콜옵션) 또는 인수(풋옵션))할 것을 약정하는 계약이라는 점에서, 양 계약은 유사점이 많은 것으로 볼 수 있다.[438)]

한편 法 제47조에 규정된 설명의무는 투자위험에 관한 것인 반면, 보험업법 제95조의2에 규정된 설명의무[439)]는 위험회피의 비용, 범위 등에 관한 것인데, 보험업법상 설명의무 조항은 파생상품이 헤지목적으로 사용되는 경우의 설명의무와 부합하는 점이 상당하다. 이와 아울러서 대법원의 해상보험 관련 판결[440)] 또한 헤지목적의 파생상품 권유 시 설명의무를 판단하는 데 있어서 하나의 중요한 기준이 될 수 있을 것으로 본다.

이 장에서는 파생상품 등 각각의 금융투자상품에 대하여 세부적으로는 설명의무에 차등을 둘 필요가 있다는 점, 파생상품의 판매 시 설명의무는 투자목적과 헤지목적으로 구분되어야 할 필요가 있다는 점, 헤지목적의 판매 시 설명의무는 보험업법의 규정을 유추적용할 필요가 있다는 점을 주장하고 있다. 결론적으로 이러한 주장들을 토대로 法 제47조의 보완에 관한 몇 가지 사항들을 제언하고자 한다.

(보험자)를 보험업법을 통해 규제하고 있다는 점에서 다르다.

438) 박선종, "派生商品의 法的 規制에 關한 硏究-KIKO 訴訟을 계기로 하여-", 고려대학교 박사학위논문, 2010. 12, 35－36면.

439) 보험업법 제95조의2(설명의무 등) ① 보험회사 또는 보험의 모집에 종사하는 자는 일반보험계약자에게 보험계약 체결을 권유하는 경우에는 보험료, 보장범위, 보험금 지급제한 사유 등 대통령령으로 정하는 보험계약의 중요 사항을 일반보험계약자가 이해할 수 있도록 설명하여야 한다.

440) 대법원 2010. 9. 9. 선고 2009다105383 판결.

II. 설명의무 개관

1. 설명의무의 의의

(1) 현행법과 법원의 입장

1) 자본시장법

法 제47조 제1항에서는 "금융투자업자는 일반투자자를 상대로 투자권유를 하는 경우에는 금융투자상품의 내용, 투자에 따르는 위험, 그 밖에 대통령령으로 정하는 사항[441]을 일반투자자가 이해할 수 있도록 설명하여야 한다."고 규정하고 있는데 이를 '설명의무'라 한다.

자본시장법상 설명의 정도는 '일반투자자가 이해할 수 있는 정도'라는 기준을 제시하고 있다. 한편 설명의 내용으로는 '금융투자상품의 내용과 투자에 따르는 위험' 등을 들고 있다. 여기서 금융투자상품의 내용은 수익(return)에 관한 사항인바, 동 조항의 취지는 결국 위험과 수익(risk & return)의 대가관계에 관한 사항을 설명의 내용으로 규정하고 있는 것이다.

2) 보험업법

파생상품이 헤지목적으로 권유되는 때에는 보험과 유사한 면이 많다. 따라서 실무적으로 은행에서도 헤지목적으로 파생상품을 권유할 때, "우발적인 위험이 발생하면 보상을 받는 보험에 가입하기 위해 프리미엄을 내듯이, 통화옵션의 매입으로 해당 만기일의 환율이 불리하게 될 경우를 대비해, 특정한 행사환율에 외화를 매도 또는 매입할 수 있는 권리를 가질 수 있습니다."[442]와 같이, 보험의

441) 자본시장법 시행령 제53조(설명의무) ① 법 제47조 제1항에서 "대통령령으로 정하는 사항"이란 다음 각 호의 사항을 말한다.

1. 금융투자상품의 투자성(법 제3조 제1항 각 호 외의 부분 본문에 따른 투자성을 말한다. 이하 같다)에 관한 구조와 성격
2. 법 제58조제1항에 따른 수수료에 관한 사항
3. 조기상환조건이 있는 경우 그에 관한 사항
4. 계약의 해제·해지에 관한 사항

예를 들어 설명하기도 한다.

보험업법 제95조의2 제1항은 “보험회사 또는 보험의 모집에 종사하는 자는 일반보험계약자에게 보험계약 체결을 권유하는 경우에는 보험료, 보장범위, 보험금지급제한 사유 등 대통령령으로 정하는 보험계약의 중요사항[443]1을 일반보험계약자가 이해할 수 있도록 설명하여야 한다.”라고 규정하고 있다. 동법에서는 설명의 정도로 자본시장법과 마찬가지로 ‘일반보험계약자가 이해할 수 있는 정도’라는 기준을 제시하고 있고 설명의 내용은 ‘보험료와 보장범위’ 등을 규정하고 있다. 동 조항은 위험회피와 비용(risk aversion & cost)의 대가관계에 관한 사항을 설명의 내용으로 규정하고 있는 것이다.

3) 키코소송 재판부의 입장

서울고등법원 제16민사부는 당시 키코 판결에서 설명의무에 관하여 “금융기관이 일반고객과 장외파생상품 등의 거래를 할 때에는 상대방이 그 거래의 구조와 위험성을 제대로 평가할 수 있도록 상품의 특성과 주요 내용 및 거래에 수반하는 위험을 기업에 명확히 설명함으로써 고객을 보호하여야 할 의무(이를 ‘설명의무’라 한다)가 있다.”[444]라고 설시하였다. 동 재판부는 키코계약을 헤지목적으로

---

442) 서울고등법원 2011. 5. 31. 선고 2010나34519 판결, 을 제2호증; 우리은행, 『환위험, 금리위험 헷지실무』, 2006. 1, 11면.

443) 보험업법 시행령 제42조의2(설명의무의 중요 사항 등) ① 법 제95조의2 제1항에서 “보험료, 보장범위, 보험금 지급제한 사유 등 대통령령으로 정하는 보험계약의 중요 사항”이란 다음 각 호의 사항을 말한다.

1. 주계약 및 특약별 보험료
2. 주계약 및 특약별로 보장하는 사망, 질병, 상해 등 주요 위험 및 보험금
3. 보험료 납입기간 및 보험기간
4. 보험회사의 명칭, 보험상품의 종목 및 명칭
5. 청약의 철회에 관한 사항
6. 지급한도, 면책사항, 감액지급 사항 등 보험금 지급제한 조건
7. 고지의무 위반의 효과
8. 계약의 취소 및 무효에 관한 사항
9. 해약환급금에 관한 사항
10. 분쟁조정절차에 관한 사항
11. 그 밖에 보험계약자 보호를 위하여 금융위원회가 정하여 고시하는 사항.

444) 서울고등법원 2011. 5. 31. 선고 2010나34519 판결, 72－73면.

권유한 것으로 판단하면서도 헤지의 대가관계에 있는 비용(수수료)에 관한 설명의무를 간과한 것으로 보인다.

(2) 작위의무와 부작위의무

설명의무는 작위의무와 부작위의무로 구성되어 있는데, 작위의무는 고객이 자기책임하에 합리적인 투자판단을 할 수 있도록 필요한 정보를 적극적으로 제공하여야 하는 의무이고, 부작위의무는 설명 시 투자자를 오도(misleading)하는 부실기재(misstatement) 또는 중요한 사항을 누락(ommission)한 채 설명하지 말아야 한다는 의무이다.[445] 여기서 투자자의 수수료에 관한 사항은 금융상품에 기본적으로 내재하는 위험은 아닐지라도 투자수익에 영향을 미치는 중요한 정보라는 점에서 설명의무의 대상으로 편입되어 있다.[446]

파생상품을 투자목적으로 판매하는 경우, 수수료에 관한 설명은 부작위 의무로 볼 수 있다. 그러나 헤지목적의 판매 시 수수료에 관한 설명은 작위의무로 보는 것이 합리적이다. 참고로, 수수료(commission)란 "주식 또는 부동산의 매매 시, 중개인 또는 대리인이 거래를 성사시킨 용역의 대가로 (본인에게) 청구하는 금액"[447]을 말한다. 비단 주식뿐만 아니라 장내파생상품의 거래 시 중개인(증권회사, 선물회사)에게 지급되는 비용을 '수수료'라 칭한다.

반면 장외파생상품의 거래 시에는 통상 수수료 대신 거래원가에 마진을 더한 대고객가격을 기준으로 거래가 이루어진다. 장외파생상품에서는 마진이 사실상 수수료와 같은 역할을 하고 있으므로 法에서도 수수료로 간주하는 것이 필요하고, 판매자에게 마진 공개의무를 부과하는 것이 장내상품과의 형평성 측면에서 타당하다. 만일 마진을 수수료로 간주하지 않으면, 法 시행령 제53조 제1항 제2호의 '수수료'는 장외파생상품에는 적용할 수 없다는 주장이 제기될 수도 있다.

---

445) 정준우, "증권업자의 부당한 투자권유행위의 합리적 규제방안", 『비교사법』 제11권 제3호, 한국비교사법학회, 2004, 434면.

446) 안수현, "(가칭)자본시장통합법과 소비자보호법의 접점 -'금융소비자'의 보호", 『증권법연구』 제7권 제2호, 한국증권법학회, 2006, 241면.

447) 원문은 다음과 같다; A fee charged by a broker or agent for his/her service in facilitating a transaction, such as buying or selling of securities or real estate. <www.investorwords.com> (검색일 2019. 4. 3.)

(3) 위험인수와 위험회피의 구분

파생상품의 설명의무는 투자권유와 헤지권유의 경우로 나누어 각각 별도로 부과되어야 한다. 투자권유 시, 투자의 핵심적 판단근거는 위험과 수익(risk & return)의 대가관계이다. 투자자에게 자기책임을 부담시키기 위해서는 위험과 수익의 대가관계라는 핵심적 판단근거에 대하여, 투자자가 정확하게 이해할 수 있도록 설명되어야 한다. 따라서 위험과 수익에 관한 사항은 투자권유자의 작위적인 설명의무가 될 것이다. 그러나 통상적인 수수료, 마진 등 투자비용에 관한 사항은 위험과 수익에 직접적인 영향을 미치기는 하지만, 그 중요도가 상대적으로 낮아서 핵심적인 사항으로 보기는 어려우므로 부작위적인 설명의무로 볼 수 있다.

반면, 헤지권유 시, 헤지의 핵심적 판단근거는 위험회피와 비용(risk aversion & cost)의 대가관계이다. 헤져(hedger)에게 자기책임을 부담하기 위해서는, 위험회피와 비용의 대가관계라는 핵심적 판단근거에 대하여, 헤져가 정확하게 이해할 수 있도록 설명되어야 한다. 따라서 이 경우의 비용은 수수료나 마진뿐만 아니라, 기대이익의 포기(선물환), 프리미엄(옵션) 등인데, 수수료나 마진을 포함한 모든 비용항목에 대한 설명의무는 적극적인 작위의무로 보는 것이 합리적일 것이다.

파생상품을 헤지목적으로 권유하는 경우, 비용(보험료)은 위험회피(보험금)와 대가관계에 있고, 그 비용의 개별 구성요소 모두가 헤져의 핵심적 판단근거가 되기 때문에 구체적 비용요소 전체에 대하여 설명의무를 부과할 필요가 있다. 여기서 그 개별 비용요소의 모습이 ① 정액 또는 정률식인지, ② 대고객가격과 이론가격의 차액[448]인지, ③ 새로운 위험의 인수[449]인지 또는 어떠한 형태인지와 상관없이, 헤지서비스를 제공하는 반대급부의 내용이 무엇인지 사전적으로 설명하여야 하는 작위의무로 보아야 할 것이다.

키코상품은 위험회피(risk aversion) 목적으로 권유되었다는 것이 지금까지 법원의 일관된 입장이다.[450] 법원이 키코계약은 헤지(위험회피)상품이라는 입장을

448) 키코사안의 경우 이른바 마이너스 시장가치(negative market value)도 비용요소의 한 모습이다.

449) 예컨대, 키코사안의 경우 KI 콜옵션의 매도는 새로운 위험을 인수하는 비용으로 볼 수 있다.

견지하는 한, 키코소송에서 설명의무는 위험회피와 비용(risk aversion & cost)의 대가관계 측면에서 살피는 것이 타당할 것이다. 이는 비단 키코상품에만 국한되는 것이 아니다. 모든 파생상품은 헤지목적으로 권유될 때에는 위험회피와 비용(risk aversion & cost)의 대가관계에 관하여 설명의무가 부과되는 것이 합리적일 것으로 본다.

2. 설명의무 부과의 근거

설명의무 부과의 의의는 금융투자업자와 일반투자자 사이의 정보의 비대칭성에 기인한 교섭력의 차이를 보정하려는 것으로 볼 수 있다.[451] 장외파생상품은 정보의 비대칭성이 극명하게 드러나는 경우이다. 이러한 정보능력의 비대칭은 장외파생상품의 판매에서는 구조적으로 발생할 수밖에 없는 문제이기도 하다.[452] 한편 투자에는 자기책임이 요구되는데, 결국 일반투자자에 대하여 자기책임을 요구할 수 있기 위해, 금융투자업자에게 양 당사자 간 정보의 비대칭성을 해소할 수 있는 정도의 설명의무를 부담시키고 있는 것이다.[453]

독일 연방대법원은 장외파생상품 판결에서 "조언 은행의 설명은 이처럼 매우 복잡한 상품의 경우 고객이 위험과 관련하여 본질적으로 조언 은행과 동일한 정도의 정보와 지식을 가질 수 있도록 보장되어야 하는바, 왜냐하면 그래야만 고객이 추천받은 이자내기를 받아들일지 여부에 관해 자기책임으로 결정내리는 것이 가능하기 때문이다."[454]라고 설시하여 설명의무 부과의 근거로서, 자기책임의 원칙을 적용하려면 고객이 은행과 동일한 정도로 상품을 이해하여야 한다는 점을 들고 있다. 독일 연방대법원은 구체적인 설명의무의 부과의 근거로 당사자 간의

450) 필자는, 앞서 발표한 몇 편의 논문을 통하여, 키코계약은 위험회피상품으로 보기 어렵다는 주장을 펴고 있다.

451) 양석완, 전게논문, 226면.

452) 윤성승, "외국의 장외파생상품 피해 관련 사례와 우리나라에 대한 시사점", 『금융법학회』 제21회 학술발표회 발표자료, 한국금융법학회, 2011. 4. 30, 45면.

453) 한국증권법학회, 전게서(2009), 253면.

454) 신현윤(번역본), 독일 연방대법원 판결(BGH, Urt. v. 22. 3. 2011-XI ZR 33/10), 2011. 5. 24, 39면. 동 번역본은 법무법인 대륙아주 김성묵 변호사의 의뢰를 받아 연세대학교 법학전문대학원 신현윤 교수(Dr. jur., 당시 한국상사판례학회 회장)가 작성한 것이다.

이해충돌(이해상충, conflict of interest)을 들며 "자기의 투자상품을 추천하는 은행은 원칙적으로 동 상품으로 자기가 이익을 보게 된다는 점을 설명해야 하는 것은 아니다. 특별한 사정이 추가되지 않는 한, 이 점에 있어서 존재하고 있는 이해충돌은 은행이 투자자에게 별도로 언급할 필요가 없을 정도로 분명하다. CMS 스프레드 래더 스왑의 경우 바로 이 특별한 사정이 존재하는데, 왜냐하면 자신의 조언에 따라 고객이 부담한 위험을 은행이 이 투자계약 체결과 직접 연계하여 매각할 수 있도록, 이 계약의 위험구조가 투자자에게 부담되도록 은행에 의해 의도적으로 설계되어 있었기 때문이다."[455]라고 설시하였다.

키코사안은 은행측이 제로코스트 헤지상품(무비용의 위험회피상품)으로 설명하였다는 점에서, 기업의 착오를 유발할 가능성이 없다하기 어렵고, 이러한 착오유발 가능성은 정보의 비대칭성에서 기인한 것으로 볼 수 있다. 키코계약은 사실상 위험회피와 비용의 대가관계이지만, KI 콜옵션 매도라는 새로운 위험인수(cash injection)와 KO 풋옵션 매수의 비용(cash cost)이 상계되어 표면적으로 비용이 없는 것처럼 보이는 착시효과가 있을 수 있고, 그렇기 때문에 이러한 숨은 비용(마이너스 시장가치)에 대하여는 한층 더 강화된 작위적 설명의무를 부과할 필요가 있었다.

파생상품에 관하여 객관적 사실, 특히 그 파생상품을 구성하고 있는 주요 요소들에 대하여 객관적인 정보를 제공하여야 하는 것 즉, '정보제공의무'는 가장 기본적 의무 중의 하나에 불과하다. 파생상품 판매자의 의무는 여기서 그치지 않는다. 고객의 구매목적과 고객의 상황에 따라서는 추가적인 '설명의무'와 '경고의무'를 부담한다고 할 수 있다. 설명의무는 객관적인 정보제공만으로 충족되는 것은 아니다. 당해 파생상품이 가지는 객관적인 성격과 경제적·법적 효과에 대하여 이를 고객이 쉽게 이해하여 판단할 수 있도록 구체적인 설명을 하여야 하는 것이다. 다만, 그 정도는 고객이 헤지목적 가입자인지 또는 투자목적 가입자인지에 따라 다를 수 있고, 후자의 경우에는 더 나아가 일반투자자인지 또는 전문투자자인지에 따라 다를 수 있다.

파생상품의 구매자에 대해 충분한 설명을 하였음에도 불구하고 고객이 자신

---

455) 신현윤(번역본), 독일 연방대법원 판결(BGH, Urt. v. 22. 3. 2011-XI ZR 33/10), 2011. 5. 24, 39면.

의 가입 목적이나 상황과 다른 불합리한 구매를 하려는 경우 판매자로서는 이에 대해 고객이 입게 될 수 있는 위험에 관하여 구체적인 경고를 하여야 할 '강화된 설명의무' 즉, '경고의무'를 부과하는 것이 합리적일 것으로 본다. 대표적인 경우가 일반투자자로서 자신의 상황을 훨씬 초과하는 위험투자를 하려는 경우, 헤지목적으로 가입하려는 투자자가 오히려 반대입장인 투자자의 입장에서 파생상품을 구매하여 위험의 증가를 초래할 수 있는 거래를 하려는 경우 등을 들 수 있다.

III. 설명의 정도

1. 키코소송 1심 재판부

키코소송 1심 재판부는 설명의 정도에 관하여, 과거의 거래 경험이나 재무능력을 중요시 하지 않았는데 그 근거로서 "다이아몬드 펀드나 모닝글로리 펀드 사건에서 볼 수 있듯이 대기업이나 파생상품판매 경험이 있는 금융기관조차도 파생상품의 위험을 제대로 이해하지 못한 사례도 있는 점"을 들었다. 키코소송 1심 재판부는 설명의 정도는 "계약상 위험과 중요한 사항에 대해서는 매도인과 동일한 수준에서 의사결정을 할 수 있도록 설명하여야하는 것"이 필요하다고 보았다.[456] 이는 독일연방대법원의 판결 취지와 유사하다.

2. 키코소송 2심 재판부

서울고등법원 제16민사부는 키코소송 판결에서, 설명의 정도에 관한 우리 대법원 판례의 입장은 "고객이 거래의 구조와 위험성에 관하여 합리적인 판단을 할 수 있도록 거래 대상인 금융상품의 특성 및 위험도의 수준, 고객의 투자나 거래 경험 등을 종합적으로 고려한 적절한 방법을 통해 거래에 따르는 위험요소 및 잠재적 손실에 영향을 미치는 중요한 인자 등을 포함하여 당해 금융상품의 특성과 주요 내용을 설명하면 되고, 이러한 정도의 설명을 통해 합리적으로 충분히 예측할 수 있는 사항까지 세세하게 설명되어야 하는 것은 아니라고 할 것이

456) 서울중앙지방법원 2010. 12. 3. 선고 2009가합15188 판결.

다."[457]라는 것으로 소개하고 있다.

대법원은 '잠재적 손실에 영향을 미치는 중요한 인자까지도 고객이 이해할 수 있는 정도'의 설명의무를 부과하고 있는데, 손실에 영향을 미치는 잠재적 손실인자에 대하여 설명의무가 부과되어야 한다면, 현실적 손실인자는 당연히 설명의무가 부과되는 것으로 볼 수 있다. 이를 키코사안에 적용하자면 마이너스 시장가치는 계약 체결 즉시 발생하는 현실적 손실인자로 볼 수 있는바, 이를 설명의무의 내용과 정도에 포함시키는 것은 타당하다 할 것이다.

그럼에도 불구하고 동 재판부는 설명의 정도에 관하여 ① 자기책임 원칙이 형해화되지 않는 정도, ② 금융상품가격의 상승으로 연결될 만큼 시간과 비용이 소요되지 않는 정도로 판단[458]하였는데, 이는 동 재판부가 소개하고 있는 대법원 판례의 취지와 상당한 거리가 있다는 점에서 문제가 제기될 수 있다. 한편, 동 재판부는 앞의 독일 연방대법원 판결은 "금리 변동에 따른 위험회피목적이 아닌 투기 목적이었다는 점" 등에서 "이 사건에 참조할 수 있을 정도로 사실관계나 법리에 있어서 동일, 유사하다고 보기는 어렵다"며 원고의 주장[459]을 배척하였다.[460]

생각건대, 투기목적인 경우에는 위험이 수반된다는 점을 투자자도 알거나 알 수 있다는 것이 전제가 된다는 점에서 위험회피목적인 경우 보다 약한 정도의 설명의무가 부과되어도 무방할 것이고, 오히려 위험회피목적으로 파생상품을 거래하는 경우에 손실위험이 있을 수 있다는 것은 금융소비자가 이해하기 어려울 것이므로 투자권유에 비하여 한층 더 고도의 설명의무가 부과되는 것이 타당할

457) 서울고등법원 2011. 5. 31. 선고 2010나34519 판결, 72-73면. 이러한 대법원의 입장에 관하여 서울고등법원은 제16민사부는, 대법원 2003. 7. 25. 선고 2002다46515 판결; 대법원 2006. 5. 11. 선고 2003다51057 판결; 대법원 2009. 9. 11. 선고 2006다53856 판결; 대법원 2010. 11. 11. 선고 2010다55699 판결 등을 참조하였다고 밝히고 있다.

458) 동 재판부는 "적합성 원칙을 통한 규제를 지나치게 확대할 경우 금융상품거래에 있어서의 자기책임의 원칙이 형해화될 수 있고, 금융기관 입장에서는 금융상품 판매 과정에서 많은 시간과 비용이 소요되고 이는 다시 금융상품 가격 상승으로 연결되어 반드시 고객에게 유리한 것도 아니며, 자본시장법에서도 투자매매업자와 투자자문업자를 동일하게 취급하지는 않고 있는 점 등을 고려"하였다며, 원고의 설명의무 강화 주장을 배척하였다.

459) 동 사안에서 원고의 주장은 독일 연방대법원의 판결과 마찬가지로 '조언의무'를 피고측 은행에게 부과하라는 것이었다.

460) 서울고등법원 2011. 5. 31. 선고 2010나34519 판결.

것이다. 따라서 독일의 사안이 투자권유이고 키코사안은 위험회피권유였다는 점에서 비교한다면, 키코사안의 설명의무는 독일 사안에 비해 한층 더 강화될 필요가 있을 것으로 본다.[461] 키코계약을 투자계약이라고 본다면 투자에 따르는 위험에 대하여 자기책임의 원칙이 적용되는 것이 타당할 것이다. 하지만 위험을 감수하는 투자계약이 아닌 위험회피계약을 체결한 기업에게, 위험에 대한 자기책임의 원칙을 주장하는 키코 2심 법원의 판단은 타당하다고 보기 어렵다.

3. 독일 연방대법원

독일 연방대법원은 설명의무의 정도에 있어서 '은행과 본질적으로 동일한 정도의 정보와 지식수준을 투자자가 가질 수 있는 정도의 조언의무'라는 기준을 제시하였다. 원문의 내용을 살피자면, "CMS 스프레드 래더 스왑계약과 같이 매우 복잡한 투자상품에 대한 투자에 관한 한, 투자자가 투자설명을 듣고 자신에게 추천된 이자 내기(베팅)(Zinzwette)를 받아들일 것인지 여부에 대하여 오로지 자기의 책임하에 스스로 결정을 내려야 하기 때문에, 계약의 위험과 관련하여 투자자를 조언하는 은행과 본질적으로 동일한 정도의 정보와 지식수준을 투자자가 가질 수 있도록 설명이 보장되어야 한다."[462]는 것이다.

4. 우리 대법원

우리 대법원은 보험(위험회피)계약의 설명의무에 관하여 "보험회사가 영국법 준거약관에 의하여 영국 해상보험법이 적용되는 워런티(warranty) 약관 조항[463]

---

461) 일반적으로는 투자목적의 거래에 설명의무가 강화되는 것이 타당하지만, 키코소송에서는 헤지(위험회피)목적으로 거래되었지만 사실상 투자위험이 발생하였는데, 이는 헤지목적의 판매권유 시 사전적으로 예상할 수 없는 위험이 있었다는 점에서 투자권유보다 설명의무가 강화되어야 한다고 본 것이다. 이는 법원이 키코상품을 헤지상품으로 판단한 것에 국한하여 문제점을 지적하는 주장이며, 키코가 헤지상품이 아니라는 우회적인 주장이기도 하다. 요컨대, 키코와 같이 재앙적 손해를 유발할 수 있는 상품을 헤지상품으로 판매할 때에는 더욱 강화된 설명의무가 부과되어야 한다는 것이다.

462) 신현윤(번역본), 독일 연방대법원 판결(BGH, Urt. v. 22. 3. 2011-XI ZR 33/10), 2011. 5. 24, 4면.

을 사용하여 해상운송업자인 보험계약자와 선박에 관한 보험계약을 체결한 사안에서, 보험자는 보험계약자에게 워런티의 의미 및 효과에 관하여 구체적으로 설명할 의무를 부담"하며, "보험회사가 워런티의 의미와 효과에 관하여 보험계약자가 제대로 이해할 수 있도록 충분히 설명하지 않는 경우 위 약관 조항 전체가 처음부터 보험계약에 편입되지 못하는 것으로 보아야 한다."[464]고 설시한 바 있다.[465] 이는 매도인과 동일한 이해수준이라는 기준에는 못 미치지만 위 키코 2심

---

463) Warranty는 영국 해상보험법상 "피보험자가 특정한 일이 행해지거나 행해지지 않을 것, 또는 특정한 조건이 준수될 것을 약속하거나 특정한 사실 상태의 존재나 부존재를 보증하는 것"을 말하고, 영국해상보험법은 이러한 Warranty 위반이 있는 경우 그 위반시점부터 보험자의 책임을 면제하는 등 특별한 법적 효과를 부여하고 있다(서울중앙지방법원 2009. 2. 10. 선고 2007가단310721 판결).

464) 대법원 2010. 9. 9. 선고 2009다105383 판결.

465) 동 사안 원심법원의 판단은 "원고(보험자)는 이 사건 보험계약의 체결 당시 피고에게 이 사건 선박에 대한 현상검사가 워런티 사항으로 보험의 필수조건이라는 정도만을 알려 주었을 뿐 이 사건 워런티 조항의 구체적인 내용이나 워런티 조항에서 정한 기한 내에 이를 이행하지 않은 경우 원고가 보험금지급책임을 면하게 되는 효과 등 계약상 중요한 사항에 대하여 상세하게 알려 주지 않았으므로 원고는 이 사건 워런티 조항에 대한 설명의무를 제대로 이행하지 못하였다고 봄이 상당하다. 따라서 원고는 이 사건 워런티 조항이 이 사건 보험계약의 내용으로 편입되었고 피고가 이를 불이행하였다는 이유로 보험금지급책임의 면책을 주장할 수는 없으므로, 이와 다른 전제에 선 원고의 이 사건 청구는 이유 없다"는 것이다(서울고등법원 2009. 11. 27. 선고 2009나24929 판결). 한편 동 사안 제1심 법원은 "피고들에게 선박보험요율 안내문을 팩스로 보내 준 사실, 위 안내문에는 "참고로 담보(warranty) 조항은 본 보험계약이 유지되기 위한 필수조건이므로 이를 이행 혹은 충족하지 못할 경우 보험자의 손해보상책임이 면제되오니 이 점 각별히 유념하시기 바라오며…"라고 기재되어 있었으나, 소외 1은 피고 신흥의 소외 2에게 전화를 걸어 별도의 설명 없이 "안내문을 보냈으니 확인해 보라"고만 이야기한 사실, 피고 신흥은 2006. 6. 2. 위 안내문과 함께 팩스로 받은 보험가입신청서의 가입자란에 회사 명판을 찍고 날인하여 원고에게 송부하였고, 그와 함께 1회분 보험료도 납입한 사실, 그 후 소외 1은 원고 회사의 해상보험팀 소속 한지수로부터 "현상검사 등과 관련된 담보조항은 항상 문제가 되어 민원이 자주 발생하는 사항이니 다시 한번 확인해 보라"는 이야기를 듣고는 소외 2에게 전화하여 이 사건 선박의 현상검사를 마쳤는지를 물어 보게 되었는데, 이 때에도 "현상검사가 워런티 사항이므로 반드시 받아야 한다"고 하였을 뿐 이를 이행하지 않을 경우 원고의 보험금지급책임이 면제된다고 설명하지는 않았던 사실, 이에 소외 2는 이 사건 선박이 수리 중이어서 현상검사를 받을 수 없다고 하면서 2006. 6. 2.자 공문으로 원고에게 현상검사의 연기를 요청하였고, 원고는 재보험사와의 협의를 거쳐 피고 신흥과 사이에 현상검사 기한을 2006. 7. 2.로 정하여 이를 기재한 보험증권을 발행한 사실 등을 인정할 수 있고, 이에 반하는 증인 소외 1, 2의 각 일부 증언은 이를 믿지 아니하며 달리 반증이 없다. 위 인정 사실에 의하면, 원고는 이 사건 보험계약의 체결 당시 피고

재판부의 판단과는 달리 독일연방대법원의 판단에 가까운 것으로 보인다.

한편 동 판결은 설명의무 위반의 효과로서 계약의 성립을 무효로 할 수 있다는 해석의 유추가 가능하다는 점에서 의미가 있다. 이는 기존의 판결이 설명의무 위반의 효과로서 민법 제750조의 손해배상책임을 부과하는 것에서 한 발 나아간 것으로 보인다. 그럼에도 불구하고 키코 판결에서는 우리 대법원이 위 키코 2심 재판부의 판단을 수용하였다는 점에서 아쉬움이 있다.

5. 검토의견

(1) 금융투자상품별 구분

자본시장법이 규정하고 있는 설명의무의 정도는 일반투자자가 이해할 수 있는 정도이다. 일반투자자가 이해할 수 있는 정도로 설명을 하려면, 금융투자상품별로 설명의 내용과 설명의 정도를 구분할 필요가 있다. 예컨대, 금융투자상품 중 증권과 파생상품은 취득과 동시에 지급한 금전 등 외에 추가지급의무 발생 가능성 여부에 따라 분류되는데, 파생상품은 추가지급의무 발생 가능성이 있다는 점에서 증권에 비하여 구조적으로 위험이 큰 것으로 볼 수 있으므로 이에 상응하는 내용에 대한 설명의무를 부과할 필요가 있다.

첫째, 증권과 파생상품의 설명의무를 구분하여야 하는 것 중 하나는 통상적인 레버리지(leverage)이다. 즉, 증권은 통상 레버리지가 1이므로 원본초과손실 가능성이 없다. 반면 파생상품은 통상 레버리지가 1보다 크므로 원본초과손실 가능성이 있고, 레버리지의 크기에 비례하여 손익변동의 속도도 빨라지고 폭도 커진다는 점이 설명되어야 할 필요가 있다.

둘째, 장내파생상품과 장외파생상품은 통상 상대방위험(counterparty risk)과

신흥에게 보험요율 안내문을 팩스로 송부하고 이 사건 선박에 대한 현상검사가 워런티 사항으로 보험의 필수조건이라는 정도만을 알려 주었을 뿐 이 사건 워런티 조항의 구체적인 내용이나 이를 이행하지 않은 경우 원고가 보험금지급책임을 면하게 되는 효과 등 계약상 중요한 사항에 대하여 상세하게 알려 주지 않았으므로 원고는 이 사건 워런티 조항에 대한 설명의무를 제대로 이행하지 못하였다고 봄이 상당하다"고 보았다(서울중앙지방법원 2009. 2. 10. 선고 2007가단310721 판결).

투명성위험(transparency risk) 측면에서 다르다는 점이 설명되어야 한다. 통상 장내파생상품의 경우 거래소가 이행을 보증하는 상대방의 역할을 하므로, 상대방위험이 없는 것으로 간주되는 반면, 장외파생상품은 매매계약과 마찬가지로 통상 매수인과 매도인 양자 간의 거래이므로 계약의 이행 가능성은 상대방의 신용도에 따라 달라질 수 있다. 예컨대, 키코계약과 같이 일방 당사자(기업)의 신용도가 낮은 경우, 키코상품의 가격에는 당연히 신용위험관리비용이 포함되어 있다는 점이 구체적으로 설명되어야 할 필요가 있다. 한편 장외파생상품은 특히 상품의 다양성 및 양 당사자만의 거래라는 폐쇄성에 기인하여 상대적으로 투명성이 부족하다. 정보의 비대칭적 관계에서 우월적 지위를 가지는 것은 상품의 설계자 및 판매자이므로, 투명성이 상대적으로 부족한 장외파생상품의 투자자는 불측의 손실을 입을 가능성이 높다는 점이 설명되어야 할 필요가 있다.[466]

셋째, 선물과 옵션에 관하여는 ① 선물이나 옵션은 현물과 달리 만기(maturity)가 존재하므로 상대적으로 장기적인 투자에 부적합할 수 있다는 점, ② 옵션상품의 가격에는 시간가치(time value)가 포함되어 있기 때문에, 옵션상품은 기초자산의 가격이 불변인 경우에도 시간가치만큼의 손익이 발생한다는 점,[467] ③ 옵션상품은 만기도래 시에는 행사가격을 중심으로 손익에 현저한 차이가 있다는 점, ④ 특히 키코상품과 같은 디지털 옵션은 만기 전에도 녹인, 녹아웃 등 배리어(barrier) 가격을 중심으로 손익에 현저한 차이가 있다는 점 등이 설명되어야 할 필요가 있다.[468]

---

466) 같은 뜻: 오승현·오경희, "장외파생상품의 규제에 관한 연구", 연구보고서 200-01, 한국증권연구원, 2000. 3.

467) 옵션을 매수한 경우는 가격이 불변인 경우에도 시간의 경과에 따라 시간가치 만큼의 손실이 발생하고, 옵션을 매도한 경우에는 가격이 불변인 경우에도 이익이 발생한다는 점 또한 설명되어야 한다.

468) 한편, ELW(Equity Linked Security)에 관하여는 ① 증권으로 의제된 옵션상품이기 때문에 옵션상품에 내재된 모든 위험요소가 존재하지만, 진입장벽은 증권규제 기준을 따라 상대적으로 낮기 때문에 주의하여야 한다는 점, ② 일반투자자는 매수만 허용되고, 금융투자회사가 매도를 독점하는 구조로서 사실상 보험계약자와 보험자의 구조를 가지고 있다는 점, ③ 유동성공급 의무를 부담하는 금융투자업자의 헤지비용이 일반투자자에게 전가될 수밖에 없으므로 동일한 조건의 옵션상품 대비 가격(프리미엄)이 비싸다는 점, ④ 보험사건에 상당하는 큰 가격변동이 전제되지 않는 한, 보험료가 소멸하는 것과 마찬가지로 일반투자자는 손실이 발생할 수밖에 없다는 점 등이 설명되어야 한다.

(2) 각급 법원 판결에 관한 검토

파생상품과 관련된 기존의 대법원 판결들은 '투자권유'에 관한 설명의무에 관한 것일 뿐, 위험회피(헤지)목적의 파생상품의 설명의무에 관한 것은 아니라는 점에서, 헤지권유인 키코사안의 설명의무에 직접 적용하는 것은 타당하다고 보기 어렵다. 그런 점에서 위 보험에 관한 대법원 판례는 헤지목적의 파생상품 권유사안의 설명의무 이행 여부 판단에 상당한 기준을 제시하고 있는 것으로 보인다.

대법원의 동 설시는 설명의무를 충분히 이행하지 못한 경우, 계약의 성립 자체를 부인하는 것으로 볼 수 있다는 점에서, 기존 키코소송에서 손해배상책임만을 인정한 하급심 및 서울고등법원의 판결과는 상당한 차이가 있어 보인다. 이러한 대법원의 보험관련 판단을 키코소송에 유추적용하자면, 위험회피권유 시 설명의무를 충분히 이행하지 못한 것을 이유로 계약의 성립이 부인될 가능성도 배제할 수 없었다. 그럼에도 불구하고 우리 대법원은 키코소송에서 설명의무를 상당이 좁게 인정하였다는 점에서 아쉬움이 남는다.

상기 독일의 판례는 비록 투자권유에 대한 설명의무이기는 하지만 위험회피권유 시 설명의무의 정도로도 크게 부족함이 없어 보인다. 상대방에게 설명의무부담자와 동일한 정도의 이해를 시키는 정도라면 최고수준의 설명의무 부담일 것으로 생각된다.

한편, 서울고등법원의 판결 내용에 대해서는 첫째, 적합성 원칙의 확대 등 설명의무를 강화한다면, 적합한 고객의 수가 줄어들 수는 있겠지만 투자성 자체가 없어지는 것은 아니기 때문에, 자기책임의 원칙이 형해화되는 것과는 별개의 문제로 보인다. 둘째, 판매과정에서 시간과 노력이 더 소요된다고 하여 금융상품의 가격이 상승한다는 판단에는 구체적인 근거가 불충분한 것으로 생각되며, 가사 금융상품의 가격이 상승하더라도 자기책임의 원칙을 적용하기에 충분할 만큼의 설명이 선행된 후 판매되는 것이 분쟁의 소지도 예방할 수 있을 것이라는 점에서 보면, 이는 가격 상승을 상쇄하고도 남을 만큼 고객에게 유리한 것으로 볼 수도 있다. 셋째, 자본시장법에서 투자매매업자와 투자중개업자를 동일하게 취급하지 않고 있는 것은 분명하지만, 키코사안에서 은행은 투자중개업자(broker)와 투자매매업자(dealer) 양자의 역할을 동시에 수행하는 입장이었던 점을 감안하면, 동 재판부의 판단에는 공감하기 어렵다.

IV. 설명의 내용 및 쟁점사항

1. 설명의 내용

(1) 실무용어의 개념

설명의 내용은 상대방이 필수적으로 알아야 할 것을 포괄하는 것으로 볼 수 있는데, 키코소송에서는 실무상 용어가 판결문으로 침투하면서, 약간의 혼선을 야기한 것으로 보인다. 즉, 헤지(위험회피)라고 하는 개념이 상당히 광의로 사용되면서, 심지어는 공격적 헤지, 적극적 헤지 등 상당한 투기행위마저 헤지행위인 양 착오를 유발할 우려가 있다. 이렇게 광의에서 실무적으로 '헤지'라고 칭하는 것과 '위험을 줄이거나 고정시킨다'는 엄밀한 의미의 헤지[469]와는 다를 수 있다는 점은 유의할 필요가 있다. 오버헤지(over-hedge)라는 용어가 대표적인 것으로 볼 수 있다. 오버헤지라는 실무계의 용어는 헤지비율이 1을 초과(over)했다는 의미로 사실상은 투기(speculation)를 의미하지만, 헤지거래로 오인될 우려가 있다.

예컨대, 원달러 환율 하락 위험이 100인 기업이 선물환 매도 150으로 오버헤지하는 경우를 상정해 보자. 당해 기업의 원시적 위험은 원달러 환율 하락이다. 선물환 매도 100을 취하면, 원시적 위험은 소멸한다. 선물환 매도 150을 취하면 가격 하락 시 50만큼 투기적 이익이 발생하며, 반대로 가격 상승 시에는 50만큼 투기적 손실이 발생한다. 동 기업이 헤지를 하지 않는다면, 가격 하락 시에는 100만큼의 투기적 손실이 발생하고, 반대로 가격 상승 시에는 100만큼의 투기적 이익이 발생하는 것으로 볼 수 있다. 그렇다면 150만큼의 오버헤지를 한 경우 가격상승 또는 하락 시 기대이익과 손실위험이 각각 50으로 줄었으므로 이를 헤지라고 볼 수 있을 것인지 의문이다. 오버헤지는 헤지효과가 원시적 위험을 초과하는 부분만큼 투기적 효과를 야기하기 때문에 헤지라고 보지 않는다. 오버헤지가

469) 헤지의 의의에 관한 다양한 견해는 박선종, "KIKO 계약의 헤지性", 『증권법연구』 제11권 제1호, 한국증권법학회, 2010, 111-120면 참조.

투기라는 점에 관하여는 법원이나 은행 측도 이론(異論)이 없다.

동 기업이 50만큼만 헤지를 한 경우 이를 부분헤지(partial hedge) 또는 실무적 용어로 언더헤지(under-hedge)라 한다. 이는 가격변동에 노출되는 위험이 100에서 50으로 감소된다는 점에서는 150 오버헤지의 경우와 동일한 것처럼 보인다.

그러나 양자 간의 이익과 손실이 발생하는 방향은 정반대이다. 강학상 언더헤지는 헤지로 인정되고 오버헤지는 투기로 인정되는 이유는 무엇인가? 이는 헤지행위가 원시위험을 감소시킨 것인가를 기준으로 판단할 수 있다. 즉, 언더헤지는 원시위험을 부분적이나마 감소시킨 것이므로 헤지로 인정하는 것이고, 오버헤지는 원시위험을 초과하여 새로운 위험을 창출한다는 점에서 투기로 보는 것이다. 키코와 같은 장외파생상품의 판매에 있어서, 설명의 내용으로는 이와 같은 용어의 개념정의가 포함될 필요가 있다.

(2) 넉아웃 · 넉인 조건

설명의 내용 중 하나로 넉아웃·넉인 조건의 예를 들어 보자. 키코소송 2심 재판부는 넉아웃 조건에 관하여 "수출기업의 이익을 일정 범위 내에서 제한한 것"[470]으로 설명한 바 있는데, 이 정도로는 설명의 내용이 부족해 보인다.[471] 환변동 위험을 회피할 목적을 가진 기업에게 넉아웃 조건은 '위험회피가 불가능해지는 출발점'이 될 수 있다. 즉, 넉아웃 조건이 충족되면 (추가적인) 환헤지가 불가능해진다는 점이 설명의 주 내용이 되어야 할 필요가 있다.

한편 동 재판부는 "수출기업이 은행에 매도한 콜옵션에 넉인 조건을 설정하면 시장환율이 넉인 환율 이상으로 올라가는 경우에 콜옵션이 발생하므로 콜옵션 행사로 인한 기업의 의무 부담을 제한하는 효과가 있는 대신 행사환율은 넉인 조건이 설정되지 않은 경우에 비해 낮아진다. 관찰기간 동안 시장환율이 넉인 환율을 넘지 않고 만기의 시장환율(이하 '만기환율'이라 한다)이 행사환율보다 높은

470) 서울고등법원 2011. 5. 31. 선고 2010나34519 판결.

471) 동 재판부는 키코를 헤지상품이라고 하면서도, KO 조건에 관하여는 헤지효과가 제한되는 것으로 설명을 하는 것이 아니라, 기업의 투자이익이 제한되는 측면에서만 설명하고 있는데, 이는 동 재판부의 키코상품에 대한 이해 부족을 의심케 하는 부분이다. 재판부의 인식수준이 낮으면 올바른 판단을 기대하기 어렵다.

경우에는 기업이 환차익을 볼 수 있다는 점에서 단순선물환계약에 비해 유리하다."[472]라고 설명하고 있는데, 이 또한 부족한 면이 있다. 넉인 조건에 관한 설명의 내용으로는 다음과 같은 사항들이 포함되어야 할 필요가 있다. 첫째, 키코통화옵션상품의 콜옵션 부분 넉인 조건은 궁극적으로 행사환율이 낮아진다는 점에서, 환율이 상승하게 되는 경우 기업에게 불리하다는 점이 설명의 내용에 포함되어야 할 필요가 있다. 둘째, "넉인 환율 이상으로 1회라도 올라가는 경우에 콜옵션이 발생하므로 콜옵션 행사를 인한 기업의 의무부담을 제한하는 효과"가 있다는 설명은 그 타당성이 의문시된다. 왜냐하면 은행의 콜옵션 행사 여부는 통상 만기시 시장환율이 행사가격보다 높은 경우로 제한된다고 보아야 하고, 그렇다면 넉인 조건이 기업의 의무부담을 제한하는 효과는 사실상 무의미한 것으로 볼 수 있으며, 넉인 조건의 대가로 행사가격이 낮아진 만큼 오히려 환율상승 시 기업의 손실 폭이 커진다는 점이 설명의 내용에 포함되어야 필요가 있는 것이다. 셋째, "관찰기간 동안 시장환율이 넉인 환율을 넘지 않고 만기의 시장환율(이하 '만기환율'이라 한다)이 행사환율보다 높은 경우에는 기업이 환차익을 볼 수 있다는 점에서 단순선물환계약에 비해 유리하다."라는 설명은 부족한 면이 있다. 즉, 제한된 구간(KI~행사가격 구간)에서 단순선물환계약에 비해 유리한 점만 설명하는 것은 부족하고, 넉인 조건 이상으로 시장환율이 초과하는 전체구간에서 통상 1 : 2 구조의 키코는 단순선물환계약이 비해 2배로 불리하다는 점과 기업에게 발생 가능한 손실금액은 무제한적이라는 점이 설명의 내용에 포함될 필요가 있다.

동 2심 판결문의 '통화옵션계약'(window KIKO)을 실제 예로 들자면, 넉인 환율이 947원, 행사환율이 930원, 넉아웃 환율이 905원인 경우, 930-947원 구간 즉, 17원의 제한된 구간에서는 키코계약이 유리하지만, 947원 이상 무제한구간에서는 단순선물환계약이 유리하다는 점이 설명의 내용으로 포함되어야 할 필요가 있는 것이다.

(3) 레버리지 1 : 2 구조

키코사안에서 통상적인 1 : 2 구조의 키코상품을 가입하는 기업의 원시적 위

472) 서울고등법원 2011. 5. 31. 선고 2010나34519 판결, 7면.

험은 원달러 환율하락에 노출되어 있었다. 기업은 단순선물환 매도를 하거나 또는 풋옵션을 매수하여 원달러 환율 하락의 위험을 회피할 수 있다. 그럼에도 불구하고 기업이 키코계약을 체결하게 된 배경에 대하여 서울고등법원은 판결에서 다음과 같이 설명하였다. "환위험 회피를 위해… (중략) 풋옵션만 취득하는 거래는 상당한 가격의 프리미엄을 지급하는 부담 때문에 널리 이용되지 않았다. 2005년 경부터 전반적으로 환율이 하락하는 추세에서 선물환 매도의 스와프포인트(스와프 마진)가 마이너스(−)를 기록함으로써 수출기업 입장에서는 통화선도거래를 하더라도 스와프 포인트만큼의 손실을 감수할 수밖에 없었고, 환율이 기업들이 손익분기점 수준으로 평가한 수치에 근접하거나 그보다 낮아지게 되자, 선물환율 또는 시장환율보다 높은 행사환율을 보장하는 상품에 대한 수요가 생겼다. 이에 따라 단순옵션이나 통화선도거래에 넉아웃(knock-out), 레버리지(leverage) 등의 조건을 부가하는 방식으로 행사환율을 높인 통화옵션상품이 등장하게 되었다."[473)]

요컨대, 1 : 2 구조의 키코계약은 기업이 원달러 환율 하락을 위험을 헤지하기위하여 풋옵션 1을 매수하고자 하는 경우 상당한 가격의 프리미엄 지급이 필요한데, ① 당해 프리미엄을 낮추는 수단으로 KO 조건을 도입하고, ② 동 프리미엄을 조달하는 수단으로 2배수의 KI 조건 콜옵션을 매도시키는 것이다.[474)] 이를 단순화하여 보면, 원달러화 환율 하락의 환위험 1을 회피하기 위해서(풋옵션 1 매수) 환율 상승의 위험 2를 인수(콜옵션 2 매도)한 것으로 볼 수 있다.

앞에서 오버헤지는 원시위험을 초과하여 새로운 위험을 창출한다는 점에서 투기로 본다는 것을 살폈는데, 이러한 개념을 키코계약에 접목시켜 보자. 키코계약의 1 : 2 구조는 오버헤지의 개념과 유사하다. 여기서 "통상적인 키코상품에서 1 : 2 구조라는 것은 특정 위험을 줄이는 비용을 조달하기 위하여(풋옵션 1 매수), 2배의 새로운 위험(콜옵션 2 매도)을 인수하는 것으로 볼 수 있다. 즉, 1 : 2 구조의 키코상품은 내부적 구조가 위험을 감소시키는 것이 아니라, 오히려 증가시킨

473) 서울고등법원 2011. 5. 31. 선고 2010나34519 판결, 6−7면.

474) KI 조건을 도입한 것은 기업의 행사환율을 초과하는 상당부분(행사환율~KI 구간)에 손익중립구간(양 당사자의 손익이 불변인 구간)을 도입한 것인데, 여기서 KI와 콜옵션 매도의 레버리지는 정비례한다. 즉, KI를 높게 설정하려면 레버리지가 2가 아닌 3 또는 4 등으로 확대되어야 하는 것이다. 반대로 KI를 낮추면 레버리지는 낮아지는 구조인데, 설명의 내용으로 이러한 상관관계들이 포함되어야 한다.

다는 점에서 헤지상품으로 보기 어려운 것이다."[475]라는 주장을 재고해 볼 필요가 있다.

이에 대립되는 견해는, 기업의 헤지 대상 기초자산이 3인 경우 콜옵션 매도 2에 따른 가격 상승의 위험 2에도 불구하고 가격 상승 시에는 3만큼의 이익이 발생하므로, 현실적인 손실의 가능성은 없는 것이 아닌가 하는 주장이다. 이는 키코소송에 있어서 절대 다수의 국내 법원이 인용하고 있는 견해이다. 물론 전체적으로 보아 현실적인 손실이 발생하지 않는 것은 맞지만, 그러한 사실과 1 : 2 구조가 야기한 '위험 1을 회피하기 위한 수단으로 2배의 위험을 선택하도록 설계되어 있기 때문에, 구조적으로 위험을 감소시키는 것이 아니라 반대로 위험을 증가시킨다는 점에서 '헤지상품으로서의 부적합성'과는 별개의 문제로 볼 수 있다.

따라서 이러한 키코상품의 특성을 감안하여 설명의무를 부과하자면 1 : 2 구조의 키코상품의 경우, 설명의 내용은 ① 일부구간(KO~행사환율 구간)에서만 환율하락 위험에 대한 헤지효과가 있다는 점, ② 이에 비해, KI 이상에서는 환율상승에 대하여 2배만큼의 위험에 무한으로 노출되어 전체적으로는 위험이 증가한다는 점이 포함될 필요가 있다.

(4) 시장상황과 헤지권유

동 재판부는 "당시 국책연구소나 민간연구소 및 대다수 국내외 금융기관 등에서 2008년도에도 환율이 지속적으로 하락할 것으로 예상하였고, 2008년 이후 환율이 급등할 것이라는 구체적 예견을 한 기관이나 전문가는 거의 없었다."[476]는 점을 들어 기업의 손실은 예상치 못한 환율의 급등에 기인한 것이라는 취지의 판단을 하고 있는 것으로 보인다. '예상치 못한 환율의 급등'이란 환언하면 환율급등이라는 큰 위험의 가능성이 희박했다는 것으로 볼 수 있다. 보험은 가능성은 희박하더라도 큰 위험을 담보하기 위해서 가입한다. 헤지 또한 보험과 유사하게 가능성은 희박하더라도 큰 위험을 회피하기 위한 것이 바람직하다. 예컨대, 감기는 치료에 큰 비용이 들지 않으므로 '작은 위험'이지만 발생 가능성은 상대

---

475) 박선종, "키코계약에 대한 법적 쟁점의 재검토", 『금융법학회』 제21회 학술발표회 발표문, 한국금융법학회, 2011. 4. 30, 7면.

476) 서울고등법원 2011. 5. 31. 선고 2010나34519 판결, 11면.

적으로 높다. 반면, 암은 치료에 큰 비용이 들기 때문에 '큰 위험'이지만 발생 가능성은 상대적으로 희박하다. 건강보험의 주된 대상은 감기가 아닌 암이 되는 것이 바람직 하다. 그러나 키코계약은 감기만 보험에 가입한 경우로 볼 수 있다.

보험계약에서 보험자는 일응 투자자로 볼 수 있다. 보험자는 대수의 법칙이 적용되고 통계수치를 통하여 산정된 감기보험료가 보험금과 사업비를 충당하고도 남을 것(수익)이란 기대를 가지고 감기보험을 인수(위험)한 것이다. 즉, 보험자는 수익과 위험의 대가관계 입장에 있다는 점에서 투자자와 같다. 키코계약은 기업은 감기보험료를 면제(수익)받는 대신, 타인의 암 보험금을 지급하기로 한 것(위험)이나 마찬가지라는 점에서, 일면 투자자의 입장에 있는 것이다. '환율급등 가능성이 희박'하다는 기대에 근거하여 키코계약을 체결한 것이라면, 헤지목적이라고 보기보다는 투자목적이라고 판단하는 것이 합리적일 것이다.

키코계약에서는 '가격이 급등할 가능성이 희박'하지만 실제로 그러한 상황이 발생할 경우에는, 헤지대상이 되는 현물을 초과하는 콜옵션 매도는 막대한 손실위험이 있으므로, 투자목적으로만 적합하고 헤지목적으로는 적합하지 않다는 점이 설명의 내용으로 포함될 필요가 있다. 한편, 동 재판부는 사안의 키코계약 당시의 시장상황이 키코상품에 대한 수요를 발생시켰다고 설시하였는데,[477] 시장상황이 키코 수요를 발생시켰다는 인식은 일면 수긍이 가지만, 그러한 상황하에서 키코상품을 헤지목적으로 권유하려면 다음과 같은 설명의 내용이 필요했을 것으로 보인다.

즉, 스왑포인트만큼의 손실을 감수할 수밖에 없는 시장상황(시장가격)하에서 키코를 헤지상품으로 권유하는 설명의 내용은 ① 스왑 포인트만큼의 환손실분을 수출가격 인상으로 상쇄가 가능하다면 통화선도거래로 헤지가 가능하다는 점,

---

477) 서울고등법원 2011. 5. 31. 선고 2010나34519 판결, 6－7면. 판결문의 내용은 이러하다. "2005년경부터 전반적으로 환율이 하락하는 추세에서선물환 매도의 스와프 포인트(스와프 마진)가 마이너스(－)를 기록함으로써 수출기업 입장에서는 통화선도거래를 하더라도 스와프 포인트만큼의 손실을 감수할 수밖에 없었고, 환율이 기업들이 손익분기점 수준으로 평가한 수치에 근접하거나 그보다 낮아지게 되자, 선물환율 또는 시장환율보다 높은 행사환율을 보장하는 상품에 대한 수요가 생겼다. 이에 따라 단순옵션이나 통화선도거래에 넉아웃(knock-out), 레버리지(leverage) 등의 조건을 부가하는 방식으로 행사환율을 높인 통화옵션상품이 등장하게 되었다."

② 스왑 포인트만큼의 환손실분을 수출가격 인상으로 상쇄가 불가능하다면, 새로운 위험을 감수하지 않는 한 파생상품을 통한 환손실분의 복구는 불가능하다는 점, ③ 키코통화옵션이 스왑 포인트만큼의 환손실분을 벌충하여 줄 수 있는 것처럼 보이는 것은 콜옵션 매도라는 새로운 위험을 감수하는 것일 뿐, 기존의 위험을 상쇄시키거나 저감시키는 헤지행위와는 다르다는 점 등이 포함될 필요가 있다.

(5) 제로코스트

동 재판부는 "피고들은 이 사건 각 통화옵션계약을 체결할 때 원고가 별도의 프리미엄을 지급할 필요가 없는 '제로코스트'(zero cost) 상품이라고 원고에게 설명하였다."[478]는 점을 들고 있으나, 이는 충분하다고 보기 어렵다. 제로코스트라고 하지만 계약체결 당시 단순히 현금으로 지급되는 수수료 대신 가격을 조정한 것이므로 사실상은 제로코스트가 아니라는 점이 설명되어야 할 필요가 있다. 예컨대, 100원에 팔 물건의 수수료를 1원이라 할 때, 100원에 팔며 1원의 수수료를 별도로 징구하는 경우 기업의 코스트(거래비용)는 1원으로 볼 수 있다. 한편, 동일 물건을 가격을 101원에 판매하면서 수수료를 0원으로 하면 기업의 입장에서 경제적 효과는 동일하다. 은행의 입장에서 100원은 거래원가이고 1원은 마진이며, 101원은 대고객가격이다. 키코계약에서는 이를 제로코스트라 한 것이다. 이를 제로코스트라고 하려면, 실제로는 거래수수료가 부과되지만, 마진의 형태로 가격에 포함되어 있기 때문에 수수료 명목으로 금전이 청구되지는 않는다는 점을 설명할 필요가 있다. 즉, 키코계약에서는 제로코스트라는 것이 '수수료를 프리미엄 차액에 해당하는 마진의 형태로 부과하는 것이며 수수료가 없는 것이 아니라는 점'이 설명의 내용으로 포함되어야 할 필요가 있다.

---

478) 서울고등법원 2011. 5. 31. 선고 2010나34519 판결, 10면.

2. 설명의무의 쟁점사항

(1) 마이너스 시장가치(negative market value)

장외파생상품 계약 체결 당시의 '마이너스 시장가치'는 독일과 한국 양국 사안에서 공통적인 쟁점사항이다. 마이너스 시장가치는 대고객가격과 시장가격의 차액인데, 시장가격에서 대고객가격을 뺀 값이 음의 값(−)을 갖는다는 의미이다. 마이너스 시장가치에 대하여 설명의무가 부과되는가 여부를 놓고 우리 법원과 독일 법원의 입장은 대립되고 있는 것으로 보인다.

1) 우리 법원의 판단

키코소송 2심 법원은 은행이 마이너스 시장가치를 설명할 의무가 없다고 판단한 근거로 다음의 4가지 점을 들고 있다.[479] ① 은행업감독업무 시행세칙 제65조 제6호 (마)목에서 "비정형 파생상품 거래 시에는 내재된 개별 거래별로 각각의 가격정보(금융기관의 거래원가가 아닌 대고객 거래가격 수준의 정보를 말한다)를 제공하여야 한다."라고 규정한 점, ② 은행도 영리추구 기업이기 때문에 옵션의 대고객가격에 각종 비용 및 영업이익 등이 반영되는 것은 당연하다는 점, ③ 금융거래 관행, 신용위험관리, 외국환거래규정에 따른 반대거래의 필요성 등에 비추어 이러한 방식이 부당하다고 보기는 어려운 점, ④ 통화옵션계약의 수수료를 옵션가격에 반영한 것은 기업이 풋옵션만 구매하려면 거액의 프리미엄을 지급해야 하기 때문에 풋옵션만의 거래는 거의 활성화되지 않아 왔고, 그에 따라 풋옵션 프리미엄을 지출하지 않으면서도 환헤지하고자 하는 수출기업의 수요에 부응하기 위한 측면이 있는 점이다.

2) 은행업감독업무 시행세칙 제65조 제6호 마목

은행업감독업무시행세칙 제65조 제6호 마목은 '고객보호를 위하여 거래적합성 점검 및 중요정보 고지의무 등에 관한 구체적인 기준을 정할 목적'으로 2005. 12. 23. 신설[480]되었다는 점에서, 법원의 해석은 재고가 필요하다. 동 조항은 원

479) 서울고등법원 2011. 5. 31. 선고 2010나34519 판결.

문은 이러하다.

> "마. 거래와 관련된 각종 비용은 공정하게 부과하여야 하며, 비정형 파생상품거래 시에는 내재된 개별 거래별로 각각의 가격정보(금융기관의 거래원가가 아닌 대고객 거래가격 수준의 정보를 말한다)를 제공하여야 한다."

즉, 동 조항의 주 초점은 거래와 관련된 비용을 공정하게 부과하라는 것이며, 그 예로서 키코상품과 같은 비정형 파생상품 거래 시에는 내재된 개별 거래별로 각각의 가격정보를 제공하는 의무를 부과하고 있는 것이다. 키코상품에 내재된 개별 거래는 각각 풋옵션과 콜옵션으로 볼 수 있고, 각각의 가격정보를 제공함에 있어서 대고객 거래 가격 수준의 정보를 제공하도록 규정하고 있다. 그러므로 키코계약에서 은행이 풋옵션과 콜옵션 각각의 대고객가격을 밝힌 것이 아니라, 콜옵션과 풋옵션을 합한 가격만을 밝힌 경우는 동 규정의 위반이 있었던 것으로 볼 수 있다.

즉, 규정을 준수하여 대고객가격 수준의 풋옵션 프리미엄 총액과 대고객가격 수준의 콜옵션 프리미엄 총액을 밝혔으면, 동 규정이 각종 비용을 공정하게 부과하도록 제정한 취지에 부합하는 것으로 볼 수 있다. 그러나 은행이 콜옵션과 풋옵션을 합한 결과만을 '제로코스트'라고 밝혔다면, 이는 내재된 개별 거래별 가격정보를 제공하여야 할 의무를 위반한 잘못이 있는 것으로 볼 수 있다.[481]

3) 대고객가격과 마진

마진(margin)의 사전적 의미는 '원가와 판매가의 차이' 또는 '상품(또는 용역)의 판매가격과 생산원가의 차이'[482]이고 마진의 순화된 용어는 '중간이윤'이다. 마진 산정 시 생산원가는 생산에 소요되는 제반 비용을 포함한 가격이다. 동 규정상

480) 금융감독위원회, "은행업감독규정 중 개정규정안 및 은행업감독업무 시행세칙 중 개정세칙 승인안", 금융감독위원회회의안건, 2005. 12. 23.

481) 동 시행세칙 제65조는 금융소비자 보호 강화를 위해 은행법 등 상위법령이 개정됨에 따라 2010. 11. 17. 자로 삭제되었다.

482) 원문은 이러하다; the difference between a product's(or services's) selling price and the cost of production, <www.investopedia.com> (검색일 2019. 4. 3.)

대고객가격이라는 것은 거래원가에 마진이 더해진 가격으로 볼 수 있다.[483)]

(대고객가격 = 거래원가 + 마진)

그러므로 대고객가격에 '각종 비용 및 영업이익 등이 반영되는 것'은 당연하고, 이것이 바로 마진의 개념이다. 한편 은행 측 대리인이 작성한 한 자료[484)]에 따르면, 별도로 '비용'을 추가하고 있는데, 이는 타당하다고 보기 어렵다.

(대고객 거래가격 =거래원가 + 마진 + '비용')

위 1) ③의 점에 관하여 살피건대, 금융거래 관행에 관한 점은 별론으로 하더라도, 첫째, 신용위험관리는 키코와 같은 장외파생상품의 거래에서 필수적인 것으로서 이에 필요한 비용은 마진에 포함되어 있는 것이 타당한 것이다. 장외파생상품의 신용위험관리 비용은 장내파생상품 거래 시 부과되는 증거금 비용에 해당하는 것으로 볼 수 있다. 장외파생상품 거래 시 은행의 신용위험관리비용[485)]은 거래원가 또는 마진에 포함하는 것이므로, 별도의 비용으로 주장하는 것은 부당한 것으로 볼 수 있다.

둘째, 외국환거래규정에 따른 반대거래의 필요성에 관하여는 두 가지 경우로 나누어 판단할 필요가 있다. 즉, 동 규정에 따라 반대거래가 필요한 경우와 필요 없는 경우이다. 반대거래가 필요 없는 경우에는 비용발생을 주장할 수 없을 것이고, 반대거래가 필요한 경우에도 동 비용은 시장상황에 따라 마이너스(−)일 수

483) 설명의무의 내용으로서 판매인의 수수료와 발행인의 마진은 구별하여 검토되어야 할 사항이라는 견해도 있으나, 매수인(금융소비자)의 입장에서 보면, 판매인의 수수료나 발행인의 마진이나 원가에 더해진 비용이라는 측면에서는 동일하다는 점에서 보면 양자를 구별할 필요가 없다는 주장이 더욱 설득력이 있어 보인다.

484) 김·장 법률사무소, 『키코-오해와 진실』, 김·장 법률사무소, 2010. 6, 90면.

485) 신용위험관리비용도 몇 가지로 나누어 볼 수 있다. 첫째, 은행이 기업에게 적정한 담보(collateral)을 징구한 경우(Secured credit line) 별도의 신용위험관리 비용은 불요한 것으로 볼 수 있다. 둘째, 은행이 기업의 신용위험을 제3자에게 이전한 경우(예컨대, 신용보증기금의 보증 등) 동 비용을 은행이 부담하였다면 이는 거래원가에 포함시키는 것이 타당할 것이다. 셋째, 은행이 무담보의 신용위험(Unsecured credit line)을 부담하는 경우는 동 비용은 유동적·우발적 성격의 비용이므로 마진에 포함시키는 것이 타당할 것이다.

도 있고 플러스(+)일 경우도 있으므로, 마진에 포함시키는 것이 타당할 것으로 본다. 따라서 반대거래 비용이 항상 발생하는 것으로 간주하는 것은 타당하다고 보기 어렵다.

4) 독일 법원의 판단

독일 연방대법원은, "조언 은행은 자신이 투자자의 변동성 금리지급의무 계산공식에 구조적으로 포함시킨 마이너스 시장가치에 관하여 설명하여야 하는바, 왜냐하면 마이너스 시장가치는 당사자 간의 심각한 이해충돌의 표현이며, 또한 은행이 오로지 고객의 이익을 위해서만 투자추천을 하는 것은 아니라는 구체적 위험을 야기하기 때문이다."[486]라고 마이너스 시장가치는 설명의 내용에 포함되어야 한다고 설시하고 있다.

동 판결에 참여한 Wiechers 판사[487]의 견해는, "고객의 조언자로서 은행은 (당해 파생상품에) 80,000유로 상당의, 계약 당시의 마이너스 시장가치(initial negative market value)가 존재한다는 점,[488] 동 금액이 은행의 수익과 제 비용을 커버한다는 점을 밝혀야(disclose) 할 의무가 있고, 은행은 의도적으로 본인의 이익을 위하여 위험을 구조화하여, 고객의 비용으로 당해 위험을 시장에 매각할 수 있는 상품을 개발하였으며, 마이너스 시장가치(negative market value)는 은행의 고의로 구조화되었는데, 이는 심각한 이해상충(grave conflict of interest)의 징표였다."고 밝혔다.

또한 Wiechers 판사는 은행이 마진(profit margin)을 밝힐 의무가 없다는 주장을 배척하며, 사안의 스왑계약에 있어서 은행의 마진(profit margin)은 공개의무가 있는데, 그 이유는 당해 마진 자체에 대하여 은행과 고객 간의 중대한 이해상충이 있기 때문이라고 밝혔다.[489] 같은 뜻으로 독일 Marburg 법대 Lars Kloehn 교수의 견해는 "일반적으로 은행이 판매마진을 공개할 의무는 없다. 그러나 예컨대, 은행이 투자조언자의 역할을 하면서 상품을 판매하며 고객에게 손해가 가도

---

486) 독일 연방대법원 판결(BGH, Urt. v. 22. 3. 2011-XI ZR 33/10), 4-5면.
487) Federal Court of Justice Presiding Judge Ulrich Wiechers.
488) 독일 연방대법원이 80,000유로가 계약금액의 4%에 해당한다고 설시한 것은 오류이다. 이는 동 스왑 계약이 총10회인 점을 감안하면 0.4%로 보는 것이 맞다.
489) Bloomberg, 2011. 3. 23. 기사, <http://www.bloomberg.com> (검색일 2011. 6. 15.)

록 의도적으로 상품을 구조화한 경우와 같이, 추가적인 상황이 적용되는 경우, 마진을 공개해야 할 의무가 있다."고 한다.[490]

5) 검토

상기 독일 사안과 키코사안은 ① 계약체결 당시 마이너스 시장가치가 존재하였다는 점, ② 동 마이너스 시장가치가 기업에게 불리하도록 고의로 은행에 의해 구조화되었다는 점에서 동일한 것으로 볼 수 있다. 그러므로 독일 사안의 논거는 우리의 키코소송에서도 적용될 수 있었을 것으로 생각된다. 즉, 은행은 키코계약에 있어서 대고객가격만을 밝히면 되고 구체적인 마진 내용을 밝힐 의무는 없다는 것이 기존 국내 법원의 판단이었다. 독일 판결을 유추적용하자면, 은행이 설계한 키코상품의 위험구조가 고객에게 부담되고 있다는 '이해충돌'이 존재하고, 동 상품의 구조적 요소를 결정함에 있어서 다소 복잡한 금융수학적 계산을 전제로 하는데, 통상 이에 관해서 고객이 알 수 있는 입장이 아니라는 특별한 사정이 있다면, 설명의무가 요구되는 것으로 보는 것이다.

다소 복잡해 보이는 금융수학적 계산이라는 것에 대하여 은행에게 설명의무를 부과한다 하더라도, 실무적으로 이행이 어려운 것도 아니다. 왜냐하면, 키코통화옵션 가격 산출공식은 일반기업에서도 흔히 사용하는 '엑셀' 등 스프레드시트 프로그램에 입력만 하면, 기업도 쉽게 이론가격과 대고객가격을 산출할 수 있기 때문이다. 물론, 금융공학을 이해하지 못하는 기업의 직원은 단기간의 학습으로 공식을 이해하는 것이 불가능하겠지만, 금융공학을 잘 이해하는 은행 직원이라면, 불과 10여 분 정도의 노력이면, 가격산출공식을 엑셀프로그램에 입력할 수 있을 것이다.

한편, 은행이 기업에게 키코상품을 통하여 투자권유한 것이 아니라 위험회피(헤지)권유하였다는 사실은 주목할 필요가 있다. 앞에서 살핀 바, 위험회피(보험)는 비용과 대가관계에 있는 것인바, '제로코스트'라고 칭하여 비용이 없다고 선전한 것이 기망행위에 해당하는지는 별론으로 하더라도, 위험회피와 대가관계에 있는 비용에 대하여는 설명의무를 부과하지 않았다는 것은 문제가 될 수 있다. 키

490) Bloomberg, 2011. 3. 23. 기사, <http://www.bloomberg.com>

코계약을 헤지계약으로 판단하는 법원이 비용에 관한 설명의무를 인정하지 않는 것은, 위험회피와 비용(risk aversion & cost)이 대가관계에 있다는 점에서 볼 때, 동의하기 어렵다.

일반 상거래에 있어서 구매자가 자신이 부담하는 대가나 거래에 소요되는 비용이 얼마인지 모른 채 상품을 구입하는 경우는 생각하기 어렵다. 마이너스 시장가치란 결국 거래수수료에 다름 아니고, 키코 통화옵션계약이 일반상거래와 달리 취급되어야 할 이유는 없다고 볼 수 있다.

(2) 조언의무 부과 여부

설명의무는 고객이 일정한 거래상의 위험을 판정하기 위한 정보제공의무인 반면, 조언의무는 고객이 일정한 거래상의 결정을 준비하기 위한 중요한 사실에 대한 정보제공의무로 볼 수 있다. 당해 정보에는 일정한 상황과 위험에 관한 조언자(은행)의 가치 판단이 부가되어 있기 때문에 조언을 구성하게 되는 것이라 한다.[491] 이 견해는 조언의무란 설명의무가 단순히 위험판정의 필요한 정보제공인 것에서 한발 더 나아가 설명의무를 통하여 파악한 위험을 감수하고 투자결정(또는 위험회피결정)을 내리는 판단기준이 된다는 점에서 구분하고 있다는 점에서 독일 판례가 조언의무와 설명의무를 사실상 동일시하는 것과는 차이가 있어 보인다.

키코계약에서 은행에게 조언의무를 부과하는 것이 타당한지 여부를 판단하려면, 실제로 은행이 조언을 제공하고 기업이 이에 근거하여 헤지 내지는 투자결정을 한 것인지를 파악하는 것이 중요할 것이다. 조언을 실제로 제공한 것이 확인된다면, 조언의무가 설명의무와 동일한 것이건 또는 강화된 것인가에 관계없이 조언의무가 부과될 필요가 있는 것이다. 이러한 판단의 근거로 "우리은행"이 발간하고 키코계약 기업에게 제공한 설명자료[492] 중 다음의 내용을 들 수 있다.

"김 과장의 상황은 이러하다. 어느덧 귀뚜라미 소리 들리는 가을이 되었습니다.

---

491) 양석완, "금융기관의 금융상품 설명의무 및 투자권유의 적합성에 관한 연구", 『비교법학연구』 제1호, 한국비교법학회, 2002, 17면.

492) 우리은행, 『환위험, 금리위험 헷지실무』, 2006. 1, 27－28면.

계획이상의 수출호조로 봄에 헤지하지 못한 미화 3백만불이 3개월 뒤에 입금될 예정입니다. 환율이 950원으로 하락하여 기회를 놓쳐 매도하지 못한 것이 아쉽습니다. 부품 값이 상승하여서 현재 시장환율에서 원화로 전환할 경우, 회사의 마진은 거의 없게 됩니다. 김과장은 일정 부분은 위험을 감수하더라도 현물보다 10~20원 높은 환율로 매도하려고 합니다. 회사의 사정을 이야기하자 우리은행 파생상품팀 담당자는 다음과 같은 구조를 제시하였습니다.

① 타겟 포워드
김과장님, 원하는 환율을 맞추기 위해서는 일반 선도환만으로는 불가능하고 달러 콜을 파는 구조를 섞어야 할 것 같습니다. 콜 계약금액을 원금만큼 해서 계산하여 1대 2 구조를 만들어 보니 원하시는 환율로 제시 가능합니다.

② 인핸스드 타겟 포워드
김과장님, 환율이 많이 떨어져서 타겟 포워드 형식으로 하려면 계약원금의 3배를 파는 1대 3 구조가 되는데 환율 급등 시에 조금 위험해 보입니다. 차라리 1대 2 구조를 유지하되, 환율 하락 시의 이익 일부를 덜어 내는 달러 풋 매도로 프리미엄만큼 더 높게 파실 수 있습니다. 현물환율에서 20원 정도 낮은 환율의 달러 풋 매도 정도면 가능합니다.

③ 넉아웃 타겟 포워드
김과장님, 타겟 매도환율이 바닐라 구조로 만들어 내기에는 좀 높아 보입니다. 그렇다고 레버리지를 너무 거는 것도 부담스러워 보이네요. 헤지 기간 동안 일정 레벨에서 지지가 된다고 보시면, 넉아웃형 타겟 포워드도 가능합니다. 930원 배리어에 970원 행사환율이 가능합니다. 위험은 넉아웃을 터치하게 될 경우와 환율이 다시 상승할 경우 두 가지입니다. 배리어 터치 전까지 보장을 받기 때문에 일반 바닐라 구조보다는 더 높은 환율을 제시해 드릴 수 있습니다. 우리은행은 환율전망과 함께 넉아웃 근처의 옵션 구조에 대하여 Unwinding 또는 Restructuring 에 대해 조언해 드리고 있습니다."

위와 같은 정도의 투자권유라면 키코계약에서 은행이 조언자로서의 역할[493]

---

493) 자본시장법 제6조 제6항에서는 '투자자문업'이란 금융투자상품의 가치 또는 금융투자상품에 대한 투자판단(종류, 종목, 취득·처분, 취득·처분의 방법·수량·가격 및 시기 등에

을 한 것으로 볼 수 있고, 조언의무가 설명의무와 동일한 것이라는 견해 또는 설명의무 보다 강화된 것이라는 견해 중 어떠한 견해를 따르더라도, 조언의무를 부과하는 것이 타당해 보인다.

V. 결어

파생상품에 관한 규제법적 근거는 자본시장법에 있기 때문에 파생상품에 관한 법적 규제도 자본시장법에서 찾을 수밖에 없다. 그러나 자본시장법은 근본적으로 금융투자에 관한 법이기 때문에 파생상품이 가지는 양면 중에서 금융투자자의 입장에서 초점을 맞춘 법이며, 헤지상품 구매자로서의 입장에 관하여는 상세히 규율하고 있다고 평가하기 어렵다. 일응 파생상품의 이와 같은 양면을 모두 고려할 수 있는 별도 법규의 제정이 고려될 수 있으나, 이는 통합적인 법으로서 자본시장법으로 규율하는 것과 비교할 때 장점 못지않게 단점이 있을 수도 있다. 현재로서는 파생상품에 관하여 별도의 법규를 두는 것보다는 현행 자본시장법을 기본규범으로 두면서, 다만 파생상품이 가지는 이와 같은 특성을 구체적·개별적으로 고려하여 관련 자본시장법 규정의 부분적 보완 내지는 해석에 있어서 합리적인 고려를 하는 방식이 바람직하다고 생각된다.

파생상품의 판매 시 금융기관의 설명의무는 파생상품에 대한 지식이 부족한 일반인들을 보호하는 방향으로 해석·적용할 필요가 있다. 파생상품은 투자권유뿐만 아니라 헤지목적으로도 권유될 수 있지만, 자본시장법 제47조는 투자(위험인수)권유에 대한 설명의무만을 규정하고 있기 때문에, 위험회피(헤지)권유 시 설명의무로 적용되기에는 충분하지 않다. 한편, 헤지는 위험회피와 비용의 대가관계가 있음에도 불구하고, 우리 법원은 파생상품의 헤지권유에 대한 설명의무에서 비용에 관한 사항을 간과한 것으로 보인다. 파생상품이 헤지 도구로써 권유되는 때에는 보험업법 제95조의2에 규정된 설명의무를 유추적용하여 자본시장법 제47

대한 판단을 말한다. 이하 같다)에 관한 자문에 응하는 것을 영업으로 하는 것을 말한다고 규정하고 있다. 이 논문에서의 조언의무는 강화된 설명의무의 한 모습으로서, 조언 자체를 별도의 영업으로 하는 것이 아니라는 점에서 자문업과 구분된다. 조언 자체를 영업으로 하는 것은 자문업에 포함된다.

조의 설명의무를 보완할 필요가 있다.

설명의무 제도의 보완점 몇 가지를 제언하자면 다음과 같다. 첫째, 法 제47조의 설명의무에는 투자권유에 더하여 위험회피권유 조항을 신설할 필요가 있고, 동 조항에서는 위험회피와 비용의 대가관계에 관한 설명의무를 부과할 필요가 있다. 둘째, 투자권유 시 대가관계에 있는 위험에 관한 내용을 초과하여 투자결정에 영향을 줄 정도의 설명한 경우이거나 키코와 같은 구조화상품의 판매 시에는 조언의무 또는 '판매자와 동일한 정도의 정보와 지식을 가질 수 있는 정도'로 고도의 설명의무를 부과하는 조항의 신설이 필요하다. 셋째, 설명의무 위반 시 기존의 손해배상책임에서 나아가 계약의 성립을 부인할 수 있는 근거조항의 도입을 검토할 필요가 있다.

제2절 | 설명의무의 구체적 인정기준

I. 서설

근대사법의 기본원칙인 계약자유의 원칙은 양 당사자의 대등한 합리적 판단력 보유를 기초로 하고 있다. 그러므로 계약자유의 원칙이 실질적으로 보장되고 자기책임의 원칙이 정당화되기 위해서는 양 당사자 간에 정보의 대칭성이 보장되어야 한다.

금융투자상품의 특성상 금융투자업자가 충분한 정보를 제공하여야만 투자자가 계약체결 여부를 합리적으로 결정할 수 있고, 합리적 투자결정이 전제되어야만 사후에 손해를 감수하는 것에 대한 자기책임의 원칙이 정당화되는 것이다. 따라서 불충분한 정보를 제공하거나 투자자를 오도하여 체결한 계약에 대해서는 그 계약으로 입은 손해를 금융투자업자가 책임지도록 하여야만 자기책임의 원칙이 정당성을 가질 수 있을 것이고, 이러한 투자자의 합리적 계약결정을 보장하는 것이 계약자유의 원칙에 부합하는 것이라 생각된다.

이러한 계약자유의 원칙에 부합하기 위한 실정법으로서, 자본시장법 제47조는 금융투자업자가 일반투자자에게 금융투자상품을 투자권유하는 경우의 설명의무에 관하여 포괄적으로 규정하고 있다. 한편 금융투자상품의 설명의무에 관하여는 여러 선행연구들[494]이 있었으며 관련 판례[495]가 축적되고 왔다. 그러나 대개는 설명의무의 포괄적 의미 파악 및 추상적 적용범위에 관한 것이다. 그러므로 복잡다기한 금융투자상품의 발전 모습을 감안하면, 이들을 설명의무의 구체적 인정기준으로 채택하기에는 다소 부족한 면이 있다.

2012년 8월 서울중앙지방법원 제21민사부의 판결문[496]은 설명의무의 인정기준을 비교적 상세히 제시하고 있다는 점에서 주목할 만하다. 즉, 동 재판부는 금융투자상품의 설명의무의 범위는 위험감수 의사의 확인뿐만 아니라 위험감수 능력까지도 파악하여 정해져야 한다고 판시하여, 독일 연방대법원의 2011년 3월 관련 판결[497]보다 한층 더 강화된 설명의무를 인정하고 있다. 그럼에도 불구하고, 동 판결 역시 설명의무 인정기준이 상당부분 추상적이라는 점에서 보완의 여지가 있어 보인다.

이 절에서는 금융투자상품 판매 시 설명의무의 구체적 인정기준을 제시하고자 한다. 다만, 논의의 범위는 금융투자상품 중 ELW, ELS 등 파생결합증권과 KIKO, 스노우볼 등 최근에 사회적 이슈로 제기되었던 장외파생상품에 국한하여 소송에서 부각되었던 쟁점을 중심으로, 제한적인 부분에 대해서만 다루고자 한다.

---

494) 양석완, "금융기관의 금융상품설명의무 및 투자권유의 적합성에 관한 연구", 『비교법학연구』 제1호, 한국비교법학회, 2002; 이채진, "투자자문업자의 주의의무: 적합성원칙과 설명의무를 중심으로", 『금융법연구』 제6권 제2호, 한국금융법학회, 2009. 12; 어수용, "계약체결과정에서의 설명의무와 선택권의 보호", 『재산법연구』 제27권 제3호, 한국재산법학회, 2011. 2; 박선종, "파생상품의 설명의무에 관한 연구: 국내외 최근 판결문을 중심으로", 『증권법연구』 제12권 제2호, 한국증권법학회, 2011. 8; 윤성승, "외국의 장외파생상품 피해 관련 사례와 우리나라에 대한 시사점", 『금융법연구』 제8권 제1호, 한국금융법학회, 2011. 8; 신현윤, "파생금융상품 거래시 고객에 대한 설명·조언의무: 독일 연방대법원 판결(BGH, Urt. v. 22. 3. 2011.XI ZR 33/10)을 중심으로", 『상사판례연구』 제24집 제2권, 한국상사판례학회, 2011. 6. 등.

495) 대법원 2011. 7. 28. 선고 2010다76368 판결; 대법원 2007. 9. 6. 선고 2004다53197 판결 등.

496) 서울중앙지법 2012. 8. 22. 선고 2011가합20688 판결; 서울중앙지법 2012. 8. 22. 선고 2011가합7340 판결 등.

497) 독일 연방대법원 판결(BGH, Urt. v. 22. 3. 2011.XI ZR 33/10).

II. 설명의무 인정기준

1. 설명의무 일반론

(1) 설명의무의 의의

1) 현행 법규와 대법원의 입장

자본시장법은 제47조에서 "금융투자업자는 일반투자자를 상대로 투자권유를 하는 경우에는 금융투자상품의 내용, 투자에 따르는 위험, 그 밖에 대통령령으로 정하는 사항[498]을 일반투자자가 이해할 수 있도록 설명하여야 한다."고 하여, 금융투자업자와 일반투자자 간의 정보비대칭 해소를 설명의무의 인정기준으로 규정하고 있다.

우리 대법원은 계약체결 과정에서 당사자 사이의 설명의무는 법률상 규정이 있는 경우는 물론이고, 그러한 규정이 없는 경우에도 계약, 관습, 조리상의 일반원칙에 의하여 인정된다며, 설명의무 인정기준의 근거로서 신의성실의 원칙을 들고 있다.[499] 정보비대칭(information asymmetry)의 해소를 통한 자기책임의 원칙의 정당화 및 계약자유의 원칙 보장이라는 관점에서 보면, 우리 자본시장법은 전문투자자에 대한 설명의무 인정을 언급하고 있지 않다는 점에서 개선의 여지가 있어 보인다.[500]

2) 학자들의 견해

설명의무에 관하여는 자본시장법 제정 이전에도 학자들의 다양한 견해가 있었는데, 그 내용을 살펴보면 다음과 같다.

---

498) 여기서 대통령령으로 정한 사항은 ① 금융투자상품의 투자성에 관한 구조와 성격, ② 수수료에 관한 사항, ③ 조기상환조건이 있는 경우 그에 관한 사항, ④ 계약의 해제·해지에 관한 사항 등을 말한다(자본시장법 시행령 제53조).

499) 대법원 2006. 10. 12. 선고 200448515 판결 등.

500) 즉, 정보비대칭 문제가 전문투자자에게도 발생한 현실 사례가 다수(다이아몬드 펀드 사건, 대한생명 사건 등) 있다는 사실을 토대로 판단컨대, 이제는 이 문제 또한 법규에 반영될 필요가 있는 시점이라 생각한다.

즉, ① 설명의무란 계약의 각 당사자가 계약체결에 중대한 영향을 미칠 수 있는 사정에 관한 정보를 제공할 의무라는 견해,[501] ② 계약자유의 원칙은 결국 공정한 계약체결을 전제로 허용될 수 있는 것인데, 설명의무란 계약체결에 중대한 영향을 미칠 수 있는 사정에 관한 정보를 제공함으로써, 현대 민법학의 최대 과제 중의 하나인 계약공정을 달성하는 하나의 수단이라는 견해,[502] ③ 설명의무는 사적 자치의 원칙과 신의성실의 원칙의 접점에서 다루어지는 것인 만큼, 이에 대응한 고지의무를 부담하게 될 당사자의 이익상황과 비교하여 이익과 침해가 균형을 이루는 선에서 인정되어야 하며, 설명의무를 통하여 보호되어야 할 가장 중요한 당사자의 이익은 계약체결에 대한 선택권의 보호라는 견해,[503] ④ 계약체결 시 일방의 계약당사자가 상대방 당사자의 의사표시에 있어 착오가 예방될 수 있는 수준의 정보제공의무라는 견해[504] 등이 있다.

3) 개념의 정리

설명의무에 관한 현행 법규, 대법원의 입장 및 학자들의 견해를 종합하면, 설명의무의 개념은 다음과 같이 정리될 수 있다.

공정한 계약의 체결은 현대 민법의 최대 과제 중의 하나인바, 계약자유의 원

---

501) 김규완, "채무자의무의 2원구조－대판 1997.8.22. 선고 97다13023을 계기로 본 채무로서 보호의무－", 『재산법연구』 제21권 제2호, 한국재산법학회, 2005. 2, 126면.

502) "현대사회를 두고 정보사회라고 부를 만큼 우리는 여러 가지 정보의 홍수 속에서 생활하고 있다. 특히 그 가운데 일정한 지식이나 기술에 대한 일련의 정보는 그 보유자가 상대방을 지배하기 위한 지배요인으로서 작용할 가능성이 현저하다는 점에서 문제의 심각성은 가중된다고 하겠다. 즉, 특정한 지식이나 기술을 지닌 전문가와 비전문가인 소비자 간의 계약은 필연적으로 불공정·불평등할 수밖에 없는 것이다. 현대사회의 다양하고 전문화된 정보 속에서 계약의 상대방(소비자)이 관련 지식이나 정보량이 현저하게 부족한 점을 이용하여 일방적으로 불리한 계약을 체결하는 사례가 증가하고 있다는 점을 감안한다면, 이와 같은 불공정한 계약으로부터 당사자(소비자)를 보호하는 법리의 연구가 중요한 과제로 되는 것은 당연한 일이다. 소비자보호의 법리가 현대민법학의 최대과제 중의 하나라고 지칭되는 소이도 이러한 점에 있다. 이제는 계약자유의 원칙보다 계약공정의 원칙이 더 강조되어야 한다. 따라서 관계되는 정보에 정통한 대기업 등 이른바 전문가와 비전문가인 소비자간의 거래에서는 양자의 정당한 이익보호를 기본적 해석원리로 하지 않을 수 없다." 이상욱, "계약 전의 정보제공의무와 착오", 현대민법의 과제와 전망: 남송 한봉희 교수 화갑기념, 밀알, 1994, 1073－1074면.

503) 어수용, 전게논문, 102면.

504) 양석완, 전게논문, 19면.

칙은 공정한 계약을 전제로 허용될 수 있는 것이고, 공정한 계약이 체결되기 위해서는 정보의 비대칭이 해소되어야 하는데, 설명의무는 계약당사자 간의 정보비대칭을 해소해 주는 수단이다. 따라서 계약 상대방의 착오를 유발한 경우에는 설명의무의 불이행이 문제될 수 있으며, 계약체결의 선택권을 보호하기 위해서는 양자 간의 정보적 격차가 해소될 수 있는 수준의 설명의무를 인정할 필요가 있다는 것이다.

자본시장법은 금융투자업자의 설명의무에 관하여 규정하고 있으나, 우리 대법원은 계약체결 당사자 간의 설명의무를 법률상 규정이 없는 경우에도 신의칙을 근거로 인정하여 왔다.

(2) 계약자유의 원칙과 설명의무

계약의 자유를 강화하고 보장하기 위하여 일정한 제한이 필요하다는 것은 상당히 오랜 기간 동안 인식되어 왔고, 그러한 일정한 제한이 계약당사자를 사기, 강압 및 부당한 선택권의 침해로부터 보호하는 것이다.[505)]

계약자유의 원칙은 근대법에서 표방하고 있는 ① 계약당사자 개개인이 자유롭고 평등하다는 데에서 출발한 것이며, ② 계약당사자 간 계약목적물에 대한 정보가 상대적으로 완전히 공유되고, ③ 계약당사자 간 협상력(bargaining power)이 상대적으로 균형을 이루고 있는 것을 전제로 한 것이다.[506)]

한편, 계약법의 목적은 계약당사자 모두에게 최선의 결과가 발생할 수 있는 계약이 체결될 수 있도록 하는 것이다. 즉, '형식적 계약자유의 원칙'이 아닌 '실질적 계약자유의 원칙'을 통해 '사적 자치'의 원리를 극대화하는 것이 계약법의 목적이다.[507)]

---

505) Mindy Chen－Wishart, 『Contract Law』, Oxford University Press, 2007, p.14. "Some restrictions have long been recognized as necessary to ensure and preserve freedom. Thus, contract parties are protected from fraud, duress and other conduct which inappropriately interfere with their exercise of choice."

506) 가정준, "정보의 비대칭과 협상력의 불균형 완화를 위한 연구", 『외법논집』 제31집, 한국외국어대학교 법학연구소, 2008. 8, 376면.

507) 성준호 · 장창민, "계약자유에 있어서 자유에 관한 관견", 『비교사법』 통권 제41호, 한국비교사법학회, 2008. 6, 156－158면.

계약법의 목적인 사적 자치의 극대화를 위해서는, 결국 계약당사자간에 계약목적물에 관한 정보의 비대칭이 완전히 해소되어서 협상력이 균형을 이룰 정도의 설명의무를 인정하는 것이 타당하다.[508)]

(3) 정보비대칭과 설명의무

사적 자치와 계약자유의 원칙은 자신의 제반 이익이나 필요성 등과 같이 자기결정에 필요한 제반 사정을 각자 스스로 가장 잘 또는 비교적 다른 누구보다 더 잘 인식하고 판단할 수 있는 능력을 갖고 있다는 것을 전제하고 있다.[509)]

특히 자본시장에서는 금융투자상품의 구조가 날로 복잡다기해지면서 투자자의 금융전문가에 대한 의존도가 증가하고 있으며, 투자자 보호의 필요성이 한층 중요하게 대두[510)]된 것인 바, 이는 결국 정보비대칭의 문제이다.

예컨대, 일방 당사자에게 이익이 발생하지 않는데도 불구하고 계약을 체결하는 경우는 다음의 두 가지가 가능할 것이다. 첫째, 상대방이 일방 당사자에게 이익이 발생한다고 믿게 만들거나 또는 일방 당사자 스스로 이익이 발생한다고 오신하는 경우가 있을 수 있다. 둘째, 일방 당사자가 자신이 얻을 수 있는 이익을 산정할 수 없었거나 이러한 협상기회조차 얻지 못한 상태에서 계약을 체결한 경

508) 여기서 설명의무의 법적 성질이 계약책임인지 또는 불법행위책임인지가 문제될 수 있다. '계약체결 상의 과실책임'의 법적 성질에 관하여는 ① 계약책임설(곽윤직 외), ② 불법행위책임설(양창수 외) 및 ③ 독자적 법정책임설(김형배 외) 등 학설이 대립하고 있다. 이 중 불법행위책임설의 내용은, 우리는 독일과 달리 민법 제750에 포괄적인 불법행위 조항을 규정하고 있으므로, '원시적 불능인 계약 체결상의 과실책임'(민법 제535조)을 제외하고는 불법행위로 보는 것이 타당하다는 것이다. 필자는 다음과 같은 이유로 금융투자상품의 설명의무는 불법행위책임과 계약책임 어느 쪽이든 이론구성이 가능하다고 생각한다. 기본적으로 장내상품(exchange products)은 위법행위의 상대방이 불특정 다수이므로 불법행위책임으로 이론을 구성하는 것이 타당할 것이다. 반면, 장외상품(OTC products)은 당사자간의 특수결합관계에 근거한 계약이므로 계약책임의 성격이 강한 것으로 볼 수 있다. 그럼에도 불구하고 장외상품의 설명의무를 불법행위책임으로 이론구성할 수 없는 것은 아니다. 예컨대, 장외파생상품인 KIKO 계약의 경우 불법행위책임으로 이론을 구성한다면, 판매자에게 '위험책임'을 인정하는 것이 타당할 것으로 본다.

509) 김상중, "계약목적물의 市價에 관한 잘못된 관념과 계약당사자의 보호", 『법조』 제54권 제1호, 2005. 1, 법조협회, 174-75면.

510) 이채진, "투자자문업자의 주의의무-적합성 원칙과 설명의무를 중심으로", 『금융법연구』 제6권 제2호, 한국금융법학회, 2009, 287면.

우가 있을 수 있다. 이러한 것들 또한 결국 정보비대칭의 문제로 볼 수 있다.[511)]

계약을 체결한 일방 당사자가 동 계약으로 인하여 발생한 손해에 대한 책임을 지는 것은 당연한 일이다. 그러나 근대사법의 기본원칙인 계약자유의 원칙이 실질적으로 보장되고 자기책임의 원칙이 정당화되기 위해서는 당사자지위의 대등성과 호환성이 보장되어야 하며, 그 전제로서 이미 계약체결을 위한 의사결정 단계에서부터 정보비대칭 관계가 해소될 필요가 있다.[512)]

(4) 독일 연방대법원의 판결상 설명의무

독일 연방대법원은 파생상품인 금리스왑계약을 체결하면서 고객인 중소기업에 대해 설명·조언의무를 위반한 은행에 대해 손해배상책임을 지도록 판결[513)] 함으로써, 금융상품 거래 시 전문적 지식과 경험이 풍부한 은행과 그렇지 아니한 일반투자자 고객 간의 정보대칭성이 확보되어야 한다는 종래의 입장을 재확인하였다.[514)] 동 판결의 특징은 계약체결 당시 은행이 사실상 고객에게 불리한 비용부담 사항(마이너스 시장가치)을 알리지 않은 부작위(不作爲) 그 자체에 대해 곧바로 설명·조언의무위반을 인정하였다는 점이다.[515)]

한편 설명의무의 인정기준은 "계약의 위험과 관련하여 투자를 조언하는 은행과 본질적으로 동일한 정도의 정보와 지식수준을 투자자가 가질 수 있도록 설명이 보장되어야 한다."며 정보의 비대칭이 완전히 해소될 수 있는 수준을 요구하고 있다. 좀 더 구체적으로는 "금리스왑계약과 같이 매우 복잡한 구조를 가진 금융상품의 경우, 투자조언자는 고객이 투자를 결정하기 전에 ① 자신이 설명한 금

---

511) 이 문제에 관하여, 전자는 계약당사자들에게 계약목적물에 대한 정보비대칭의 경우이고, 후자는 계약당사자의 협상력이 불균형을 이루는 경우로 구분하는 견해(가정준, 앞의 주 506)의 글, 379면)도 있으나, 필자는 협상력의 불균형도 결국 정보불균형에 포함되는 개념으로 생각한다.

512) 신현윤, 전게논문, 411－412면.

513) 독일 연방대법원 판결(BGH, Urt. v. 22. 3. 2011.XI ZR 33/10).

514) 이하 '독일 연방대법원의 판결상 설명의무' 부분은 신현윤, 앞의 주 494)의 글, 413－421면을 발췌·요약한 것이다.

515) 동 판결문의 내용은 이러하다. "피고는 자신이 권유한 계약이 계약체결시점에 이미 원고의 입장에서 마이너스 시장가치를 가지고 있었다는 점을 원고에게 설명하지 않았기 때문에 조언의무를 위반하였다."

융상품의 위험을 완전히 이해하고,[516] ② 높은 위험을 감내할 용의가 있다고 모든 면에서 확신할 수 있을 때에만 투자자에게 적합한 상품을 권유할 의무를 다하였다고 할 수 있다."고 설시하였고, ③ "조언 은행은 고객의 입장에서 무한대의 위험손실이 '이론상으로' 뿐만 아니라, 실제로도 '금리차이'의 변동에 따라 현실적이며 파멸적일 수 있음을 고객에게 쉽게 알아들을 수 있도록, 그리고 일부러 과소평가하지 않는 방법으로, 특히 고객이 보는 앞에서 명백하게 설명하여야 한다."며 상당히 높은 정도의 설명의무를 인정하고 있다.

2. 설명의무 인정기준

(1) 위험의 크기와 설명의무

금융상품은 '위험 및 기대수익'(risk & return)을 기준으로 다양하게 설계된다. 예컨대, 은행예금의 경우 원본손실의 가능성이 없는 등 위험이 낮기 때문에 기대수익 또한 낮은 것이다(low risk, low return). 반면, 금융투자상품은 원본손실의 가능성 내지는 원본초과손실의 가능성이 존재하는 등 상대적으로 위험이 높기 때문에 기대수익률이 높은 것이 당연하다(high risk, high return).

설명의무는 위험의 크기에 비례하여 인정되는 것이 타당하다. 일반적으로 상품의 위험과 수익의 관계는 '고위험－고수익', '중위험－중수익' 및 '저위험－저수익'으로 볼 수 있는바, 투자위험이 큰 상품일수록 금융기관에 더 높은 수준의 설명의무를 인정하는 것이 합리적 선택권의 보장을 통한 계약자유의 원칙에 부합하는 것으로 볼 수 있다.[517]

(2) 상품 별 설명의무

모든 금융투자상품에 동일한 설명의무가 인정되는 것은 합리적이지 않을 수 있다. 설명의무는 각 금융투자상품의 특성에 맞게, 금융투자업자와 투자자 간의 정보비대칭이 해소될 수 있는 정도로 인정되는 것이 타당할 것으로 본다. 금융상

---

516) Know your products rule.
517) 같은 뜻; 신현윤, 전게논문, 437면.

품은 '원본손실 가능성'을 기준으로 금융투자상품과 비금융투자상품으로 구분된다.[518]

금융상품 ⊃ (금융투자상품, 비금융투자상품)

금융투자상품은 '원본초과손실 가능성'을 기준으로 증권과 파생상품으로 대별된다. 즉, 원본초과손실 가능성이 없는 금융투자상품은 '증권'이고, 원본초과손실 가능성이 내재된 금융투자상품은 '파생상품'으로 분류한다.

금융투자상품 ⊃ (증권, 파생상품)

파생상품은 원본초과손실 가능성이 있는 등 증권에 비하여 투자위험이 크므로, 설명의무도 강화되는 것이 타당할 것이다. 반면, 비금융투자상품은 원본손실 가능성이 없다는 점에서 증권보다 위험이 작으므로 이에 상응하여 설명의무가 완화될 수 있을 것이다.

다만 비금융투자상품의 경우에도, 신용위험에 관하여는 금융투자상품에 준하여 설명의무를 인정하는 것이 타당하다. 예컨대, 예금의 경우를 생각해 보면, ① 예금자보호법의 보호를 받는 범위는 5,000만 원이라는 점, ② 저축은행과 시중은행은 각각 신용도가 다르므로 상이한 신용위험이 있다는 점, ③ 신용위험과 예금금리는 통상 상당인과관계가 있다는 점 등이 설명의무의 주요 내용이 될 것이다.

다른 예로서, 채권(債券)의 경우는 ① 만기까지 발행자의 신용위험(credit risk)에 노출되어 있다는 점, ② 만기 이전에 전매(轉賣)할 경우에는 금리변동에 따른 시장위험(market risk)에 노출되어 있다는 점 등이 설명의무의 주요 내용이 될 것이다.

반면 주식의 경우는 주된 위험은 시장위험이고, 신용위험은 부수적 위험으로 볼 수 있다. 이는 신용상태의 변동이 주가에 신속히 반영되기 때문이다. 다만, 장

518) 금융상품의 강학상 개념으로는 보험상품도 포함되지만, 본고에서는 비교의 단순화를 위하여 보험상품을 배제한 상태로 설명하고자 한다.

내주식과 장외주식은 유동성위험(liquidity risk) 측면에서 차이가 난다는 점이 설명되어야 할 것이다.

한편 파생상품은 ① 레버리지 효과(leverage effect)가 있어서 시장위험이 증권보다 확대된다는 점, ② 장내옵션의 매수는 위험의 크기는 지불한 옵션프리미엄으로 한정되지만, 시간가치의 소멸에 따라 투자금 전액이 '0'이 될 수 있다는 점, ③ 장내옵션의 매도는 기대이익은 제한되지만 기대손실은 무한대로 확장될 위험이 있다는 점 등이 설명의무의 주요 내용이 될 것이다. 더욱이, 장외옵션은 장내옵션의 위험뿐만 아니라 신용위험과 유동성위험이 추가되므로 더욱 큰 위험이 내재되어 있다는 점이 설명의무의 주요 내용이 될 것이다.

자본시장법이 규정하고 있는 설명의무의 정도는 일반투자자가 이해할 수 있는 정도이다. 일반투자자가 이해할 수 있는 정도로 설명을 하려면, 금융투자상품별로 설명의 내용과 설명의 정도를 구분할 필요가 있다.

금융투자상품 중 증권과 파생상품은 취득과 동시에 지급한 금전 등 외에 추가 지급의무 발생 가능성 여부에 따라 분류된다. 파생상품은 추가지급의무 발생가능성이 있다는 점에서 증권에 비하여 구조적으로 위험이 큰 것으로 볼 수 있으므로 이에 상응하는 내용에 대한 설명의무를 인정할 필요가 있다.[519] 첫째, 증권과 파생상품의 설명의무를 구분하여야 하는 것 중 하나는 통상적인 레버리지(leverage)이다. 즉, 증권은 통상 레버리지가 1이므로 원본초과손실 가능성이 없다. 반면 파생상품은 통상 레버리지가 1보다 크므로 원본초과손실 가능성이 있고, 레버리지의 크기에 비례하여 손익변동의 속도도 빨라지고 폭도 커진다는 점이 설명되어야 할 필요가 있다.[520] 둘째, 장내파생상품과 장외파생상품은 통상 상대방위험(counterparty risk)과 투명성위험(transparency risk) 측면에서 다르다는 점이 설명되어야 할 필요가 있다. 왜냐하면, 통상 장내파생상품의 경우 거래소가 이행을 보증하는 상대방의 역할을 하므로, 상대방위험이 없는 것으로 간주되는 반면, 장외파생상품은 매매계약과 마찬가지로 통상 매수인과 매도인 양자 간의 거래이므로 계약의 이행 가능성은 상대방의 신용도에 따라 달라질 수 있기 때문이다. 예컨대, 키코계약과 같이 일방 당사자(기업)의 신용도가 낮은 경우, 키코상

---

519) 박선종, 앞의 주 494)의 논문(2011. 8.), 85면.
520) 박선종, 앞의 주 494)의 논문(2011. 8.), 85-86면.

품의 가격에는 신용위험관리비용이 포함되어 있다는 점이 구체적으로 설명되어야 할 필요가 있다. 장외파생상품은 특히 상품의 다양성 및 양 당사자만의 거래라는 폐쇄성에 기인하여 상대적으로 투명성이 부족한 구조이다. 정보의 비대칭적 관계에서 우월적 지위를 가지는 것은 상품의 설계자 및 판매자일 개연성이 높으므로, 투명성이 상대적으로 부족한 장외파생상품의 투자자는 불측의 손실을 입을 가능성이 상대적으로 높다는 점이 설명되어야 할 필요가 있다.[521] 셋째, 선물과 옵션에 관하여는 ① 선물이나 옵션은 현물과 달리 만기(maturity)가 존재하므로 상대적으로 장기적인 투자에 부적합할 수 있다는 점, ② 옵션상품의 가격에는 시간가치(time value)가 포함되어 있기 때문에, 옵션상품은 기초자산의 가격이 불변인 경우에도 시간가치만큼의 손익이 발생한다는 점,[522] ③ 옵션상품은 만기 도래 시에는 행사가격을 중심으로 손익에 현저한 차이가 있다는 점, ④ 특히 ELS, 키코상품과 같은 디지털 옵션은 만기 전에도 넉인, 넉아웃 등 배리어(barrier) 가격을 중심으로 손익에 현저한 차이가 있다는 점 등이 설명될 필요가 있다.[523]

3. 강화된 설명의무 인정기준

(1) 하급심 재판부의 해석

1) 판결문의 내용

키코 관련 판결은 은행이 승소한 것이 대부분이었으나, 2012년 은행의 설명의무를 종전보다 강화하여, 기업 측의 손해배상청구를 70%까지 인용한, 서울중앙지방법원 제21민사부의 판결[524]이, 소송관련자들의 주목을 받은바 있다.[525] 동

521) 박선종, 앞의 주 494)의 논문(2011. 8.), 86면; 같은 뜻; 오승현 · 오경희, 전게연구보고서, 9면; 박선종, 고려대학교 전게박사학위논문, 59－60면.

522) 옵션을 매수한 경우는 가격이 불변인 경우에도 시간의 경과에 따라 시간가치만큼의 손실이 발생하고,옵션을 매도한 경우에는 가격이 불변인 경우에도 이익이 발생한다는 점 또한 설명되어야 한다.

523) 박선종, 앞의 주 494)의 논문(2011. 8.), 86면.

524) 서울중앙지방법원 2012. 8. 23. 선고 2011가합20688 판결.

525) 특히 “기업측 손을 들어준 최승록 부장판사는 20여 명 판사들의 공부 모임인 ‘증권법연구회’를 이끈 바 있다. 이 모임은 판결 직전에도 기업과 은행 양측 변호인단의 프레젠테이

재판부는 "설명의무의 범위 및 정도는 해당 금융투자상품의 구조, 위험성, 복잡성 및 투자자의 투자목적, 위험감수 의사 및 능력 등에 따라 개별적·구체적으로 정해져야 하는바, 금융투자상품의 구조가 복잡하고 위험성이 높을수록, 투자자와 금융기관 사이의 정보의 불균형 및 전문성의 차이가 클수록, 설명의무는 더 높은 정도로 요구된다고 봄이 타당하다."며 은행에 대한 설명의무 인정기준을 강화하였는데, 이 중 '위험감수의사의 확인의무'는 앞에서 언급된 독일 연방대법원 판결의 취지를 따른 것으로 볼 수 있는바, 동 재판부는 위험감수 '의사'뿐만 아니라 '능력'까지도 파악하도록 하여, 독일의 연방대법원보다 한층 더 강화된 설명의무를 인정한 것으로 보인다.

2) 판결문 내용의 해석

동 재판부는 설명의무의 범위 및 정도에 관하여 Know Your Product Rule (해당 금융투자상품의 구조, 위험성, 복잡성)과 Know Your Customer Rule(투자자의 투자 목적, 위험감수 의사 및 능력) 기준을 활용하여 대별하고 있다. Know You Product Rule(이하 'KYP'라 한다)은 자신의 상품에 대하여 상세히 이해한 것을 전제로 계약상대방에게 정보비대칭이 해소될 수 있는 정도의 설명의무 인정기준으로 이해할 수 있다. 이는 본인이 자신의 상품에 대하여 상세하게 이해하지 못한 상태에서는 당연히 상대방에 대한 설명의무 이행이 불가능하기 때문이다.

한편 Know Your Customer Rule(이하 'KYC'라 한다)은 KYP가 충족되었다는 전제하에, 계약상대방의 투자목적이나 위험감수 의사 및 능력 등을 구체적으로 파악하여 적합한 상품만 권유하라는 '적합성 원칙'이다. 이하에서는 상품에 대한 상세한 이해의 구체적 기준과 계약상대방의 투자목적, 위험감수의사 및 능력을 파악하는 구체적 기준을 살펴본다.

가. Know Your Product(구조, 위험성, 복잡성)

금융투자상품의 구조는 증권과 파생상품으로 대별되는바, 증권은 채무증권,

션을 청취하는 등 꾸준히 파생상품 관련 지식을 쌓아왔다. 이렇게 쌓은 내공으로 독일, 이탈리아 등 외국의 최신 사례를 원용한 것이 판결에 결정적 변수로 작용했을 것"이라는 기사의 내용이 주목된다. 한국경제신문, 2012. 9. 13. 자 기사, http://www.hankyung.com/news/app/newsview.php?aid=2012091224991.

지분증권, 수익증권, 증권예탁증권, 파생결합증권으로 나뉘고, 파생상품은 장내파생상품 및 장외파생상품의 장소적 기준과 선물, 옵션, 스왑 등 상품구조의 기준으로 분류될 수 있다. 동 재판부는 금융투자상품 종류별로 구분하여 각 상품구조의 특성에 적합한 개별적·구체적 설명의무를 인정하고 있다.

금융투자상품의 위험성은 원본손실의 가능성, 원본초과손실의 가능성 등으로 구분할 수 있는데, 위험성을 측정할 수 있는 수단은 레버리지(leverage) 및 Option Greeks로 대별된다. 예컨대, 레버리지가 1이면 원본손실 가능성만 존재하지만, 1을 초과하면 원본초과손실의 가능성이 생긴다. 즉, 레버리지가 크면 클수록 손익변동폭이 확대되고 위험이 증가하는 것이다.[526]

Option Greeks[527]는 Delta, Gamma, Theta, Vega, Rho로 구분된다. Delta는 기초자산이 1 변동할 때 옵션의 가격이 얼마나 변동하는지를 나타내는 지표이다. 이는 외가격(OTM), 등가격(ATM) 또는 내가격(ITM) 등 행사가격과 기초자산가격의 차이에 따라 0 내지 1 사이의 값을 갖게 된다.

Gamma는 기초자산이 1만큼 변동할 때 Delta의 변동값이다. Delta를 속도(speed)로 본다면, Gamma는 가속정도(acceleration)로 볼 수 있다. Theta는 시간가치감소(time decay)라고도 하는데, 옵션 만기까지 일간 시간가치가 얼마나 감소하는가 하는 것이다. 이는 옵션매수자에게는 기대손실이고 옵션매도자에게는 기대이익이 된다. Vega는 내재변동성(implied volatility)의 1포인트 변동 시 옵션가격이 얼마나 변동하는가를 측정하는 지표이다. Vega는 옵션의 내재가치와는 관계없고 시간가치에만 영향을 준다. 즉, Vega의 증가는 Theta의 증가를 의미한다. Rho는 이자율 1% 변동 시 옵션가격이 얼마나 변동하는가를 측정하는 지표이다. Rho의 변동은 특히 장기옵션(longer term options) 거래 시 옵션의 보유비용(cost of carry)에 막대한 영향을 미칠 수 있다.

옵션상품은 이와 같이 Greeks의 위험성이 시장가격, 내재변동성 및 이자율 등락에 따라 다이내믹하게 변동하므로, 동적 헤지(dynamic hedge)가 필요하게 되는

526) 레버리지에 관한 상세는 박선종, 전게박사학위논문, 109–113면 참조.

527) Option Greeks는 Delta, Gamma, Theta 등이 그리스 문자이기 때문에 부르는 명칭이다. 그러나 'Greeks'라는 용어는 '상당히 어렵다'는 뜻으로도 사용되는 중의적인 표현이다. KIKO나, ELS 등 옵션 관련 계약의 사실관계를 정확하게 파악하기 위해서는 Option Greeks에 대한 정확한 이해가 선행되어야 한다.

것이다. 동 재판부는 Leverage 및 Option Greeks의 위험성에 관하여 충분히 이해할 수 있는 정도로 상세한 설명의무를 인정하고 있는 것으로 해석할 수 있다.

나. Know Your Customer(투자목적, 위험감수 의사 및 능력)

투자자의 투자목적은 헤지(hedge)와 투기(speculation)로 대별되는바, 헤지는 100%, 50%, 25% 등 헤지비율(hedge ratio)별로 구분될 수 있다. 투기는 일간, 월간, 연간 손익변동률 목표에 따라 공격적 투기와 안정적 투기로 구분[528]할 수 있다.

투자자의 위험감수의사는, ① 헤지 시에는 투자자가 지불하고자 하는 일간, 월간 또는 연간 최대비용의 크기로 구분할 수 있고, ② 투기 시에는 투자자가 감수하고자 일간, 월간 또는 연간 최대손실금액으로 구분할 수 있다.

투자자의 위험감수능력은 기본적으로 자본금, 유동자산 및 현금흐름의 규모 등 투자자의 재무적 능력의 크기로 구분될 수 있다. 그러나 위험감수능력을 평가할 수 있는 현실적이고 직접적인 재무적 능력 지표는 현금흐름(cash flow)상의 여유분으로 볼 수 있다.

다. 설명의무의 범위 및 정도

동 재판부가 설시한 설명의무의 범위 및 정도는 KYP의 세부항목들과 KYC의 세부항목들 각각을 반영하는 정도로 구체적으로 세분화된 것으로 이해된다. 예컨대, KIKO 옵션과 같이 단순옵션의 복잡성을 초과하는 디지털 옵션의 경우, Leverage 위험에 관한 설명이 정보비대칭을 해소할 정도로 충분했다 하더라도, Option Greeks의 위험을 본인이 충분히 이해하지 못하거나(KYP 위반) 또는 상대방에게 충분히 이해시키지 못한 상태(정보비대칭)에서 판매하였다면 설명의무 위반으로 볼 수 있는 것이다.

(2) KIKO 계약의 설명의무

KIKO 계약에 있어서 인정되는 설명의무는 앞서 살펴본 KYP의 세부항목들과 KYC의 세부항목들 각각을 반영하는 정도로 구체적으로 세분화된 것인바, 이하

528) 예컨대, 투자자의 레버리지가 10배, 20배 등이면 공격적 투기로, 1배 이내라면 안정적 투기로 구분될 수 있다.

에서는 그중 중요한 몇 가지를 검토한다.

1) 투자의 목적 : 투기 또는 위험회피(헤지)

KYC상 투자의 목적이 투기(speculation)인 경우에는 위험이 수반된다는 점을 투자자도 알거나 알 수 있다는 것이 전제가 될 수 있다. 그렇다면 위험회피목적인 경우 보다 약한 정도의 설명의무가 인정되어도 무방할 것이다. 반면, 위험회피 목적으로 파생상품을 거래하는 경우에 손실위험이 있을 수 있다는 것은 금융소비자(투자자)가 이해하기 어려울 것이므로, 투자권유에 비하여 한층 더 고도의 설명의무가 인정되는 것이 타당할 것이다.

KIKO 사안과 독일 사안은, 헤지상품으로 권유하였으나 투기적 손해가 발생하였다는 점에서 본질적으로 동일하다. 다만, 독일 법원은 동일한 사안을 '투기적 거래의 투자권유'로 판단하고 이에 대한 설명의무를 인정한 것인 반면, 우리 법원은 일부구간 또는 부분적 헤지성을 인정하여 '헤지(위험회피)거래의 투자권유'에 관한 설명의무를 인정하고 있다는 점에서 다르다.

일반적으로는 투자목적의 거래에 설명의무가 강화되는 것이 타당하지만, 키코소송에서는 헤지(위험회피)목적으로 거래되었지만 사실상 투자위험이 발생하였는데, 이는 헤지거래의 투자권유 시 사전적으로 예상할 수 없는 위험이 있었다는 점에서 투기적 거래의 투자권유보다 설명의무가 더욱 강화되어야 정보의 비대칭이 해소될 수 있을 것으로 보인다.[529)]

2) 복잡성의 정도

가. 넉아웃 조건

설명의무 중 KYP의 '복잡성' 요건은, 장외옵션인 KIKO 계약에 부가된 '넉아웃 조건'을 예로 들어 설명하자면 다음과 같다. 한 키코소송 2심재판부는 넉아웃 조건에 관하여 "수출기업의 이익을 일정 범위 내에서 제한한 것"[530)]으로 설명하

529) 상세는 박선종, 앞의 주 494)의 논문(2011. 8.), 79-81면 참조. 이는 법원이 키코상품을 헤지상품으로 판단한 것에 국한하여 문제점을 지적하는 주장이며, 키코가 헤지상품이 아니라는 우회적인 주장이기도 하다.

530) 서울고등법원 2011. 5. 31. 선고 2010나34519 판결.

고 있는데, 이 정도로는 넉아웃 조건의 정확한 내용을 설명하기에 부족해 보인다.[531] 환변동 위험을 회피할 목적을 가진 기업에게 넉아웃 조건은 '위험회피가 불가능해지는 출발점'이 될 수 있다.[532] 즉, 넉아웃 조건이 충족되면 (추가적인) 환헤지가 불가능해진다는 점이 설명되고 수출기업이 이 점을 명확하게 이해하여야만 KYP rule이 지켜진 것으로 볼 수 있을 것이다.

나. 스왑포인트 상황

스왑포인트 만큼의 손실을 감수할 수밖에 없는 시장상황(시장가격)하에서 키코를 헤지상품으로 권유하는 설명의 내용은 ① 스왑포인트 만큼의 환손실분을 수출가격 인상으로 상쇄가 가능하다면, 대안으로 통화선도거래로도 헤지가 가능하다는 점, ② 스왑포인트 만큼의 환손실분을 수출가격 인상으로 상쇄가 불가능하다면, 새로운 위험을 감수하지 않는 한 파생상품을 통한 환손실분의 복구는 불가능하다는 점, ③ 키코통화옵션이 스왑포인트 만큼의 환손실분을 벌충하여 줄 수 있는 것처럼 보이는 것은 콜옵션 매도라는 새로운 위험을 감수하는 것일 뿐, 기존의 위험을 상쇄시키거나 저감시키는 헤지행위와는 다르다는 점 등이 포함되어야[533] KYP rule의 복잡성 요건을 충족시키는 설명의무 이행으로 볼 수 있을 것이다.

3) 투자자의 위험감수의사

가. 제로코스트

앞에서 살펴본바, KYC상 투자자의 위험감수의사는 헤지시에는 투자자가 지불하고자 하는 일간, 월간 또는 연간 최대비용의 크기로 구분할 수 있고, 투기시에는 투자자가 감수하고자 일간, 월간 또는 연간 최대손실금액으로 구분할 수 있다.

키코계약에서 투자위험의 감수의사는 헤지비용 크기로 판단할 수 있을 것이

---

531) 동 재판부는 키코를 헤지상품이라고 하면서도, 넉아웃 조건에 관하여는 헤지효과가 제한되는 것으로 설명을 하는 것이 아니라, 기업의 투자이익이 제한되는 측면에서만 설명하고 있는데, 이는 동 재판부의 키코상품에 대한 이해 부족을 의심케 하는 부분이다. 재판부의 인식수준이 낮으면 올바른 판단을 기대하기 어렵다.

532) 박선종, 앞의 주 494)의 논문(2011. 8.), 89면.

533) 박선종, 앞의 주 494)의 논문(2011. 8.), 93면.

다. 은행이 기업에게 키코상품을 통하여 투자권유한 것이 아니라 위험회피(헤지) 권유하였다는 사실은 문제의 소지가 있다. 위험회피(보험)는 비용과 대가관계에 있는 것인바, '제로코스트'라고 칭하여 비용이 없다고 선전한 것이 기망행위에 해당하는지는 별론으로 하더라도, 위험회피와 대가관계에 있는 비용에 대하여는 설명의무를 인정하지 않았다는 것은 문제가 될 수 있는 것이다.[534] 그러므로 제로코스트라는 것이 '수수료를 프리미엄 차액에 해당하는 마진의 형태로 부과하는 것이며 수수료가 없는 것이 아니라는 점'[535]이 설명의 내용으로 포함되지 않았다면, 헤지목적의 투자자는 비용에 대해서 정보비대칭이 해소되지 않은 상태에서 선택한 것이 되므로, KYC상 투자자의 위험감수의사를 제대로 파악하지 못한 것으로 볼 수 있는데, 이는 설명의무와 계약자유의 원칙에 어긋나는 것으로 볼 수 있는 것이다.

나. 델타헤징과 백투백헤징

통상의 KIKO 계약에서 판매은행이 보유하게 된 KIKO 상품의 위험을 회피하기 위한 수단은 델타헤지(동적 헤지)와 백투백헤지로 대별된다. 키코계약에서 은행이 델타헤징을 하든 또는 백투백헤징을 하든 그 비용이 고객에게 전가되는 상황이라면, 동 비용에 대한 사항은 헤지목적 투자자의 위험감수의사와 직결된 사항이므로 설명의무가 인정될 수 있다.

따라서 이러한 경우 은행의 헤징방법으로는 동적 헤지와 백투백헤지가 있고, 각각의 예상비용은 얼마라는 점이 사전적으로 설명되어야 KYC상 투자자의 비용에 관한 위험감수의사를 판단할 수 있게 되는 것이다. 좀 더 구체적으로 본다면, ① 통상적인 KIKO 계약에서는 델타헤징을 하더라도 콜옵션 매수포지션에 관하여는 OTM(out of the money, 외가격) 상태였으므로 매도헤지 물량이 적었다는 점, ② 풋옵션 매도포지션에 관하여는 넉아웃 조건이 있었으므로 위험이 제한적이었고 위험을 커버하기 위한 비용도 제한적일 수밖에 없는 구조라는 점, ③ 델

534) 박선종, 앞의 주 494)의 논문(2011. 8.), 94면.

535) 좀 더 구체적으로는 ① 그 수수료가 얼마 정도라는 점, ② 기업이 취득하는 풋옵션의 시장가치는 얼마이고, 수수료가 포함되어서 은행에게 주는 콜옵션의 시장가치가 얼마라는 점, ③ 풋옵션을 돈주고 사지 않는 대신에 콜옵션을 은행에게 주는 구조로 된 점 등, 키코의 실제 모습이 설명의 내용으로 포함되지 않았다면, 설명의무 위반으로 볼 수 있을 것이다.

타헤징이 100% 성공적일 경우, 사실상 백투백헤지 효과와 동일하거나 또는 은행에게 유리한 만큼 비용이 절감된다는 점,[536] ④ 델타헤징 50% 시 백투백 헤지시와 언헤지시의 중간 수준의 비용이 예상된다는 점, ⑤ 델타헤징 0% 시, 기업의 손실분만큼 은행의 이익이 기대된다는 점 등을 은행이 알 수 있는 수준과 동일한 수준의 정도로 고객이 이해할 수 있도록 설명하여야만, 양 당사자 간의 정보비대칭이 해소될 수 있고 계약자유의 원칙이 준수된 것으로 볼 수 있을 것이다.

(3) 스노우볼 계약의 설명의무

1) 위험성의 정도

스노우볼 계약과 관련한 법적 분쟁[537]은 다수 있으나, 이하에서는 서울중앙지법 2011. 10. 13. 선고 2009가합90004 판결의 내용에 기초하여 동 계약의 설명의무 인정 기준을 검토한다. 사안 스노우볼 계약[538]의 경우, 원고의 최대기대이익은 1억 7,500만 원[539]이다. 이론적으로 원고의 기대손실은 무한대로 확대될 수 있으나, 당시의 실제 시장가격을 대입하여 보면, 실제 손실발생가능액은 약 647억 원이다. 한편 원고에게 실제로 발생한 총손실은 544억 원으로 손실발생가능액과 대차가 없다. 여기서 최대기대이익 : 총손실을 비율로 환산해 보면 1 : 310이다. 원고가 동 계약의 최대기대이익을 명확하게 알고 있었다면, 막대한 위험을 감수하는 이와 같은 계약을 체결했을지 의문이다.

즉, 이는 KYC상 위험감수의사 파악에 관한 설명의무 위반이 될 수 있는 것이다. 한편, 스노우볼 계약에 있어서 금융투자업자는 당해 계약상 고객이 기대할

---

536) 왜냐하면 현실적으로 가격이 일방향으로 계속 변동하는 것이 아니라 등락이 있는바, 예컨대, 매도헤지 포지션의 경우 가격이 상승할 경우 손실이 발생하지만, 하락할 경우에 발생하는 이익이 축적될 수 있다.

537) 서울중앙지방법원 2011. 5. 27. 선고 2009가합65503 판결; 서울중앙지방법원 2011. 9. 22. 선고 2009가합115972 판결; 서울중앙지방법원 2011. 9. 22. 선고 2008가합108519 판결; 서울중앙지방법원 2011. 10. 13. 선고 2009가합90004 판결 등이 있다.

538) 검토의 대상은 '1차계약'에 국한하고 있음을 밝힌다.

539) 350×50,000,000(엔)/100=175,000,000(원). 증 6의 2007. 7. 23. Terms & Conditions에 따르면, EIV(Expiry Intrinsic Value)누계가 350 이상인 경우 해당 월 포함 잔여거래 소멸됨(1심 판결문에서는 EIV누계 조건을 310으로 표기하고 있으나 이는 350의 오기로 보임).

수 있는 최대이익을 명확하게 설명하지 않았다면, 이는 KYP상 위험성의 정도에 대한 설명의무를 위반한 것으로 볼 수 있다.

2) 투자자의 위험감수의사

물건의 매매계약에 있어서 0원이라는 가격은 존재할 수 없다. 매도의 대가가 0원이면 이는 매매가 아니라 증여로 보아야 할 것이다. 그럼에도 불구하고 사안의 스노우볼 계약은 0원 이하의 행사환율도 가능하다는 점에서, 매매나 증여의 개념으로도 설명할 수 없는 특이성이 있다. 매매계약의 개념으로 사안의 스노우볼 계약을 이해하자면, 물건을 매도하는 자가 유상의 대가를 수령하는 것이 아니라 오히려 매도인이 물건도 주고 대금도 치러야 한다는 이상한 결론에 도달하게 되는 것이다.

스노우볼 계약에서 0원 이하의 행사환율에 대하여, 고객이 정확하게 인식할 수 있는 정도의 설명을 못하였다면, 이는 KYC상 투자자의 위험감수의사에 대한 설명의무를 위반한 것으로 볼 수 있다.

(4) ELW 계약의 설명의무

1) ELW 상품의 구조

ELW(equity linked security) 상품의 구조에 관하여는 ① 증권으로 의제된 옵션상품이기 때문에 옵션상품에 내재된 모든 위험요소가 존재하지만, 진입장벽은 증권규제 기준을 따라 상대적으로 낮기 때문에 주의하여야 한다는 점, ② 일반투자자는 매수만 허용되고, 금융투자회사가 매도를 독점하는 구조로서 사실상 보험계약자와 보험자의 구조를 가지고 있다는 점 등에 대한 설명이 없었다면 이는 KYP상, 상품의 구조에 대한 설명의무 위반이 성립된다고 볼 수 있다.

2) 투자자의 위험감수의사

투자자에게 ① 유동성공급 의무를 부담하는 금융투자업자의 헤지비용이 일반투자자에게 전가될 수 있으므로 동일한 조건의 옵션상품 대비 가격(프리미엄)이 비싸질 수 있다는 점, ② 보험사건에 상당하는 큰 가격변동이 전제되지 않는 한,

보험료가 소멸하는 것과 마찬가지로 일반투자자는 손실이 발생할 수밖에 없다는 점 등의 내재된 비용에 대하여 계약체결 전에 충분한 설명을 안 하였다면, 이는 '투자자가 감수하고자 일간, 월간 또는 연간 최대손실금액'의 산정에 오류를 야기할 수 있다는 점에서 KYC상 투자자의 위험감수의사에 대한 설명의무를 위반한 것으로 볼 수 있다.

3) 검토의견

ELW 사안[540]의 경우, 추가적으로 다음과 같은 설명의무가 인정된다면 향후 동일한 문제의 재발이 방지될 수 있을 것으로 생각된다. 동 사안의 핵심쟁점은 금융투자업자의 고객 간[541] '주문체결속도가 차별화된 서비스'의 공정성 여부이다.

주문체결속도에 차별은 두는 것은 2000년 뉴욕증권거래소 Rule 390 폐지 이전의 기준으로 보면 불공정한 것으로 보일 여지가 있다. 그러나 Reg. NMS 및 MiFID상의 최선집행의무(Best Execution)의 기준과 ① 차익거래의 속성 및 경제적 기능, ② 동일속도제공의 원시적 불능성, ③ 세계적인 업계 관행, ④ 미국 및 일본의 적용사례, ⑤ LP의 독점적 호가제공 제도의 효과, ⑥ 스캘퍼 수익과 일반투자자 손실의 상관관계, ⑦ ELW시장의 구조상, 가격변동성이 충분히 크고 일반투자자에게 유리한 방향으로 변동되지 않는 한, 일반투자자가 손실을 보는 것은 당연한 결과라는 점 등에 대한 설명의무가 부과되어 충분한 사전설명이 있었다면, 정보의 비대칭성은 상당부분 해소되었을 것이고, 일반투자자의 계약체결의 선택권에 대한 보호도 상당히 충족된 것으로 볼 수 있다.

---

540) 사안의 상세는 서울중앙지법 2011. 11. 28. 선고 2011고합600 판결; 박선종, "ELW 규제의 쟁점에 관한 연구", 『외법논집』 제35권 제4호, 한국외국어대학교 법학연구소, 2011. 11, 187-202면 참조.

541) 사안에서는 스캘퍼와 일반투자자 간의 차별화된 속도 서비스 제공이 문제되었던바, 이는 사실상 전문투자자와 일반투자자 간의 특성에 따른 차별화된 서비스 제공으로 이해될 수 있다.

(5) ELS 계약의 설명의무

1) ELS 상품의 구조

ELS 사안의 핵심쟁점은 종가관여 행위가 시세조종인가 또는 정상적인 헤지거래로 인정될 수 있는가 하는 것이다. 즉, 검찰의 주장은 "ELS 상품은 그 구조나 내용이 복잡하고 많은 위험을 내포하고 있고, 일반투자자가 쉽게 이해하기 어려운 파생상품이 내재된 증권으로서 전문가조차도 쉽게 이해하기 어려운 상품인데도, 위험과 수익에 대한 정확한 설명 없이 판매하였다는 것"[542]이다.

법원의 판결은 "장중 직전 가 대비 동일가격 또는 저가의 매도주문을 통해 주가를 하향 안정화시킨 후 종가시간 대에 대량의 시장가 매도주문으로 시세상승을 제한(특정 가격 이하로 시세고정)하는 등 시세조종 개연성이 높은 것으로 추정된다."라며 시세조종을 인정한 사례[543](이하 '사례 I')와 "원고의 주장과 같이 특정일의 종가에 의하여 산정된 델타값에 따라 다음날 보유할 현물주식 수량을 맞추어 나가는 것이 적절한 델타헤지 원리라고 볼 경우 금융기관은 특정일의 다음날까지 현물주식의 보유에 따른 리스크(overnight risk)[544]를 전적으로 부담하여야 하기 때문에 금융기관에게 부당한 위험을 용인할 것을 요구하는 셈이므로, 원고의 이 부분 주장은 받아들이지 않는다."며 시세조종을 인정하지 않은 사례(이하 '사례 II')[545]로 엇갈린다.

그러나 설명의무 이행과 시세조종의 불법행위책임은 별개의 문제로 보아야 할 것이라는 점[546]에서, 설명의무 위반 여부를 판단하자면 다음과 같은 주장이

542) 서울중앙지검, "증권사 판매 ELS 상품 관련 증권사 직원 주가조작 사건", 보도자료, 2011. 6. 28.

543) 서울중앙지법 2012. 1. 12. 선고 2010가합27835 판결 등.

544) 장 종료 후 그 다음날 장 개시 전까지 사이에 주가에 영향을 미칠 수 있는 급변사태(예를 들어 밤 사이에 발생한 9·11사태, 북핵사태, 그리스 국가채무 디폴트 사태 등)가 발발한 경우와 같이 주식 시장이 열리지 않는 시간 동안 주식보유자가 부담하는 리스크를 의미한다.

545) 서울중앙지법 2011. 11. 24. 선고 2010가합51302 판결 등.

546) 별론으로 시세조종 여부를 판단함에 있어서 ① 헤지는 시세조종이 아닌 범위 내에서만 시도되어야한다는 점, ② 헤지는 기초자산(ELS)의 위험이 감소되는 방향으로 주식수량을 조정한 것에 국한된다고 생각된다.

가능하다. 즉, 사례 II에서는 “피고는 합법적이고 필수적인 헤지전략의 일환으로 스왑계약 기간 동안 시장위험을 중립화시키기 위하여 많은 양의 주식을 매매할 수 있고, 이와 같은 주식매매는 조건성취 여부 평가기준일 직전에도 일어날 수 있으며, 피고의 주식매도거래에 의하여 주가가 하락하는 결과를 가져올 수 있고, 이로 인하여 ○○증권은 상환 받을 수 있는 약정금액의 손실을 입을 수도 있다.”는 취지를 명시하였다는 점을 토대로 설명의무를 이행한 것으로 판단하고 있으나, 이 정도의 설명만으로는 정보비대칭이 완전히 해소되었다고 보기 어렵다.

즉, ELS 상품은 ① 종가관리를 위한 헤지거래에 대하여 시세조종 논란이 제기될 수 있을 정도로 불투명한 부분이 있는 구조라는 점, ② 특히 유동물량이 충분하지 않은 경우, 발행자의 입장에서는 만기의 종가를 관리함으로써 큰 이익을 확보할 수 있으므로, 시세조종의 유혹에 빠지기 쉬운 구조라는 점, ③ 상환조건 중 투자자에게 유리한 조건은 AND 조건으로 조건달성이 상대적으로 어려운 반면, 발행자에게 유리한 조건은 OR 조건으로 조건달성이 상대적으로 쉬운 구조이며, 이러한 구조의 상품은 투자자에게 당해 상품이 실제가치 이상으로 좋아 보이는 착시현상을 유발할 가능성이 있다는 점 등에 대한 충분하고도 구체적인 사전적 설명이 없었다면, 이는 KYP상, 상품의 구조에 대한 설명의무 위반으로 볼 수 있는 것이다.

2) 투자자의 위험감수의사

ELS와 같은 배리어 옵션은 전 세계 옵션시장에서 거래가 많이 되는 옵션이지만 헤징이 어렵다는 단점에 있기 때문에 헤징에 상대적으로 고비용이 발생할 수 있다. 한편 이러한 고액의 헤징비용은 고객에게 전가되는 경우가 적지 않다. 이러한 ELS의 시세조종과 헤지거래를 둘러싼 불투명한 구조상 투자자에게 고비용에 기한 큰 손실이 발생할 위험성이 있다는 점에 대한 충분한 사전적 설명이 없었다면, 이는 KYC상 투자자의 위험감수의사에 대한 설명의무를 위반한 것으로 볼 수 있다.

III. 결어

모든 금융투자상품에 동일한 설명의무가 인정되는 것은 합리적이지 않다. 설명의무는 각 금융투자상품의 특성에 맞게, 금융투자업자와 투자자간의 정보비대칭이 해소될 수 있는 정도로 인정되는 것이 타당할 것이다. 한편, 계약법의 목적인 사적 자치의 극대화를 위해서도, 결국 계약당사자 간에 계약목적물에 관한 정보의 비대칭이 완전히 해소되어서 협상력이 균형을 이룰 정도의 설명의무를 인정하는 것이 타당할 것이다. 또한 설명의무는 위험의 크기를 기준으로 인정되는 것이 타당하다. 일반적인 위험과 수익의 관계는 '고위험－고수익', '중위험－중수익', '저위험－저수익'으로 볼 수 있는데, 투자위험이 큰 상품일수록 금융기관에 더 높은 수준의 설명의무가 인정되는 것이 타당할 것으로 생각된다.

제9장

금융투자상품과 보험상품의 비교

제9장

금융투자상품과 보험상품의 비교

제1절 | 보험계약과 옵션계약의 비교

Ⅰ. 서설

빠른 속도로 변화하는 경제활동과 기업 활동의 법적인 문제를 다룬다는 점에서 경제활동의 발달과 더불어 상사법 분야는 다른 법률 분야보다도 더 빠른 속도로 발전, 변화하고 있다.[547] 특히 현대의 매우 다양하고 변동성이 큰 시장 상황하에서 보험 상품의 발전 및 변화는 괄목할 만하다. 한편 파생상품의 발전 및 변화 또한 보험 상품에 결코 뒤진다고 볼 수 없으며, 이 중 핵심적인 것은 각종 합성을 통하여 다양한 손익구조를 창출할 수 있는 옵션계약이다.

현재 국내보험의 영역은 비단 변액보험뿐만 아니라 '홀인원보험'[548]에 이를 정도로 매우 다양해져서 전통적인 보험의 개념만으로 설명되기 어려운 면이 있

547) 박준, "우리나라 상사법 교육의 방향과 과제", 『상사법연구』 제30권 제1호, 한국상사법학회, 2011, 15면.

548) 금융감독원은 홀인원 관련 보험금 부당 청구행위에 대한 제보가 잇따라 접수됐다며 제보 내용을 기초로 하여 당시 3년간의 자료를 분석해 홀인원 관련 부당 보험금 수령사례에 대한 집중적인 조사에 착수했다고 밝힌바 있다. 한국경제신문, 2012. 2. 23, A2면 기사.

으며, 금융투자상품과 경제적 실질이 유사한 경우가 증가하고 있다. 한편 KIKO로 불리는 옵션계약이 위험회피목적으로 판매되는 과정에서 거대손실을 야기한 것은 주지의 사실인바, 이는 옵션계약이 보험(위험회피)의 용도로 사용되고 있는 대표적인 사례[549]로 볼 수 있다. 보험계약과 옵션계약을 비롯한 금융투자상품의 발전 및 변화는 결국 각자의 영역이 확대된 결과인바, 시간이 갈수록 양자의 구분이 점점 어려워지는 상황이다.

동일한 경제적 기능에 대하여 동일한 규제를 적용하지 않으면 규제차익(regulatory arbitrage)이 발생할 개연성이 높아진다. 2018년 말 기준으로 변액보험의 순자산[550] 총액은 약 103조 원으로 국내 주식형펀드 순자산(약 47조 원)[551]보다 2배 이상에 달하고 있다는 점에서 양자 간 규제의 균형이 필요해 보인다. 왜냐하면 변액보험의 상대적 고속성장은 규제차익의 일환으로 볼 수 있기 때문이다.

보험계약과 옵션계약은 기본구조가 '일방 당사자는 위험을 인수(risk taking)하고 상대방은 위험을 회피(risk aversion)하는 계약'이라는 점에서 공통점이 있다. 보험계약에서는 보험자가 위험을 인수하고, 보험계약자는 위험을 회피한다. 한편, 옵션계약에서는 매도인이 위험을 인수하고 매수인은 위험을 회피한다. 여기서 위험이전의 대가로 수수하는 금원이 프리미엄(insurance premium, option premium)이다. 보험계약자의 주된 의무는 프리미엄(보험료)을 납입함으로써 이행된 것으로 볼 수 있고, 옵션계약 매수인의 의무는 프리미엄 납입으로 이행된다. 보험자의 의무는 우연히 발생하는 사고의 비용을 보험계약자에게 지불하는 것이다. 반면 옵션계약 매도인의 의무는, 시장가격이 행사가격 보다 유리한 때에 국한하여, 옵션계약 매수인에게 시장가격과 행사가격의 차액을 지급할 의무를 부담하는 것이다.

보험계약의 양 당사자는 보험자와 보험계약자이다. 우리 보험업법은 제4조 내지 제12조에서 보험계약의 일방 당사자인 보험자에 관하여만 요건을 엄격히 제한함으로써 규제하고 있다. 현행 법규상 보험계약에서 보험계약자는 보호의 대상은 되지만 규제의 대상으로 보기는 어렵다. 누구나 특별한 자격요건의 제한 없

---

549) 필자는 KIKO 옵션계약은 헤지상품이 아니라는 주장을 펴고 있으나, 법원의 일관된 입장은 KIKO가 헤지상품이고 헤지목적으로 사용되었다고 한다. 상세는 박선종, "KIKO 계약의 헤지性", 『증권법연구』 제11권 제1호, 한국증권법학회, 2010. 4, 101－125면 참조.

550) 변액보험의 순자산은 사업비와 위험보험료를 제외한 순수 투자금을 뜻한다.

551) 금융투자협회 통계 참조, http://freesis.kofia.or.kr.

이, 프리미엄을 지급하면 보험계약자가 될 수 있다.[552] 동법이 보험계약의 양 당사자 중 보험자에 관하여만 요건을 엄격하게 규정한 이유는 보험자가 위험을 인수하는 자이기 때문이다. 즉, 보험업법은 보험계약자 등 이해관계인의 권익을 보호할 목적(제1조)[553]으로 보험자의 요건을 엄격히 규정하고 있는 것이다.

한편, 상당수 KIKO 사안에서 옵션계약 매도인(주로 중소수출기업)의 이행불능에 따라 옵션매수인(은행)이 손실을 보았는데, 이는 보험과 옵션 간의 규제의 불균형에서 비롯된 것으로 볼 수 있다.

옵션계약의 매도인은 일응 보험자의 지위와 유사하게 제한된 금원(premium)을 수령하는 대가로 이론상 무제한 또는 상대적으로 큰 위험을 인수한 것이므로, 보험업법이 보험자의 자격을 제한하고 있는 것과 마찬가지로 그 자격의 제한이 필요하다. 장내옵션계약에서 증거금제도가 위험인수의 자격을 제한하고 있는 것은, 규제의 형태는 보험자와 다르지만, 규제의 목적에 있어서는 '위험인수자의 이행 보장제도'라는 면에서 보험업법과 동일한 것이다.

반면 KIKO와 같은 장외옵션계약의 경우는 장내옵션과는 달리 증거금제도가 없으므로, 옵션매도인의 의무이행은 전적으로 옵션매도인의 자력에 의할 수밖에 없는 구조이다. 그러므로 장외옵션매도인의 자격은 엄격히 제한할 필요성이 크다. 다수의 KIKO 사안에서 옵션매도 기업이 자력부족으로 이행불능 상태에 처하였다는 사실은, 장외옵션의 매도인의 자격을 제한할 필요성이 있었음에도 불구하고, 실효적인 제한장치가 부족했던 것으로 볼 수 있다.

보험계약과 옵션계약은 기본구조에 있어서 유사점이 많으나, 세부사항에서는 차이점 또한 적지 않다. 이 절에서는 보험계약과 옵션계약의 유사점과 차이점을 살펴보고, 각각의 규제법 측면에서 보완되어야 할 점을 찾아보고자 한다. 다만, 이 절에서 검토의 대상은 설명의무에 국한시키고자 한다. 보험업법 제95조의2는 보험자의 설명의무에 관하여 규정하고 있으나, 변액보험과 같은 투자성이 있는

552) 보험업법 제102조의2에서는 보험계약자의 보험사기행위를 금지하고 있으나, 이는 일단 보험계약자로서 보험계약의 성립이후의 문제이지, 보험계약자의 자격요건을 제한하는 것은 아닌 것으로 보인다.

553) 보험업법 제1조(목적) 이 법은 보험업을 경영하는자의 건전한 경영을 도모하고 보험계약자, 피보험자, 그밖의 이해관계인의 권익을 보호함으로써 보험업의 건전한 육성과 국민경제의 균형있는 발전에 기여함을 목적으로 한다.

보험계약의 위험을 설명하기에는 부족한 점이 있다. 즉, 동조의 취지는 '위험회피'라는 보험계약의 기본 속성에 관한 설명에 국한될 뿐, 변액보험이 갖는 '위험인수'라는 '투자성' 측면과 이에 수반되는 위험을 설명하기에는 부족함이 있다. 반면, 자본시장법 제47조는 금융투자상품 판매 시 금융투자업자의 설명의무에 관하여 규정하고 있으나, 금융투자상품 중 특히 헤지목적으로 사용되는 옵션매수계약을 설명하기에는 부족하다. 즉, 동조의 취지는 '투자'(위험인수)라는 금융투자상품의 기본 속성에 관한 설명에 국한 될 뿐, 옵션매수가 갖는 '위험회피'라는 '헤지성' 측면과 이에 수반되는 '비용'을 설명하기에는 부족함이 있다.

II. 보험계약과 옵션계약의 비교

1. 문제의 제기

우리나라에서는 1980년대 후반 이후 10여 년간 변액보험에 대한 여러 측면에서의 논의가 진행된 바 있는데, 대개 변액보험의 도입을 찬성하는 분위기 속에서 당시 재정경제원은 금융산업개편안(1997. 1. 24. 발표)에서 '분리계정을 이용한 실적배당부 상품'으로서 변액보험을 허용하였다. 동 개편안은 각종 금융규제를 과감히 철폐해 시장원리에 입각한 경쟁체제를 도입하기 위하여 은행－증권－보험－투신 등 각 금융권의 업무영역을 대폭 확대하고 신규진입을 허용하여 금융업무 간의 칸막이를 뜯어내며 장기적으로는 '각 금융기관 간 업무의 동형화(同型化)'를 추진한다는 구상의 한 단계로 발표된 것[554]인데, 2009년 2월부터 시행된 자본시장법도 정부가 추진하였던 '각 금융기관 간 업무 동형화(同型化)'의 결과물 중 하나로 볼 수 있다.

옵션계약의 매수인과 매도인은 보험계약자와 보험자와의 관계와 유사한 구조를 갖고 있다. 특히 옵션계약 매도인의 지위는 보험자의 지위와 유사하다. 보험업법에는 보험자의 자격요건에 대하여 상세히 기술하고 있다. 그러나 장외옵션매도인의 경우 그 지위는 보험자와 유사함에도 불구하고 제도적인 안전장치는

554) 김선정, "변액보험과 계약자보호", 『상사법연구』 제16권 제2호, 한국상사법학회, 1997, 210면.

매우 미흡하다.[555]

자본시장법에 의한 기초자산의 확대로 옵션계약은 손해보험계약과 한층 더 유사한 법적체계를 구축하게 된다.[556] 따라서 옵션계약이 보험계약과 동일한 기능을 수행하는 경우에 대하여는, 현행 자본시장법상 설명의무에는 보완이 필요하다. 자본시장법 제47조 제1항은 금융투자상품을 '투자권유'하는 경우의 설명의무에 관하여 규정하고 있다. 이는 금융투자상품이, 투자목적으로 사용될 경우, 수익의 기회가 제공되지만 동시에 손실의 위험을 내포하고 있으므로, 투자에 따르는 위험 등을 설명하도록 규정하고 있는 것이다.

그러나 금융투자상품 중에서 특히 옵션계약을 헤지목적으로 사용하는 때에는 기초자산의 위험을 배제 또는 저감시키기 위한 것이고, 동일한 옵션계약이라 할지라도 투자목적으로 사용되는 지 또는 헤지목적으로 사용되는지에 따라 그 효과가 전혀 다르기 때문에 설명의무도 각각 다르게 부과될 필요가 있다.

투자는 위험인수(risk taking)행위이고 헤지는 위험회피(risk aversion)행위로서 그 동기와 효과가 전혀 다르기 때문에 동일한 설명의무를 부과하는 것이 옳다고 보기 어려운 것이다.[557] 반면 현행 보험업법에 규정된 설명의무로는 변액보험의 투자성을 설명하기에 부족함이 있다. "종래의 보험은 보장을 생명보험의 주된 기능으로 전제하여 고안·발전된 것이나 변액보험은 그 성격상 종래의 생명보험개념에서 다소 벗어나 있는 것이며 별도의 법적취급이 필요할 것으로 생각한다."[558]

즉, 종래의 보험은 위험회피(risk aversion)행위에 국한되었던 것과 달리 변액보험은 위험인수(risk taking)행위가 첨가되어, 전체적으로 보면 일응 위험인수행위로 볼 수 있기 때문이다. 더욱이 변액보험의 보험금지급보장에 관하여는 다른 보험과 달리 예금자보호법의 적용대상에서 제외된다[559]는 점에서도 기존의 보험과 달리 취급되어야할 필요가 있다. 한편, 동일한 경제적 기능을 갖는 간접투자

555) 박선종, 전게논문(2008), 487면.
556) 최병규, "자본시장법이 보험업에 미칠 영향", 『상사법연구』 제25권 제2호, 상사법학회, 2006, 448면.
557) 박선종, 전게논문(2011. 9.), 73-74면.
558) 김선정, 전게논문, 210면.
559) 김지환, "변액보험의 운용과 법적 문제점", 『상사법연구』 제23권 제2호, 상사법학회, 2004, 309면.

를 동일한 법률로서 규율하지 아니할 경우 규제차익이 발생할 수 있다.[560] 그러므로 동일한 경제적 기능을 갖는 금융상품에 대하여는 동일한 규제를 하는 것이 타당할 것이다.

변액보험의 경우는 보험상품인 동시에 투자상품의 성질이 있으므로, 기존의 일반 보험상품과 구분될 수 있다. 반면 장외옵션의 매도는 제한된 수익을 대가로 무제한의 위험을 인수하는 행위라는 점에서 여타 파생상품 거래와 구분될 필요가 있을 것이다.

2. 변액보험의 의의

(1) 투자성

우리 보험업법상 변액보험계약은 '보험금이 자산운용의 성과에 따라 변동하는 보험계약'을 말한다(제108조 제1항 제3호). 자산운용의 결과는, 이익인 경우와 손실인 경우가 양립될 수 있으므로, 보험금이 자산운용의 성과에 연동된다는 것은 변액보험에 투자성[561]이 있다는 것을 의미한다.

변액보험은 '보험자가 보험료의 일부를 투자하며 그 투자에 따른 위험이 보험계약자에게 귀속된다는 점이 가장 큰 특징'이라 할 수 있다.[562] 즉, 변액보험의 특징은 동 상품이 '투자성'을 갖고 있다는 점이다. 즉, 변액보험은 보험계약자가 납입하는 보험료 가운데 사업비와 위험보험료를 제외한 적립보험료를 따로 분리해 주식·채권 등 수익성이 높은 유가증권에 투자한 뒤, 운용실적에 따라 투자성과를 계약자에게 나누어 주는 실적배당형 보험상품[563]이며, 상당부분 투자성을

560) 김지환, 전게논문, 303면.

561) 자본시장법 제3조 제1항에서는 투자성을 '원본손실 가능성'으로 정의하고 있다. "제3조(금융투자상품) ① 이 법에서 "금융투자상품"이란 이익을 얻거나 손실을 회피할 목적으로 현재 또는 장래의 특정(特定) 시점에 금전, 그 밖의 재산적가치가 있는 것(이하 "금전등"이라한다)을 지급하기로 약정함으로써 취득하는 권리로서, 그 권리를 취득하기 위하여 지급하였거나 지급하여야 할 금전등의 총액(판매수수료 등 대통령령으로 정하는 금액을 제외한다)이 그 권리로부터 회수하였거나 회수할 수 있는 금전등의 총액(해지수수료 등 대통령령으로 정하는 금액을 포함한다)을 초과하게 될 위험(이하 "투자성"이라 한다)이 있는 것을 말한다."

562) 김선정, 전게논문, 210면.

갖는다.

우리 법원은 변액보험의 투자성에 관하여 "변액보험은 간접투자의 성격을 가진다."[564]고 판단한바 있다. 변액보험은 보험의 성질도 가지고 있지만, 간접투자로서의 투자성도 가지고 있다. 즉, 변액보험은 전체적인 측면에서는 보험이지만, 일반계정과 분리된 특별계정자산의 집합과 운용 및 그 실적의 귀속에 있어서 간접투자상품으로서의 투자성이 있다.[565] 한편, 동 재판부는 변액보험 판결에서 계약체결 당시 보험설계사가 설명의무 및 적합성 원칙 등 고객보호의무를 위반하였음을 이유로, 보험회사와 보험설계사의 손해배상책임을 인정한바 있다.[566] 동 재판부는 "변액보험에 관하여는 고율의 수익률을 전제로 보험내용을 설명함으로써 변액보험계약에 필연적으로 수반되는 위험성에 관한 올바른 인식형성을 방해하거나 또는 과대한 위험성을 수반하는 거래를 적극적으로 권유하여 보험계약자의 합리적인 판단과 의사결정을 저해하였고, 이러한 보험설계사의 설명의무 위반 및 적합성 원칙의 위반 등 고객보호의무 위반행위는 보험계약자에 대하여 불법행위를 구성하므로 보험회사와 보험설계사가 보험계약자가 입은 손해(납입한 보험료 합계액과 수령한 해약환급금의 차액)를 배상할 책임이 있다."고 보았다.

또한 동 재판부는 "적합성의 원칙을 위반하여 고객에게 투자를 권유한 경우에는 고객보호의무를 저버린 위법한 행위로 불법행위가 성립한다. 적합성의 원칙이 증권투자 또는 투자신탁의 영역에서 인정되어 온 것이기는 하나, 구 간접투자자산운용업법(2007. 8. 3. 법률 제8635호 자본시장과 금융투자업에 관한 법률 부칙 제2조로 폐지) 제135조 제1항에서 변액보험을 위 법상의 투자신탁으로 간주하고 있는 점에 비추어, 변액보험에도 적합성의 원칙이 적용된다."며 변액보험에 대하여 자본시장법상 적합성의 원칙을 적용하고 있다.

요컨대, 변액보험은 보험자가 보험료의 일부를 주식이나 채권 등 유가증권에 투자하여 발생한 수익을 보험계약자에게 보험금으로 지급하는 것이 기본구조이며, 보험계약과 투자계약의 이중적인 성질을 가지는 것으로 볼 수 있는데, 기존

563) 최병규, 전게논문, 444면.
564) 서울고등법원 2010. 3. 31. 선고 2009나97606 판결.
565) 김지환, 전게논문, 309면.
566) 서울고등법원 2010. 3. 31. 선고 2009나97606 판결.

의 보험업법 제95조의2에 규정된 '보험료, 보장범위, 보험금 지급제한 사유 등'의 내용만으로는 동 보험계약자에 대한 투자성에 수반되는 위험에 대하여 충분히 설명하기 어렵다.

(2) 특별계정

변액보험은 보험료를 자금으로 하여 보험회사가 일반계정과 특별계정을 설치한다. 그 특별계정(separate accounts)은 간투법[567]에 따른 자산운용을 하고, 그 운용실적을 계약자에게 귀속시키는 상품이다.[568] '변액보험은 생명보험의 일종으로서 보험계약자가 납입한 보험료 중 적립금 부분(유니버설 보험에서의 저축보험료에 해당하는 부분)으로 보험자의 일반계정과는 분리하여 독립적으로 운용되는 특별계정(일종의 펀드에 해당한다)을 구성하여, 특별계정의 자산을 유가증권 등에 투자하고, 그 운용실적에 따른 손익을 보험계약자에게 귀속시킴으로써 보험기간 중 보험금액 및 해약환급금이 변동되는 특성이 있는바, 운용실적이 나쁜 경우에는 보험금액이 납입보험료액이나 보험계약 시 정한 기본보험금액에도 미치지 못할 수도 있다.'[569]

변액보험은 정액보험과 투자상품 부분이 각각 일반계정과 특별계정으로 분리되어 계리 되고 있으므로, 규제법 적용에 있어서도 각각을 분리함에 어려움이 없어 보인다. 다만, 보험업법 제108조 제1항[570]이 강행규정이 아니라는 점 즉, 변액보험에 대한 특별계정의 설정 및 운용을 보험회사의 임의에 맡기고 있는 점은

567) 간접투자자산운용업법(2003. 10. 3. 제정, 2009. 2. 4. 폐지)은 제135조에서 보험회사에 대한 특칙규정을 두어 보험업법 제108조 제1항 제3호에 의한 변액보험 등 특별계정은 '투자신탁'으로 봄으로써 변액보험을 간투법으로 규제할 수 있었으나, 현행 자본시장법에서는 대체규정이 없다.

568) Clifford E. Kirsch/Wendel M. Faria/W. Thomas Corner, Mutual Fund & Variable Insurance Products Performance Advertising, 50 the Bus. Law, p.926, 김지환, "변액보험의 운용과 법적 문제점", 『상사법연구』 제23권 제2호, 한국상사법학회, 2004, 304면 재인용.

569) 서울고등법원 2010. 3. 31. 선고 2009나97606 판결.

570) 보험업법 제108조(특별계정의설정·운용) ① 보험회사는 다음각 호의 어느 하나에 해당하는 계약에 대하여는 대통령령으로 정하는 바에 따라 그 준비금에 상당하는 자산의 전부 또는 일부를 그 밖의 자산과 구별하여 이용하기 위한 계정(이하 "특별계정"이라 한다)을 각각 설정하여 운용할 수 있다.

재고가 필요하다.

요컨대, 변액보험은 정액보험 부분과 투자상품 부분의 합으로 구성되는데, 정액보험 부분은 일반계정에서 계리되고, 투자상품 부분은 특별계정에서 구분하여 계리되고 있다. 따라서 규제법을 적용함에 있어서 일반계정에는 보험업법을 적용하고 특별계정에는 금융투자상품에 준하여 자본시장법을 준용하기에 어려움이 없을 것으로 보인다. 특히 변액보험의 설명의무에 관하여는 정액보험 부분에 관하여는 보험업법 제95조의2를 적용하고, 투자상품 부분에 관하여는 자본시장법 제47조를 준용하도록 하는 것이 타당할 것이다. 즉, 보험부분에 대하여는 기존의 보험상품과 동일한 규제를 적용하고, 투자부분에 대하여는 동일한 성질의 금융투자상품에 준하여 자본시장법의 규제를 적용하면 규제차익 방지에 상당한 효과가 있을 것으로 보인다.

(3) 자본시장법과의 관계

현행 자본시장법은 제22조에서 보험회사를 겸영금융투자업자로 규정하고 있어, 보험회사가 금융투자상품을 판매하는 경우는 동법 제47조가 적용되지만, 변액보험의 판매 시 동 조항을 적용하는 것은 논란의 여지가 있었다. 왜냐하면 변액보험이 금융투자상품에 포함되는지가 불명확하였기 때문이다.

변액보험은 간투법 제135조[571]에 두었던 '보험회사에 대한 특칙'을 통하여 동법의 규제대상으로 포섭되었는데, 동법 폐지 후, 자본시장법에서는 이와 같은 조항을 두고 있지 않다는 점은 개선이 필요해 보인다.

3. 옵션의 의의

재무학에서 옵션이라는 용어는 매수인에게 장래의 특정시점에 특정한 가격으

571) 간접자산운용업법 제135조 (보험회사에 대한 특칙) ① 보험업법에 의한 보험회사로서 제4조제1항의 규정에 의하여 자산운용회사의 허가를 받은 자(이하 "보험회사"라 한다)는 제4조 제2항 제1호 및 제2호의 업무에 한하여 이를 영위할 수 있다. 이 경우 제4조 제2항 제1호 및 제2호의 업무는 보험업법 제108조 제1항 제3호의 규정에 의한 특별계정에 한하며, 당해 특별계정은 이 법에 의한 투자신탁으로 본다.

로 특정 '기초자산'을 매수하거나 매도할 수 있는 권리라는 의미로 사용된다.[572] 한국거래소의 파생상품시장 업무규정은 기초자산을 "매수자의 일방적 의사표시(이하 "권리행사"라 한다)에 의하여 성립되는 거래의 대상물"로 정의하고 있다(제2조 제1항 제9호). 옵션은 그 매수인에게 기초자산의 인수(청구) 또는 인도(처분)에 관하여 권리만을 부여할 뿐 의무는 부과하지 않는 구조이다. 물론 옵션매수인의 이러한 권리의 대가는 프리미엄(option premium) 지급의 의무이다. 프리미엄이란 매수인의 입장에서 보면 '옵션을 취득하기 위하여 지불하는 가격'이고, 매도인의 입장에서 보면 '옵션계약을 매도할 때 상대방으로부터 수령하는 금원'(income)이다.

옵션계약이, 기초자산의 처분이나 청구에 관하여, 이러한 '의무 없는 권리'(right-without-obligation)를 부여(附與)하는 것은 선물계약이나, 선도계약이 의무와 권리를 동시에 부여하는 것과 확연하게 구별되는 점이다. 옵션계약의 매도인은 매수인이 권리행사(exercise)를 하면, 그에 따른 이행의무만을 부담한다.[573] 물론, 옵션매도인은 이행의무 부담의 대가로 프리미엄을 수취하지만, 기초자산의 인도나 인수에 관하여는 이행의무만을 부담하는 것이다. 옵션계약의 매수인은 기초자산을 인수하거나 인도할 수 있는 권리를 부여받는 대가로 프리미엄의 지급의무를 부담하는 것이다.

자본시장법 제5조 제1항 제2호에서는 옵션계약을 "당사자 어느 한쪽의 의사표시에 의하여 기초자산이나 기초자산의 가격·이자율·지표·단위 또는 이를 기초로 하는 지수 등에 의하여 산출된 금전 등을 수수하는 거래를 성립시킬 수 있는 권리를 부여하는 계약"으로 규정하고 있다. 이를 분설하면 다음과 같다. 첫째,

---

572) Hudson, Alastair, 『The Law on Financial Derivatives』(4th Edition), London Sweet & Maxwell, 2006, p.28, The term "option" is used to denote a power in the buyer of the option to buy or sell(as appropriate) a specified underlying asset at a given price at a specified time in the future. 이하 '옵션의 의의' 부분은 박선종, 고려대학교 전게박사학위논문, 제15-19면 발췌 정리.

573) Hudson, Alastair, op. cit., pp.44-45, This right-without-obligation is in contradiction to the obligation to pay regardless of the profitability of the transaction witch is bound up in forwards and futures regardless of whether or not the contract is profitable for its buyer. In consequence there is clearly risk for the seller bound up in an option because, if the option is exercised that will only be because it is profitable for its buyer.

옵션계약은 당사자 어느 한쪽 즉, 매수인의 의사표시만으로 거래를 성립시킬 수 있다.[574] 둘째, 옵션계약의 목적물은 기초자산이나 기초자산의 가격 · 이자율 · 지표 · 단위 또는 이를 기초로 하는 지수 등에 의하여 산출된 금전이다. 셋째, 옵션계약에서 권리를 부여하는 자는 매도인이고 권리를 부여받는 자는 매수인이다. 이 권리를 권리행사권(the right of exercise)이라 하는데, 이는 형성권이다.

옵션계약은 옵션보유자(option－holder : 옵션매수인)가 상대방에게 약정금액의 지불이나 수령을 강제할 수 있는 권리, 또는 약정자산의 인도나 인수를 강제할 수 있는 형성권을 갖는 것이다. 이와 대조적으로 선물계약(선도계약)은 권리보유자[575](right－holder)인 양 당사자가 한 계약의 양쪽에서 반대되는 권리를 보유하고 있는 합성옵션구조로 볼 수 있다. 그러므로 가격의 변동에 따라, 선물계약(선도계약)의 한 당사자가 권리를 행사하면 상대방은 약정된 대금을 지급하거나(가격 하락의 경우), 약정자산을 인도할(가격 상승의 경우) 의무를 부담한다. 선물계약의 매수인은 손실인 경우에도 대금지급의 의무를 부담하지만, 옵션계약의 매수인은 손실 시 지급의무가 없다는 점에서 구분된다.[576]

4. 보험계약과 옵션계약의 유사점

(1) 계약의 기본구조

보험계약과 옵션계약은 양 당사자가 프리미엄을 매개로 위험을 교환한다는 점에서 보면 기본구조가 동일하다. "보험은 경제활동에서 발생하는 위험을 보험자에게 이전시킴으로써 사고가 발생한 경우에도 큰 어려움 없이 생활할 수 있도

574) 이 점에서 옵션계약은 매매의 일방예약(민법 제564조)과 유사한 점이 있다. "예약이란 본계약에 대응하는 개념으로서, 장차 일정한 계약을 체결할 것을 약속하는 계약을 예약이라고 하고, 이 예약에 기하여 장차 맺어질 계약을 본계약이라고 한다." 옵션계약에서 최초거래 즉, 옵션프리미엄의 수수를 가격 결정의 '예약'으로 본다면, 장차 권리행사에 따르는 이행의무를 부담할 것을 '본계약'으로 볼 수 있다. 여기서, 옵션매수인의 권리행사권은 예약완결권과 유사한 점이 있다.

575) 옵션에서는 매수인 만이 권리보유자이지만, 선물계약(선도계약)에서는 매수인과 매도인 모두가 권리보유자가 될 수 있다.

576) Hudson, Alastair, op. cit., p.15.

록 한다. 이는 개인의 경제생활이나 기업이 경영안전을 추구하는 것을 지원하여 준다."[577] 옵션계약을 비롯한 파생상품은 위험관리(hedge)를 주된 목적으로 고안되었다. 위험을 회피하고자 하는 자(hedger)가 위험을 대가로 수익을 추구하는 자(market maker, speculator 등)에게 위험을 전가(risk transfer)하는 것이 파생상품 거래의 기본구조이다.

보험자가 거대위험에 대하여 재보험을 가입하는 것과 같은 이치로, 파생상품의 거래에 있어서도 위험의 규모가 큰 경우에는 시장조성자(market maker)가 이를 분할하거나 또는 전체로 시장에서 다른 상대방에게 위험을 분산(risk sharing)시키는 것이 일반적이다.[578] 보험료의 대가는 보험금청구권[579]이고 옵션프리미엄의 대가는 행사가격과 시장가격의 차액(이익)청구권이다. 보험이 우연한 사고의 발생에 대처하는 제도인 것과 비교하자면 옵션을 통한 헤지(hedge)거래 또한 우연한 손해의 발생에 대처하는 제도이다.

파생상품 중에서 예컨대, 선물계약을 통한 헤지거래 시에는 계약체결 당시 가격을 기준으로 미래의 손익이 확정되는 효과가 있어서 보험과는 다른 기능을 가지지만, 옵션계약 매수를 통한 헤지거래는 사실상 보험계약과 동일한 경제적 효과가 있다. 즉, 옵션상품이 헤지목적으로 사용되는 때에는 위험보장을 목적으로 한다는 점에서 보험계약과 유사하다.

보험계약은 당사자 일방이 약정한 보험료를 지급하고 상대방이 재산 또는 생명이나 신체에 불확정한 사고가 생길 경우에 일정한 보험금액 기타의 급여를 지급할 것을 약정함으로써 효력이 생기는 것이다(상법 제638조). 이에 비교하면, 옵션계약은 당사자 일방(매수인)이 약정한 프리미엄(보험료)을 지급하고 상대방(매도인)이 재산에 관하여 불확정한 사고(행사가격보다 불리한 방향으로 시장가격이 변동)가 생길 경우에 일정한 급여를 지급(행사가격에 목적물을 인도(콜옵션) 또는 인수(풋옵션))할 것을 약정하는 계약이라는 점에서, 양 계약은 사실상 동일한 경제적 기능을 갖는 것으로 볼 수 있다.[580]

---

577) 장덕조, 『보험법』, 법문사, 2011. 8, 19면.
578) 박선종, 전게논문(2008), 487면.
579) 상세는 최한준, "보험금청구권의 법적개념에 관한 연구", 『경영법률』 제12집, 한국경영법률학회, 2001, 398면 이하 참조.
580) 박선종, 전게박사학위논문, 35－36면.

(2) 대수의 법칙

보험료는 대수의 법칙에 근거하여 산정된다. 모든 보험에서 공통되는 점은 기술적 기초를 근거로 한 보험가입자들의 모임에 있다는 점에서, 보험계약은 보험사업의 주체가 사고발생의 우연성을 기술적으로 계산하여 대수의 법칙을 이용하여 많은 보험가입자로부터 보험료를 받고 보험사고발생 시에 상대방에게 일정한 금액 등을 지급하기로 약정하는 계약이라고 할 수 있다.[581] 한편 옵션의 프리미엄도 통계적가능성을 토대로 산정된다는 점에서 대수의 법칙이 적용되는 것으로 볼 수 있다. 또한 보험료는 '손해율'의 변동에 따라 가감될 수 있는 것에 비하여 옵션프리미엄은 '변동성'(volatility)의 고저에 따라 가감된다는 점에서 유사하다.

예컨대, 자동차보험 중 자차 부분의 기초자산은 온전한 상태의 자동차일 것인데, 사고가 발생(보험사건)하여 파손된 경우 수리비에 상당하는 금액을 보험자가 지불하는 것이 계약의 내용인바, 자동차 수리비를 기초자산으로 발행된 콜옵션과 사실상 동일한 것으로 볼 수 있다. 통상 자동차보험은 대인·대물·자손·자차로 분류되는데, 이는 각각의 원상복구비용(실손보상비용)을 기초자산으로 하는 콜옵션의 합과 경제적 효과가 동일한 것으로 볼 수 있다. 이렇듯 보험계약과 옵션계약은 일면 경제적 효과가 동일하다는 점에서 동일한 규제가 필요한 면이 있다.

5. 보험계약과 옵션계약의 상이점

(1) 계약의 목적

보험계약의 통상적인 목적은 보험계약자의 '위험회피'이다. 반면 옵션계약의 통상적인 목적은 양 당사자의 투자 즉, '위험인수'라는 점에서 확연한 차이가 있다. 보험계약에서 보험계약자에 해당하는 옵션계약 매수인의 경우도 통상적으로는 프리미엄을 투자하여 프리미엄을 초과하는 이익을 획득할 목적으로 옵션계약을 체결하는 것이다. 즉, 옵션계약의 구조상 매수인은 보험계약자의 지위와 유사

581) 최한준, 전게논문, 398면.

하고, 옵션의 매수인이 위험회피를 목적으로 하는 경우도 존재하지만, 통상적인 옵션 매수인의 목적은 투자라는 점에서 보험계약자와 다르다.

옵션매도인의 지위는 보험자의 지위와 동일하게 위험을 인수하는 구조이다. 그럼에도 옵션의 매도가 헤지목적으로 사용되는 경우도 있다. 즉, 기초자산을 보유한 자가 콜옵션을 매도하는 경우 즉, 커버드콜매도(covered call writing)의 경우는 수령하는 프리미엄만큼 판매단가를 인상·확정한다는 점에서 헤지(위험회피)로 보는 것이다. 요컨대, 옵션은 동일한 상품이 투자상품으로 판매될 수도 있고 헤지상품으로 판매될 수도 있다. 그러므로 옵션은 판매목적에 따라서 설명의무가 다르게 부과될 필요가 있다.[582)]

자본시장법 제47조은 '금융투자상품의 내용, 투자에 따르는 위험 등'에 관한 사항만을 규정하고 있어, 옵션상품이 헤지목적으로 판매될 경우의 설명의무로서 부족함이 있다. 따라서 옵션상품이 투자상품으로서 권유될 때에는 자본시장법 제47조를 적용하되, 헤지상품으로서 권유될 때에는 보험업법 제95조의2상의 설명의무를 준용시킬 필요가 있다.

(2) 공익성과 위험의 동질성

"보험(insurance)은 동일한 우발적인 사고발생(보험사고)의 위험하에 있는 다수인이 하나의 단체(위험단체)를 구성하여, 그 사고로 인한 수요의 충족을 얻기 위하여 통계적 기초(대수의 법칙)에서 산출된 금액(보험료)을 미리 거출하여 자금을 만들어 두고, 일정한 사고(보험사고)가 발생하였을 때, 이 자금으로부터 재산적 급부(보험금)를 받는 제도이다. 보험은 인간의 경제생활을 위협하는 각종의 위험의 산물로써 생겨난 것이다. 위험이란 우연한 사고발생의 가능성을 말하는데, 다만 그 위험은 동질성이 있어야 한다."[583)]

보험계약에서 보험자는 공공의 이익을 위하여 위험을 인수하는 것으로 볼 수 있다. 그러므로 보험계약에서 중요한 요건 중 하나는 위험의 동질성이다. 반면 옵션계약에서는 위험의 동질성 요건이 적용되지 않는다. 다만 '위험의 시장성'이

582) 옵션 뿐만 아니라 모든 파생상품의 통상적인 목적은 투자에 있지만, 헤지목적으로 사용이 가능하다는 점에서 파생상품은 판매목적에 따라 설명의무가 달리 부과될 필요가 있다.

583) 최완진, 『상법학강의』, 법문사, 2010, 713면.

문제될 뿐이다. 위험의 시장성이란 옵션계약의 거래대상이 되는 특정 위험을 대상으로 옵션상품을 출시할 경우 시장의 수요가 얼마나 되는가 하는 것이다. 일응 위험의 동질성과 위험의 시장성은 상품의 출시에 영향을 미친다는 점에서는 결과적으로 유사한 면이 있다. 그러나 상품설계의 출발점에 있어서 보험계약은 공익성을 띠는 동종의 위험이 다수 존재할 때 출시되는 반면, 옵션계약의 출시는 유효수요가 있는가 여부에 따라 결정된다는 점에서 구분된다.

(3) 대가관계

보험계약의 대가관계는 기본적으로 '위험회피와 비용'이다. 반면 옵션계약의 대가관계는 기본적으로 '투자와 위험'이다. 즉, 보험계약은 '위험회피'를 기본적 목적으로 하는 반면, 옵션계약은 '위험인수'(투자)를 기본적 목적으로 한다는 점에서 출발점이 각기 다르고 대가관계에 있는 것도 비용과 위험으로 각기 다르다. 이러한 점은 자본시장법 제47조와 보험업법 제95조의2에서 각각 규정하고 있는 설명의무에서도 차이를 보이고 있다. 즉, 보험업법상의 주된 설명의무는 위험회피의 비용, 범위 등에 관한 것이고 자본시장법상의 설명의무는 주로 투자위험에 관한 것이라는 점에서 차이가 있다.

그렇기 때문에, 변액보험과 같이 투자성이 있는 보험상품에 대하여는 기존 보험업법상의 설명의무만으로는 부족하고, 한편 옵션계약이 헤지 목적으로 판매되는 경우에는 자본시장법상의 설명의무만으로는 부족한 것으로 볼 수 있다.

(4) 도덕적 위험과 손해산정의 기준

보험계약에서는 도덕적 위험이 큰 폐단으로 지적되지만 옵션계약에서는 도덕적 위험이 문제되지 않는다는 점에서 양 계약은 상이하다. "보험의 대표적인 폐단이 도덕적 위험(moral hazard)이다. 보험에는 도덕적 위험이 발생할 소지가 높은 까닭에 보험계약의 특성으로 윤리성과 선의성이 강조되며, 보험법의 중요한 의의가 '도덕적 위험의 방지'에 있다고도 본다. 도덕적 위험은 크게 두 가지로 나누어 볼 수 있다. 보험금을 노리고 고의로 사고를 일으키는 경우와, 보험에 가입하였다는 이유로 사고예방에 소홀하게 되는 경우이다."[584] "상법 보험편의 상당

수 규정들이 도덕적 위험을 방지하기 위한 것이다. 대표적인 것들을 보면, 고지의무(제651조)와 위험변경증가의 통지의무(제652조), 인위적 사고에 대한 면책(제659조) 등이 있다. 또한 보험범죄에 대한 제재로서 사기죄, 살인죄, 사문서위조죄 등 각종의 형벌법규가 있고 금융감독당국도 이러한 문제를 미연에 방지하기 이하여 노력한다."[585]

보험계약에서 도덕적 위험이 폐단으로 지적되는 까닭은 보험계약자 본인만의 이익을 위한 '작위적 행위' 또는 '부작위적 행위'가 보험계약의 공익성을 해칠 수 있다는 점 때문으로 볼 수 있다. 이는 보험계약 손해산정의 출발점이 보험계약자를 기준으로하기 때문이다. 옵션계약은 헤지목적 매수인이라 할지라도 손해산정의 출발점이 시장가격이라는 객관적인 지표이기 때문에 옵션매수인의 도덕적 위험이 개입될 여지가 없다.[586]

(5) 소급 가능성

보험계약은 소급보험(상법 643조) 즉, 불확실성이 주관적으로 존재하는 때에도 체결이 가능하다. 그러나 옵션계약은 객관적인 불확실성을 요건으로 하며 소급옵션은 불가능 한 것으로 본다.

III. 결어

변액보험은 보험상품인 동시에 투자상품의 성질이 있으므로, 순수보험상품과 구분할 필요가 있다. 반면 장외옵션의 매도는 제한된 수익을 대가로 무제한의 위험을 인수하는 행위라는 점에서 여타 파생상품거래와 구분할 필요가 있다. 즉, 변액보험은 이중적인 성격을 가지므로 법적으로 보험으로 취급할 수도 있고 투자상품으로 취급할 수도 있을 것이다. 여기서 중요한 것은 어느 것이 보험계약자를 더 적절히 보호할 수 있는가 하는 것이다.

584) 장덕조, 『보험법』, 법문사, 2011. 8, 20면.
585) 장덕조, 전게서, 21면.
586) 다만, 옵션매수인의 개인적 이익을 목적으로 공익성이 훼손될 가능성이 있는 작위적 행위로는 시세조종을 들 수는 있다.

미국법원이 변액보험을 증권관계법의 규제대상이 된다고 한 것은 보험사업자가 투자손실에 대하여 부담을 지지 아니하는 투자행위에 대하여 보험법이 별도로 대비하는 바가 없다는 데에 이유가 있다.[587] 변액보험에 있어서 보험사업자가 투자손실에 대하여 부담을 지지 않는 점은 우리의 경우도 다르지 않다.

보험계약과 옵션계약에 관한 설명의무는 그 경제적 실질을 감안하여 부과하는 것이 타당할 것이다. 즉, 보험계약의 경우, 정액보험은 기존의 보험업법 제95조의2의 규정으로 충분한 설명이 가능하나, 변액보험은 동조만으로는 투자성에 대한 설명이 부족하므로, 자본시장법 제47조를 준용시킬 필요가 있다. 반면, 옵션계약의 경우, 투자목적으로 옵션계약을 체결하는 금융소비자에게는 기존의 자본시장법 제47조의 규정으로 충분한 설명이 가능하나, 위험회피목적의 금융소비자에게는 비용 및 범위에 관한 설명이 부족하므로 보험업법 제95조의2를 준용시킬 필요가 있다.

제2절 | 변액연금 GMAB 미보증형 생명보험 상품의 법 적용

I. 서설

보험은 우연성에서 기인한 손해에 대한 보장성이 고유기능이다. 그러나 변액보험의 경우 보장성에 투자성이 더해져서 일반적인 보험과는 상당히 다른 성질을 가지고 있다.[588] 즉, 변액보험은 보험료로 수취된 자금을 보장성 부문와 투자성 부문으로 나누어 운용한다. 여기서 투자성 부문의 운용에 대한 위험을 보험계약자가 부담하는 구조이다. 이는 보장성 부문에서는 보험계약자의 위험이 보험자에게 전가되지만, 투자성 부문에서는 보험계약자가 시장위험에 노출된다는 점에서, 전통적 보험과는 다른 구조이며, 금융투자상품의 영역과 겹치는 부분이 발생하게 되면서, 합리적 규제 방안에 대한 논의의 필요성이 제기되고 있다.

---

587) 김선정, 전게논문, 223면.

588) 김은경, “변액보험에서 설명의무와 적합성 원칙의 의미 – 대법원 2013.6.13. 선고 2010다34159 판결을 중심으로”, 『재산법연구』 제30권 제4호, 한국재산법학회, 2014. 2, 270면.

미국은 1970년대 이후 급격한 물가상승으로 보험금의 실질가치가 감소하면서 정액보장형의 보험상품은 경쟁력을 잃게 되었다. 변액보험은 보험회사와 증권회사, 은행에서도 판매되었으며 시중금리의 하락과 주식시장의 활황, 뮤추얼펀드의 대중화와 다양한 투자옵션, 세제혜택 등으로 인기가 높았다.

국내에서 변액보험은 2001년 7월부터 판매가 시작되었다.[589] 변액보험의 법률상 정의는 "보험금이 자산운용성과에 따라 변동하는 보험계약(보험업법 제108조 제1항 제3호)"이다. 변액보험은 보험과 집합투자(펀드운용에 의한 실적배당)의 성격을 동시에 가지므로, 보험업법과 자본시장법의 일부규정이 동시에 적용된다.

생보사가 판매하는 변액연금보험은 GMAB[590]로 인하여 원본손실 가능성이 없어 자본시장법상 투자성보험 규제를 적용하지 아니하였다.[591] 그러나 보험업감독업무시행세칙의 개정(시행 2016. 4. 1.)으로 인하여, 생보사들이 판매하는 변액연금 GMAB 미보증형생명보험상품(이하 "GMAB미보증형상품"이라 한다)의 경우 연금개시시점에 계약자가 납입한 금액보다 연금재원이 적을 수 있으므로, 원본손실의 가능성이 제기되어, 자본시장법의 적용을 받는 투자성보험에 해당하는지 여부가 문제되었다.[592]

이 절에서는 GMAB미보증형상품에 대한 자본시장법상 투자성보험의 규제가 적용되는 경우 영업행위 규제 등 생보사가 추가적으로 준수해야 할 사항을 검토하고자 한다. 그 첫째는, 변액연금보험 가입권유 시 적용되는 보험업법상 적합성 원칙과 투자성보험에 적용되는 자본시장법상 적합성 원칙의 관계 및 구체적인 적용범위이다. 둘째는, 자본시장법상 적정성 원칙의 적용 여부 및 보험업법과 자본시장법상 설명의무의 중복문제이다. 셋째는, 설명의무 위반에 따른 손해배상책임에 관한 사항이다. 이 절에서는 이러한 검토를 통하여 'GMAB미보증형상품'

---

589) 생명보험협회, 『변액보험의 이해와 판매』, 2013. 7, 137－146면.

590) GMAB(Guaranteed Minimum Accumulation Benefit): 최저 연금적립금 보증.

591) GMAB가 있는 경우에도 투자성 여부에 관한 다툼이 있었으나, 생보사의 주장이 관철된 것이다. 한편, 보험사의 투자자보호에 대한 조치는 GMAB미보증형 상품에 대하여도 형식적인 것에 치중되고 있는 것으로 보인다.

592) 생명보험협회는 GMAB미보증형에 대하여 자본시장법의 적용을 받는 투자성보험에 해당하는 것으로 판단하고, 회원사들에게 "변액보험 GMAB미보증형 적합성원칙 적용시 참고사항 안내"(문서번호: 생협시 제387호, 2016. 3. 25.)를 배포하여 자본시장법 준수 방법에 관한 의견을 제시하였다.

에 대한 합리적인 규제방안에 관한 검토한다.

II. 투자성보험의 규제에 관한 검토

1. GMAB미보증형 상품에 대한 투자성보험 규제 적용 가능성

(1) 관련규정 개정의 내용 및 판매 예시

보험업감독업무시행세칙 제5－19조는 보험상품심사기준을 별표 18에서 정하는 것으로 규정하고 있다. 금융감독원은 2015. 12. 29. 별표 18의 보험상품심사기준 중 사업방법에서 내용의 심사 시 기준을 일부 변경하였는데, 그중 문제가 되는 부분의 내용은 다음과 같다. 즉, "변액보험에서 최저연금적립금 보증을 설정하고 보증비용을 계약자에게 부담하게 하는 경우 보증 유무를 계약자가 선택할 수 있는지 여부"를 신설하였다.

여기에서 생보사가 'GMAB미보증형상품'을 출시하는 경우, 원본의 손실가능성이 있으므로 자본시장법상 투자성보험 규제의 적용이 문제될 수 있다. 자본시장법상 투자성보험에 대한 판매 시 규제는 사실상 금융투자상품에 규제에 준하는 것으로 볼 수 있다. 그러나 일례로 A생보사가 규정 개정 이후 출시한 GMAB미보증형상품[593]의 '가입 시 유의사항'[594]이나 상품특징을 알리는 안내문의 내용[595]등은, 자본시장법상 금융투자상품에 적용되는 판매 시 규제의 내용과는 거리가 있어 보인다.[596]

---

593) NEW인덱스변액연금보험 1.4(무배당).

594) Available at http://product.samsunglife.com/product/insu/senior/smart100/1194479_2438.html, 생명보험협회 심의필 제2016－811호, 2016. 3. 31. (검색일 : 2019. 4. 22.)

595) Available at http://product.samsunglife.com/product/insu/senior/smart100/insuPrdtDecreSmart100Feat.html?pgId＝i000&locId＝insumap&goodsId＝indexup&tloParam＝insusub_retire (검색일 : 2019. 4. 22.)

596) 이 자료는 GMAB미보증형상품 특징에 대하여 "최저연금적립금 미보증형 선택시 최저연금적립금보증비용이 부과되지 않는 대신, 연금개시시점의 계약자적립금을 최저보증하지않습니다."로 기재하고 있다. 이 문구에서 원금손실가능성(투자성)을 이해하기는 쉽지 않다.

(2) 금융투자상품 판매규제의 적용 가능성

GMAB미보증형상품의 자본시장법상 금융투자상품 판매규제의 적용 가능성을 파악하려면, 우선적으로 GMAB미보증형상품이 금융투자상품으로 포섭될 수 있는 것인지를 파악할 필요가 있다.

자본시장법 제3조 제1항은 금융투자상품에 관하여 ① 이익을 얻거나 손실을 회피할 목적으로, ② 현재 또는 장래의 특정시점에, ③ 금전 등을 지급하기로 약정함으로써 취득하는 권리로써, ④ 원본손실의 가능성(투자성)이 있는 것이라고 규정하고 있다.

일반적인 보험상품은 ① (보험사건에 기하여 발생되는) 손실을 회피하기 위하여, ② (보험계약 체결 후 유효한 기간 내의) 현재 또는 장래의 특정시점에, ③ 금전(보험금)을 지급하기로 약정함으로써 취득하는 권리라는 점에서 자본시장법상 금융투자상품의 요건을 상당부분 충족하는 것으로 보인다. 원본손실가능성 요건까지 충족시키는 GMAB미보증형상품에 대하여는 자본시장법상의 금융투자상품의 판매규제가 적용될 필요성이 있다.

(3) 소결

현행 자본시장법은 제22조[597]에서 보험회사를 겸영금융투자업자로 규정하고 있어 보험회사가 금융투자상품을 판매하는 경우는 자본시장법이 적용되지만, GMAB보증형변액연금보험상품'은 원본손실 가능성(투자성)이 없기 때문에, 자본시장법 상 판매규제의 대상은 아니었다.[598] 그러나, 보험업감독업무시행세칙의 개정에 따라, 'GMAB미보증형상품'이 출시되었는데, 이는 금융투자상품으로서의 투자성을 포함한 모든 요건을 충족하는 것으로 볼 수 있기 때문에, 특례조항 도입 등 별도의 조치가 없다면, 자본시장법의 판매규제 적용대상이 될 가능성이 상

597) 자본시장법 제22조상 겸영금융투자업자는 2015. 7. 31. 개정에서 제8조 제9항으로 이동하고, 2016. 8. 31.부로 삭제되었다.

598) 기존 변액보험의 특별계정에 대하여 자본시장법상 투자신탁 규제의 중심은 고유계정과 분리계리등 보험금의 운용에 관한 것으로 볼 수 있다.

당한 것으로 판단된다. 따라서 생보협회가 GMAB미보증형상품을 자본시장법의 적용을 받는 투자성보험에 해당하는 것으로 해석한 점은 공감한다.[599] 이하에서는 GMAB미보증형상품에 자본시장법의 판매규제가 적용될 경우 기존의 보험업법 상 규제 이외에 부가되는 사항들을 중심으로 살피고자 한다.

2. 보험업법상 규제 이외에 부가되는 사항

(1) 자본시장법상 적합성 원칙 적용

적합성 원칙은 고객으로부터 고객에 대한 정보를 획득하여 그 획득된 정보를 토대로 고객에게 적합한 상품의 권유 여부를 결정하라[600]는 면에서는 보험상품이나 금융투자상품이나 마찬가지이다. 자본시장법상 적합성의 원칙은 투자자에게 투자권유를 하기 전에 투자자의 투자목적, 투자경험, 재산상태 등을 먼저 파악하고 그에 적합한 투자상품을 권유하여야 한다는 원칙이다.[601] 이는 환언하면, 금융투자업자가 일반투자자에게 투자권유를 하는 경우에 "일반투자자의 투자목적·재산상황 및 투자경험 등에 비추어 그 일반투자자에게 적합하지 아니하다고 인정되는 투자권유를 하여서는 아니 된다."는 것이다(동법 제46조 제3항).

투자자에 대한 적합한 금융투자상품을 권유하기 위해서는 우선적으로 투자자에 대한 정보를 충분히 파악해야하는데, 이를 '고객정보의 파악의무' 즉, "Know－Your－Customer rule"(이하 "KYC Rule")이라 한다. 여기에서 기본적으로 파악하여야 할 정보로서 고객의 투자목적, 재산상황, 소득상황, 투자위험에 대한 태도, 투자경험 및 지식 및 금융투자업자의 투자권유에 대한 고객의 의존도 등이 있다.[602]

금융투자협회는 '투자정보확인서'[603]를 만들어 금융투자업자들이 표준화된 양식을 통하여 고객정보를 파악하도록 하고 있다. 둘째로는 고객의 투자성향에 대

599) 생보협회 공문(문서번호: 생협시 제387호), "변액보험 GMAB미보증형 적합성 원칙 적용시 참고사항 안내", 2016. 3. 25.
600) 장덕조, 전게서, 162면.
601) 김정수, 『자본시장법원론』 제2판, SFL그룹, 2013, 247면.
602) 김정수, 전게서, 248면.
603) 금융투자협회, 표준투자권유준칙, [참고1].

한 파악이다. 금융투자협회의 표준투자권유준칙(ver.'16. 1. 27.)에 따르면, 고객의 투자성향을 다음의 <표 7>과 같이 상세히 구분하여 파악하도록 권유하고 있다. 셋째로는 금융투자상품의 투자위험도에 관한 사항이다. 이에 관하여 금융투자협회의 표준투자권유준칙은 투자위험도 평가 고려요소를 정량적 요소와 정성적 요소로 구분하고, 정량적 요소에는 기초자산 가격의 변동성, 원금손실가능 정도, 신용등급, 잔존만기, 파생상품의 편입비율 등 세분화된 기준을, 정성적 요소에는 상품의 구조, 거래상대방 위험, 수익률 계산의 명료성, 구조화된 상품에 대한 특정 위험, 유동성 요소, 펀드 형태 등의 세분화된 기준을 제시하고 있다.

표 7 | 투자자성향

제1방식	제2방식	제3방식	제4방식
□ 고위험–고수익형 □ 중위험–중수익형 □ 저위험–저수익형	□ 파생상품형 □ 주식선호형 □ 성장형 □ 이자배당형	□ 위험선호형 □ 적극형 □ 성장형 □ 안정성장형 □ 위험회피형	□ 공격투자형 □ 주식선호형 □ 주식펀드선호형 □ 고수익채권형 □ 혼합투자형 □ 안정투자선호형 □ 이자소득형

자료: 금융투자협회, 표준투자권유준칙

요컨대, 자본시장법상의 적합성 원칙은 ① 고객정보의 파악, ② 고객의 투자성향 분류, ③ 금융투자상품의 투자위험도 분류를 통하여 고객에게 적합하다고 판단되는 경우에만 투자권유를 하라는 것이다. 보험업법 시행령 제42조의3은 자본시장법 상 투자성보험에 대하여는 보험업법상 적합성 원칙[604]의 적용을 배제

604) 보험업법상 적합성 원칙의 요체는 보험의 모집인이 "일반보험계약자의 연령, 재산상황, 보험가입의 목적 등에 비추어 그 일반보험계약자에게 적합하지 아니하다고 인정되는 보험계약의 체결을 권유하여서는 아니 된다."(보험업법 제95조의3 제2항)는 것으로 볼 수 있다. 예컨대, 현재 연령이 70세인 보험계약자에게 50년 납과 같은 조건의 보험상품은 적합하지 않을 것이라는 점, 월 수입 200만 원이 재산의 전부인 보험계약자에게 월납입 보험료가 500만 원인 보험계약은 적합하지 않을 것이라는 점, 보험가입의 목적이 저축인 보험계약자에게 원본손실가능성이 있는 투자성보험을 권유하는 것을 적합하지 않을 것이

(법 제95조의3)하고 있다. 이에 따르자면 GMAB미보증형상품은 보험업법상 적합성의 원칙이 아닌 자본시장법상의 적합성의 원칙(자본시장법 제46조)만이 적용되는 것으로 해석될 수 있다. 즉, 변액보험은 보장성과 투자성이 혼합된 상품으로 보험계약자 보호가 보다 강조되는데[605], GMAB미보증형상품에 대하여 자본시장법상 적합성 원칙을 적용하는 것은, 보험계약자의 보호에서 한걸음 더 나아가 투자성(원본손실가능성)상품은 그 형태가 보험이라 하더라도, 당해 고객이 보험계약자가 아닌 투자자의 입장에서 투자에 수반된 위험을 감내하기에 적합한 가를 판단하라는 의미로 해석될 수 있는 것이다.

이는, 겸영금융투자업자인 생보사는 GMAB미보증형상품의 판매에 앞서서, 우선적으로 투자자(당해 보험계약자)가 일반투자자인지 전문투자자인지 여부를 확인하여야 하고(자본시장법 제46조 제1항), 둘째, 일반투자자로 확인된 때에는 본인으로부터 서명, 기명날인, 녹취, 그 밖에 대통령령으로 정하는 방법으로 확인을 받아 이를 유지·관리하여야 하며, 확인받은 내용을 본인에게 지체 없이 제공하여야 하며(동법 제46조 제2항), 셋째, 생보사는 겸영금융투자업자로서 일반투자자에게 투자권유를 하는 입장[606]에서 일반투자자의 투자목적, 재산상황 및 투자 경험 등을 파악한 후, 그 내용에 비추어 그 일반투자자에게 GMAB미보증형상품이 적합하지 아니하다고 인정되는 되는 경우 투자권유를 해서는 아니 된다는 것이다

라는 점 등, 일반보험계약자에게 적합하지 않다고 인정되는 보험계약의 체결을 권유하지 말라는 것이다. 한편, 동 시행령에서는 적합성 판단의 기준으로서 "1. 보험계약자의연령 2. 월 소득및월 소득에서보험료 지출이 차지하는 비중 3. 보험가입의 목적 4. 변액보험계약 및 자본시장법 제9조 제21항에 따른 집합투자증권의 가입 여부" 등을 규정하고 있다(동법 시행령 제42조의3 제1항). 즉, 동 시행령이 변액보험 및 집합투자증권의 가입여부를 적합성 판단의 기준으로 규정한 이유는, 두 가지의 해석이 가능할 것이다. 첫째는, 보험계약자가 이미 변액보험이나 집합투자증권에 가입한 경우, 이는 이 보험계약자의 가입목적 상 투자성 선호 경향의 추정을 용이하게 할 수 있다는 점이다. 둘째는, 이미 투자위험을 부담하고 있는 보험계약자의 재산상황에서 기존의 변액보험이나 집합투자증권 가입 상황을 고려하여 추가적으로 보험상품의 계약을 체결하는 것이 적합한 것인지에 대하여 판단하라는 것이다.

605) 김대규, "변액보험의 설명의무와 적합성의 원칙", 『법학연구』 통권 제39집, 전북대학교 법학연구소, 2013. 9, 189면.

606) 자본시장법 시행령 제54조 제2항 제1호(2014. 8. 12. 삭제)는 "투자성 있는 보험계약에 대하여 투자권유를 하는 행위"로 규정하였던바, 투자성보험은, 보험상품의 가입권유가 아닌, 금융투자상품에 준하는 투자권유의 대상으로 분류하는 것이 타당할 것이다.

(동법 제46조 제3항).

한편, 보험업법상 적합성의 원칙 조항은 고객(일반보험계약자)으로부터 파악하여 할 사항 중 '재산상황'은 자본시장법상 적합성 원칙 조항과 동일하지만, '투자목적'이 아닌 '보험가입의 목적'을 파악하라는 점 및 '투자 경험' 대신 '연령'을 파악하라는 점에서 자본시장법과 그 내용을 달리하고 있다(법 제95조의3 제1항). 일반적으로 생보사는 변액보험의 자산을 일반계정과 특별계정으로 구분하여 운영하는데, 두 계정은 그 내용이 매우 다르다. 대표적인 차이는, 일반계정의 경우 투자위험이 보험자에게 귀속되지만, 특별계정의 경우 투자위험이 보험계약자에게 귀속된다는 점이다.

보험계약자의 입장에서 보면, 일반계정은 위험이 보험자에게 전가된 것이고(위험전가), 특별계정은 위험을 스스로 인수한 것이다(위험인수). 즉, 보험계약자의 입장에서는 특별계정에 속한 자신의 자산은 투자위험인수라는 면에서 금융투자상품에 투자한 것과 유사한 효과가 있다. 더욱이 투자성보험의 경우는 원본손실 가능성이 있다는 점에서 증권에 투자한 것과 유사한 효과가 있다.

이렇게 '위험전가와 위험인수'라는 상반되는 두 가지 성질을 가지고 있는 투자성보험상품의 적합성을 판단하는 데 있어서 보험업법이나 자본시장법의 적합성 판단 기준 중 택일하여 판단하기는 어렵다. 오히려 이 경우 보험계약자의 적합성을 판단하기 위하여는 일반계정은 보험업법상 적합성의 원칙에 관한 사항을, 특별계정은 자본시장법상의 적합성 원칙에 관한 사항을 확인하도록 구분하는 것이 유의미할 수 있다. 그러나 그 최종적인 판단의 기준은, 투자자보호의 측면에서, 결국 자본시장법상 적합성의 원칙이 될 수밖에 없을 것이다.

다른 한편, 보험업법 시행령상, 투자성보험에 대한 보험업법상 적합성의 원칙 적용을 배제하는 조항(시행령 제42조의3 제2항)에 관하여, 입법상 '정합성에 문제가 있다는 지적'[607]이 있으나, '위험전가'(보험)와 '위험인수'(투자신탁)라는 상반되는 성질이 동일한 상품에 포함되어 있는 상황을 감안하면, 이를 판매하는 과정에서

607) "자본시장법은 다른 법에 특별한 규정이 있는 경우를 제외하고 자본시장법이 적용됨을 밝히고있는데(제10조), 보험업법 시행령에서 자본시장법 제46조의 적용을 받는 보험상품은 적합성 원칙의 적용에서 제외한다고 규정하여 정합성에 문제가 있다.", 김선정, "변액유니버셜 보험계약에 있어서설명의무와 적합성원칙에 대한 재론", 『금융법연구』 제10권 제2호, 한국금융법학회, 2013. 12, 133면.

발생되는 불가피한 측면이 있는 입법이라고 생각된다.

(2) 적합성 원칙의 구체적인 적용범위

GMAB미보증형상품에 대하여, 자본시장법상 적합성의 원칙만을 적용하도록 한 보험업법 시행령(제42조의3)의 취지는 동 상품이 사실상 보험업법상 적합성원칙 조항의 내용으로는 투자성보험의 가입권유 적합성 판단이 어렵다고 인정한 것으로 해석된다. 그렇다면 이는 GMAB미보증형상품에 대하여는 자본시장법 상 금융투자상품의 투자권유와 동일한 수준으로 적합성 원칙 판단의 기준이 책정되어야 하는 것으로 볼 수 있다.

투자권유란 특정 투자자를 상대로 금융투자상품의 매매 또는 투자자문계약·투자일임계약·신탁계약의 체결을 권유하는 것을 말하는 것인데(자본시장법 제9조 제4항), 자본시장법상 투자권유규제는 이러한 투자권유가 있는 경우에만 적용된다.[608]

GMAB미보증형상품은 보험계약자가 선택할 수 있도록 하고 있다는 점에서, 금융투자상품의 투자권유와는 판매의 모습이 다르다. 즉, 생보사가 적극적으로 투자권유를 하여 GMAB미보증형상품을 계약하는 경우에는 금융투자상품의 판매규제가 그대로 적용될 수 있지만, 생보사의 투자권유 전에 보험계약자가 스스로 GMAB미보증형상품 선택하는 경우에는 자본시장법상 투자권유규제를 적용하기가 어려울 수 있다. 통상 투자자는 투자결정을 내림에 있어서 여러 가지 요소를 고려한다. 스스로 정보를 수집할 수도 있고 전문가의 도움을 받을 수도 있다. 그러나 기관투자자와 같이 전문적인 투자자가 아닌 일반투자자의 경우에는 스스로 정보를 수집하는 방법 보다는 전문적인 경험을 가진 금융투자업자 등의 투자권유에 의지할 수밖에 없다. 물론 투자결정에 관한 최종적인 판단은 투자자의 부담이지만, 전문적인 지식이 없는 자에 대한 금융투자업자 등 전문가로부터의 투자권유가 부당·불법한 요소가 있다면 '자기책임의 원칙'만을 고수할 수는 없으며, 이는 자본시장법의 목적인 투자자보호의 이념과도 맞지 않는다.[609] GMAB미보

608) 임재연, 『자본시장법』, 박영사, 2014, 172면.
609) 김병연 외, 『자본시장법』 제2판, 박영사, 2015, 271면.

증형상품의 경우에도 일반보험계약자(일반투자자)는 생보사의 투자권유에 의지하여 계약을 체결할 가능성이 많아 보인다. 이 경우 생보사의 투자권유에 부당·불법한 요소가 없는 한 '자기책임의 원칙'이 적용되는 것으로 보아야 할 것이다.

요컨대, 생보사의 투자권유에 의하여 GMAB미보증형상품을 선택하는 순간 보험계약자의 지위는 투자자의 지위로 변경되며, 일반투자자로 확인되는 경우, 자본시장법상 금융투자상품 판매 시와 동일하게 적합성의 원칙 조항이 적용되는 것으로 보아야 할 것이다. 그러나 생보사의 투자권유에 의하지 아니하고 보험계약자가 자발적으로 GMAB미보증형상품을 선택하는 경우에는, 적정성의 원칙을 적용하는 것이 타당할 것이다.

(3) 자본시장법상 적정성 원칙 적용

자본시장법상 적정성의 원칙은 파생상품 등 위험성이 상대적으로 높은 금융투자상품을 일반투자자에게 판매하려는 경우에는, 고객이 투자권유를 원하지 않는다 하더라도, "면담·질문 등을 통하여 그 일반투자자의 투자목적·재산상황 및 투자경험 등의 정보를 파악"하여(법 제46조의2 제1항), 파악한 투자자정보에 비추어 해당 파생상품 등이 그 투자자에게 적정하지 아니하다고 판단되는 경우에는, 해당 파생상품 등의 내용, 해당 투자에 따르는 위험 및 해당 투자가 투자자정보에 비추어 적정하지 아니하다는 사실을 투자자에게 알리고 투자자로부터 서명, 기명날인, 녹취, 전자우편, 전자우편과 유사한 전자통신, 우편 또는 전화자동응답시스템 등의 방법으로 확인받아야 한다는 것이다(법 제46조의2 제2항, 법 시행령 제52조의2 제2항 및 제3항). 그러므로 GMAB미보증형상품에 대하여 적정성 원칙을 적용할 것인가는 동 상품의 특별계정에서 운용되는 금융투자상품의 위험도가 얼마나 되는가에 따라서 결정될 것이다.

자본시장법 시행령 제54조 제2항 제1호는 2014. 8. 12. 개정 시 삭제되었는데, 동호 삭제의 취지는 "금융투자업자는 투자권유를 받은 투자자가 이를 거부하는 취지의 의사를 표시하였음에도 불구하고 투자권유를 계속하는 행위를 하지 못하도록 하되, 투자성 있는 보험계약에 대한 투자권유에 대해서는 그 예외를 인정하였으나, 그 예외를 폐지하여 다른 금융투자상품과의 규제차익을 해소하도록 하는것"이었다.

투자성보험과 금융투자상품 간 규제차익을 해소하려는 금융위의 취지는 동호 삭제를 통하여 명백해졌고, 규제차익 해소의 취지는 GMAB미보증형상품의 경우에도 당연히 적용되는 것으로 보아야 할 것이다. 따라서 GMAB미보증형상품도 자본시장법 시행령 제52조의2 제1항 1 내지 5호[610]에 해당하는 경우(파생상품, 파생결합증권, 조건부자본증권 등에 운용되는 경우)에는, 자본시장법상 적정성의 원칙이 적용될 것으로 판단된다.

(4) 보험업법과 자본시장법상 설명의무

1) 설명의무 내용의 차이

설명의무는 판매자가 상품에 대하여 자신이 가지고 있는 정보를 기초로 하여 고객에게 정보를 제공[611]함으로써 정보의 비대칭을 해소해 준다는 점에서는 보험상품이나 금융투자상품이나 마찬가지이다. 다만, 보험상품과 금융투자상품은 상품의 성질이 전혀 다르다는 점에서 보험업법과 자본시장법에서 규정하고 있는 설명의무의 내용은 차이가 있다.

즉, 보험은 위험전가 또는 위험회피를 주된 목적으로 하는 상품이므로, 보험업법상 설명의무는 '보험료와 보장범위'(위험회피범위)가 중심적인 내용이 된다.

---

610) 자본시장법 시행령 제52조의2(적정성의원칙) ① 법 제46조의2 제1항에서 "대통령령으로 정하는금융투자상품"이란 다음 각 호의 어느 하나에 해당하는 것을 말한다. <개정 2013. 8. 27, 2014. 8. 12.>

1. 파생결합증권. 다만, 금적립계좌 등은 제외한다.
2. 법 제93조 제1항에 따른 집합투자기구의 집합투자증권. 다만, 금융위원회가 정하여 고시하는 집합투자기구의 집합투자증권은 제외한다.
3. 집합투자재산의 100분의 50을 초과하여 파생결합증권에 운용하는 집합투자기구의 집합투자증권
4. 법 제165조의11 제1항에 따라 해당 사채의 발행 당시 객관적이고 합리적인 기준에 따라 미리정하는 사유가 발생하는 경우 주식으로 전환되거나 그 사채의 상환과 이자지급 의무가 감면된다는 조건이 붙은 사채(이하 "조건부자본증권"이라 한다)
5. 파생상품이나 제1호부터 제4호까지의 금융투자상품에 운용하는 법 제110조 제1항에 따른 금전신탁계약에 의한 수익권이 표시된 수익증권(이와 유사한 것으로서 신탁의 수익권이 표시된 것을 포함한다).

611) 장덕조, 전게서, 162면.

한편, 금융투자상품은 투자수익을 주된 목적으로 하는 상품이므로, 자본시장법상 설명의무는 '투자에 따르는 위험'(위험인수범위)이 중심이 될 필요가 있다.

2) 보험상품의 설명의무

보험은 우연성에서 기인한 손해에 대한 보장성이 고유기능이다. 그러나 변액보험의 경우 보장성에 투자성이 더해져서 일반적인 보험과는 상당히 다른 성질을 가지고 있다.[612] 즉, 변액보험은 보험료로 수취된 자금을 보장성 부문와 투자성 부문으로 나누어 운용한다. 여기서 투자성 부문의 운용에 대한 위험을 보험계약자가 부담하는 구조이다. 이는 보장성 부문에서는 보험계약자의 위험이 보험자에게 전가되지만, 투자성 부문에서는 보험계약자가 시장위험에 노출된다는 점에서 금융투자상품과 유사한 성격이 있다. 그러므로 변액보험 중 'GMAB미보증형상품'의 투자성에 대한 판매자와 구매자의 정보의 비대칭은 기존의 보험업법상 설명의무의 내용만으로 해소되기 부족하다. 왜냐하면 보험업법 제95조의2 보험계약의 체결을 권유하는 경우, 보장범위(위험회피범위)와 보험료(위험회피비용) 등 중요한 사항을 중심으로 설명의무에 관하여 규정하고 있는 뿐, 투자성에 관하여는 언급이 없기 때문이다.

일반적으로 보험상품은 보장목적(위험회피목적)으로 가입하지만, 현실적으로 GMAB미보증형상품의 경우 생보사의 투자권유에 따라, 투자목적(위험인수목적)으로 가입되는 것으로 보인다. 여기서 문제가 되는 것은 GMAB미보증형상품에 내포되어 있는 투자성의 위험을 어떻게 설명할 수 있을까하는 것이다. 예컨대, 보장범위를 설명함에 있어서, 보장범위가 줄어들 수 있다는 정도의 설명이 가능할 것이다. 그러나 보장이라는 용어를 사용하여 위험을 충분히 설명할 수 있는 것인가 의문이다. 비록 주된 성질은 보험상품이라 할지라도 상당부분 투자목적이 내포된 GMAB미보증형상품의 경우, 기존 보험업법 제95조의2상의 내용만으로는 충분한 설명이 어렵다. 즉, 투자성의 위험은 보험업법상 설명의무의 내용이라 할 수 없고, 그런 점에서 보면, 보험업법 상 설명의무조항으로 설명될 수 없는 것이 당연하다고 볼 수 있다.

612) 김은경, 전게논문, 270면.

요컨대, 보험업법의 95조의2는 일반적인 보험상품을 대상으로 제정된 조항으로서는 타당하나, GMAB미보증형상품의 위험을 설명하기에는 부족함이 있다.[613] 이 부족함을 보완할 수 있는 것은 자본시장법상 금융투자상품에 대한 설명의무 조항으로 볼 수 있다.

3) 금융투자상품의 설명의무

자본시장법 제47조 제1항은 금융투자상품을 '투자권유'하는 경우의 설명의무에 관하여 규정하고 있다. GMAB미보증형상품은 생보사의 투자권유에 의하여 판매되는 경우, 원본손실위험성(투자성)이 있으므로, 자본시장법상 금융투자상품으로 포섭될 수 있다. 앞에서는 보험상품(위험회피상품)의 투자성(위험인수기능)을 어떻게 설명할 것인가를 살폈는데, 이러한 역설적인 문제는 금융투자상품을 헤지목적(위험회피목적)으로 사용하는 경우에서 발생한다. 즉, 투자상품(위험인수상품)의 보장성(위험회피기능)을 설명하기에는 자본시장법상의 설명의무 조항의 내용으로는 부족함이 있다. 즉, 파생상품은 투자목적으로 사용되기도 하지만 헤지목적으로 사용되기도 하는데, 동일한 파생상품이라 할지라도 투자목적으로 사용되는지 또는 헤지목적으로 사용되는지에 따라 그 효과가 전혀 다르기 때문에 설명의무도 각각 다르게 부과되어야 할 필요가 있다.

파생상품이 투자목적으로 사용되는 경우의 효과는 투자수익이지만 이에는 손실위험이 수반된다(위험과 수익의 대가관계). 반면 파생상품이 헤지목적으로 사용되는 경우의 효과는 기초자산의 위험회피이지만 이에는 헤지비용이 수반된다(위험회피와 비용의 대가관계). 자본시장법상 설명의무조항은 투자목적 즉, 투자에 수반되는 위험고지를 대상으로 한 것으로 볼 수 있으므로 헤지목적 즉, 위험을 배제 또는 저감시키기 위한 비용 및 위험배제의 범위를 주로 설명하여야 할 규정

613) 한편, 해약환급금에 대한 설명의무도 구체화할 필요가 있다. 보험상품은 해약환급금과 원금의 차(부족분)가 보장금액 보다 크거나 같은 경우와 작은 경우로 유형화가 가능할 것이다. 해약환급금은 저축성보험과 보장성보험 각각에 있어서 그 의미가 다를 것으로 보인다. 예컨대, 보장성보험의 계약자는 옵션매수인이 시간의 경과에 따라 시간가치(time value)가 소멸하는 것과 마찬가지로, 보험계약기간의 경과 중에 불측의 사고에 대한 위험을 보험자에게 전가시키는 효과를 계속 누리고 있었으므로 해약환급금이 경우에 따라서 0이 되어도 그리 이상할 것이 없어 보인다. 그러나 저축성보험이라면 상황은 다르다.

으로는 부족하다.

4) 소결

금융투자상품은 투자목적으로 사용되는지 또는 헤지목적으로 사용되는지에 따라 그 효과가 전혀 다르기 때문에 설명의무도 각각 다르게 부과할 필요가 있다. 마찬가지로 보험상품도 일반계정과 투자성보험의 특별계정은 그 효과가 전혀 다르기 때문에 설명의무도 각각 다르게 부과할 필요가 있다.

파생상품이 투자목적으로 사용되는 경우의 효과는 투자수익이지만 이에는 손실위험이 수반된다(위험과 수익의 대가관계). 반면 파생상품이 헤지목적으로 사용되는경우의 효과는 기초자산의 위험회피이지만 이에는 헤지비용이 수반된다(위험회피와 비용의 대가관계). 그러나 자본시장법 제47조의 내용은 투자목적 즉, 투자에 수반되는 위험고지를 대상으로 한 것으로 볼 수 있으므로 헤지목적 즉, 위험을 배제 또는 저감시키기 위한 비용 및 위험배제의 범위를 주로 설명하여야 할 규정으로 적합하다고 보기 어렵다. 도리어 보험업법 제95조의2에 규정된 설명의무는 위험회피의 비용, 범위 등에 관한 것인바, 이는 파생상품이 헤지목적으로 사용되는 경우의 설명의무와 부합되는 점이 상당하므로, 헤지목적의 판매 시 설명의무는 보험업법의 규정이 유추적용될 필요가 있다.[614] 이와는 반대로, 생보사가 투자성보험을 판매하는 경우는, 특별계정에서 운용되는 부분에 대한 설명의 주된 내용은 손실위험에 관한 것이므로, 자본시장법 제47조상 설명의무의 내용을 적용하는 것이 합리적이다.

요컨대, 투자성보험을 판매하는 경우, ① 이 보험은 일반계정과 특별계정으로 구분되어 운용된다는 점, ② 일반계정에 대하여는 보장범위와 보험료 등 보험업법 제95조의2 내용을 설명하고, ③ 특별계정에 대하여는 자본시장법 제47조의 내용을 적용하여 기대수익과 투자위험을 설명하도록 하며, ④ 장기적으로 보험계약이 유지되면 세제혜택이 있다는 점에서 금융투자상품보다 유리할 수 있다는 점, ⑤ 반면에 중도해약하면, 상당한 해약수수료가 발생한다는 점에서 금융투자상품보다 불리할 수 있다는 점 등을 설명하도록 하는 등, 보장성보험에 내재된

614) 박선종, 전게논문(2011. 9.), 71면.

두 가지 특성에 대하여 각각 설명의 내용을 달리하도록[615] 하는 것이 바람직할 것으로 생각된다.[616] 나아가 설명의무의 이행을 확인하는 방법으로 '서명, 기명날인, 녹취 등의 방법 중 하나 이상으로 확인'하도록 규정(자본시장법 제47조 제2항, 보험업법 제95조의2 제2항)하고 있는데, 실무적으로 형식적인 서명 및 기명날인의 방법이 선호되고 있어 다툼의 소지가 크다. 따라서 설명과정의 녹취 또는 녹화의무를 부여하여 실효성을 제고할 필요가 있다.

(5) 설명의무 위반과 손해배상책임

보험업법은 설명의무(법 제95조의2) 위반에 대한 손해배상규정을 두고 있지 않다. 반면 자본시장법은 설명의무(법 제47조) 위반(법 제47조 제1항 및 제3항)에 대하여 손해배상규정을 두고 있다. 즉, 자본시장법은 투자자 보호를 강화하기 위하여 설명의무를 위반한 금융투자업자에 대해 손해배상책임을 규정하는 독립된 조항(법 제48조)을 신설하여, 금융투자업자가 설명의무를 위반하거나 설명을 하되 중요사항을 거짓 또는 왜곡하거나 누락한 경우 이로 인하여 발생하는 일반투자자의 손해를 배상할 책임이 있다고 규정하고 있다. 그러므로 GMAB미보증형상품에 대하여 자본시장법상 설명의무가 부과되는 경우, 동 의무의 위반에 대하여는 자본시장법상 손해배상책임이 적용된다.

겸영금융투자업자인 생보사가 GMAB미보증형상품의 투자권유 시 설명의무를 위반한 경우, 이로 인하여 발생한 손해에 대하여 배상책임이 있다(자본시장법 제48조 제1항[617]). 이는 투자자에게 거래행위에 필연적으로 수반되는 위험성에 관하

615) 투자성보험의 경우 적합성 원칙을 적용하려면 보수적인 측면에서 자본시장법상 기준으로 최종적판단을 하는 것이 타당하겠지만, 설명의무의 경우는 정보의 비대칭 해소가 주목적이므로, 보험업법상 설명의무의 내용과 자본시장법상 설명의무의 내용을 동시에 적용하는 것이 가능할 것으로 생각된다.

616) 변액보험이라는 용어를 사용하여 동 상품의 내용을 설명하기는 어려움이 있다. 따라서 두 가지 성질(보장성과투자성)을포섭할수있는용어를제안하자면, 첫째는 '투자성보험'을 들 수 있다. 이는 기존의 보장성 보험, 저축성 보험 외에 투자성보험으로 설명하기 쉬운 면이 있다. 둘째는 '투자결합보험'이다. 이는 자본시장법상 증권에 파생상품의 성질이 결합된 증권을 '파생결합증권'이라고 하는데 에서 착안한 것이다. '투자결합보험'은 용어 자체가 투자성과 보험성을 동시에 표시하고 있다는 장점이 있다.

617) 제48조(손해배상책임) ① 금융투자업자는 제47조 제1항 또는 제3항을 위반한 경우 이로

여 올바른 인식형성을 방해하거나, 투자자의 투자상황에 비추어 과대한 위험성을 수반하는 거래를 적극적으로 권유한 행위로서, 투자자 보호의무를 위반한 불법행위를 구성하기 때문이다.[618] 민법상 불법행위책임을 묻기 위해서는 상대방의 고의·과실, 손해액, 인과관계 등을 증명하여야 하는데, 자본시장법상 설명의무 위반에 기한 손해배상책임에서는 거래인과관계를 필요로 하지 않는다는 점, 손해인과관계의 입증책임도 금융투자업자에게 전환[619]시킴으로써 투자자 보호를 두텁게 하고 있다[620]는 점에서 차이가 있다. 더욱이 손해액의 추정(법 제48조 제2항)[621]이 규정되어 있으므로 손해액의 산정 또한 상대적으로 용이하다고 볼 수 있다.

자본시장법상 손해배상책임과 민법상 불법행위책임의 요건이 동시에 충족되는 경우, 투자자는 두 가지 청구권을 모두 행사할 수 있다. 그러나 일반적으로 자본시장법상의 책임규정이 투자자에게 유리하므로 민법에 의한 불법행위책임을 물을 필요는 없을 것으로 본다.

III. 결어

GMAB미보증형상품의 합리적인 규제에는 '규제의 실익' 측면의 고려가 필요하다. 이에는 ELW의 규제 사례가 참조될 수 있을 것이다. 파생결합증권은 파생상품의 성질이 상당하다. 예컨대, KOSPI200 지수를 기초자산으로 하는 ELW는 KOSPI200 옵션과 유사하며, ELS의 경우 이색옵션(exotic option) 중에서도 Digital Option(또는 Binary Option)의 성질을 갖는다. 그럼에도 불구하고 ELW나 ELS를 증권으로 규제하는 것은 원본초과손실 가능성이 없다는 이유이다. 비교컨대,

---

인하여 발생한 일반투자자의 손해를 배상할 책임이 있다.

618) 임재연, 『자본시장법』, 박영사, 2014, 184면.

619) 임재연, 전게서, 419−420면.

620) 김정수, 전게서, 264면.

621) 자본시장법 제48조(손해배상책임) ② 금융투자상품의 취득으로 인하여 일반투자자가 지급하였거나 지급하여야할 금전 등의 총액(대통령령으로 정하는 금액을 제외한다)에서 그 금융투자상품의 처분, 그 밖의 방법으로 그 일반투자자가 회수하였거나 회수할 수 있는 금전등의 총액(대통령령으로 정하는 금액을 포함한다)을 뺀 금액은 제1항에 따른 손해액으로 추정한다.

GMAB미보증형상품은 기본적으로 보험상품이다. 그럼에도 불구하고 이를 금융투자상품에 준하여 규제하고자 하는 이유는 원본손실가능성이 있기 때문이다. ELW의 경우, 검찰이 당시 전현직 증권사 대표 10여 명을 자본시장법 위반혐의로 기소한 사건[622] 이후, 규제의 수위를 파생상품의 수준으로 상향 한 결과, 시장 자체가 거의 고사한 사례가 있다. 한편, ELS의 경우도 아직까지는 증권규제를 적용하고 있으나, 만일 일련의 문제가 발생하여 규제의 수위를 파생상품 수준으로 상향한다면, 그 결과는 ELW의 경우와 크게 다르지 않을 것으로 판단된다. 결국 GMAB미보증형상품을 금융투자상품 수준으로 규제의 수위를 상향할 것인가 또는 보험규제로 포섭할 것인가는 변액보험의 사회적 효용의 크기를 얼마로 인정할 것인가에 따르는 정책적인 판단요소와 변액보험 상품의 실질을 시장은 어떻게 받아들일 것인가 하는 시장평가적인 판단요소가 있을 수 있다.

변액보험을 먼저 시행한 미국은 경제적 실질(economic reality)을 기준으로, 시장평가적인 판단기준에 따라서 금융투자상품으로 규제하고 있으며, 변액보험이 주요한 상품으로 자리하고 있는 것으로 파악된다. 반면, 후발 주자인 일본은 변액보험을 정책적인 판단기준에 따라서 금상법 제정 전까지 상당기간을 보험에 준하여 규제하였던 바[623], 변액보험의 중요도는 상대적으로 미미하다. 우리의 현실적인 정책적 판단기준은 미국과 일본의 중간단계 정도인 것으로 생각된다. 향후 어느 방향으로 이동을 할 것인지 또는 이동을 하여야 하는지는 시장평가적인 판단요소가 결정할 것으로 판단된다.

---

622) 상세는 박선종, 전게논문(2011. 11.), 참조.

623) 금융상품거래법 제정 이후에는 비교적 엄격한 행위규제가 적용되고 있다.

제10장

결론

제10장

결론

파생상품시장의 세계적으로 상당히 증가해 왔고 관련된 법적 분쟁도 증가해 왔다. 자본시장의 거래에 있어서 전자매매가 도입되면서 과거 대면거래 시에는 상상할 수 없었던 문제들이 발생하고 있다.

이 책에서 언급된 파생상품 관련 법적분쟁 사안들은 주로 2008년 세계 금융위기 이후 시점의 사안들이다. 그중에는 KIKO는 대법원의 판결이 선고된 이후에도 문제제기가 지속되는 현재진행형인 사안도 있으며, ELW와 KOSPI 옵션 시세조종 사안같이 검찰이 전자매매의 특성을 충분히 파악하지 못한 상태에서, 기소함으로써 해당 금융투자상품의 거래위축과 거래 담당자의 인생에 큰 변화를 초래한 면도 있었다. ELS 사안은 델타헤지라는 파생상품 실무관행이 법원에 의해 불법으로 판단되는 계기가 되기도 하였다. KIKO 소송와 변액보험의 판매에서는 설명의무의 중요성이 부각된 바 있다. KIKO와 변액보험은 위험회피를 목적으로 하는 가입자(매수인)에게 상당한 위험을 부담시킨다는 점에서 공통점을 가지고 있다. 따라서 일반적인 파생상품이나 보험 상품의 설명과는 내용 면에서 차별화된 설명의무를 도입할 필요가 있다.

제1장에서는 파생상품의 일반론을 기술하는 한편, 유사계약과의 비교 및 대면거래에서 전자거래로 시장 환경이 변화한 내용을 다룸으로써, 법률가 또는 예

비 법률가로써 파생상품의 규제에 관한 일반적인 사전지식을 함양시키고자 시도하였다. 파생상품은 일면 보험과 유사하게 위험을 담보하는 기능을 가지고 있기도 하지만, 현물상품에 비하여 레버리지(leverage)가 높아서 투자의 기대수익이 큰 것과 비례하여 기대위험이 크다는 특징이 있다. 따라서 일각에서는 도박성을 우려하는 학자들도 있다. 그럼에도 불구하고 파생상품의 성장은 거듭되어 2008년 세계금융위기를 초래한 주요인으로 지목되기도 하였다. 국내에서도 파생상품 관련 소송들이 증가하면서 법률가에게 파생상품에 대한 이해는 상당히 중요한 것이 되었다.

제2장에서는 미국정부의 파생상품 규제연혁을 살펴봄으로써, 파생상품 규제에 관한 발달과정을 이해하며, 파생상품의 법적 규제에 관하여 미국의 제도와 한국의 제도를 비교하며 시사점을 탐구하였다. 파생상품 규제에 있어서 미국은 분리규제, 영국을 비롯한 호주, 싱가포르 등은 통합규제를 시행하고 있다. 우리는 자본시장법 시행 이전에는 미국식 분리 규제를 시행하였으나, 2009년 자본시장법 도입과 함께 통합규제 체제로 변경한 바 있다. 파생상품시장의 탄생과 발전에 있어서, 미국의 영향력은 가히 절대적이라 할 수 있는데, 이 장에서는 고객조사의무, 적합성의 원칙, 설명의무, 적정성의 원칙 및 부당권유금지 등 일반적인 파생상품 규제 기준을 살펴보았다.

제3장에서는 KIKO 계약 분쟁을 분석하고 평가하였는데, 그 기준은 '의사표시 결함 문제', '보통거래약관 위반여부 문제', '사정변경의 원칙 적용 문제' 등 KIKO 소송 초기의 쟁점에 대한 소개부터 'KIKO 계약의 구조 문제' 및 'KIKO 계약의 사기성 문제' 등 대법원 판결 이후 최근까지 필자가 제기하였던 문제점들을 소개하였다. KIKO 사안은 획일적으로 처리될 수 있는 문제는 아니었던 것으로 보인다. 이는 KIKO 계약에 가입한 회사들의 가입동기와 헤지의 필요성, 파생상품의 위험성에 대한 인식과 위험관리능력 등이 회사마다 상당히 다르기 때문이다. KIKO 소송은 100여 건에 달할 정도로 소송의 건수도 많고, 개별 사안마다 사실관계가 무척 다양하였는데, 우리 대법원은 정확한 사실관계의 파악을 통한 개별 사안별 판단을 하였다기보다는 4건의 대표 사안에 대하여 판단하고 나머지 사안들은 면밀히 사실관계를 따져보지 못한 면이 있다. 따라서 대법원의 판결 이후에도 지속적으로 피해 기업들의 문제제기가 있었고, 현재는 금융감독원이 분쟁조정

중에 있다. 키코사건은 금융투자에 전문가가 아닌 기업에게 옵션매도인의 지위를 갖게 하였다는 점에서, 세계 각국의 유명한 파생상품 관련 사건들과 공통점이 있다. 즉, 다이아몬드 펀드 사건, 리먼 증권 사태, 키코사안의 공통점은 모두가 '장외 옵션의 매도에서 발생한 문제'라는 점이다. KIKO 사안은, 투자의 전문가로 보기 어려운 중소기업들이, 장외옵션의 매도지위를 보유한 상황에서 발생한 문제이다. 그러나 다이아몬드 펀드 사건이나 리먼 사태는 장외옵션 매도의 주체가 증권 등 투자 전문가이다. 리먼과 같은 세계적인 명성을 떨치던 투자전문 은행도 파멸로 이끈 장외 옵션매도를 기업체에게 헤지상품이라고 권한 것이 정당한 것인지 생각해 볼 필요가 있다.

제4장에서는 ELW 규제의 쟁점을 검토하였는데, 금융선진국을 중심으로 대면거래 시의 공정성의 개념이 전자거래 시에 변경된 내용 즉, '시간우선의 원칙'에서 '비용대비 효용의 원칙'을 중심으로 국내 ELW 사안의 문제점을 설명하고 있다. 주문체결 속도에 차별을 두는 것은, 2000년 뉴욕증권거래소 Rule 390 폐지 이전에 속도가 공정성 판단의 유일한 기준이었던 시대의 관점에서는 불공정한 것으로 평가될 수 있지만, Reg. NMS 및 MiFID상의 최선집행의무(best execution)에서 도입된 ① 고객의 입장에서 비용대비 효율성이라는 기준, ② 차익거래의 속성 및 경제적 기능, ③ 동일속도 제공의 원시적 불능성, ④ 세계적인 업계 관행, ⑤ 미국 및 일본의 적용사례, ⑥ LP의 독점적 호가제공 제도의 효과, ⑦ 스캘퍼 수익과 일반투자자 손실의 상관관계, ⑧ ELW 시장의 구조상, 가격변동성이 충분히 크고 일반투자자에게 유리한 방향으로 변동되지 않는 한, 일반투자자가 손실을 보는 것은 당연한 결과라는 점 등의 사정을 감안하여 판단하자면, 불공정하다거나 또는 사회통념상 부정한 행위로 보기 어렵다.

제5장에서는 ELS 소송의 주요 쟁점을 검토했는데, 델타헤지라는 실무관행이 시세조종이라는 위법행위에서 면책될 수는 없다는 점을 중심으로 대법원 판결을 분석하였다. 델타헤지가 기초자산 가격 형성에 일정 부분 영향을 줄 수밖에 없는 사정은 인정될 수 있다. 델타헤지로 인한 시세변동이 불가피한 점이 일부 인정되지만, 전부가 면책될 수 있는 것은 아니다. 즉, ELS 사안의 경우, 델타헤지로 인한 인정될 수 있는 부분은 객관적으로 피고에게 유리한 점이 없다는 점이 증명될 수 있는 범위 또는 상대방에게 손해가 없는 범위로 보는 것이 타당할 것이다.

금융투자업자와 투자자 간 이해상충이 있는 경우, 투자자에게 손해가 없는 범위까지만 델타헤지로 인정하는 것이, 투자자 이익보호의 의미에 부합하는 것이라 생각된다.

제6장에서는 착오의 의사표시에 대하여, 전자거래로 변화된 현실 상황하에서는, 전통적인 의사론과 표시론 중심의 해석에서 변화가 필요함을 설명하고 있다. 전자거래 시의 착오의 특성은 ① 대량의 반복거래, 신속한 거래라는 점에서 발생의 고빈도성이 있다는 점, ② 비대면거래, 의사표시 형성 과정의 즉시성 등에 기인하여 착오의 분별력이 열위에 있다는 점, ③ 선의의 제3자의 피해가능성이 적거나 없으므로, 상대방의 신뢰보호 필요성이 적거나 없다는 점 등으로 요약된다. 계약자유는 채권법의 대원칙이므로, 계약의 종류나 내용형성은 기본적으로 계약당사자의 자유에 맡겨져 있다. 그렇다 하더라도 법률행위의 내용 또는 의사표시에 흠결이 있는 경우, 당해 계약의 효력은 일정 부분 제한되어야 할 것이다. 그러나 시장가격과 현저한 차이를 보이는 가격으로 체결되는 선물·옵션거래를 인용해 온 거래계의 기존 관행은, '거래의 안전'에 치중한 나머지 '법률행위'의 흠결에 대한 규율 측면이 간과되어, 균형을 잃은 것이 아닌가 하는 의문을 제기하게 한다.

제7장에서는 전자거래 환경하에서 시세조종은 상품의 특성에 따라서 상이한 효과가 발생할 수 있으므로, 일률적으로 현물 주식의 기준으로 판단하는 것은 타당하지 않다는 점을 검토하였다. 외가격 KOSPI 옵션시장에서 시세조종이 가능하다는 주장은, 본문에서 검토한 결과 몇 가지 의문점이 있다. 첫째는 허수성호가까지도 적출하는 거래소의 엄격한 기준을 통과한, 시장조성자로서의 정상적인 스캘핑이 시세조종으로 주장된 것이 아닌가 하는 점이다. 둘째는 옵션상품의 구조적인 특성이나, 사안에서 증거금 한도 등을 기준으로 판단컨대, 동 옵션을 시세조종의 대상으로 삼았다는 주장은 동의하기 어렵다. 셋째는, 수익률이나 승률 등 객관적인 자료를 보아도 시세조종을 통하여 거둔 성과라고 보기에는 초라해 보인다는 점이다. 1심 법원은 '공소사실이 특정되지 않았음'을 이유로 2심 법원은 '외가격 옵션을 통한 인위적인 시세조종은 용이하지 않은 것으로 보이며, 피고의 주문행위가 매매를 유인할 목적이었다는 점을 증명할 증거를 찾기 어렵다.'는 이유로 각각 검사의 주장을 사실상 전혀 받아들이지 않았다. 현재 상고심에 계류

중인 이 사건은, 일면 개별 파생상품의 특성을 정확하게 파악하지 못한 검찰의 무리한 기소에서 비롯된 공권력 남용 사례로 볼 여지가 있다.

제8장에서는 파생상품의 설명의무에 관하여 상세히 다루었는데, 독일 법원의 판단과 우리 법원의 판단을 비교하며 분석하였다. 자본시장법이 규정하고 있는 설명의무의 정도는 일반투자자가 이해할 수 있는 정도이다. 일반투자자가 이해할 수 있는 정도로 설명을 하려면, 금융투자상품별로 설명의 내용과 설명의 정도를 구분할 필요가 있다. 예컨대, 금융투자상품 중 증권과 파생상품은 취득과 동시에 지급한 금전 등 외에 추가지급의무 발생 가능성 여부에 따라 분류되는데, 파생상품은 추가지급의무 발생 가능성이 있다는 점에서 증권에 비하여 구조적으로 위험이 큰 것으로 볼 수 있으므로 이에 상응하는 내용에 대한 설명의무를 부과할 필요가 있다.

첫째, 증권과 파생상품의 설명의무를 구분하여야 하는 것 중 하나는 통상적인 레버리지이다. 즉, 증권은 통상 레버리지가 1이므로 원본초과손실 가능성이 없다. 반면 파생상품은 통상 레버리지가 1보다 크므로 원본초과손실 가능성이 있고, 레버리지의 크기에 비례하여 손익변동의 속도도 빨라지고 폭도 커진다는 점이 설명되어야 할 필요가 있다. 둘째, 장내파생상품과 장외파생상품은 통상 상대방위험과 투명성위험 측면에서 다르다는 점이 설명되어야 할 것이다. 장내파생상품의 경우 거래소가 이행을 보증하는 상대방의 역할을 하므로, 상대방위험이 없는 것으로 간주되는 반면, 장외파생상품은 매매계약과 마찬가지로 통상 매수인과 매도인 양자 간의 거래이므로 계약의 이행 가능성은 상대방의 신용도에 따라 달라질 수 있다. 한편 장외파생상품은 특히 상품의 다양성 및 양 당사자만의 거래라는 폐쇄성에 기인하여 상대적으로 투명성이 부족하다. 정보의 비대칭적 관계에서 우월적 지위를 가지는 것은 상품의 설계자 및 판매자이므로, 투명성이 상대적으로 부족한 장외파생상품의 투자자는 불측의 손실을 입을 가능성이 높다는 점이 설명되어야 할 필요가 있다. 선물과 옵션에 관하여는 ① 선물이나 옵션은 현물과 달리 만기가 존재하므로 상대적으로 장기적인 투자에 부적합할 수 있다는 점, ② 옵션상품의 가격에는 시간가치가 포함되어 있기 때문에, 옵션상품은 기초자산의 가격이 불변인 경우에도 시간가치만큼의 손익이 발생한다는 점, ③ 옵션상품은 만기도래 시에는 행사가격을 중심으로 손익에 현저한 차이가 있다는 점,

④ 특히 키코상품과 같은 디지털 옵션은 만기 전에도 넉인, 넉아웃 등 배리어 격을 중심으로 손익에 현저한 차이가 있다는 점 등이 설명되어야 할 필요가 있다.

제9장에서는 보험계약과 옵션계약을 비교·분석하면서, 변액보험이 가지는 양면성 즉, 보험상품의 성질과 금융투자상품의 성질에 대하여 타당한 법 적용이 무엇인지 검토하였다. 변액보험과 같은 투자성보험계약자의 입장에서 보면, 일반계정은 위험이 보험자에게 전가된 것이고(위험전가), 특별계정은 위험을 스스로 인수한 것이다(위험인수). 즉, 변액보험계약자의 입장에서는 특별계정에 속한 자신의 자산은 투자위험인수라는 면에서 금융투자상품에 투자한 것과 유사한 효과가 있다. 더욱이 투자성보험의 경우는 원본손실가능성이 있다는 점에서 증권에 투자한 것과 유사한 효과가 있다. 이렇게 '위험전가와 위험인수'라는 상반되는 두 가지 성질을 가지고 있는 투자성보험상품의 적합성을 판단하는 데 있어서 보험업법이나 자본시장법의 적합성 판단 기준 중 택일하여 판단하기는 어렵다. 오히려 이 경우 보험계약자의 적합성을 판단하기 위하여는 일반계정은 보험업법상 적합성의 원칙에 관한 사항을, 특별계정은 자본시장법상의 적합성 원칙에 관한 사항을 확인하도록 구분하는 것이 유의미할 수 있다.

이상 제1장부터 제9장까지 파생상품과 관련된 다양한 주제를 대상으로 검토해 보았다. 그 결과를 요약하면 다음과 같다. 첫째, 파생상품의 올바른 법적 규제를 위해서는 법률가들이 개별 파생상품의 특성을 철저히 학습하고, 파생상품 분쟁의 사실관계를 정확하게 파악하는 것이 필요하다는 점이다. 둘째, 파생상품의 분쟁 중 상당수는 장외옵션 매도에서 비롯되었다는 점이다. 국내의 대표적인 사례는 KIKO 사안이다. 장외옵션의 매도는 보험자의 지위를 갖는 것과 유사한 점이 있으므로, 매도인의 자격을 제한할 필요가 있어 보인다. 셋째, 파생상품의 거래가 대면거래에서 전자거래로 변화함에 따라서, 착오의 가능성이 높아졌는데, 착오자의 의사를 중시할 필요가 커진 것으로 판단된다. 넷째, '시간우선의 원칙'이라는 전통적인 공정성의 판단의 기준은 전자거래의 발전으로 나노 초 단위의 거래가 가능해지면서 '비용대비 효용'이라는 기준으로 대체된 것으로 보인다. 다섯째, 인공지능 등 컴퓨터 기술의 발전에 힘입어, 시장 감시의 기능도 전산화된 시스템으로 자동화되고 있다. 전산시스템의 시장 감시에서 발견되지 않은 위법행위를 인간이 발견하는 것은 무척 어려운 일이 되었다.

/참고문헌/

1. 참고도서

강태훈, 『금융성물옵션과 장외파생상품』, 시그마프레스, 2009.
공정거래위원회, 『약관규제의 실제－약관규제법 시행 20주년을 기념하여』, 공정거래위원회, 2008. 2.
곽윤직 편집대표, 『민법주해(II)』, 박영사, 2002.
곽윤직 편집대표, 『민법주해(X)』, 박영사, 2002.
곽윤직 편집대표, 『민법주해(XIV)』, 박영사, 2002.
곽윤직, 『채권각론』 신정 수정판, 박영사, 2000.
국회통과법률집 제38집 제1－3권, 국회사무처, 1996.
김병연 외, 『자본시장법』 제2판, 박영사, 2015.
김정수, 『자본시장법원론』 제2판, SFL그룹, 2014.
김철교, 『금융파생상품』 개정판, 일문사, 2010.
김희진 · 손진화 · 이영균, 『정보사회론』, 세창출판사, 1999.
명순구 역, 『프랑스민법전』, 법문사, 2004.
박상기, 『형법각론』 제8판, 박영사, 2011.
박진우, 『파생상품론』 제2판, 명경사, 2009.
오세경 · 박선종, 『키코사태의 진실을 찾다』, 북마크, 2013.
위르겐 하버마스(장춘익 역), 『의사소통행위이론』 1권, 나남출판, 2006.
이금호, 『신용파생금융거래법론』, 탐진, 2007.
이용제, 『스왑실무 강의』, 나루금융도서, 2009.
이재상, 『형법각론』 제9판, 박영사, 2013.
이정원, 『형법각론』, 신론사, 2012.
이창복, 『파생금융상품과 기초금융자산』, 율곡출판사, 2007
임 웅, 『형법각론』 제6정판, 법문사, 2015.
임병철, 『신용파생상품 구조설계와 금융회사의 위험노출』, 한국금융연구원, 2006.
임재연, 『자본시장법과 불공정거래』, 박영사, 2014.

장덕조, 『보험법』, 법문사, 2011.
장영광, 『현대재무관리』 제3판, 신영사, 2011.
전국은행연합회, 『키코의 이해』, 2009.
조용대 · 이필상, 『파생상품시장론』, 금융경제연수사, 2006.
중소기업중앙회, 『KIKO백서』, 국회 지식경제위원회 국정감사 보고자료, 2008.
최완진, 『상법학강의』, 법문사, 2010.
한국은행, 『2008년도 연차보고서』, 한국은행, 2009.
한국증권법학회, 『자본시장법』 주석서 I(개정판), 2015.
황민택, 『장외파생상품계약실무』, 탐진, 2005.

2. 참고논문

가정준, "정보의 비대칭과 협상력의 불균형 완화를 위한 연구", 『외법논집』 제31집, 2008. 8.
고학수, "옵션이론을 응용한 (일부) 법원칙의 재해석", 『법학연구』 제17권 제1호, 연세대학교 법학연구소, 2007.
김규완, "채무자의무의 2원구조－대판 1997.8.22. 선고 97다13023을 계기로 본 채무로서 보호의무－", 『재산법연구』 제21권 제2호, 한국재산법학회, 2005. 2.
김병연, "증권투자권유규제에 대한 소고－자본시장통합법(안)과 관련하여－", 『비교사법』 제14권 제1호, 한국비교사법학회, 2007.
김상중, "계약목적물의 市價에 관한 잘못된 관념과 계약당사자의 보호", 『법조』 제54권 제1호, 법조협회, 2005. 1.
김선정, "변액유니버셜 보험계약에 있어서설명의무와 적합성원칙에 대한 재론", 『금융법연구』 제10권 제2호, 한국금융법학회, 2013. 12.
김용재, "KIKO 사건의 주요 쟁점에 관한 법리적 재검토", 『저스티스』 통권 제140호, 한국법학원, 2014.
김은경, "변액보험에서 설명의무와 적합성 원칙의 의미", 『재산법연구』 제30권 제4호, 한국재산법학회, 2014.
김준혁, "부작위에 의한 사기죄의 성부", 『한양법학』 제53집, 한양대학교 법학연구소, 2016. 2.
김지환, "변액보험의 운용과 법적 문제점", 『상사법연구』 제23권 제2호, 한국상사법학회, 2004.
김홍기, "파생상품과 도박규제", 『비교사법』 제14권 1호, 비교사법학회, 2007. 3.

김홍기, 『장외파생상품거래의 법적 규제에 관한 연구』, 연세대학교 법학박사학위논문, 2006. 12.

노태악, “전자거래에 있어 계약의 성립을 둘러싼 몇 가지 문제”, 『법조』 제48권 제10호, 법조협회, 1999.

박 준, “우리나라 상사법 교육의 방향과 과제”, 『상사법연구』 제30권 제1호, 한국상사법학회, 2011.

박상진, “사기죄에 있어 ‘기망’과 ‘보호법익’에 대한 연구”, 『홍익법학』 제16권 제1호, 홍익대 법학연구소, 2015. 2.

박선종, “파생상품의 법적 규제에 관한 연구”, 고려대학교 박사학위논문, 2010. 12.

박선종, “ELW 규제의 쟁점에 관한 연구”, 『외법논집』 제35권 제4호, 2011. 11.

박선종, “KIKO 계약의 구조에 관한 연구”, 『민사법학』 제66호, 한국민사법학회, 2014. 3.

박선종, “KIKO 계약의 헤지성”, 『증권법연구』 제11권 제1호, 한국증권법학회, 2010. 4.

박선종, “內在價値 未達價格 옵션契約의 效力”, 고려대학교 석사학위논문, 2004. 6.

박선종, “법률가를 위한 파생금융상품의 이해”, 『증권법연구』 제9권 제1호, 한국증권법학회, 2008.

박선종, “보험계약과 옵션계약의 비교에 관한 연구”, 『보험법연구』 제6권 제1호, 한국보험법학회, 2012. 6.

박선종, “알고리즘 매매와 DMA에 관한 연구”, 『증권법연구』 제10권 제1호, 한국증권법학회, 2009. 6.

박선종, “최근 판례를 통하여 본 금융투자상품의 설명의무”, 『증권법연구』 제14권 제1호, 2013.

박선종, “키코계약에 대한 법적 쟁점의 재검토”, 『금융법연구』 제8권 제1호, 한국금융법학회, 2011. 8.

박선종, “파생상품의 설명의무에 관한 연구”, 『증권법연구』 제12권 제12호, 2011. 9.

성준호 · 장창민, “계약자유에 있어서 자유에 관한 관견”, 『비교사법』 통권 제41호, 한국비교사법학회, 2008. 6.

신현윤, “파생금융상품 거래시 고객에 대한 설명 · 조언의무”, 『상사판례연구』 제24집 제2권, 한국상사판례학회, 2011.

안수현, “(가칭)자본시장통합법과 소비자보호법의 접점”, 『증권법연구』 제7권 제2호, 한국증권법학회, 2006.

양석완, “금융기관의 금융상품설명의무 및 투자권유의 적합성에 관한 연구”, 『비교법학연구』 제1호, 한국비교법학회, 2002. 12.

양석완, “금융기관의 설명의무와 조언의무”, 『법과 정책』 제10호, 제주대학교 법과정책연구소, 2004.
어수용, "계약체결과정에서의 설명의무와 선택권의 보호", 『재산법연구』 제27권 제3호, 2011. 2.
오병철, "전자거래의 민사법적 규율방안", 정보사회에 대비한 일반법 연구(II), 정보통신정책연구원, 1998.
오승현 · 오경희, 『장외파생상품의 규제에 관한 연구』 연구보고서 200-01, 한국증권연구원, 2000. 3.
옥기율, "현물 및 선물연계에 의한 불공정거래행위 대응방안", 『증권학회지』 제28권 제1호, 한국증권학회, 2001.
윤성승, "외국의 장외파생상품 피해 관련 사례와 우리나라에 대한 시사점", 『금융법연구』 제8권 제1호, 한국금융법학회, 2011. 8.
윤종인 · 김성수, "KIKO의 환위험 헤지기능에 관한 일고찰", 『무역보험연구』 제14권 제1호, 한국무역보험학회, 2013. 3.
이상욱, "계약 전의 정보제공의무와 착오", 『현대 민법의 과제와 전망』, 밀알, 1994.
이은태 외 2, "ELW 시장의 가격 행태 분석", 『한국증권학회지』 제40권 제1호, 한국증권법학회, 2011. 2.
이채진, "투자자문업자의 주의의무: 적합성원칙과 설명의무를 중심으로", 『금융법연구』 제6권 제2호, 한국금융법학회, 2009. 12.
정순섭, "금융거래와 도박규제", 『증권법연구』 제7권 제2호, 한국증권법학회, 2006.
정순섭, "금융규제의 새로운 동향에 관한 일고-주요금융시장의 증권선물규제 개혁을 중심으로", 『상사법연구』 제22권 제1호, 한국상사법학회, 2003.
정순섭, 『場外派生金融商品去來의 倒産節次上取扱에 관한 法制度整備方案』, 한국법제연구원, 2003.
정준우, "증권업자의 부당한 투자권유행위의 합리적 규제방안", 『비교사법』 제11권 제3호, 한국비교사법학회, 2004.
지원림, "자동화된 의사표시", 『저스티스』 제31권 제3호, 한국법학원, 1998.
지원림, "전자거래와 ADR", 『법학연구』 제26권, 전북대학교 법학연구소, 2008.
최 혁 외 1, "유동성공급자 제도의 도입 효과 분석 : ELW 시장을 대상으로", 『한국증권학회지』 제40권 제1호, 한국증권학회, 2011. 2.
최병규, "자본시장법이 보험업에 미칠 영향", 『상사법연구』 제25권 제2호, 한국상사법학회, 2006.
최창열, "전자거래에서의 소비자 보호에 관한 고찰", 『비교사법』 제6권 제2호, 한국비교사법학회, 1999.

최한준, “보험금청구권의 법적개념에 관한 연구”, 『경영법률』 제12집, 한국경영법률학회, 2001.

최 혁 · 윤선흠 “프로그램 매매가 주식가격에 미치는 영향”, 『한국증권학회지』 제36권 제2호, 한국증권학회, 2007.

한웅길, “전자거래와 계약법”, 『비교사법』 제5권 제2호, 한국비교사법학회, 1998.

3. 참고자료

강태훈, “KIKO거래 불공정성 정말 없나”, 매일신문 2008. 12. 10. 기고문.

김재영, “소비자거래에 있어서 사기죄에 관한 소고”, 『소비자정책동향』 제64호, 한국소비자원, 2015. 10. 16.

김홍기, “미국 도드－프랭크법의 주요 내용 및 우리나라에서의 시사점”, 한국금융법학회 2010년 하계(제19회) 학술발표회 발표자료, 2010. 9. 4.

김 · 장법률사무소, 『키코 － 오해와 진실』, 김 · 장법률사무소, 2010. 6.

남길남, “파생상품시장의 규제 및 감독 방향: 신용파생상품 청산서비스의 도입과 관련하여”, 한국파생상품학회 학술발표자료, 2009. 6. 9.

박선종, “키코 사건 판결의 재조명”, 2017년 판결비평, 참여연대 사법감시센터, 2017. 7. 12.

박선종, 토론문－KIKO 분쟁에 있어서 판례의 동향과 자본시장법 상의 쟁점, 자본시장법의 쟁점을 논하다, 한국상사판례학회 제101회 정기학술대회 자료, 한국상사판례학회, 2010. 2. 10.

박진순, 키코(KIKO)소송의 법률적 쟁점, 한국증권법학회 제149회 정기세미나 발표자료, 2009. 5. 23.

박창욱, “ELW 시장의 성장과 건전화 방안 논의”, 『자본시장 Weekly』 2011－24호, 자본시장연구원, 2011.

법무법인 화우, 금융투자협회 연구용역 보고서 “ELW 부정거래 혐의 관련 연구용역보고서”, 2011.

생명보험협회, 변액보험의 이해와 판매, 2013. 7.

신혜진, “영미법계 기업금융범죄 동향 및 대책방안 : 미국, 캐나다 중심으로”, 국외훈련검사 연구논문집(III) 제29집.

우리은행, 『환위험, 금리위험 헷지실무』, 2006. 1.

윤성승, “외국의 장외파생상품 피해 관련 사례와 우리나라에 대한 시사점”, 한국금융법학회 제21회 학술발표회 발표자료, 2011. 4. 30.

임병철, 『신용파생상품 구조설계와 금융회사의 위험노출』, 한국금융연구원, 2006. 2
자본시장연구원, 학술연구용역보고서 『주식워런트증권(ELW)시장 발전을 위한 연구』, 자본시장연구원, 2008. 12.
정윤모 · 이효섭, 『파생상품 불공정거래 규제 체계의 개선방향』, 자본시장연구원, 2014. 3.
정찬우 · 서병호 · 신보성 · 오영수, 『금융리포트 - 미국 금융개혁법의 주요내용 및 시사점』, 한국금융연구원, 2010. 9.

4. 외국문헌

Chance, Don M., “A Chronology of Derivatives”, Derivatives Quarterly 2(Winter), 1995.
Chirico, Alessandra, “Suitability and Appropriateness under MiFID : ‘Faithful watchdogs’ or ‘terrible twins’?”, ECMI Policy Brief, No.9, September 2007.
Cox, James D., Hillman, Robert W., Langevoort, Donald C., 『Securities Regulation - Cases and Materials』, Aspen Publishers, 1997.
DiTullio, Stephane, “Pure Direct Market Access On The Rise”, Futures Industry, Futures Industry AssociatiOn, Nov. - Dec. 2005.
Dubofsky, David A., 『Options and Financial Futures - Valuation and Uses』, McGraw - Hill, 1992.
Durbin, Michael, 『All About Derivatives』, McGraw - Hill, 2006.
Edwards, Franklin R., Ma, Cindy W., 『Futures & Options』, McGraw - Hill, 1992.
Goldman, Geoffrey B., “Crafting A Suitability Requirement for the Sale of Over - the - Counter Derivatives : Should Regulators Punish the Wall Street Hounds of Greed?”, 95 Columbia Law Review 1112, 1995.
Hansen, Lawrence, “Program/Algorithmic Trading”, 『CME 서울세미나주제발표자료』, CME, 2007. 5.
Hudson, Alastair, 『The Law on Financial Derivatives』(4th Edition), London Sweet & Maxwell, 2006.
Hull, John C., 『Fundamentals of Futures and Options Market』(5th Edition), Prentice Hall, 2005.
Hull, John C., 『Options, Futures & Other Derivatives』(4th edition), Prentice Hall, 2000.
Kim, Kendall, 『Electronic and Algorithmic Trading Technology』, Elsevier, 2007.

Labaton, Stephen, 『Understanding One Root of the Crash: SEC's 2004 Deregulation of Capital Requirements』, the New York Times, October 3, 2008.

Maguire, Frances, "Direct market access for exchange-traded derivatives", Derivatives, Use Trading & Regulation, Vol. 11, Iss. 4, Feb. 2006.

Markham, Jerry W., "Protecting the Institutional Investor-Jungle Predator or Shorn Lamb?", 12 Yale Journal on Regulation 345, 1995.

Marshall, John F & Kenneth R., Kapner, 『Understanding Swaps』, McGraw-Hill, 1993.

Meissner, Gunter, 『Credit Derivatives-Application, Pricing, and Risk Management』, Blackwell Publishing, 2005.

Mindy Chen-Wishart, 『Contract Law』, Oxford University Press, 2007.

Nathanson, Simon, "What are the benefits of direct market access and how can investors most effectively leverage them?", STP Journal Online, Nov. 2004.

Rechtschaffen, Alan N., 『Capital Markets, Derivatives and the Law』(1st Edition), Oxford University Press, 2009.

Robert W. Kolb, James A. Overdahl, 『Futures, Options and Swaps』(5th edition), blackwell publishing, 2007.

Romano, Roberta, "The Political Dynamics of Derivative Securities Regulation", 14 Yale Journal on Regulation, 1997.

Rydge, James, Comerton-Forde, Carole, "The Importance of Market Integrity", An Analysis of ASX Self-Regulation, SIRCA, 1 Sep. 2004.

Tavakoli, Janet M., 『Credit Derivatives & Synthetic Structures』, A guide to instruments and application, Wiley & Sons, 2001.

/저자 약력/

박 선 종

숭실대학교 법과대학 법학과 교수

주요경력

2017.10 ~ 금융위원회 자체규제심사위원

2017.04 ~ 숭실대학교 법과대학 법학과 교수

2015.04 ~ 2017.03 고려대학교 법학연구원 금융법연구센터 연구위원

2013.10 ~ 2015.03 유진투자선물 전무

2002.09 ~ 2013.09 BS투자증권 상무

학력

2011.02 고려대학교 법학박사 (금융법)

2004.08 고려대학교 법학석사 (금융법)

1985.02 한국외국어대학교 문학사

법률가를 위한 파생상품개론

초판발행 2019년 8월 29일

지은이 박선종
펴낸이 안종만 · 안상준

편 집 윤혜경
기획/마케팅 정성혁
표지디자인 박현정
제 작 우인도 · 고철민

펴낸곳 (주) 박영사
서울특별시 종로구 새문안로3길 36, 1601
등록 1959. 3. 11. 제300-1959-1호(倫)
전 화 02)733-6771
f a x 02)736-4818
e-mail pys@pybook.co.kr
homepage www.pybook.co.kr
ISBN 979-11-303-3469-1 93360

정 가 20,000원